Entscheidungen
des Reichsgerichts
in Zivilsachen

Sammlung der noch wichtigen Entscheidungen nach Fachgebieten geordnet

Herausgegeben

von

Professor Dr. **Leonhard Auerbach**, Berlin; Präsident des Reichspatentamtes a. D. **Johannes Eylau**, München; Rechtsanwältin **Charlotte Graf**, Berlin; Ministerialdirektor z.Wv. Senatspräsident Dr. **Ernst Knoll**, Berlin; Rechtsanwalt **Erich Kummerow**, Berlin; Rechtsanwalt **Hermann Reuß**, Berlin; Rechtsanwalt Dr. **Walter Schmidt**, Düsseldorf; Landgerichtsdirektor **Alexander Swarzenski**, Berlin; Rechtsanwalt Dr. **Werner Vahldiek**, Berlin.

Gruppe III Handelsrecht

Privatversicherungsrecht

Teil 1

Berlin 1953

Walter de Gruyter & Co.

vormals G. J. Göschen'sche Verlagshandlung / J. Guttentag, Verlagsbuchhandlung / Georg Reimer / Karl J. Trübner . Veit & Comp.

Versicherungsvertragsgesetz

Bearbeitet

von

Dr. Werner Vahldiek

Rechtsanwalt in Berlin

Berlin 1953

Walter de Gruyter & Co.

vormals G. J. Göschen'sche Verlagshandlung / J. Guttentag, Verlagsbuchhandlung / Georg Reimer / Karl J. Trübner / Veit & Comp.

Archiv Nr. 28 17 53
Satz und Druck: Berliner Buchdruckerei Union GmbH., Berlin SW 29

Inhaltsverzeichnis

Seite

Verzeichnis der aufgenommenen Entscheidungen . . . VII

Vorschriften für sämtliche Versicherungszweige 1

Schadensversicherung. Allgemeine Vorschriften 131

Feuerversicherung 179

Hagelversicherung 286

Transportversicherung 289

Haftpflichtversicherung 307

Sachregister 365

Verzeichnis

der aufgenommenen Entscheidungen aus der alten Sammlung

+ Entscheidung ist gekürzt

* Entscheidung enthält nur Leitsatz

RGZ.	Seite
72, 213—215*	179
75, 377—378	180
81, 13—17*	1
84, 409—415	131
86, 25—28	1
86, 392—394	181
90, 378—385	4
92, 60—64	183
93, 80—84	11
93, 209—215	307
95, 207—209	187
97, 44—49	188
97, 76—79	136
97, 206—210	313
97, 279—282	194
99, 280—283	197
100, 222—224	15
101, 213—217	317
101, 224—226	17
102, 111—114	289
102, 215—217	322
102, 350—354	200
103, 43—44	324
104, 20—23	325
105, 356—359	205
107, 198—202	208
108, 110—112	328
108, 188—191	19
112, 119—124	22
112, 371—373	331
112, 384—388	292
113, 150—152	27
113, 286—293	332
114, 117—119	338
114, 321—324	29
114, 347—351	32
117, 312—315	212
117, 327—332	214
118, 217—218	36
118, 254—261	296
121, 158—163	340

RGZ.	Seite
122, 292—295	19
124, 91—95	22
124, 235—239	45
124, 330—333	40
125, 193—196	37
127, 303—307	43
127, 367—370	40
128, 116—121	43
130, 263—264	26
132, 208—211	47
132, 386—392+	48
133, 117—124	27
134, 133—139	02
135, 159—161	34
135, 295—298	48
135, 368—370	51
135, 370—372	35
136, 370—373	53
140, 318—322	37
141, 82—89	41
141, 185—194	56
142, 66—69	48
142, 402—410	53
144, 395—399	51
145, 143—151	50
145, 384—390	58
146, 221—224	54
147, 103—112	60
147, 186—190	57
148, 137—145*	64
148, 298—302	67
149, 69—75	71
149, 365—374	64
150, 48—51	77
150, 147—152	30
150, 257—261	35
151, 389—395*	261
153, 135—139+	73
154, 212—218	261
155, 50—55	75

RGZ.	Seite
155, 103—108	88
157, 67—77	94
157, 78—82	103
157, 314—320	267
158, 113—119	108
158, 284—291	113
159, 243—247	273
160, 3—7	120
161, 23—29	277
161, 86—90	286
170, 285—292	125
171, 120—123	283

Die Entscheidungen sind grundsätzlich ungekürzt gebracht worden. Ausnahmsweise gekürzte Entscheidungen sind mit einem + gekennzeichnet.

Soweit eine Entscheidung mehrere Fachgebiete betrifft, ist sie nur in einem Fachgebiet aufgenommen worden. Die anderen Gebiete enthalten nur den Leitsatz der betreffenden Entscheidung mit einem Hinweis, wo der vollständige Abdruck erfolgt ist.

Um das Auffinden der Entscheidungen zu erleichtern, wird am Schluß der Gruppe ein Gesamt-Fundstellenregister erscheinen, in dem alle aufgenommenen Entscheidungen verzeichnet und nach der Fundstelle der alten und der neuen Sammlung zitiert sind.

Vorschriften für sämtliche Versicherungszweige

RGZ. 81, 13.

Versicherung auf den Todesfall. Ist es arglistige Täuschung, wenn der Versicherungsnehmer eine Krankheit verschweigt, die nach seiner Meinung nicht geeignet war, sein Leben zu verkürzen?

BGB. §§ 123, 124.

Reichsgesetz über den Versicherungsvertrag vom 30. Mai 1908, § 22.

VII. Zivilsenat. Urt. v. 22. November 1912.

Die Entscheidung ist abgedruckt unter „Bürgerliches Recht, Allgemeiner Teil 2".

RGZ. 86, 25.

Zur Auslegung von § 39 des Gesetzes über den Versicherungsvertrag vom 30. Mai 1908.

VII. Zivilsenat. Urt. v. 13. November 1914.

I. Landgericht Karlsruhe. — II. Oberlandesgericht daselbst.

K. hatte im November 1910 bei der Beklagten sein Leben zugunsten seiner Rechtsnachfolger versichert. Er ist am 25. September 1912 gestorben. Der Kläger hat wegen einer Darlehnsforderung die der Witwe K.s als dessen gesetzlicher Erbin zustehenden Versicherungsansprüche pfänden und sich zur Einziehung überweisen lassen. Er hat darauf gegen die Beklagte Klage erhoben. Die Beklagte ist zur Zahlung verurteilt und die von ihr eingelegte Berufung zurückgewiesen worden. Auch ihre Revision hatte keinen Erfolg.

Aus den Gründen:

„Die beklagte Lebensversicherungsgesellschaft hat in ihrem Schreiben vom 21. August 1912 dem Versicherten K. zur Bezahlung der am 10. Mai 1912 fällig gewordenen Versicherungsprämie eine Nachfrist von 2 Wochen gesetzt unter Hinweis auf ihre Berechtigung, „die Police für verfallen zu erklären", wenn binnen dieser Nachfrist die Prämie zuzüglich 5 % Verzugszinsen vom Zahlungstermin ab und 1 M Kosten nicht an sie portofrei eingesandt sei. Mit Recht hat der Berufungsrichter diese Fristbestimmung unter Bezugnahme auf § 39 VVG. für unwirksam erklärt. Was die Revision dagegen geltend macht, ist nicht begründet.

Nach § 39 Abs. 1 dieses Gesetzes kann der Versicherer dem Versicherten zur Zahlung einer nach dem Beginn der Versicherung zu zahlenden Prämie, wenn die Zahlung nicht rechtzeitig bewirkt wird, eine Zahlungsfrist bestimmen. Tritt der Versicherungsfall nach dem Ablauf der Frist ein und ist zur Zeit des Eintritts der Versicherungsnehmer mit der Zahlung der Prämie oder der geschuldeten Zinsen oder Kosten im Verzuge, so ist der Versicherer von der Verpflichtung zur Leistung frei. Der Versicherer ist nach dem Ablauf der Frist, wenn der Versicherungsnehmer mit der Zahlung in Verzug ist, berechtigt, das Versicherungsverhältnis ohne Einhaltung einer Kündigungsfrist zu kündigen. Nach § 39 Abs. 2 hat die Bestimmung der Zahlungsfrist schriftlich zu geschehen und sind die Rechtsfolgen anzugeben, welche nach Abs. 1 mit dem Ablauf der Frist verbunden sind. Die Frist darf nicht weniger als zwei Wochen betragen. Eine Fristbestimmung, die ohne Beobachtung dieser Vorschriften erfolgt, ist unwirksam.

Der Berufungsrichter hat der im Schreiben der Beklagten vom 21. August 1912 enthaltenen Fristbestimmung rechtliche Wirksamkeit aus dem Grunde abgesprochen, weil die Beklagte in diesem Schreiben nur auf ihre Berechtigung, die Police für verfallen zu erklären, hingewiesen habe. Auch wenn in diesen Worten ein Hinweis auf das Kündigungsrecht enthalten sein möge, so komme doch darin nicht zum Ausdruck, daß die Beklagte nach fruchtlosem Ablauf der Frist von der Verpflichtung zur Zahlung der Versicherungssumme für den nach Ablauf der Frist eintretenden Versicherungsfall frei sei, auch wenn sie vom Kündigungsrecht keinen Gebrauch gemacht habe. Da die Fristbestimmung nach § 39 Abs. 2 mangels Beobachtung der gesetzlichen Vorschriften unwirksam gewesen sei, so sei die Beklagte durch den Ablauf der Frist nicht befreit worden und habe dadurch auch nicht das Recht erlangt, das Versicherungsverhältnis zu kündigen. Ihre auf den Ablauf der Nachfrist und die Kündigung gestützte Weigerung, die Versicherungssumme auszuzahlen, sei daher nicht gerechtfertigt.

Wenn die Revision diesen Ausführungen des Berufungsurteils zunächst mit der Behauptung entgegentritt, in der Mitteilung der Beklagten an den Versicherten, daß sie bei Versäumung der Frist berechtigt sei, die Police für verfallen zu erklären, könne sowohl ein Hinweis auf ihre Befreiung von der Leisungspflicht als auch auf ihr Kündigungsrecht erblickt werden, so genügt zur Widerlegung dieses Revisionsangriffs die Bezugnahme auf den Wortlaut des Schreibens der Beklagten, der ein Bedenken gegen die Auffassung des Berufungsrichters nicht aufkommen läßt.

Die Revision zieht ferner die Unwirksamkeit der Fristbestimmung auch für den Fall in Zweifel, daß in ihr nur ein Hinweis auf das Kündigungsrecht enthalten sei. Das Gesetz bezwecke nicht, dem Versicherer eine allgemeine Rechtsbelehrung des Versicherungsnehmers zur Pflicht zu machen, an der dieser regelmäßig kein Interesse haben werde. Der Versicherer habe den Versicherungsnehmer nicht darüber aufzuklären, welche Rechtsfolgen sich an eine Versäumung der Frist im allgemeinen knüpfen können, sondern nur darüber, welcher Rechtsnachteil bei Nichtzahlung der Prämie in dem ihn betreffenden besonderen Falle eintreten werde. Darum müsse es im gegebenen Falle genügen, daß die Beklagte, die von dem Kündigungsrecht Gebrauch gemacht habe, allein auf diese Befugnis hingewiesen habe.

Die Vorschriften in § 39 des Gesetzes bezwecken den Schutz des Versicherungsnehmers und sind insofern zwingend, als sich der Versicherer auf eine Vereinbarung, durch welche zum Nachteile des Versicherungsnehmers davon abgewichen wird, nicht berufen kann (§ 42 Ges.). Das Gesetz macht nach dem klaren Wortlaut des § 39 dem Versicherer ganz allgemein und ohne Rücksicht auf die besondere Gestaltung des einzelnen Falles zur Pflicht, bei Bestimmung der Zahlungsfrist die Rechtsfolgen anzugeben, welche nach Abs. 1 mit dem Ablauf der Frist verbunden sind, und erklärt eine Fristbestimmung, die ohne Beobachtung dieser Vorschriften erfolgt, für unwirksam. Es bezweckt offensichtlich, wie auch aus der Begründung des Entwurfs hervorgeht, dem Versicherungsnehmer bei der Fristbetimmung deren schwerwiegende Bedeutung sowie die mit der Versäumung der Frist für ihn verknüpften nachteiligen Folgen zum Bewußtsein zu bringen und ihn dadurch möglichst vor weiterer Säumnis und vor dem möglicherweise damit verbundenen Verlust seines Versicherungsanspruchs zu bewahren. Demgemäß macht es den Hinweis auf die nach Abs. 1 mit dem Ablauf der Frist verbundenen Rechtsfolgen, nämlich auf das Freiwerden des Versicherers von der Verpflichtung zur Zahlung der Versicherungssumme im Falle des Eintritts des Versicherungsfalles und auf den Eintritt des Kündigungsrechts des Versicherers, zur Voraussetzung der Wirksamkeit der Fristbestimmung. Mit dem Hinweis auf die eine oder die andere dieser Rechtsfolgen ist mithin dem Gesetze nicht genügt. Hat der Versicherer bei der Fristbestimmung nur auf die eine der beiden im Gesetz erwähnten Rechtsfolgen hingewiesen, so kann die bloße Tatsache, daß hinterdrein der Versicherer sich dem gegen ihn geltend gemachten Versicherungsanspruch gegenüber lediglich auf den Eintritt eben dieser Rechtsfolge beruft, der von vornherein unwirksamen Fristbestimmung nicht nachträglich rechtliche Wirksamkeit verschaffen, und zwar selbst dann nicht, wenn der Versicherer — was übrigens hier nicht festgestellt ist — schon bei der Fristbestimmung den Willen gehabt hat, eintretendenfalls nur eben diese Rechtsfolge geltend zu machen. Auf derartige Besonderheiten des einzelnen Falles nimmt das Gesetz, wie aus seiner ganz allgemein lautenden Fassung hervorgeht, keine Rücksicht." . . .

RGZ. 90, 378.

Zur Auslegung von Kriegsklauseln in Versicherungsverträgen.

VII. Zivilsenat. Urt. v. 3. Juli 1917.

I. Landgericht München I. — II. Oberlandesgericht daselbst.

Dem Kläger, welcher bis zum Ausbruch des gegenwärtigen Krieges deutscher Botschafter in St. Petersburg war, hat die Beklagte mit dem Versicherungsschein Nr. 24 138 vom 1. April 1913 Versicherung gegen Einbruchdiebstahl bis zur Summe von 264 000 M gewährt. Die Versicherung bezieht sich auf die Einrichtungsgegenstände des Botschaftspalastes in St. Petersburg. In der Nacht vom 4. zum 5. August 1914 sind leidenschaftlich erregte Volksmassen in die Botschaft eingedrungen und haben dort umfangreiche Zerstörungen angerichtet. Der Kläger behauptete, die Menge habe den Einbruch auch in diebischer Absicht ausgeführt und im Gebäude mittels Erbrechens von Räumen und Behältnissen die versicherten Gegenstände mit wenigen Ausnahmen geplündert. Er begehrte mit der Klage Zahlung von 4001 M als Teilbetrag des nach seiner Ansicht von der Beklagten auf Grund des Versicherungsvertrags zu ersetzenden Schadens. Die Beklagte widersprach dem Klagebegehren. Sie bestritt das Vorliegen eines Einbruchdiebstahls, hielt eventuell ihre Ersatzpflicht in Gemäßheit der allgemeinen Versicherungsbedingungen für ausgeschlossen, weil zwischen Deutschland und Rußland Kriegszustand, außerdem in St. Petersburg Aufruhr geherrscht habe, wodurch der etwaige Diebstahl beeinflußt und begünstigt worden sei, wendete auch ein, daß die erst am 27. November 1914 erstattete Anzeige von dem angeblichen Diebstahl nach den Versicherungsbedingungen verspätet sei.

Das Landgericht erklärte den Klaganspruch dem Grunde nach für gerechtfertigt. Die Berufung der Beklagten wurde zurückgewiesen. Auf ihre Revision wurde die Klage abgewiesen aus folgenden

Gründen:

„Die Streitfragen, ob bei dem von russischen Pöbelmassen verübten Eindringen in die Botschaft Einbruchdiebstähle im Sinne der Versicherungsbedingungen begangen sind, ob das Vorgehen des Pöbels als ein „Aufruhr" anzusehen ist oder nicht und ob der Kläger von dem Versicherungsfall noch rechtzeitig oder zu spät Anzeige erstattet hat, können auf sich beruhen. Auch wenn unterstellt wird, daß in allen diesen Punkten den für den Kläger günstigen Erwägungen der Vorinstanz zu folgen sei, unterliegt das angefochtene Urteil der Aufhebung, weil es die Anwendbarkeit der im § 2 Abs. 4 der allgemeinen Versicherungsbedingungen enthaltenen Kriegsklausel zu Unrecht verneint hat.

Die in Betracht kommende Bestimmung lautet: „Für den Schaden durch Einbruchdiebstahl haftet der Versicherer nicht im Falle eines Kriegszustandes, eines Aufruhrs, eines Erdbebens oder eines vulkanischen Ausbruchs, es sei denn, daß sowohl diese Ereignisse als deren Wirkungen als die dadurch hervorgerufenen Zustände, insbesondere der Zerstörung und mangelnden Ordnung weder unmittelbar noch mittelbar, sei es die diebische Absicht, sei es die Ausführung des Einbruchdiebstahls irgendwie beeinflussen und / oder begünstigen konnten." . . . Der Berufungsrichter meint, als einen allgemeinen Grundsatz des Versicherungsrechts aufstellen zu können, daß die Kriegsklausel nicht in juristisch völkerrechtlichem Sinne zu deuten, für den Begriff „Krieg" und „Kriegszustand" vielmehr n u r der tatsächliche Zustand entscheidend sei und dies insbesondere für die räumliche und zeitliche Ausdehnung des Kriegszustandes derart gelte, daß dieser nur zu berücksichtigen sei, wenn er auf den Ort übergegriffen habe, wo sich die versicherte Sache befinde. Ein solcher Grundsatz ist jedoch nicht anzuerkennen. Zuzugeben ist freilich, daß E h r e n b e r g im Handbuche des Versicherungsrechts für die eine Haftung des Versicherers beschränkenden oder ausschließenden Kriegsklauseln die Auffassung vertritt, im Zweifel sei nicht der völkerrechtliche Begriff des Krieges, sondern der faktische Zustand entscheidend, da nur bei diesem die ausnahmsweise gesteigerte Gefahr vorhanden sei, welche der Versicherer ausgeschlossen wissen wollte, und dies gelte auch für die räumliche und zeitliche Ausdehnung des Kriegszustandes; so habe während des deutsch-französischen Krieges auf deutschem Landgebiete kaum für wenige Tage (Ende Juli bis Anfang August 1870) und nur für einige Grenzbezirke der „Kriegszustand" im Sinne des Versicherungsrechts geherrscht. Damit stimmt anscheinend der von Gerhard und anderen verfaßte Kommentar zum Versicherungsvertragsgesetze (S. 388, 389, 556) überein.

Die Auffassung ist indes nicht als allgemeine und herrschende Ansicht zu bezeichnen. Wo anderweit im Schrifttum und in höchstrichterlicher Rechtsprechung bei Deutung versicherungsrechtlicher Kriegsklauseln auf den tatsächlichen Kriegszustand Gewicht gelegt ist, geschah dies, soweit ersichtlich, in dem Sinne, daß es eines völkerrechtlichen Kriegszustandes nicht bedürfe, der tatsächliche genüge. Vgl. namentlich Manes, Versicherungslexikon S. 1119, Conradt, Feuerversicherung und Krieg in den Veröffentlichungen des deutschen Vereins für Versicherungswissenschaft, Heft, 26 S. 81, Josef im Recht 1914, S. 602. In dem auch vom Berufungsrichter angezogenen Reichsgerichtsurteile vom 28. April 1909 ist ausgeführt, der Begriff des Krieges im Sinne des Seeversicherungsrechts decke sich nicht mit dem Begriffe des Krieges im Sinne des Völkerrechts, begreife vielmehr auch solche gewalttätige, kriegsähnliche Handlungen, die von völkerrechtlich nicht anerkannten Mächten ausgehen. In seinem über einen Anspruch aus einem Unfallversicherungsvertrag entscheidenden Urteile vom 15. Juni 1917 (oben S. 318) hat der gegenwärtig erkennende Senat die Anwendung einer Vertragsklausel, wonach von der Versicherung Unfälle ausgeschlossen waren, die der Versicherte durch Kriegsereignisse erleidet, auf folgenden Tatbestand bejaht. Der im Bingerbrück wohnhafte Versicherungsnehmer fuhr am 6. August 1914 mit seinem Automobil nach Saarbrücken. Unterwegs wurde er von einem Grenz- und Bahnwächter festgenommen und in einer nicht zu rechtfertigenden Verkennung der Sachlage erschossen (näheres s. oben S. 319/320). Schon mit jener Entscheidung ist die Meinung bekundet, daß die Anwendung versicherungsvertraglicher Kriegsklauseln nicht grundsätzlich auf solche Schadenfälle einzuschränken ist, die sich innerhalb des tatsächlichen Raumgebiets kriegerischer Operationen ereignen. Daran hält der Senat auch bei der ihm gebührenden selbständigen (RGZ. Bd. 81 S. 117) Ermittlung des Sinnes der hier zu beurteilenden Vertragsbestimmung fest. Der Standpunkt Ehrenbergs und der Vorinstanz wird der Mannigfaltigkeit und Verschiedenheit der besonderen Verhältnisse, für welche im Versicherungsrechte Kriegsklauseln in Betracht kommen können, nicht gerecht. Auch die Reichsgerichtsentscheidungen, welche sich auf Kriegsklauseln für andere als versicherungsrechtliche

Vertragsverhältnisse beziehen, und wovon einzelne in dem angefochtenen Urteile herangezogen sind, können der von der Vorinstanz vertretenen einschränkenden Deutung keine Stütze bieten. Allgemein und grundsätzlich und unbeschadet der Geltung engerer Regelung ist für eine befreiende Wirkung der Kriegsklauseln nur die Voraussetzung als berechtigt und notwendig anzuerkennen, daß eine ursächliche Beziehung zwischen dem Kriege und den Handlungen oder Unterlassungen, deren Beurteilung erheblich wird, gegeben sein muß.

Am 4. August 1914 bestand zwischen Deutschland und Rußland sowohl ein völkerrechtlicher als auch schon ein tatsächlicher Kriegszustand. Daß es damals erst zu Kampfhandlungen von geringer Bedeutung in sehr fern von St. Petersburg gelegenen Grenzgebieten gekommen war, kann der Anwendung des § 2 Abs. 4 Satz 1 angesichts seines Wortlauts nicht hinderlich sein. Die Beklagte hat durch diese für den Versicherer sehr günstige Bestimmung vom Bereich ihrer Haftpflicht ganz unzweideutig alle Schäden ausgeschieden, die irgendwie ursächlich auf den Kriegszustand zurückzuführen sind; zum Ausschluß einer Haftung des Versicherers soll die Möglichkeit genügen, daß für den verübten Einbruchdiebstahl ein Kriegszustand in irgendeiner Weise unmittelbar oder mittelbar ursächlich geworden ist, sei es, daß die objektive Tat, sei es, daß die subjektive Willensrichtung der Täter durch den Kriegszustand oder etwaige von diesem hervorgerufene Zustände beeinflußt oder begünstigt sein kann. Der klare Wortsinn der Klausel läßt es nicht zu, ihre Geltung auf Schadenfälle einzuschränken, die innerhalb des Raumgebiets von unmittelbar gegen den Feind gerichteten Kriegsoperationen vorkommen. Der Versuch des Berufungsurteils, aus dem ersten und zweiten Satze des Absatzes 4 nachzuweisen, es müsse sich durchweg um „Ereignisse" handeln, die eine streng räumliche Beziehung zum Orte der versicherten Sache haben, geht fehl. Nach Wort- und Satzbildung können als zusammengehörig mit dem Kriegszustande behandelt nur die im ersten Satze noch erwähnten Fälle eines Aufruhrs, Erdbebens und vulkanischen Ausbruchs mit in Betracht kommen. Es ist aber nicht zuzugeben, daß ein ursächlicher Zusammenhang zwischen Ereignissen der drei letzterwähnten Arten und der Verübung eines Einbruchdiebstahls lediglich und ausschließlich innerhalb des Raumgebiets der unmittelbaren Wirkungen jener Ereignisse denkbar sei. Abgesehen hiervon bleibt beachtlich, daß dem zwischen zwei oder mehreren Staaten eröffneten Kriegszustande erfahrungsgemäß ein umfassenderer und störenderer Einfluß auf die allgemeine Ordnung der Lebensverhältnisse zukommt als einem Aufruhr, einem Erdbeben oder einem vulkanischen Ausbruche. Darum könnte es nicht auffallen, wenn die Wirkungen der Befreiungsklauseln im ersten Falle weiter reichten als in den drei anderen Fällen. Mit der Kriegsklausel wollte die Versicherungsgesellschaft, wie auch der Berufungsrichter nicht verkennt, die Möglichkeit gewinnen, eine unverhältnismäßige Gefahrsteigerung, die Haftung für außerordentliche und unübersehbare Schadenfälle von sich abzuwehren. Dem mit der Bestimmung verfolgten, an sich nicht unberechtigten Interesse des Versicherers wird nicht genügt, wenn man ihre Geltung auf das Raumgebiet unmittelbarer Kriegsoperationen einschränkt.

Wie aus einem Aufsatze Lübstorffs in Masius Rundschau, Jahrgang 28 S. 5 flg., hervorgeht, sind gegenüber dem als Verbandsklausel für eine Reihe von Gesellschaften eingeführten § 2 Abs. 4 Satz 1 Befürchtungen dahin laut geworden, die Versicherung habe während der Kriegszeit überhaupt keine Bedeutung mehr, weil es sehr schwierig sein würde, den Nachweis zu erbringen, daß ein Einbruch während der Kriegszeit nicht in irgendeiner Weise durch den Kriegszustand begünstigt worden sei. Die Besorgnisse gingen zu weit. Einbruchsdiebstähle, bei denen eine innere Beziehung der Tat und der Absicht der Täter zum Kriege fehlt, werden nicht selten auch im Laufe eines Krieges vorkommen, und bei angemessen sachlicher Erörterung und Würdigung wird sich vermeiden lassen, daß die Befreiungsklausel auf Fälle Anwendung finde, für die sie nach ihrem Inhalt und Grunde nicht bestimmt ist. Wenn dagegen dem Kriege eine ursächliche Bedeutung für Einbruchsdiebstähle zukommt, so darf man nicht zwischen den in der Gegend der Kampfhandlungen und den fern von dieser Gegend begangenen Diebstahlsfällen unterscheiden. Nach dem Sinne der Befreiungsklausel rechtfertigt sich dann vielmehr ihre gleichmäßige Anwendung auf jene wie auf diese Fälle. Das Berufungsurteil betont, § 2 Abs. 4 stelle eine allgemeine Bedingung dar, die gegenüber jedem Versicherten dieselbe Auslegung erfordere. Der Ansicht ist beizustimmen. Daraus folgt aber keineswegs, daß die Klausel für alle im Laufe eines Krieges an demselben Orte vorkommenden Fälle von Einbruchsdiebstahl eine gleichmäßige Wirkung üben müsse. Wollte man auch einräumen, daß es bei Diebstählen fern vom Kriegsschauplatze häufig an einer inneren Beziehung zum Kriege fehlen wird, so kann doch bei einzelnen Tatfällen immerhin solche Beziehung vorliegen. Die Frage der Anwendbarkeit der Kriegsklausel ist für jeden einzelnen Tatfall nach den für seine Gestaltung und Bedeutung maßgeblichen Sachumständen besonders zu prüfen. Dabei kann auch die Staatsangehörigkeit einerseits des Versicherten und Geschädigten, anderseits der Einbrecher ins Gewicht fallen, zumal, wenn die versicherten Gegenstände im Gebiet eines mit dem Heimatstaate des Versicherten im Kriege befindlichen Staates aufbewahrt werden. Natur und Entwickelung des Versicherungswesens bringen es mit sich, daß deutsche Gesellschaften ihren Geschäftsverkehr nicht selten auch auf Versicherung von Gefahrumständen erstrecken, deren Sitz im Auslande liegt. Solchenfalls dürfen und müssen bei Prüfung der Anwendbarkeit einer Kriegsklausel des im § 2 Abs. 4 gegebenen Inhalts alle Sachumstände berücksichtigt werden, die nach der Eigenart des einzelnen Tatfalls für einen ursächlichen Zusammenhang zwischen dem Kriege und dem Einbruchsdiebstahl sprechen. Das Berufungsurteil gedenkt des Grundsatzes, der unklare und unbestimmte Ausdrücke der Versicherungsbedingungen im Zweifel gegen den Versicherer als Verfasser der Bedingungen auszulegen sind. Der Grundsatz ist anzuerkennen, für seine Anwendung bleibt indes hier kein Raum. Für die Entscheidung des vorliegenden Rechtsfalles können sich weder aus der Wortfassung des § 2 Abs. 4 noch aus der Zweckbestimmung der Klausel wesentliche Zweifel und Bedenken über ihre Tragweite ergeben. Den Erwägungen allgemeiner Art, mit denen die Vorinstanz einen Ausschluß der Haftung der Beklagten verneint, ist sonach nicht beizustimmen.

In zweiter Reihe hat das Berufungsurteil die Frage, auf welche es nach richtiger Ansicht für die Entscheidung ankam, behandelt, nämlich ob ein Kausalzusammenhang des Sturmes auf die Botschaft und der verübten Plünderungen mit dem Kriege bestand. Der Berufungsrichter verneint die Frage. Er sieht in dem Kriege nur den „Anlaß" zu jenen Vorkommnissen und findet ihre adäquate und ausschließliche Ursache in gewissen besonderen Umständen, „die keine Begleiterscheinung des Krieges zu sein brauchten", einmal in den unwahren, die Volksleidenschaft aufpeitschenden Gerüchten, die Kaiserin Mutter sei in Deutschland übel behandelt und das Botschaftsgebäude in Berlin sei verbrannt worden, und sodann entscheidend darin, daß die Organe der Petersburger Polizeigewalt die Plünderungen geflissentlich geduldet und sich dadurch eines Völkerrechtsbruchs schuldig gemacht haben. Mit Recht greift aber die Revision diese Urteilsbegründung als unhaltbar an.

Die Erfahrung, und zwar nicht erst des jetzigen Krieges, sondern auch schon früherer Kriege, lehrt, daß gerade in der ersten Zeit nach der Kriegserklärung eine starke Erregung völkischer Empfindungen und Leidenschaften einzutreten pflegt; aus der Luft geholte, unwahre, der feindlichen Macht und deren Angehörigen ungünstige Gerüchte und

Nachrichten werden aufgebracht, finden Verbreitung und Glauben, bringen eine Steigerung der Gefühle der Erbitterung und des Hasses mit sich und führen auch zu tätlichen Ausschreitungen, die sich gegen erreichbare Angehörige des feindlichen Staates und gegen deren Eigentum richten. Bei den Einbrüchen und Plünderungen in der Nacht zum 5. August 1914 handelt es sich also keineswegs um dem Kriege fremde, mit ihm nicht zusammengehörige Dinge, sie sind durch den Kriegszustand erst möglich geworden, finden darin ihre Grundlage, und es entspricht durchaus den Richtlinien der Lehre vom adäquaten Kausalzusammenhange, hier dem Kriegszustand eine eng ursächliche Bedeutung für die verübten Plünderungen und den herbeigeführten Sachschaden beizumessen. Hieran kann die Tatsache nichts ändern, daß wesentlich mitwirksam das Verhalten der zur Aufrechterhaltung der öffentlichen Ordnung in St. Petersburg berufenen Organe der russischen Polizei wurde, die in grober Pflichtverletzung die Plünderungen duldeten und begünstigten. Hieraus folgt nur, daß auch in diesen Mitgliedern der russischen Volksgemeinschaft das durch den Kriegszustand hervorgerufene Gefühl des Hasses gegen Deutschland und dessen Angehörige übermächtig geworden ist und sie dazu gebracht hat, sich über jede gebotene Rücksicht auf Anstand, Amtspflicht und Völkerrecht hinwegzusetzen.

Das Berufungsgericht legt eingehend dar, man habe nach den Erfahrungen aus der Zeit bis zum gegenwärtigen Kriege einen so schweren Völkerrechtsbruch nicht vorhersehen können, weder die Beklagte noch der Kläger hätten an eine derartige Möglichkeit gedacht. Wäre der Gesichtspunkt überhaupt beachtlich, so ließe sich doch nicht folgern, daß die Beklagte für den eingetretenen Schaden aufzukommen habe. In erster Linie trifft der Schade den Eigentümer der gestohlenen und zerstörten Gegenstände. Zu einer Feststellung, wonach es im Sinne des Vertragswillens liege, daß die Versicherungsgesellschaft den Schaden zu ersetzen habe, läßt sich nicht gelangen, wenn für beide an der Versicherung beteiligten Personen bei Abschluß des Vertrags ein Schade, wie er später eingetreten ist, außerhalb des Rahmens jeder denkbaren Möglichkeit und Berechnung gelegen hat. Die angedeuteten Urteilserwägungen müssen aber auch schon deshalb versagen, weil hier der Vertrag auf Grund allgemeiner Bedingungen der Versicherungsgesellschaft zustande gekommen ist. Es bleibt dann für Feststellungen an der Hand des für den einzelnen Abschluß beonders zu ermittelnden Vertragswillens kein Raum. Die Frage ist dann nach dem Sinne der betreffenden Bestimmungen in ihrer allgemeinen Geltung zu stellen, und in dem so zu ermittelnden Sinne sind diese für und gegen jeden Versicherungsnehmer, der den Vertrag auf dieser Grundlage eingegangen ist, maßgebend (RGZ. Bd. 81 S. 119). Von diesem Gesichtspunkt aus erscheint es unerheblich, ob ein so grober Völkerrechtsbruch, wie er in der Nacht zum 5. August 1914 verübt ist, vorhersehbar war. Die Beklagte hat sich durch den § 2 Abs. 4 einen weitgehenden Schutz gegen Haftung für Schäden aus Abweichungen von normalen Friedens-, Ordnungs- und Ruhezuständen gesichert, und der streitige Schade fällt in das Gebiet der Befreiung des Versicherers, weil er in engem ursächlichem Zusammenhange mit dem Kriege und einem dadurch hervorgerufenen Zustande mangelnder Ordnung erwachsen ist.

Hiernach war das angefochtene Urteil aufzuheben, und, da die Sache zur Entscheidung im Sinne des Antrags der Beklagten reif ist, in Abänderung des landgerichtlichen Urteils die Klage abzuweisen."

RGZ. 93, 80.

Zum Inhalt einer Fristbestimmung nach § 39 Abs. 2 des Gesetzes über den Versicherungsvertrag vom 30. Mai 1908.

VII. Zivilsenat. Urt. v. 4. Juni 1918.

I. Landgericht Duisburg. — II. Oberlandesgericht Düsseldorf

Der Kläger war bei der Beklagten gegen Haftpflicht versichert. Im August 1913 trat ein Versicherungsfall ein. Die Beklagte gewährte zunächst Versicherungsschutz, bestritt später aber, dazu verpflichtet zu sein, weil der Kläger die am 12. April 1913 fällig gewesene Prämie trotz gesetz- und vertragsmäßiger Fristbestimmung erst am 24. September 1913 bezahlt habe. Der Kläger hielt die Fristbestimmung für unwirksam und erhob Klage auf Feststellung der Entschädigungspflicht sowie auf Zahlung gewisser Beträge.

Während das Landgericht der Klage stattgab, wies das Oberlandesgericht den Kläger in der Hauptsache ab; nur gewisse Kostenforderungen sprach es ihm zu. Auf die Revision wurde das erste Urteil wiederhergestellt.

Gründe:

. . . „Die Entscheidung des Rechtsstreits hängt, wie das Oberlandesgericht zutreffend ausführt, in erster Linie davon ab, ob die Beklagte durch den Verzug des Klägers überhaupt von ihrer Leistungspflicht aus dem Versicherungsvertrage frei geworden ist. Bei der Prüfung dieser Frage ist von § 39 VersVG. auszugehen, denn seine Vorschriften sind insofern zwingend, als sich der Versicherer auf eine Vereinbarung nicht berufen darf, durch welche zum Nachteile des Versicherungsnehmers davon abgewichen wird (§ 42 a.a.O.). Ist § 39 nicht beachtet, so kommt es darauf nicht mehr an, ob die Vorschriften der Versicherungsbedingungen innegehalten sind.

Nach § 39 Abs. 1 kann der Versicherer dem Versicherten zur Zahlung einer nach dem Beginne der Versicherung zu entrichtenden Prämie, wenn die Zahlung nicht rechtzeitig bewirkt wird, eine Frist bestimmen. Tritt der Versicherungsfall nach dem Ablaufe der Frist ein und ist zur Zeit des Eintritts der *Versicherungsnehmer mit der Zahlung* der Prämie oder der geschuldeten Zinsen oder Kosten im Verzuge, so ist der Versicherer von der Verpflichtung zur Leistung frei. Der Versicherer ist nach dem Ablaufe der Frist, wenn der Versicherungsnehmer mit der Zahlung in Verzug ist, berechtigt, das Versicherungsverhältnis ohne Einhaltung einer Kündigungsfrist zu kündigen. Nach § 39 Abs. 2 hat die Bestimmung der Zahlungsfrist schriftlich zu geschehen; dabei sind die Rechtsfolgen anzugeben, welche nach Abs. 1 mit dem Ablaufe der Frist verbunden sind. Die Frist darf nicht weniger als zwei Wochen betragen. Eine Fristbestimmung, die ohne Beachtung dieser Vorschriften erfolgt, ist unwirksam.

Die maßgebende Zahlungsaufforderung wurde von der Beklagten am 9. Mai 1913 an den Kläger gerichtet und enthielt den Hinweis auf die Rechtsfolgen einer Versäumnis der gesetzten zweiwöchigen Zahlungsfrist in folgenden zwei Sätzen:

> „Wir gestatten uns ferner, Sie darauf hinzuweisen, daß die Entschädigungsverpflichtung unserer Gesellschaft, falls Sie vorstehender Aufforderung nicht rechtzeitig entsprechen, während der Zeit des Verzugs ruht und für später eintretende Schäden erst dann wieder in Kraft tritt, wenn die Prämie nebst Kosten bezahlt ist. Im Falle des Verzugs steht es unserer Gesellschaft bedingungsgemäß frei, den Vertrag als aufgehoben zu betrachten oder die Prämie gerichtlich einzuziehen."

Der Berufungsrichter sieht die Anforderungen des § 39 durch diese Sätze als erfüllt an. Die Revision zieht das mit Recht in Zweifel. Das Oberlandesgericht hat nämlich nur geprüft, ob diejenige Rechtsfolge in genügender Weise angedroht ist, auf die sich die Beklagte hinterher berufen hat, d. h. ihr Freiwerden von der Leistungspflicht. Damit wird es aber dem § 39 nicht gerecht, wie der erkennende Senat bereits RGZ. Bd. 86 S. 27 ausführlich dargelegt hat. Der Versicherungsnehmer ist über die sämtlichen möglichen Rechtsfolgen zu belehren, der Hinweis auf die eine oder die andere genügt nicht. Welche der Rechtsfolgen der Versicherer später geltend macht, ist unerheblich; vgl. auch das Urteil des erkennenden Senats vom 20. März 1917, VII. 395/16 (LeipzZeitschr. Sp. 1138).

Die einzigen Worte in dem Schreiben vom 9. Mai 1913, die auf das dem Versicherer erwachsende Kündigungsrecht hindeuten, lauten dahin, daß es im Falle des Verzugs der Gesellschaft freistehe, den Vertrag als aufgehoben zu betrachten. Die Befugnis, einen Vertrag als aufgehoben zu betrachten, ist aber ganz etwas anderes als die, ein Vertragsverhältnis, wenn auch fristlos, zu kündigen. Die Kündigung ist eine empfangsbedürftige Willenserklärung. Solange sie dem Versicherten nicht zugegangen ist, weiß er, daß das Vertragsverhältnis noch besteht, und kann danach seine Maßnahmen treffen. Steht es aber dem Versicherer frei, den Vertrag als aufgehoben zu betrachten, führt also sein bloßer, dem Versicherten nicht mitgeteilter Entschluß die Rechtsänderung herbei, so weiß der Versicherte nicht, woran er ist, ob der Versicherer sich noch an den Vertrag gebunden hält oder ob er ihn bereits als aufgehoben betrachtet. Geradezu irreführend wirkt dabei das Gegenüberstellen der Befugnis, den Vertrag als aufgehoben zu betrachten, und der weiteren, die Prämie gerichtlich einzuziehen. Danach muß der Leser annehmen, daß der Versicherer den Vertrag als aufgehoben betrachtet, wenn er nicht alsbald mit gerichtlichen Schritten vorgeht. Alles das kann die Entschlüsse des Versicherten beeinflussen und ihn an der Ausübung seines Rechtes hindern, die rückständige Prämie nebst Zinsen und Kosten bis zur Kündigung noch zu bezahlen.

Auch der Hinweis auf dieses Recht selbst ist in dem Schreiben der Beklagten nicht mit der erforderlichen Klarheit enthalten. Kündigen darf der Versicherer nur, wenn die gesetzte Frist fruchtlos verstrichen ist und wenn der Versicherte auch weiterhin mit der Zahlung im Verzug bleibt. Der Versicherte ist also auch nach Ablauf der Frist in der Lage, jederzeit zu zahlen und damit dem Versicherer das Kündigungsrecht zu nehmen. Das konnte der Kläger aber aus dem Briefe der Beklagten nicht mit Sicherheit ersehen. Die Worte „im Falle des Verzugs" sind mehrdeutig. Sie können sowohl den bloßen Eintritt des Verzugs überhaupt bedeuten als auch den Eintritt und die Fortdauer. Der unbefangene Leser wird geneigt sein, die Worte in dem ersteren Sinne aufzufassen, und er muß dann einen Zeitpunkt als bestimmt ansehen, von dem ab der Beklagten das dann nicht mehr in Frage zu stellende Recht erwächst, den Vertrag als aufgehoben zu betrachten. Er ist dann auch in dieser Hinsicht falsch belehrt.

In dem allein von ihm gewürdigten ersten der beiden oben mitgeteilten Sätze des Schreibens vom 9. Mai 1913 erblickt das Oberlandesgericht einen genügenden Hinweis auf das Freiwerden der Beklagten von ihrer Leistungspflicht, auf die Voraussetzungen dieses Freiwerdens und auf das fortdauernde Recht des Klägers, durch Zahlung der rückständigen Prämie nebst Zinsen und Kosten das Freiwerden für die Zukunft wieder zu beseitigen. Auch das unterliegt schon gewissen Bedenken. Das Freiwerden der Gesellschaft von der Verpflichtung zur *Leistung ist zunächst einseitig auf den bloßen Eintritt* des Verzugs abgestellt, und wenn auch die letzte Wendung des Satzes das für den juristisch Gebildeten wieder zurechtrücken mag, so bleibt doch zweifelhaft, ob ein Laie den Zusammenhang richtig auffassen kann. In jedem Falle aber hätte das Oberlandesgericht zu einem andern Ergebnis kommen müssen, wenn es den gesamten Inhalt des Schreibens vom 9. Mai 1913 seiner Prüfung zugrunde gelegt hätte. Der oben beanstandete zweite Satz des Schreibens mußte nämlich für den Leser auch die Bedeutung des ersten Satzes beeinträchtigen. Selbst wenn der Kläger hier erfuhr, daß die Beklagte nach dem Ablauf der Frist so lange von ihrer Leistungspflicht frei werde, bis der Kläger die Prämie nebst Zinsen und Kosten etwa nachträglich gezahlt habe, und daß er das Recht zu dieser nachträglichen Zahlung habe, so wurde dies doch alles in Frage gestellt durch die in dem nächsten Satze enthaltene Mitteilung, daß die Beklagte vom Ablaufe der Frist an befugt sei, den Vertrag als aufgehoben zu betrachten. Diesen Entschluß konnte die Beklagte, wie bereits oben erwähnt, fassen, ohne daß der Kläger etwas davon erfuhr. Wenn der Kläger seinerseits erwog, ob er die rückständige Prämie nebst Zinsen und Kosten noch zahlen solle, um das Freiwerden der Beklagten von ihrer Leistungspflicht für die Zukunft zu beseitigen, dann konnte der Gedanke, daß die Beklagte vielleicht schon längst dazu gelangt sei, den Vertrag als aufgehoben zu betrachten, ihn von einem der wirklichen Sach- und Rechtslage entsprechenden eigenen Entschlusse abhalten. Das will aber der § 39 gerade verhindern. Der Versicherte soll sich in voller Kenntnis der tatsächlichen und rechtlichen Umstände entscheiden können. Von diesem Standpunkt aus erscheint übrigens auch das von Gerhard-Manes, Versicherungsvertragsgesetz Anm. 6i zu § 39, empfohlene Formular für das Mahnschreiben an den Versicherer nicht als genügend. Die Rechte, die dem Versicherer erwachsen, werden darin lediglich an den fruchtlosen Ablauf der gesetzten Frist geknüpft; das Recht des Versicherten, auch nach Eintritt des Verzugs die Prämie nebst Zinsen und Kosten zu zahlen, und die danach sich ergebenden Rechtsfolgen werden mit keinem Worte erwähnt.

Das Schreiben der Beklagten vom 9. Mai 1913 genügt also in mehrfacher Richtung nicht dem § 39 VersVG. Es ist deshalb unwirksam geblieben und die Beklagte ist von ihrer Leistungspflicht überhaupt nicht frei geworden. Unerörtert kann danach bleiben, ob etwa in späteren Handlungen der Beklagten ein Anerkenntnis zu erblicken ist, durch das sie die erloschene Leistungspflicht von neuem begründet hat." . . .

RGZ. 100, 222.

Rechtswirksamkeit einer auf Beginn des Versicherungsschutzes vor Abschluß des Vertrags gerichteten Abrede, insbesondere gegenüber § 2 Abs. 2 VersVG.

VII. Zivilsenat. Urt. v. 16. November 1920.

I. Landgericht I Berlin. — II. Kammergericht daselbst.

Die Klägerin, die am 3. März 1919 bei der Berliner Generalagentur der Beklagten die Versicherung ihres Geschäftsinventars nebst Waren gegen Einbruchsdiebstahl, und zwar vom 5. März 1919, mittags 12 Uhr ab, beantragt und am 24. März 1919 den ihr an diesem Tage vorgelegten Versicherungsschein vom 20. März 1919 durch Zahlung der Prämie und der Nebenkosten eingelöst hat, verlangt Entschädigung wegen eines in der Nacht zum 24. März 1919 verübten Einbruchsdiebstahls. Die Beklagte hat ihre Ersatzpflicht nach Grund und Betrag bestritten. Das Landgericht hat die Klage abgewiesen, da zur Zeit des Diebstahls ein Versicherungsvertrag noch nicht zustande gekommen gewesen sei. Das Berufungsgericht hat abändernd den Klaganspruch dem Grunde nach für gerechtfertigt erklärt und die Sache zur weiteren Verhandlung an das Landgericht zurückverwiesen. Die Revision der Beklagten wurde zurückgewiesen aus folgenden

Gründen:

Der Berufungsrichter hat dahingestellt gelassen, ob der Versicherungsvertrag, auf Grund dessen die Klägerin den Entschädigungsanspruch erhoben hat, durch die von ihr behauptete Mitteilung der Berliner Generalagentur der Beklagten von der erfolgten Annahme ihres Versicherungsantrags bereits vor dem Einbruchsdiebstahl zustande gekommen war; er unterstellt, daß der Abschluß des Vertrags erst durch die gegen Zahlung der Prämie am Vormittag des 24. März 1919 erfolgte Aushändigung des Versicherungsscheines vom 20. desselben

Monats erfolgt ist. Der Berufungsrichter hat aber dennoch den Klaganspruch dem Grunde nach für gerechtfertigt erachtet, indem er als dem beiderseitigen Parteiwillen entsprechenden Inhalt des Versicherungsvertrags feststellt, 1. daß der Versicherungsschutz unabhängig davon, wann der Vertrag durch Annahme des Antrags zum Abschluß gelangen sollte, vom 5. März 1919 mittags 12 Uhr ab auf 5 Jahre gewährt werden sollte, und 2., daß die Beklagte, falls, wie beiderseitig angenommen wurde, der Vertrag erst nach dem genannten Zeitpunkt abgeschlossen werden sollte, für den Fall eines nach dem 5. März, aber vor dem Vertragsschluß etwa erfolgenden Eintritts eines Versicherungsfalls sich auf ein Freiwerden von ihrer Verpflichtung gemäß § 2 Abs. 2 Satz 2 VersVG. nicht sollte berufen können. Diese tatsächliche Feststellung des Vertragsinhalts trägt die von der Revision angefochtene Entscheidung, denn die Feststellung ist ausreichend mit Erwägungen begründet, die weder einen Rechtsverstoß erkennen noch die erforderliche Schlüssigkeit vermissen lassen, und sie ist deshalb für den Revisionsrichter bindend.

Daß die Beklagte zur Annahme des Antrags nicht verpflichtet war, schließt keineswegs, wie die Revision meint, aus, daß sie für den Fall, wenn sie sich zur Annahme entschloß, den Versicherungsschutz dem gestellten Antrag entsprechend schon vom 5. März 1919 ab zu gewähren gewillt war, vorausgesetzt nur, daß die Klägerin bei Vorlage des Versicherungsscheines die Prämie zahlte und auch sonst nicht gegen ihre Pflichten, insbesondere gegen die ihr obliegende Anzeigepflicht verstieß. Der Berufungsrichter hat durchaus nicht verkannt, daß auch bei der Diebstahl-, Feuer- und Hagelversicherung Fälle möglich sind, in denen dem Versicherungsnehmer bis zum Vertragsschluß ein inzwischen eingetretener Versicherungsfall ohne sein Verschulden unbekannt bleibt; er spricht nur davon, daß „in normalen Verhältnissen", wie sie hier vorliegen, der Versicherungsnehmer es wissen wird, ob ein Versicherungsfall bereits eingetreten ist. Ob vielfach andere Gründe einen Versicherungsnehmer bestimmen, eine Vordatierung der Versicherung zu wählen, ist für den vorliegenden Fall unerheblich.

Die Revision bemängelt zu Unrecht, daß der Berufungsrichter angenommen hat, die Klägerin habe unmittelbar nach Entdeckung des Diebstahls der Berliner Generalagentur der Beklagten durch den Fernsprecher Kenntnis von dem Diebstahl gegeben.

Ist aber die Feststellung des Berufungsrichters, daß der in der Nacht zum 24. März 1919 erfolgte Diebstahl unmittelbar nach seiner Entdeckung von der Klägerin der Beklagten angezeigt und somit ihrer

Anzeigepflicht genügt worden ist, nicht zu beanstanden, so bedurfte es keiner weiteren Ausführungen, daß der Beklagten wegen der von ihr behaupteten Unterlassung rechtzeitiger Anzeige ein Anfechtungsrecht wegen arglistiger Täuschung oder doch ein Rücktrittsrecht nicht gegeben ist.

Auch die von der Revision noch erbetene Nachprüfung der Ausführungen des Berufungsrichters über die rechtliche Bedeutung der Tatsache, daß die erste Prämie erst nach dem Eintritt des Versicherungsfalls bezahlt worden ist, gibt mit Rücksicht auf den festgestellten Vertragsinhalt zu einem Bedenken keinen Anlaß.

Schließlich besteht in einem Falle, wie er vorliegend nach den Feststellungen des Berufungsrichters gegeben ist, auch kein Grund, dem im berechtigten Interesse der Klägerin vereinbarten Ausschluß der gegen unredliches Geschäftsgebaren gerichteten Vorschrift des § 2 Abs. 2 S. 2 VersVG. die Rechtswirksamkeit zu versagen.

RGZ. 101, 224.

Zum Begriff des Abhandenkommens in Versicherungsverträgen.

VII. Zivilsenat. Urt. v. 21. Januar 1921.

I. Landgericht Nürnberg. — II. Oberlandsgericht daselbst.

Durch Pauschal-Police für Landtransport-Versicherung hat die Beklagte der Klägerin die Summe von 2 000 000 M für alle an die Klägerin gerichteten Sendungen von Band- und Seidenwaren und allen sonstigen im Geschäft vorkommenden Artikeln per Eisenbahn, Post und Fuhre versichert. Die an sie gelangenden Postsendungen ließ die Klägerin sich nicht ins Haus bringen, sondern durch ihre eigenen Leute abholen. Diese bekamen zunächst am Briefschalter die Paketkartenabschnitte und dann am Paketschalter die Pakete selbst ausgehändigt. 17 in der Zeit vom 7. bis 17. November 1917 an die Klägerin abgegangene Pakete hat sie aber nicht erhalten, weil dritte Personen in betrügerischer Weise die Abschnitte und die Pakete selbst abgeholt haben. Die Klägerin verlangt jetzt Ersatz von der Beklagten. Beide Vorinstanzen haben verurteilt. Die Revision hatte Erfolg.

Aus den Gründen:

(Es wird zunächst dargelegt, daß die Beklagte für die Gefahr des Diebstahls und Abhandenkommens haftete, wenn die versicherten Güter von diesen Gefahren betroffen wurden, während sie sich im Gewahrsam der Postverwaltung befanden, und daß Diebstahl unstreitig nicht in Frage komme. Aber auch abhanden gekommen seien die Pakete nicht.)

. . . „Abhandenkommen" ist ein festumrissener Begriff des bürgerlichen Rechtes, den das BGB. z. B. in den §§ 799, 808, 935, 1006, 1007, 1162 verwendet. Eine Sache ist abhanden gekommen, wenn der unmittelbare Besitzer ohne seinen Willen (oder ohne sein Zutun) den Besitz verloren hat (vgl. den Komm. von RGR. Anm. 4 zu § 935; Stein, Komm. z. ZPO. Anm. V zu § 1003). In diesem Sinne spricht auch das VersVG. in § 3 Abs. 2 von abhanden gekommenen Versicherungsscheinen und in § 83 Abs. 1 Satz 2 Halbs. 2 von Schäden, die dadurch entstehen, daß versicherte Sachen bei dem Brande abhanden kommen. Nicht gleichzusetzen ist der Fall, daß der Besitz infolge rechtswidriger Einwirkung auf den Willen des Aufgebenden — z. B. durch Drohung oder Betrug — aufgegeben wird. Der Verlust tritt hier immerhin willentlich ein. Das hat das Oberlandesgericht Hamburg in Seuff. Archiv Bd. 60 Nr. 150 im Anschluß an die Begründung zum BGB. (Mot. Bd. 3 S. 348) zutreffend hervorgehoben. Ebenso hat auch das Reichsgericht einen von Irrtum beeinflußten Willen für die Frage des Abhandenkommens noch als Willen angesehen (vgl. Urt. vom 20. Februar 1912 VII 363/11). Der Berufungsrichter tritt dieser Rechtsprechung mit unzureichenden Gründen entgegen. Wenn er meint, für das Verhältnis zwischen Versicherer und Versicherungsnehmer sei es gleichgültig, ob die Post den Gewahrsam der Sache durch Diebstahl oder Betrug verliere, so berücksichtigt er einseitig den Vorteil des Versicherten. Für den Versicherer ist das gewiß nicht gleichgültig. Wenn er einen bestimmten Ausdruck des bürgerlichen Rechts gebraucht, dann will er auch das sagen, was darunter zu verstehen ist. Entsprechend berechnet er auch die Prämie, die er erheben muß. Er hat also einen Nachteil, wenn seine Haftung über den klaren Wortlaut seiner Verpflichtungen hinaus ausgedehnt wird. Auch die Klarheit des Wortlauts bemängelt der Berufungsrichter. Er meint, daß die Klägerin den streitigen Ausdruck auch in einem weiteren Sinn auffassen konnte, der den an der Post verübten Betrug in sich einschloß. Dem wäre beizupflichten, wenn man mit dem Landgericht einen landläufigen, laienmäßigen Sprachgebrauch feststellen könnte, nach welchem unter „Abhandenkommen" jede Aufgabe des Besitzes im weitesten Sinne fiele, nach welchem also dem Beförderer das Gut stets schon dann „abhanden gekommen" wäre, wenn er außerstande gesetzt ist, das Gut dem Empfänger auszuantworten. Die Frage eines solchen Sprachgebrauchs wie die einer jeden allgemeinen Erfahrungstatsache unterliegt der freien

Nachprüfung des Revisionsgerichts. Sie ist zu verneinen. Das Leben kennt einen solchen Sprachgebrauch nicht, auch die Wörterbücher der deutschen Sprache gewähren dafür keinen Anhalt. Die Möglichkeit, daß die Klägerin persönlich gleichwohl das Wort in dem weiteren Sinne verstanden hat — der Berufungsrichter nimmt das offenbar an —, kommt rechtlich nicht in Betracht. Da die Beklagte ihre Worte gewählt hat in Übereinstimmung mit der Rechtssprache und der allgemeinen Volkssprache, so kann man nicht sagen, daß sie es an der genügenden Bestimmtheit des Ausdrucks habe fehlen lassen und entstandene Mißverständnisse deshalb vertreten müsse. Sache der Klägerin wäre es gewesen, ein Wort, dessen Bedeutung sie nicht übersah, sich von der Beklagten oder einem Rechtsverständigen erläutern zu lassen. . . .

(Es folgt die Erörterung eines weiteren Grundes des Berufungsgerichts, den das Reichsgericht ebenfalls für unzutreffend erachtet.)

RGZ. 108, 188.

Zum Begriff der bürgerlichen Unruhen im Versicherungsrecht.

VII. Zivilsenat. Urt. v. 8. Juni 1923.

I. Landgericht Hamburg, Kammer f. Handelssachen. — II. Oberlandesgericht daselbst.

Als Zweigniederlassung der in Brasilien bestehenden offenen Handelsgesellschaft in Firma Fr. & Co. hatte die Klägerin unter dem 19. April 1913, 2. März, 27. Oktober und 12. November 1915 mit den fünf verklagten Gesellschaften Verträge über Feuerversicherung des Geschäftsgebäudes der Firma in Porto Alegre und der dort vorhandenen Waren geschlossen. Am 16. April 1917 sind Gebäude und Warenlager durch Feuer zum größten Teil vernichtet worden. Deshalb nahm die Klägerin die Beklagten auf Zahlung einer Versicherungsentschädigung in Anspruch. Diese wendeten ein, der Brandschaden sei infolge von Krieg, Aufstand oder bürgerlichen Unruhen entstanden, und sie hätten sich für diese Fälle freigezeichnet (§ 1 Abs. 3 und 4 der Allgemeinen Versicherungsbedingungen).

Das Landgericht gab dem Klagantrage statt; das Oberlandesgericht wies die Klage ab. Die Revision der Klägerin blieb ohne Erfolg.

Gründe:

Das Berufungsgericht stellt folgenden Hergang fest: Durch die Versenkung eines brasilianischen Handelsschiffes und sich daran anschließende Zeitungsäußerungen waren in Porto Alegre Volksmengen gegen die dort ansässigen Deutschen in Erregung geraten. In den Geschäftsgebäuden deutscher Handelshäuser wurden an mehreren Tagen im April 1917 Fensterscheiben zertrümmert, Firmenschilder heruntergerissen und schließlich auch Brandlegungen verübt. Die Geschäftshäuser von B. & Co. und Fr. & Co. wurden mit Steinen beworfen, dann wurde das erstere angezündet, und von dort griff das Feuer auf die Fr.schen Räume über, wodurch die der Klage zugrunde liegenden Schäden angerichtet wurden.

In diesen Vorgängen sieht der Vorderrichter den Tatbestand bürgerlicher Unruhen, wie sie im § 1 Abs. 3 der Allgemeinen Versicherungsbedingungen der Beklagten („Ausgenommen von der Versicherung sind solche Schäden, welche infolge eines Kriegs- oder Belagerungszustandes, eines Überfalls durch bewaffnete Macht, eines Aufstandes oder infolge von bürgerlichen Unruhen, Orkanen, Erdbeben, vulkanischen Ausbrüchen und von Busch- und Waldbränden entstehen") erwähnt sind. Daher versagt er der Klägerin jeden Anspruch aus den Versicherungen.

(Eine Prozeßrüge wird zurückgewiesen, und dann fortgefahren:)

Der Hauptangriff der Revision richtet sich dagegen, daß der Berufungsrichter die Vorgänge, die zur Entstehung des Brandschadens führten, als bürgerliche Unruhen im Sinne der mitgeteilten Stelle der Versicherungsbedingungen aufgefaßt hat. Sie führt aus, bürgerliche Unruhen seien sachlich gleichbedeutend mit Aufstand und fielen unter den dem Versicherungsrecht allgemeinen Begriff des Aufruhrs. Darunter sei die Zusammenrottung einer Menschenmenge zu verstehen, die sich gegen den Bestand einer Regierung oder gegen einzelne ihrer Maßnahmen oder ihrer Beamten richte und bezwecke, eine Änderung des bestehenden Zustandes herbeizuführen. Hier handle es sich aber um Ansammlungen, die — zum mindesten — mit heimlicher Unterstützung der brasilianischen Regierung zu dem Zweck erfolgt seien, den Patriotismus des Volkes zu wecken und darzutun, daß es die gegen Deutschland gerichtete Politik billige und unterstütze. Die Kundgebungen seien gegen das Deutsche Reich, nicht aber gegen einzelne Klassen von Bewohnern des eigenen Landes gerichtet gewesen. Bei dieser Gelegenheit seien von Verbrechern an verschiedenen Stellen Gewalttätigkeiten begangen worden, die aber in keinem inneren Zusammenhang gestanden hätten und in den einzelnen Fällen verschiedenen Beweggründen entsprungen seien.

Die Auffassung des Berufungsgerichts, deren freie Nachprüfung dem Revisionsrichter zusteht (vgl. RGZ. Bd. 81 S. 117), ist jedoch zu billigen. Die Revision will den Vorgängen in Porto Alegre deshalb den Charakter bürgerlicher Unruhen absprechen, weil ihnen eine Spitze gegen die brasilianische Regierung oder ihre Beamten gefehlt habe. Eine solche ist zum Begriff des „Aufstandes" sicherlich notwendig. In dem maßgebenden Absatz der Versicherungsbedingungen werden aber neben dem „Aufstand" die „bürgerlichen Unruhen" angeführt. Da sonst offenbar jeder dort angewendete Ausdruck eine durchaus verschiedene Gattung von Ereignissen bezeichnen soll, die die Verantworlichkeit der Versicherungsgesellschaft ausschließen, ist anzunehmen, daß auch „Aufstand" und „bürgerliche Unruhen" nach dem Sinne der Bestimmung *nicht dasselbe bedeuten sollen. Zwar wird man jeden* „Aufstand" unter die „bürgerlichen Unruhen" rechnen müssen, aber gerade deshalb, weil sich die letzteren als der weitere Begriff darstellen, ist bei ihnen eine ausgesprochene Richtung gegen die Regierung des Landes oder ihre Beamten nicht zu erfordern. Es muß vielmehr zur Erfüllung des Begriffes genügen, daß Teile des Volkes, die nicht als zahlenmäßig unerheblich zu gelten haben, in einer die öffentliche Ruhe und Ordnung störenden Weise in Bewegung geraten und Gewalttätigkeiten, sei es gegen Personen, sei es gegen Sachen, verüben. Liegt dieser Tatbestand vor, so kann auf die Beweggründe, die das Handeln der Menge bestimmen, nichts weiter ankommen. Denn in jedem Falle liegt dann die Gefahr nahe, daß durch die einzelne Gewalttätigkeit das Rechtsbewußtsein der Menschen im ganzen erschüttert und getrübt, ihre niederen Triebe entfesselt und Gewalttaten aller Art begangen werden. Gegen die Haftung für solche Gefahren haben aber die Versicherungsbedingungen nach ihrem inneren Sinne den Versicherungsgesellschaften Schutz gewähren wollen, wie der erkennende Senat bereits in seinem RGZ. Bd. 97 S. 206 abgedruckten Urteil dargelegt hat (vgl. auch das Urteil VII 910/21 vom 30. Juni 1922). Übrigens enthält begrifflich auch jede Störung der öffentlichen Ruhe und Ordnung einen Angriff auf die zu ihrem Schutze berufenen Beamten. Ob diese sich tatsächlich dagegen zur Wehr setzen oder — wie es in Porto Alegre der Fall gewesen zu sein scheint — unter Vernachlässigung ihrer Amtspflichten untätig bleiben, kann an dem Vorhandensein „bürgerlicher Unruhen" nichts ändern (RGZ. Bd. 90 S. 384).

Wenn schließlich die Revision darzulegen sucht, die Brandlegungen seien nicht durch die Volksmenge selbst, sondern nur bei Gelegenheit der Menschenansammlungen von einzelnen Verbrechern verübt worden, so findet dies Vorbringen in den Feststellungen des Oberlandesgerichts keine Stütze. In jedem Falle müßte es aber an der Vorschrift in dem folgenden Absatz (§ 1 Abs. 4) der Versicherungsbedingungen scheitern, wo es heißt, es werde bei allen Schäden, die während der Dauer der vorher erwähnten Ereignisse entständen, angenommen, daß sie eine Folge der letzteren seien, sofern der Versicherte nicht das Gegenteil unzweifelhaft nachweise. Die Beklagten haben sich, wie der Tatbestand des landgerichtlichen Urteils ausweist, ausdrücklich auch auf diese Bestimmung berufen, und der danach der Klägerin obliegende Gegenbeweis ist nicht geführt. . . .

RGZ. 112, 119.

1. Was ist im § 14 des Gesetzes über die privaten Versicherungsunternehmungen unter „Versicherungsbestand in einzelnen Zweigen" zu verstehen?

2. Liegt im Sinne des bezeichneten § 14 eine Übertragung „eines Unternehmens in seiner Gesamtheit" vor, wenn eine ausländische Lebensversicherungsgesellschaft, die zum Geschäftsbetriebe in Deutschland zugelassen war, nur einen bestimmt abgegrenzten Teil ihres deutschen Versicherungsbestandes überträgt?

3. Sind die Versicherten auch ohne ihre Zustimmung an eine Übertragung ihrer Verträge auf ein anderes Unternehmen gebunden?

Gesetz über die privaten Versicherungsunternehmungen vom 12. Mai 1901 §§ 14, 41, 42, 43. BGB. § 415.

VI. Zivilsenat. Urt. v. 20. November 1925.

I. Landgericht I Berlin. — II. Kammergericht daselbst.

Im Jahre 1912 hat der Kläger, ein in Charlottenburg wohnender Deutscher, bei der New York Life Insurance Company, einer amerikanischen Lebensversicherungsgesellschaft auf Gegenseitigkeit, sein Leben in Höhe von 20000 M versichert. Diese Gesellschaft, die Beklagte, war in Deutschland zum Abschluß von Lebensversicherungen zugelassen und hatte einen Hauptbevollmächtigten für das Deutsche Reich in Berlin. Am 9. März 1922 wurde in Berlin der „Kronos" Deutsche Lebensversicherungs-Aktiengesellschaft gegründet. Im Gesellschaftsvertrag findet sich unter IV die Bestimmung:

„Die Gesellschaft übernimmt das Deutsche Geschäft der New York Life Insurance Company nach Maßgabe des anliegenden, einen Bestandteil dieses Gesellschaftsvertrags bildenden Übernahmevertrags."

In Art. 1 des Übernahmevertrags heißt es:

„Die ‚Nylic' überträgt hiermit an den ‚Kronos' und der Kronos übernimmt hierdurch die Gesamtheit der Versicherungsverträge, die von der Nylic nach deutschen Gesetzen und Bestimmungen auf das Leben von Staatsangehörigen des Deutschen Reichs oder derjenigen

Personen, die dort ihren ständigen Wohnsitz haben, ausgestellt worden sind und am 31. Dezember 1921 noch in Kraft waren, jedoch mit Ausnahme der folgenden Policen:

a) alle Policen, die nicht in deutscher Markwährung ausgestellt sind;
b) alle Policen von Ausländern (einschließlich solcher, die durch territoriale Änderungen Bürger anderer Staaten geworden sind, z. B. von Polen, Frankreich, Dänemark usw.); es sei denn, daß die Inhaber ihre schriftliche Einwilligung zur Übertragung geben;
c) alle Policen von Staatsangehörigen des Deutschen Reichs, die jetzt außerhalb des genannten Reichs wohnen und ihre Prämien im Auslande gezahlt haben."

Das Reichsaufsichtsamt für Privatversicherung hat am 28. April 1922 die Übertragung bedingungslos genehmigt.

Der Kläger, dem durch Rundschreiben des Kronos vom Juni 1922 die Übertragung mitgeteilt wurde, erklärte durch Schreiben seiner Anwälte vom 21. Juli 1922 der Beklagten, daß er nicht in der Lage sei, die Abtretung der Police zu genehmigen, und sandte dem Kronos eine Abschrift dieser Erklärung. Die Ablehnung wiederholte er dem Kronos gegenüber durch Schreiben vom 5. August 1922. Da die Beklagte die Anerkennung der Ungültigkeit der Abtretung verweigerte, erhob der Kläger Klage mit den Anträgen:

1. festzustellen, daß sein Versicherungsvertrag mit der Beklagten ohne seine Genehmigung nicht abtretbar sei und daher die Abtretung an den Kronos ihm, dem Kläger, gegenüber nichtig sei.
2. die Beklagte zu verurteilen, die nach der Dividendenskala der Beklagten in den Vereinigten Staaten von Amerika für die Zeit vom 1. Januar 1920 bis 31. Juli 1922 zu zahlende Dividende in voller Höhe dem Kläger gutzubringen, soweit im Widerspruch hierzu Kürzungen der Dividenden vorgenommen sind, und ihm Auskunft darüber zu geben, wie hoch die Dividenden ohne Kürzung wären.

Die Beklagte beantragte Klagabweisung.

Das Landgericht hat die Klage abgewiesen. Mit der Berufung änderte der Kläger seine Anträge wie folgt:

1. festzustellen, daß die Beklagte trotz der Übernahme ihrer deutschen Versicherungsbestände durch den Kronos dem Kläger nach wie vor aus dem Versicherungsvertrag hafte,
2. die Beklagte zu verurteilen, dem Kläger Auskunft über die Höhe der von ihr für nordamerikanische Versicherungsnehmer vom

1. Januar 1920 bis 31. Juli 1922 gemäß dem Beschluß des Obersten Organs festgesetzten Dividenden zu erteilen.

Das Kammergericht hat festgestellt, daß die Beklagte durch den zwischen ihr und dem Kronos abgeschlossenen Vertrag dem Kläger gegenüber von der Haftung aus dem mit dem Kläger abgeschlossenen Versicherungsvertrag nicht befreit sei, und die Beklagte weiter nach dem Berufungsantrag des Klägers unter 2 verurteilt. Die Revision der Beklagten wurde zurückgewiesen.

Gründe:

Das Berufungsgericht ist der Ansicht, daß ein Fall des § 14 VAG. nicht vorliegt. Es sei weder der Versicherungsbestand in einem einzelnen Zweig, noch auch der Versicherungsbestand des in Deutschland zugelassenen Unternehmens der Beklagten in seiner Gesamtheit auf den Kronos übertragen worden. Ersteres nicht, weil die Beklagte nur einen Versicherungszweig, die Lebensversicherung betreibe, letzteres nicht wegen der Ausnahmen, die gemacht sind.

Die hiergegen gerichteten Revisionsangriffe sind unbegründet.

Dem Berufungsgericht ist zunächst darin beizutreten, daß es sich nicht um die Übertragung des Vermögensbestandes der Beklagten in einem einzelnen Zweig ihres Unternehmens handelt. Im Versicherungsrecht pflegt man von „Versicherungszweigen" im Hinblick auf die verschiedenartigen Gefahren zu sprechen, gegen welche Versicherung geleistet wird. Mit Rücksicht auf diesen versicherungsrechtlichen Sprachgebrauch ist nicht anzunehmen, daß dem Ausdruck „Versicherungsbestand in einzelnen Zweigen" in § 14 VAG. ein anderer Sinn hat beigelegt werden sollen. Es kann sich also nur fragen, ob die Übertragung des Versicherungsbestandes „eines Unternehmens in seiner Gesamtheit" vorliegt, eine sogenannte Übertragung des Portefeuilles. Hält man sich streng an den Wortlaut des Gesetzes, so würde die Frage schon ohne weiteres zu verneinen sein, weil eine Übertragung des Gesamtunternehmens der Beklagten nicht stattgefunden hat. Aber auch bei weniger strenger Auffassung des Gesetzes, wenn man nämlich zulassen will, daß ein Fall des § 14 VAG. auch dann schon gegeben ist, wenn ein Versicherungsunternehmen, das sich über mehrere Länder erstreckt, seinen Versicherungsbestand in einem der Länder in seiner Gesamtheit überträgt, ist doch dem Vorderrichter beizupflichten, daß hier auch ein solcher Fall nicht vorliegt. Es ist nicht der Versicherungsbestand des deutschen Unternehmens der Beklagten in seiner Gesamtheit auf den Kronos übertragen worden. Dazu wäre erforderlich gewesen, daß der gesamte Bestand aller bis zur Übertragung in Deutschland abgeschlossenen Versicherungen mitsamt den sämtlichen darauf bezüglichen Prämienreserven und Prämienüberträgen auf den Kronos übergegangen wäre. Nun hat aber die Beklagte auf den Kronos, wie Art. 1 des Übertragungsvertrags zeigt, nicht ihren gesamten deutschen Versicherungsbestand, und nach Art. 2 auch nicht die sämtlichen darauf bezüglichen Prämienreserven und Prämienüberträge überwiesen, sondern davon erhebliche Ausnahmen gemacht. Sie hat nur diejenigen Versicherungsverträge abgestoßen, an denen sie wegen der Markentwertung kein Interesse mehr hatte. *Gewiß bildet, wie die Revision* ausführt, der übertragene Versicherungsbestand einen bestimmt begrenzten Kreis von Verträgen, und es dienen auch die Ausnahmen der sachgemäßen Abgrenzung dieses Kreises; sonst würde es dem Übertragungsvertrag überhaupt an einem bestimmten oder bestimmbaren Gegenstand fehlen. Aber das ist nicht der springende Punkt, sondern es kommt darauf an, ob den Gegenstand der Übertragung ein Versicherungsunternehmen in seiner Gesamtheit im Sinne des § 14 VAG. bildet. Das aber ist zu verneinen. Die Übertragung hat vielmehr nur eine bestimmte Mehrheit einzelner Versicherungsverträge des deutschen Unternehmens zum Gegenstand, nicht aber den Versicherungsbestand dieses Unternehmens in seiner Gesamtheit. Die Genehmigung der Übertragung durch das Reichsaufsichtsamt präjudiziert nicht der Nachprüfung der ordentlichen Gerichte, ob ein Fall des § 14 VAG. vorliegt. Das ist anerkannten Rechtens.

Wenn es sich nun auch nicht um eine Bestandsübertragung im Sinne des § 14 VAG. handelt, so ist das Gericht doch nicht schon der weiteren Prüfung überhoben, ob die Versicherten an die Übertragung ihrer Verträge auf den Kronos auch ohne ihre Zustimmung gebunden sind. Maßgebend ist das deutsche Recht, da die Verträge in Deutschland geschlossen und auch in Deutschland zu erfüllen sind. Die Übertragung eines Versicherungsvertrags durch den Versicherer hat rechtlich zum Inhalt die Abtretung der Rechte des Versicherers aus dem Vertrag und die Übernahme seiner Pflichten seitens des Vertragsgegners (Schuldübernahme). Nach der allgemeinen Vorschrift des § 415 BGB. würde es für die Schuldübernahme (privative Schuldübernahme) der Genehmigung des Versicherungsnehmers, als des Gläubigers, bedürfen. Wird die Genehmigung nicht erteilt, so bleibt der Übertragende weiter der Schuldner gegenüber dem Gläubiger, nur im Verhältnis des Schuldners zum Schuldübernehmer ist der letztere zur Erfüllung verpflichtet (Erfüllungsübernahme). § 44 in Verbindung mit § 43 Abs. 1, Abs. 2 Satz 1 VAG., worauf sich die Beklagte bezieht, kommt nicht in Betracht, weil ein Beschluß, der ein Übereinkommen der im § 14 VAG. bezeichneten Art zum Gegenstand hat, wie oben dargelegt, nicht vorliegt.

Nun bestimmt § 41 Abs. 3 VAG., daß durch eine Änderung der Satzung oder der allgemeinen Versicherungsbedingungen ein bestehendes Versicherungsverhältnis nur berührt wird, wenn der Versicherte der Änderung ausdrücklich zustimmt, oder wenn die Satzung ausdrücklich vorsieht, daß die Änderung gewisser Bestimmungen auch mit Wirkung für die bestehenden Versicherungsverhältnisse geschehen kann. Es handelt sich hier zwar nicht um eine Änderung der Satzung oder der allgemeinen Versicherungsbedingungen der Beklagten. Aber was für solche Änderungen gilt, muß erst recht gelten, wenn einzelne Versicherungsverträge vom Versicherer auf einen anderen übertragen werden. Aus demselben Rechtsgedanken heraus, der dem § 41 Abs. 3 zugrunde liegt, muß auch in einem solchen, die Rechte des Versicherten aus dem Versicherungsverhältnis berührenden Fall die Zustimmung des Versicherten zu der Änderung der Rechtsbeziehungen erfordert werden, wenn die Satzung nichts Gegenteiliges bestimmt. Eine solche gegenteilige Bestimmung enthält aber die Satzung der Beklagten nicht.

Zu dem gleichen Ergebnis führt die Erwägung, daß, wenn man auch entgegen RGZ. Bd. 56 S. 295 ein Sonderrecht des Versicherten, daß ihm gegen seinen Willen nicht ein anderer Versicherer als Schuldner aufgedrängt werde, nicht anerkennen will, die Bindung an die Beschlüsse des obersten Organs des Versiacherungsvereins doch nicht so weit gehen kann, daß durch einen solchen Beschluß einzelne Mitglieder in ihren Mitgliedschaftsrechten ungünstiger gestellt werden, als andere (vgl. RGZ. Bd. 49 S. 198). Eine solche ungünstigere Stellung ist aber den deutschen Versicherten, deren Verträge auf den Kronos übertragen worden sind, schon dadurch zuteil geworden, daß der Kronos ihnen nicht die Gewähr für ihre Ansprüche bieten kann, wie die Beklagte mit ihrem ausgedehnten, die ganze Welt umfassenden, bestfundierten Betriebe.

Aus der Genehmigung des Aufsichtsamts, die nur öffentlichrechtliche, keine privatrechtliche Wirkung hat (RGZ. Bd. 72 S. 18; Koenige, VAG. Anm. 4 zu § 14; Rehm, dass. Anm. 8 zu § 1, Anm. 7 zu § 14), kann eine Bindung des Klägers an den Übertragungsvertrag selbstverständlich nicht hergeleitet werden.

RGZ. 113, 150.

Findet, wenn der Versicherer vorläufige Deckung zusagt, für die erste Prämienzahlung § 39 oder § 38 des Gesetzes über den Versicherungsvertrag Anwendung?

VI. Zivilsenat. Urt. v. 19. März 1926.

I. Landgericht Hamburg. — II. Oberlandesgericht daselbst.

Der Kläger hatte im Februar 1924 den Makler M. mit einer Deckung gegen Feuersgefahr beauftragt. Am 24. oder 25. Februar 1924 teilte M. dem Kläger durch Fernsprecher mit, daß er an der Börse vom 1. März 1924 ab gegen Feuerschaden versichert worden sei, und bestätigte dies durch Schreiben vom 25. Februar 1924. Am 5. März 1924 erhielt der Kläger den Versicherungsschein der Beklagten mit dem Ersuchen um Übersendung der Prämie von 557,25 GM. Der Kläger erhob sowohl gegen die Person des Versicherers, als auch gegen die Höhe des Prämiensatzes (7½ ‰) Einwendungen. Dem letzteren Einwand trug die Beklagte dadurch Rechnung, daß sie den Prämiensatz auf 5 ‰ ermäßigte und dem Kläger einen neuen Versicherungsschein vom 15. April 1924 zustellte. Trotzdem hielt der Kläger seinen Protest gegen die Person des Versicherers aufrecht, weil er die Versicherung bei der Basler Versicherungsgesellschaft, bei der er vorher versichert war, genommen wissen wollte. Da er die Prämie nicht zahlte, erwirkte die Beklagte ein Urteil auf Zahlung der Prämie, das rechtskräftig geworden ist. Die Prämie ist dann zwar auf das Konto M. überwiesen worden, aber erst am 3. Oktober 1924, nachdem in der Nacht vom 2./3. Oktober ein Brandschaden eingetreten war. Die Beklagte verweigerte nunmehr den Ersatz des Schadens unter Bezugnahme auf § 38 VVG. und § 5 ihrer allgemeinen Versicherungsbedingungen. Der mit der Klage unter Vorbehalt weiterer Ansprüche geltend gemachte Anspruch auf Zahlung der Entschädigung in Höhe von 20 500 RM ist in beiden Vorinstanzen abgewiesen worden. Die Revision hatte keinen Erfolg.

Gründe:

(Es wird zunächst ausgeführt, daß der Versicherungsvertrag am 5. März 1924 gültig abgeschlossen worden ist, und dann fortgefahren:) Nun hat der Kläger unstreitig die erste Prämie erst gezahlt, nachdem bereits der Versicherungsfall eingetreten war. Nimmt man mit dem Berufungsgericht an, daß die erste Prämienzahlung im Sinne des § 38 VVG. eine solche war, die bei Beginn der Versicherung zu erfolgen hatte, so würde die Beklagte von der Verpflichtung zur Entschädigung des Klägers frei sein. Die Revision bekämpft aber diese Ansicht namentlich deswegen, weil die Versicherung an der Börse genommen worden sei. Sie meint, bei einem an der Börse abgeschlossenen Versicherungsgeschäft bedürfe es, wenn das Datum des Beginns der Versicherung festgesetzt sei, einer vorherigen Anforderung der Prämie, falls die Versicherungsgesellschaft zum Ausdruck bringen wolle, daß entgegen der Üblichkeit in diesem Falle der festgesetzte Beginn der Versicherung noch von der vorherigen Prämienzahlung abhängig sein solle; einer besonderen Stundungsabrede bedürfe es nicht. Es komme daher § 39 VVG. in Betracht. Die Revision hat es aber an der Begründung fehlen lassen, weshalb für Versicherungen, die an der Börse abgeschlossen werden, andere Rechtsgrundsätze gelten sollen, als für die außerhalb der Börse abgeschlossenen. Daß für börsenmäßige Versicherungsabschlüsse eine besondere abweichende Übung bestehe, ist ein neues Vorbringen, mit dem die Revision in dieser Instanz nicht gehört werden kann. Es bleibt also die streitige Rechtsfrage zu entscheiden, ob, wenn der Versicherer vorläufige Deckung zusagt, für die erste Prämienzahlung § 39 oder § 38 VVG. Anwendung findet.

Im Schrifttum wird mehrfach angenommen, daß in der vorläufigen Deckungszusage mangels gegenteiliger Vereinbarung eine Stundung der ersten Prämie stillschweigend zu finden sei, daß die erste Prämienzahlung dadurch also zu einer solchen werde, die n a c h Beginn der Versicherung zu erfolgen habe. Dieser Ansicht, die davon ausgeht, daß die vorläufige Deckung und die endgültige Versicherung auf einem einheitlichen Vertragsverhältnis beruhen, kann nicht beigetreten werden. Die vorläufige Deckungszusage ist vielmehr ein selbständiger Vertrag, der, falls er nicht anders befristet ist, mit dem Abschluß des Versicherungsvertrags oder mit der Ablehnung des Versicherungsantrags sein Ende erreicht. Bis zu diesem Zeitpunkt genießt der Antragsteller Versicherungsschutz. Tritt vorher ein Versicherungsfall ein, so ist der Versicherer, auch wenn er nachher den Abschluß des Versicherungsvertrags verweigert, entschädigungspflichtig (RGZ. Bd. 107 S. 200, 201). Kommt der beantragte Versicherungsvertrag zustande, so beginnt nunmehr mit dem Vertragsabschluß die endgültige Versicherung. Die erste Prämie für die endgültige Versicherung ist gemäß § 35 VVG. sofort nach dem Abschluß des Versicherungsvertrags zu zahlen; die Prämienzahlung ist im Sinne des § 38 VVG. eine solche, die beim Beginn dieser Versicherung zu erfolgen hat. Bei nicht rechtzeitiger Zahlung treten daher im Falle des vorherigen Eintritts eines Versicherungsfalls die Folgen des § 38 VVG ein. Die Prämie für die vorläufige

Deckung bildet rechtlich keinen Teil der ersten Prämie, wenn es auch üblich ist, sie in die erste Prämie einzurechnen. Das ergibt sich schon daraus, daß sie auch dann zu zahlen ist, wenn der Versicherungsvertrag nicht zustande kommt.

Der Kläger war demnach verpflichtet, die erste Prämie, ohne daß es einer Fristsetzung der Beklagten gemäß § 39 VVG. bedurfte, sofort nach dem am 5. März 1924 erfolgten Vertragsabschluß zu zahlen. Da der Versicherungsfall vor der Zahlung eingetreten ist, so ist die Beklagte nach § 38 VVG. von der Leistung frei.

RGZ. 114, 321.

1. Kann schon daraus allein, daß im Versicherungsschein die Zeit der vorläufigen Deckung in die Versicherungszeit eingerechnet worden ist, die Vereinbarung entnommen werden, daß für die Zahlung der ersten Prämie § 39 des Reichsgesetzes über den Versicherungsvertrag gelten soll?

2. Wer hat eine solche Vereinbarung zu beweisen?

3. Wann gilt eine Prämienzahlung, die bei Beginn der Versicherung zu erfolgen hat, als nicht rechtzeitig bewirkt?

VVG. §§ 35, 38, 39, BGB. §§ 133, 157.

VI. Zivilsenat. Urt. v. 24. September 1926.

I. Landgericht Hamburg. — II. Oberlandesgericht daselbst.

Laut Versicherungsschein vom 30. Mai 1924 haben die drei verklagten Gesellschaften die Kasko-Versicherung des der Klägerin gehörigen Dampfbaggers „Ritter“ zu je $33^1/_3$ % übernommen. Die Klägerin hatte zunächst vom 17. Mai 1924 ab vorläufige Deckungszusage erhalten. Im Versicherungsschein ist als Versicherungszeit die Zeit vom 17. Mai 1924 bis 17. Mai 1925 beurkundet. Nach § 16 der allgemeinen Versicherungsbedingungen hat der Versicherungsnehmer die Prämie sofort nach Abschluß der Versicherung gegen Aushändigung des Scheins zu zahlen. Der Versicherungsmakler Sch. händigte den Versicherungsschein der Klägerin am 31. Mai 1924 mit der Bitte aus, den Prämien- und Kostenbetrag mit 411 M unmittelbar an die Firma H. & H. zu vergüten, und erinnerte am 1. August 1924 an die Zahlung. Die Klägerin zahlte die Prämie aber erst am 11. September 1924, nachdem am 8. September 1924 der Bagger gekentert und gesunken war. Sie beansprucht Schadensersatz mit je 3842,33 RM von drei Beklagten. Diese wandten auf Grund des § 38 Abs. 1 VVG. ein, daß sie von der Verpflichtung zur Leistung frei seien. Beide Vorinstanzen erklärten den Anspruch dem Grunde nach für berechtigt. Auf die Revision der Beklagten wies das Reichsgericht die Klage ab.

Gründe:

Das Berufungsgericht hat sich nicht die Ansicht des Landgerichts angeeignet, daß bereits am 17. Mai 1924 ein endgültiger, unabänderlicher Versicherungsvertrag abgeschlossen worden sei, sondern es stellt ohne Rechtsirrtum fest, daß an diesem Tage nur eine vorläufige Deckungszusage gemacht worden und die Versicherer berechtigt geblieben seien, nach näherer Prüfung das Risiko abzulehnen oder die Übernahme von besonderen Bedingungen abhängig zu machen. Der Vorderrichter verkennt auch grundsätzlich nicht, daß vorläufige Deckungszusage und endgültige Versicherung zwei verschiedene Verträge darstellen, und befindet sich insofern in Übereinstimmung mit der jetzigen reichsgerichtlichen Rechtsprechung (RGZ. Bd. 113 S. 150). Das Berufungsgericht glaubt aber aus dem Wortlaut des Versicherungsscheins, wonach die Versicherungszeit vom 17. Mai 1924 bis 17. Mai 1925 bestimmt ist, die Vereinbarung herleiten zu sollen, daß die erste Prämie erst nach Versicherungsbeginn zu zahlen gewesen sei, und hält daher den § 39 VVG. für anwendbar.

Diese Vertragsauslegung verstößt gegen die §§ 133, 157 BGB.

Schon die Bestimmung des § 16 der allgemeinen Versicherungsbedingungen, die entsprechend dem § 35 VVG. dem Versicherungsnehmer die Zahlung der Prämie sofort nach Abschluß der Versicherung gegen Aushändigung des Versicherungsscheins auferlegt, steht der Auffassung des Vorderrichters entgegen, daß eine Ausnahme von § 35 VVG. vereinbart worden sei. Um den wirklichen Willen der Parteien, insbesondere der Versicherer, zu erforschen, hätte ferner der Vorderrichter den Vertrag nicht nur aus dem Wortlaut der Bestimmung über die Versicherungszeit auslegen dürfen, sondern prüfen müssen, zu welchem Zwecke der Versicherungsbeginn im Versicherungsschein auf den Beginn der Deckungszusage festgesetzt worden ist. Der erkennende Senat hat schon in der Entscheidung RGZ. Bd. 113 S. 150 bemerkt, daß die Prämie für die vorläufige Deckung rechtlich keinen Teil der ersten Prämie für die endgültige Versicherung bilde, wenn es auch üblich sei, sie in die erste Prämie einzurechnen. Dieser allgemeinen Übung im Versicherungswesen entspricht es, daß die Versicherer hier im Versicherungsschein die Zeit der vorläufigen Deckung in die Versicherungszeit formell einbezogen haben. Auf diese Weise wurde es vermieden, für die Zeit der vorläufigen Deckung und für die Zeit der endgültigen

Versicherung je eine besondere Prämie zu berechnen. Der Zweck der Einbeziehung der vorläufigen Deckung in die Versicherungszeit war also nur versicherungstechnischer Art. Ein anderer Zweck ist nicht ersichtlich. Die Einbeziehung war namentlich nicht durch ein Schutzbedürfnis des Versicherungsnehmers geboten; denn die vorläufige Deckungszusage gewährte der Klägerin für die Zeit bis zum Abschluß des endgültigen Versicherungsvertrags bereits vollen Schutz. Für die Versicherer bestand aber keinerlei Interesse, die vorläufige und die endgültige Deckung zu einem einheitlichen Versicherungsverhältnis zu gestalten mit der Rechtsfolge, daß für die erste Prämienzahlung der § 39 VVG. gelten sollte. Es ist nicht anzunehmen, daß die Versicherer mit der Festsetzung der Versicherungszeit im Versicherungsschein einen solchen, ihrem Interesse zuwiderlaufenden Willen bekundet haben sollten, es sei denn, daß vorher ausdrücklich eine dahingehende Parteivereinbarung zustande gekommen wäre. Das Berufungsgericht ist freilich der Meinung, es hätte entweder bei der vorläufigen Deckungszusage oder im endgültigen Versicherungsvertrag die Anwendung des § 38 VVG. besonders zum Ausdruck gebracht werden müssen. Aber diese Ansicht ist rechtsirrtümlich. In der mehrgenannten Entscheidung RGZ. Bd. 113 S. 150 ist bereits dargelegt, daß die erste Prämie für die endgültige Versicherung gemäß § 35 VVG. sofort nach dem Abschluß dieses Vertrags zu zahlen und daß die Prämienzahlung eine solche ist, die im Sinne des § 38 VVG. bei Beginn der Versicherung zu erfolgen hat. § 39 VVG., der regelmäßig und in erster Linie die Folgeprämien im Auge hat, kommt für die erste Prämie nur dann zur Anwendung, wenn in beiderseitigem Einverständnis die Versicherung wirksam und unabhängig von der Zahlung der Prämie beginnen soll (RGZ. Bd. 80 S. 141; Bd. 101 S. 31). Diese Ausnahme von der Regel des § 35 VVG. muß der Versicherungsnehmer beweisen. Eine solche Vereinbarung ist aber zwischen den Parteien nicht getroffen und kann, wie ausgeführt, aus der im Versicherungsschein angegebenen Versicherungszeit für sich allein nicht entnommen werden.

Auf die Leistungsbefreiung kann sich nun zwar der Versicherer nur dann berufen, wenn eine Prämienzahlung, die bei Beginn der Versicherung zu erfolgen hat, nicht rechtzeitig bewirkt ist. Eine angemessene Zeit zur Zahlung der angeforderten Prämie muß daher dem Versicherungsnehmer zustatten kommen. Hier aber war die Prämie auf dem Versicherungsschein berechnet und mit dessen Aushändigung am 31. Mai 1924 der Klägerin bekanntgegeben. Die Zahlung war jedoch am 8. September 1924 noch nicht erfolgt. Die für die Zahlung angemessene Zeit war also längst verstrichen. . . .

RGZ. 114, 347.

1. Ist der zur Annahme der Zahlung von Versicherungsprämien bevollmächtigte Agent befugt, Wechsel zahlungshalber anzunehmen oder die Prämien gegen Forderungen des Versicherungsnehmers an ihn selbst zu verrechnen?

2. Ist für die Auslegung einer Bestimmung der allgemeinen Versicherungsbedingungen, wonach sich die Versicherung eines Kraftwagens auf den Fall seiner Unterschlagung erstreckt, der strafrechtliche Begriff der Unterschlagung maßgebend?

VVG. § 43. BGB. § 133. StGB. §§ 246, 263.

VI. Zivilsenat. Urt. v. 5. Oktober 1926.

I. Landgericht Lübeck. — II. Oberlandesgericht Hamburg.

Die in Lübeck ansässige Klägerin versicherte bei der Beklagten laut Versicherungsschein vom 25. Mai 1925 einen Stöwerwagen auf die Dauer von 5 Jahren zu einem Werte von 15 000 RM und erhielt den Versicherungsschein am 2. Juni 1925 mit Quittung des Agenten T. über die erste Prämie ausgehändigt. Nach den dem Schein angehefteten allgemeinen Versicherungsbedingungen für Kraftfahrzeuge deckte die Versicherung u. a. den Diebstahl, den Raub und die Unterschlagung des Fahrzeugs. Schon vor Abschluß der Versicherung hatte die Klägerin das Auto zum Preise von 15 000 RM unter Eigentumsvorbehalt an einen gewissen W. verkauft. Auf dessen Bitte beauftragte sie Ende Juni ihren Fahrzeuglenker K., den W. mit dem Wagen nach Berlin zu fahren. In Berlin bewog W. den K., mit der Eisenbahn zu einer Besorgung nach Lübeck zurückzukehren, und verkaufte während seiner Abwesenheit das Auto. Die Klägerin sieht hierin den Versicherungsfall als gegeben und beansprucht die Versicherungssumme. Die Beklagte bestreitet, daß der Versicherungsfall, insbesondere der Fall der Unterschlagung vorliege, und macht geltend, der Versicherungsvertrag sei mangels Zahlung der ersten Prämie nicht in Kraft getreten, die Quittung sei ohne vorherige Zahlung erteilt worden. Das Landesgericht verurteilte die Beklagte zur Zahlung von 15 000 RM nebst Zinsen. Das Oberlandesgericht bestätigte dieses Erkenntnis. Die Revision der Beklagten führte zur Aufhebung und Zurückverweisung.

Gründe:

Das Berufungsgericht hält den Einwand der Beklagten, daß der Versicherungsschutz mangels Zahlung der Prämie vor Eintritt des angeblichen Versicherungsfalls noch nicht begonnen habe, deshalb für unbegründet, weil erwiesen sei, daß die Prämie zu jener Zeit „als bezahlt gelten müsse". Der Agent T. habe am 25. Juni 1925 von der Klägerin ein Blankoakzept des Schwiegervaters ihres Teilhabers C. zahlungshalber angenommen, und da er auf Grund seiner Ermächtigung zur Annahme von Zahlungen auch befugt gewesen sei, Wechsel in Zahlung zu nehmen, so habe die Zahlung so lange als erfolgt gelten müssen, bis der Wechsel zur Zahlung präsentiert und nicht eingelöst worden sei. Er sei aber tatsächlich später eingelöst worden. Diese Ausführungen sind zunächst insofern rechtsirrtümlich, als die Annahme zahlungshalber nicht eine Zahlung unter auflösender Bedingung, sondern unmittelbar überhaupt keine Zahlung bewirkt. Sie gibt vielmehr dem Gläubiger nur ein Mittel in die Hand, Befriedigung zu erlangen, und verpflichtet ihn deshalb, so lange, bis sich die Untauglichkeit des Mittels hierzu herausstellt, von anderen Versuchen zur Erreichung dieses Zwecks abzusehen (RGZ. Bd. 65 S. 79). Die Annahme eines Wechsels zahlungshalber enthält daher stets eine Stundung bis zu dem Zeitpunkt, wo übersehen werden kann, ob der Wechsel eingelöst werden wird. Zur Stundung der Prämie ist aber der Agent auf Grund des § 43 VVG. nicht befugt. Die von ihm gewährte Stundung vermag daher die Versicherung nicht in Kraft zu setzen, wenn diese, wie es im vorliegenden Falle nach den allgemeinen Versicherungsbedingungen für Kraftfahrzeuge zutrifft, erst mit Einlösung des Versicherungsscheins in Kraft treten soll (RGU. VI 354/25 vom 26. Februar 1926). Auf die Frage, ob der Agent zur Annahme des Wechsels an Zahlungsstatt befugt gewesen wäre, braucht nicht eingegangen zu werden, weil das Berufungsgericht feststellt, daß die Annahme nur zahlungshalber geschehen ist. Dagegen ist zu prüfen, ob er zum Abschluß des behaupteten Verrechnungsvertrags befugt gewesen wäre, weil das Berufungsgericht die Frage offen läßt, ob ein solcher Vertrag abgeschlossen wurde, in dieser Richtung also bei Bejahung der Befugnis weitere tatsächliche Erörterungen notwendig wären. Die Verrechnung soll nun aber nach der eigenen Aufstellung der Klägerin mit Forderungen stattgefunden haben, die ihr gegen T., nicht gegen die Beklagte, zustanden. Daß T. zu einer solchen Verrechnung beim Fehlen einer besonderen Ermächtigung, die nicht behauptet ist, auf Grund seines Agentenverhältnisses nicht befugt war, kann nach § 43 VVG. keinem Zweifel unterliegen. Eine Begleichung der Prämie durch Vermittlung des T. wäre daher, abgesehen vom Falle seiner besonderen Ermächtigung zur Verrechnung der Prämienforderung mit Ansprüchen der Klägerin gegen ihn selbst, nur dann anzunehmen, wenn er etwa auf Grund oder in Voraussicht der Verrechnung die Prämie seinerseits aus eigenen Mitteln an die Beklagte abgeführt oder sich bei seiner Abrechnung mit ihr deren Betrag hätte zur Last schreiben lassen. Da eine Erörterung dieser Möglichkeit bis jetzt (vielleicht infolge irrtümlicher Rechtsauffassung der Parteien) unterblieben ist, erscheint es angebracht, bei der nach dem Vorstehenden gebotenen Aufhebung des Urteils die Klage nicht ohne weiteres abzuweisen, sondern die Sache zur anderweiten Verhandlung und Entscheidung an das Berufungsgericht zurückzuverweisen.

Auch die Ausführungen des Berufungsgerichts zum zweiten Einwand der Beklagten unterliegen rechtlichen Bedenken, die eine weitere Aufklärung des Tatbestands erforderlich machen. Das Berufungsgericht meint, es komme nicht darauf an, ob das Vorgehen des W., das den Verlust des Autos für die Klägerin herbeiführte, als Betrug oder als Unterschlagung strafbar gewesen wäre, Unterschlagung im Sinne der Versicherungsbedingungen liege jedoch vor, wenn der Versicherte den Besitz des Wagens mit seinem Willen aufgebe und der neue Besitzer den Verlust des Wagens für den Versicherten dadurch herbeiführe, daß er sich den Wagen rechtswidrig zueigne. Es muß aber im Zweifel angenommen werden, daß in den Versicherungsbedingungen gebrauchte Ausdrücke, mit denen die Rechtssprache feststehende Begriffe verbindet, auch dort in diesem Sinne verstanden werden. Danach kann im Sinne der Versicherungsbedingungen so wenig wie im Sinne des Strafgesetzbuchs eine Unterschlagung in einer Handlung des Besitzers gefunden werden, durch die er den ihm nicht gehörenden versicherten Wagen sich nicht erst zueignet, sondern nur für sich verwertet, nachdem er ihn schon vorher in der Absicht, ihn für sich zu behalten, durch Betrug in seinen Besitz gebracht und somit sich zugeeignet hatte (RGSt. Bd. 15 S. 418). Auf eine nach außen nicht hervorgetretene Absicht wird es hierbei freilich schon deshalb nicht ankommen, weil eine solche kaum in zuverlässiger Weise festzustellen ist. Sollte daher die Klägerin, wie das Landgericht angenommen hat, bis zu dem Zeitpunkt, wo W. den Fahrzeuglenker K. zur Rückkehr nach Lübeck bewog, den Besitz am Wagen behalten und W. ihn dann unmittelbar durch K.'s Abreise mit der Absicht der Besitzausübung für sich selbst erlangt haben, so würde der Versicherungsfall nicht vorliegen.

Zu dieser Tatfrage hat nun aber das Berufungsgericht, abweichend vom ersten Richter, keine bestimmte Stellung genommen. Während es erwähnt, daß K. den Wagen dem W. anvertraut habe, also anzunehmen scheint, daß jener den Besitz bis dahin als Besitzdiener der Klägerin ausgeübt habe, scheint es mit der Bemerkung, W. möge von vornherein darauf ausgegangen sein, sich durch Täuschung die Substanz der Sache zu verschaffen, die Möglichkeit offen halten zu wollen, daß W. den Besitz des Wagens schon in einem früheren Zeitpunkt, etwa bei Kaufabschluß oder bei Antritt der Reise nach Berlin, im Wege der Täuschung erlangte. Ebensowenig nimmt der Vorderrichter unzweideutig Stellung zu der Frage, in welchem Zeitpunkt W. die Zueignungsabsicht betätigt hat. Wenn er, worauf der Eigentumsvorbehalt hindeuten könnte, etwa alsbald nach dem Kauf Besitzer wurde und wenn die Klägerin den Wagen nur während der Ruhezeiten für ihn in Verwahrung behalten und ihm für die Fahrten, insbesondere für die nach Berlin, ihren Fahrzeuglenker — zugleich vielleicht aus einer gewissen Überwachungsabsicht heraus — mitgegeben haben sollte, so hätte W. den Besitz längst vor der Abschiebung des K. nach Lübeck ausgeübt und wäre der Besitzverlust der Klägerin nicht die Folge einer gegen K. verübten Täuschung gewesen. In diesem Falle würde also, wenn nicht etwa schon bei Kaufabschluß oder bei der darauf folgenden Besitzüberlassung eine betrügerische Absicht des W. obgewaltet haben sollte, eine Unterschlagung im strafrechtlichen Sinne und demgemäß im Sinne der Versicherungsbedingungen vorliegen. Auch unter der Annahme, daß W. bis zur Abschiebung des Fahrzeuglenkers nicht Besitzer des Autos war, wird es immerhin der Prüfung bedürfen, ob ihm der Besitz (wie K. in seiner eidesstattlichen Versicherung bekundet, das Berufungsgericht aber nicht feststellt) unmittelbar durch K. bei dessen Abreise überlassen worden ist oder ob er ihn erst später, etwa durch Abholung in einer Garage, erlangt und in welchem Zeitpunkt er den Willen zur rechtswidrigen Zueignung gefaßt und betätigt hat.

Die Ansicht des Berufungsgerichts, daß eine grobe Fahrlässigkeit der Klägerin nicht vorlag (die ihren Anspruch nach § 61 VVG auch dann ausschließen würde, wenn der Versicherungsvertrag in Kraft getreten und ein Versicherungsfall gegeben wäre), beruht im wesentlichen auf Erwägungen tatsächlicher Art und gibt zu Bedenken keinen Anlaß. . . .

RGZ 118, 217.

Liegt in dem vom Versicherer an den Versicherungsnehmer gestellten Verlangen, einen Vordruck zu einer Erklärung über das Vorhandensein von Gefahrumständen zu unterschreiben, eine ausdrückliche schriftliche Frage nach solchen Umständen?

Reichsgesetz über den Versicherungsvertrag § 18.

VII. Zivilsenat. Urt. v. 18. Oktober 1927.

I. Landgericht Schwerin. — II. Oberlandesgericht Rostock.

Der Molkereiverwalter D. hatte im Jahre 1924 mit der Beklagten einen Lebensversicherungsvertrag über 6000 GM geschlossen. Er ist am 29. Juli 1925 gestorben und von den Klägern beerbt worden, die nunmehr Verurteilung der Beklagten zur Zahlung der Versicherungssumme verlangen. Diesem Antrag gab das Landgericht statt; die Berufung der Beklagten wurde zurückgewiesen. Auch ihre Revision hatte keinen Erfolg.

Aus den Gründen:

. . . Die Revision wendet sich gegen die Ansicht des Berufungsgerichts, daß D. nicht schriftlich nach einem von ihm verschwiegenen Umstand gefragt worden sei. Sie findet diese Befragung in dem Verlangen der Beklagten, das Antragsformular zu unterschreiben mit dem Vordruck: „Der Wahrheit gemäß erkläre ich, daß ich seit meiner letzten vertrauensärztlichen Untersuchung oder, falls eine solche nicht stattgefunden hat, seit der letzten Antragstellung weder krank gewesen noch körperlich verletzt worden bin, noch meines Wissens sonst eine nachteilige Veränderung in meinem Gesundheitszustande erlitten habe." Diese Rüge geht fehl. Eine „ausdrückliche schriftliche Frage", wie sie der § 8 der Allgemeinen Versicherungsbedingungen der Beklagten in Anlehnung an § 18 VVG. verlangt, liegt in der Vorlegung des Antragsformulars zur Unterschrift nicht. Das Berufungsgericht stellt fest, daß dem obigen Vordruck vier Fragen vorausgehen, neben denen Raum für die Antworten gelassen ist, und daß sich die vorgedruckte einseitige Erklärung von diesen Fragen deutlich abhebt. Zutreffend führt der Vorderrichter aus, die schriftliche Beantwortung einer Frage nötige zur Überlegung wegen der Gestaltung der Antwort, während die einfache Unterschrift unter vorgedruckten Erklärungen, die erfahrungsgemäß in den Kreisen des D. sehr häufig nicht gelesen oder doch nicht inhaltlich geprüft würden, rein mechanisch abgegeben zu werden pflege. Deshalb kann die Unterzeichnung der vorgedruckten Erklärung nicht der Beantwortung einer ausdrücklich gestellten Frage gleichgestellt werden.

Die Revision sucht sodann noch darzutun, daß der Beklagten nach allgemeinen Versicherungsgrundsätzen ein Rücktrittsrecht zustehe, weil D. grob fahrlässig die Anzeigepflicht verletzt habe. Aber auch dieses Rücktrittsrecht, das der Beklagten durch § 8 Satz 1 der Versicherungsbedingungen an sich gegeben war, wird nach Satz 2 daselbst beseitigt, wenn es sich um das Verschweigen eines Umstandes handelt, nach dem die Beklagte nicht ausdrücklich schriftlich gefragt hat, es sei denn, daß der Umstand arglistig verschwiegen worden wäre. Eine Arglist des D. hat aber das Berufungsgericht mit rechtlich einwandfreier Begründung für widerlegt angesehen. Auch dieser Angriff der Revision geht daher fehl.

RGZ. 125, 193.

1. Befreit die Versäumung der Anzeige über Veräußerung der gegen Schaden versicherten Sache den Versicherer auch dann, wenn die Anzeigepflicht dem Versicherungsnehmer aus Rechtsunkenntnis nicht bewußt und in den Versicherungsbedingungen nicht erwähnt war?

2. Welche Arten von Eigentumswechsel sind unter Veräußerung im Sinne der §§ 69 bis 71 VVG. zu verstehen? Gehören dazu insbesondere Gutsüberlassungsverträge und Vermögensübernahmen?

Gesetz über den Versicherungsvertrag §§ 6, 69 bis 71.

VII. Zivilsenat. Urt. v. 5. Juli 1929.

I. Landgericht Köln. — II. Oberlandesgericht daselbst.

Am 15. August 1925 wurde ein Kraftwagen, den der Kläger bei der Beklagten für die Zeit vom 23. März 1925 bis 23. März 1930 versichert hatte, durch Brand fast völlig vernichtet. Die Beklagte wandte gegen ihre Entschädigungspflicht unter anderem ein, der Kläger habe den Wagen am 5. Juni 1925 an seine Tochter veräußert und hierüber der Beklagten die gesetzlich vorgeschriebene Anzeige nicht erstattet. Der Kläger erhob Klage auf Feststellung, daß die Beklagte verpflichtet sei, ihm für den Brandschaden Versicherungsschutz zu gewähren, wurde aber vom Landgericht wegen Unterlassung der Veräußerungsanzeige abgewiesen. Auf seine Berufung erkannte das Oberlandesgericht nach seinem Antrag. Die Revision der Beklagten führte zur Wiederherstellung des landgerichtlichen Urteils.

Aus den Gründen:

. . . Von Rechtsirrtum beeinflußt sind die Ausführungen, mit denen das Berufungsgericht den Einwand der Versäumung der Veräußerungsanzeige zurückweist. Das Berufungsgericht ist zwar der Ansicht, daß der Vertrag vom 5. Juni 1925, der sich als ein dem bäuerlichen Gutsüberlassungsvertrag ähnlicher Eigentumsübertragungs- und Unterhaltsvertrag darstelle, als Veräußerung im Sinne des § 69 VVG. zu gelten habe, da er unbestrittenermaßen den versicherten Wagen umfasse und ernst gemeint sei. Trotz dieser Umstände und obgleich die Frist des § 71 VVG. beim Eintritt des Versicherungsfalls abgelaufen war, glaubt der Vorderrichter die Befreiung der Beklagten deshalb verneinen zu können, weil der Kläger, ebenso wie wohl die meisten Nicht-Juristen, sich gar nicht bewußt geworden sei, daß er eine Veräußerung des Wagens dem Versicherer anzuzeigen hatte, zumal da der Versicherungsschein und seine Anlagen keinen Hinweis auf diese gesetzliche Verpflichtung enthalten hätten. Diese Auffassung kommt darauf hinaus, daß gegenüber Nicht-Juristen, wenn sie nicht etwa im Versicherungswesen besonders bewandert sind, die im § 71 VVG. bestimmte Befreiung des Versicherers dann nicht eintrete, wenn im Versicherungsschein und in den Versicherungsbedingungen die Pflicht zur Anzeige von Veräußerungen nicht besonders ausgesprochen ist. Eine derartige Durchbrechung der gesetzlichen Befreiungsvorschrift zugunsten der Rechtskundigen würde in Widerspruch mit dem Grundsatz stehen, daß Rechtsunkenntnis im allgemeinen von jedem zu vertreten ist. Der erkennende Senat hat allerdings im Urteil RGZ. Bd. 117 S. 270 ausgesprochen, daß dem Versicherungsnehmer die Unterlassung der Anzeige über eine Sicherungsübereignung dann nicht zum Nachteil gereichen könne, wenn ihm die zweifelhafte Frage, ob eine Sicherungsübereignung die Veräußerungsanzeige erfordere, von einem auf diesem Gebiete besonders erfahrenen Rechtskundigen verneint worden wäre. Aber im vorliegenden Falle hat der Kläger rechtskundigen Rat weder über die nicht unzweifelhafte Frage eingeholt, ob Gutsüberlassungsverträge zu Veräußerungsanzeigen Anlaß geben, noch etwa über die allgemeine Frage, ob infolge Fehlens einer Bestimmung im Versicherungsschein eine Anzeigepflicht über Veräußerungen überhaupt nicht begründet sei. Man wird auch nicht etwa ein mitwirkendes oder gar ein überwiegendes Verschulden der Beklagten darin sehen können, daß sie in ihre dem Versicherungsschein beigehefteten allgemeinen Bedingungen keinen besonderen Hinweis auf die Anzeigepflicht über Veräußerungen aufgenommen hat, zumal da solche Hinweise von den in

Rechts- und Versicherungsfragen nicht besonders bewanderten Versicherten ohnehin höchst selten bemerkt werden.

Der Kläger hat in dieser Instanz versucht, die angefochtene Entscheidung trotz ihrer bezeichneten rechtsirrtümlichen Begründung aus dem Gesichtspunkt zu rechtfertigen, daß der Vertrag vom 5. Juni 1925 entgegen der Annahme des Berufungsgerichts überhaupt nicht als Veräußerung im Sinne der §§ 69 bis 71 VVG. anzusehen, der Kläger daher zur Erstattung einer Anzeige gar nicht verpflichtet gewesen sei. Er *führt hierzu aus, daß der Eigentumswechsel kraft* Erbfolge anerkanntermaßen nicht unter den Begriff der Veräußerung falle, Verträge wie der hier vorliegende aber vorgreifend gerade die Rechtslage zu schaffen, bezweckten, die sich im Falle der Erbfolge ergeben würde. Diesen Erwägungen kann indessen nicht beigetreten werden. Die Vorschriften der §§ 69 flg. VVG. beruhen, wie sich aus der Begründung zur Regierungsvorlage ergibt, auf der Erwägung, daß die Veräußerung der versicherten Sache an sich die Beendigung des Versicherungsverhältnisses zur Folge haben müßte, daß jedoch die damit entstehende Lage weder für den Versicherer noch für den Erwerber befriedigend wäre. Deshalb wird der Eintritt des Erwerbers in die Rechte und Pflichten aus dem Vesicherungsvertrag vorgeschrieben (§ 69), zugleich aber dem Erwerber wie dem Versicherer ein Kündigungsrecht gewährt (§ 70) und, um dem Versicherer die Ausübung dieses Rechtes zu ermöglichen, dem Versicherungsnehmer und dem Erwerber die Pflicht zur Anzeige auferlegt (§ 71). Aus diesem Grund und Zweck der Vorschriften folgt, daß sie nicht die Fälle treffen wollen, in denen die versicherte Sache und das Interesse an ihr auf Grund einer Rechtstatsache übergehen, die schon an und für sich, ohne jene Vorschriften, den Eintritt des Erwerbers in das Versicherungsverhältnis mit sich bringt, insbesondere also nicht die Fälle der Gesamtrechtsnachfolge. In diesen Fällen tritt der Erwerber ohne Beschränkung durch ein Kündigungsrecht und ohne Anzeigepflicht in das Versicherungsverhältnis ein; in allen anderen Fällen des Eigentumswechsels findet dagegen der Eintritt nur unter diesen Maßgaben statt. Eine Gesamtrechtsnachfolge oder irgendeine andere, den Eintritt des Erwerbers in die Rechte und Pflichten aus dem Versicherungsvertrag herbeiführende Tatsache liegt nun aber weder bei Gutsüberlassungsverträgen noch bei der Vermögensübernahme gemäß § 419 BGB. vor (ROHG. Bd. 23 S. 92; RGZ. Bd. 82 S. 277). Wenn das ehemalige Reichsoberhandelsgericht in der bezeichneten Entscheidung trotzdem angenommen hat, daß im damaligen Falle von Gutsüberlassung keine Anzeigepflicht bestanden habe, so war für seine Stellungnahme der Wortlaut der Versicherungsbedingungen maßgebend, nach dem die Anzeigepflicht bei „Eigentumswechsel außer in Erbschaftsfällen" bedungen war, so daß die Auslegung nahe lag, die für „Erbschaftsfälle" bestimmte Ausnahme solle auch die vorgreifende Erbfolge (successio anticipata der damaligen Rechtssprache) umfassen. Diese aus dem Wortlaut jener Vertragsbestimmung entnommene Erwägung kann aber unter der Herrschaft des Gesetzes über den Versicherungsvertrag nicht durchschlagen, bei dem die Tragweite der Vorschrift des § 71 aus jenem andern Gesichtspunkt abzugrenzen ist. Gerhard-Manes (Bem. 4 zu §§ 69 bis 71) wollen Anzeigepflicht und Kündigungsrecht in allen Fällen ausschließen, in denen „nach dem Willen der Parteien die Rechtsverhältnisse geschaffen werden sollen, die im Falle einer Erbfolge eintreten würden"; aber eine solche Begrenzung muß, abgesehen von ihrer Unbestimmtheit, schon deshalb abgelehnt werden, weil die Rechtslage des Versicherers nicht von dem ihm unbekannten Inhalt des Veräußerungsvertrags abhängig gemacht werden darf. Zudem werden bei der bäuerlichen Gutsüberlassung, die bei Gerhard-Manes als Anwendungsfall für jenen Satz angeführt ist, die Rechtsverhältnisse gerade in der wesentlichen Beziehung anders als bei einer Erbfolge geordnet, nämlich dahin, daß keine Gesamtrechtsnachfolge eintritt.

Wenn jetzt der Kläger im Anschluß an diese Erörterungen ausführt, es dürfe ihm jedenfalls ein Irrtum darüber, ob der Vertrag vom 5. Juni 1925 eine Veräußerung im Sinne der §§ 69 bis 71 VVG. sei, nicht als Verschulden angerechnet werden, so muß dieser Versuch zur Stützung des Berufungsurteils schon daran scheitern, daß der Kläger selbst nicht behauptet hat, er habe geglaubt, wegen der Eigenart des Vertrags von der Anzeige entbunden zu sein. Eine solche Behauptung wäre auch unvereinbar mit der Feststellung des Berufungsgerichts, daß die Pflicht zur Anzeige von Veräußerungen dem Kläger wegen seiner Rechtsunkunde überhaupt unbekannt gewesen sei.

RGZ. 127, 367.

1. Bedarf der Einwand des Versicherers, er sei wegen verspäteter Anzeigeerstattung von der Verpflichtung zur Leistung frei geworden, zu seiner Rechtfertigung des Nachweises, daß ihm durch die Verzögerung ein Schaden entstanden ist?

2. Unter welchen Umständen kann der Versicherungsnehmer diesem Einwand den Gegeneinwand der Arglist entgegensetzen?

Versicherungsvertragsgesetz § 6.

VII. Zivilsenat. Urt. v. 11. März 1930.

I. Landgericht I Berlin. — II. Kammergericht daselbst.

Die Klägerin war für ihre Berliner Zweigniederlassung bei der Beklagten und bei der Versicherungsgesellschaft Th. gegen Einbruchsdiebstahl versichert. In der Nacht vom 15. zum 16. Dezember 1927 wurde dort ein Einbruch verübt, bei dem aus einem erbrochenen Geldschrank 12 132,62 RM in bar gestohlen wurden. Die Klägerin fordert von der Beklagten mit der Behauptung, daß diese vier Fünftel des Risikos zu vertreten habe, Zahlung von 9706,10 RM nebst Verzugszinsen. Das Landgericht gab der Klage statt. Auf die Berufung der Beklagten wies das Kammergericht die Klage ab. Die Revision der Klägerin wurde zurückgewiesen.

Aus den Gründen:

Nach Ablehnung anderer Einwendungen der Beklagten gelangt der Berufungsrichter deshalb zur Abweisung der Klage, weil er annimmt, nach § 12 Nr. 1, 2 § 13 Nr. 1 der Allgemeinen Versicherungsbedingungen der Beklagten für die Einbruchsdiebstahlversicherung (in Verbindung mit § 6 Abs. 2, 3 VVG.) sei der Versicherer von der Verpflichtung zur Leistung aus dem Versicherungsfall frei geworden. In § 12 Nr. 1 a. a. O. ist bestimmt, daß der Versicherungsnehmer, sobald er vom Eintritt eines Versicherungsfalles Kenntnis erlangt, dem Versicherer oder dessen Agenten (sowie der Ortspolizeibehörde) unverzüglich Anzeige zu machen hat, und in Nr. 2 des § 12 ist für Diebstahlsfälle im Gesamtwert von über 1000 M unverzügliche telegraphische Anzeige vorgeschrieben; § 13 Nr. 1 sagt, daß bei Verletzung der Obliegenheit nach § 12 Nr. 1 der Versicherer von der Verpflichtung zur Leistung frei wird, es sei denn, daß die Verletzung weder auf Vorsatz noch auf grober Fahrlässigkeit beruht. Das Berufungsgericht stellt fest, daß die an die Assekuranzfirma G. in Berlin gerichtete Anzeige der Klägerin von dem Einbruchsdiebstahl erst am 22. Dezember 1927, also nahezu eine Woche später, erstattet wurde, und führt diese Verzögerung auf grobe Fahrlässigkeit zurück, die der gesetzlichen Vertretung der Klägerin zur Last falle. Dieses Verschulden findet der Vorderrichter in dem eigenen Vorbringen der Klägerin, das dahin geht: Ihre Altonaer Zentrale habe vom Abschluß des Versicherungsvertrags mit der Beklagten, der durch ihre Berliner Zweigniederlassung im Mai 1924 erfolgt sei, keine Kenntnis erlangt; auch sei der Versicherungsschein bei der Berliner Niederlassung verblieben. Ein später — im Mai 1927 — abgeschlossener Nachtrag zur Versicherung sei der Zentrale übersandt und dort mit anderen Urkunden abgelegt worden; nach dem Einbruch vom 15./16. Dezember 1927 habe der Angestellte V. dem Prokuristen der Klägerin K. gemeldet, daß eine Prämienquittung über eine Einbruchsdiebstahlversicherung bei der Klägerin vorhanden sein müsse; darauf seien die Angestellten V. und S. mit Nachforschungen nach dieser Quittung beauftragt worden. Nach mehreren Tagen habe S. den von der Beklagten ausgestellten Versicherungsnachtrag nebst Prämienquittung aufgefunden. Darauf habe die Zentrale alsbald fernmündlich der Berliner Zweigniederlassung den Auftrag erteilt, den Schaden unverzüglich der Berliner Agenturfirma G. zu melden, was auch am 22. Dezember geschehen sei. Das Kammergericht erwägt, der Vorstand der Klägerin hätte unbedingt für solche Ordnung in ihrem kaufmännischen Betriebe sorgen müssen, daß eine derartige Unkenntnis von einem bestehenden Versicherungsvertrag und ein derartiges Verschwinden einer wichtigen Versicherungsurkunde nicht hätte vorkommen können; auf ein solches Mindestmaß von Ordnung in einem versicherten großen kaufmännischen Betrieb müsse sich eine Versicherungsgesellschaft verlassen können. Hätte sich der Angestellte nicht zufällig der Prämienquittung entsonnen, so hätte Jahr und Tag über die Anmeldung verstreichen können und die Beklagte wäre, wollte man hier nicht ein grob fahrlässiges Verhalten der Klägerin in der Ordnung ihres Betriebes annehmen, auch dann immer noch nicht von der Leistung frei.

Die Revision rügt Verletzung der Rechtsbegriffe „unverzüglich" und „grobe Fahrlässigkeit", jedoch mit Unrecht. (Wird näher ausgeführt.)

Die Revision trägt sodann vor, es sei eine Erörterung des Berufungsgerichts darüber zu vermissen, wie es gekommen wäre, wenn die Klägerin den Einbruchsdiebstahl der Beklagten rechtzeitig angezeigt hätte. Dieses Vorbringen geht von der Voraussetzung aus, der Einwand der verzögerten Anzeigeerstattung bedürfe zu seiner Rechtfertigung des Nachweises, daß dem Versicherer durch die Verzögerung ein Schaden entstanden sei. Diese Annahme ist aber irrig. In den oben mitgeteilten Bestimmungen der Allgemeinen Versicherungsbedingungen der Beklagten ist die Obliegenheit des Versicherungsnehmers, deren auf Vorsatz oder grober Fahrlässigkeit beruhende Verletzung die Befreiung des Versicherers von der Leistungspflicht nach sich ziehen soll, nur dahin bestimmt, daß er vom Eintritt des Versicherungsfalles dem Versicherer unverzüglich Anzeige zu machen hat, und auch die Vorschriften im § 6 VVG. bieten keine Unterlage dafür, daß die Entstehung eines Schadens für den Versicherer als weiteres Erfordernis der Verwirkung des Versicherungsanspruchs aufzustellen wäre. Der Nachweis eines solchen Schadens würde wohl auch meistens nach Lage der Dinge unmöglich sein.

Die Revision hat ferner unter Hinweis auf die Rechtsprechung des I. Zivilsenats (RGZ. Bd. 98 S. 122, Bd. 126 S. 324) gerügt, daß der Vorderrichter nicht geprüft habe, ob der aus der Verzögerung der Anzeige entnommene Einwand der Beklagten nicht durch den Gegeneinwand der Arglist entkräftet werde. Jene Urteile des I. Zivilsenats *haben es jedoch nicht mit dem Versicherungsrecht zu tun, sondern mit* einer im Vertragsverhältnis des Schleppschiffahrtsunternehmers zum Eigner des geschleppten Schiffes bedungenen Ausschlußfrist für die Anmeldung von Schadensersatzansprüchen des letzteren. Daß hier wesentlich andere tatsächliche Verhältnisse obwalten als bei den jeder räumlichen Annäherung entbehrenden Beziehungen zwischen dem Versicherer und dem Versicherungsnehmer, liegt auf der Hand. Ob dem Versicherer, der sich auf die Verspätung der Anzeige vom Eintritt des Versicherungsfalles beruft, überhaupt die Einrede der Arglist entgegengesetzt werden kann, mag dahinstehen. Als Unterlage dieser Einrede wäre – gerade im Sinne der angeführten Urteile des I. Zivilsenats — zu erfordern, daß Anhaltspunkte für die Annahme beständen, der Versicherer habe alsbald auf andere Weise von dem seine Leistungspflicht begründenden Ereignis Kenntnis erhalten. Irgendwelche Vermutung wird dafür nur unter ganz besonderen Umständen sprechen. Im vorliegenden Falle hatte aber das Kammergericht nicht den geringsten Anlaß, zu der Frage Stellung zu nehmen, ob etwa die Beklagte arglistig gehandelt habe. Denn nichts spricht dafür, daß die Anzeige von dem Einbruchsdiebstahl, welche die Klägerin der Polizeibehörde und der Versicherungsgesellschaft Th. rechtzeitig erstattet haben will, auch der Beklagten zur Kenntnis gekommen wäre. Zudem hatte sich die Klägerin gegen den Einwand der ungemeldet gebliebenen Doppelversicherung gerade damit verteidigt, daß sie in Unkenntnis der bei der Beklagten bestehenden Versicherung gutgläubig noch den weiteren Versicherungsvertrag mit der Th. abgeschlossen habe. Demnach können in bezug auf das Versicherungsverhältnis zur Klägerin irgendwelche Beziehungen zwischen den beiden Versicherungsgesellschaften nicht in Frage kommen.

RGZ. 128, 116.

1. Liegt eine Verletzung der Anzeigepflicht durch Verschweigen oder unrichtige Angabe eines gefahrerheblichen Umstands nur dann

vor, wenn der Versicherungsnehmer oder sein Vertreter diese Umstände gekannt hat, und läuft deshalb auch die Frist für den Rücktritt des Versicherers vom Versicherungsvertrag erst dann, wenn dieser weiß, daß der Versicherungsnehmer oder sein Vertreter jene Kenntnis gehabt hat?

2. Ist eine Bestätigung des Versicherungsvertrags durch den Versicherer, der bei dessen Abschluß über einen gefahrerheblichen Umstand arglistig getäuscht wurde, nur dann anzunehmen, wenn der Versicherer gewußt oder doch mit der Möglichkeit gerechnet hat, der Versicherte oder sein Vertreter habe von dem gefahrerheblichen Umstand Kenntnis gehabt?

3. Kann der Versicherer einen für den Versicherten ohne Vertretungsmacht geschlossenen Vertrag wegen arglistiger Täuschung oder wegen Irrtums über die Person des Vertragschließenden dann nicht anfechten, wenn er infolge der Genehmigung des Vertrags durch den Gechäftsherrn nicht schlechter steht, als wenn dieser selbst den Versicherungsantrag gestellt und den Vertrag abgeschlossen hätte?

Gesetz über den Versicherungsvertrag §§ 16, 17, 19, 20. BGB. §§ 119, 123, 144, 166.

VII. Zivilsenat. Urt. v. 28. März 1930.

I. Landgericht I Berlin. — II. Kammergericht daselbst.

Der Kläger war auf Grund Vertrags vom 19. Januar 1927 bei der Beklagten gegen Unfall versichert. Die Versicherungssumme war für den Fall des Todes oder der vollständigen Erwerbsunfähigkeit auf 50000 RM bestimmt; bei vorübergehender Erwerbsunfähigkeit sollte dem Versicherten eine Tagesentschädigung gezahlt werden.

Am 11. August 1927 erlitt der Kläger einen Unfall. Eine von ihm benutzte Kraftwagendroschke wurde von einem Wagen angefahren und der Kläger aus dem Kraftwagen auf die Straße geschleudert. Dadurch erlitt er eine Gehirnerschütterung; es stellte sich aber infolge des Unfalls auch eine Schädigung des inneren Ohres und eine Minderung der Sehkraft ein. Die Beklagte hat ihm für die Zeit vom 11. August 1927 bis zum 11. August 1928 die vereinbarte Tagesentschädigung entsprechend der jeweils festgestellten Erwerbsminderung gezahlt. Weitere Leistungen hat sie jedoch abgelehnt, weil sie sich an den Versicherungsvertrag nicht für gebunden hält. Sie behauptet, bei seinem Abschluß arglistig getäuscht worden zu sein, einmal, weil ihr verschwiegen worden sei, daß der Kläger seit dem Jahre 1916 oder noch länger an einer lues cerebrospinalis leide, aus der auch die im Anschluß an den Unfall eingetretene Verschlechterung des Sehvermögens und überhaupt die größere Schwere der Unfallsfolgen zu erklären gewesen sei, und sodann, weil die Ehefrau des Klägers ohne sein Wissen den Versicherungsantrag mit seinem Namen unterzeichnet habe, ohne dies der Beklagten mitzuteilen. Auf Grund dieser angeblichen Täuschungen hat die Beklagte den Vertrag angefochten und wegen der Falschangaben im Versicherungsantrag auch den Rücktritt vom Vertrag erklärt. Der Kläger hält dies nicht für gerechtfertigt und verlangt daher mit der Klage die Feststellung, daß der Versicherungsvertrag zu Recht bestehe. Er bestreitet die von der Beklagten behauptete Arglist, sieht aber auch den Vertrag durch die an ihn geleisteten Zahlungen als bestätigt an. Den Rücktritt der Beklagten bezeichnet er als verspätet. Die Beklagte verblieb im Rechtsstreit bei ihrem Standpunkt. Ihre Anfechtung will sie schlimmstenfalls als Anfechtung wegen Irrtums betrachtet wissen, soweit sie auf die Unterzeichnung des Versicherungsantrags durch die Frau des Klägers gestützt ist. In den Vorinstanzen wurde der Klage stattgegeben. Die Revision der Beklagten führte zur Aufhebung und Zurückverweisung.

Gründe:

Das Recht des Versicherers, vom Versicherungsvertrag zurückzutreten, ist im § 16 VVG. nur wegen der unterlassenen Anzeige gefahrerheblicher Umstände und im § 17 wegen der positiven Falschanzeige solcher Umstände vorgesehen. Deshalb konnte die Beklagte den Rücktritt überhaupt nicht darauf stützen, daß die Ehefrau des Klägers den Versicherungsantrag ohne sein Wissen mit seinem Namen unterschrieben habe und daß sie dies nicht habe erkennen lassen. Denn daß der Begriff des erheblichen Umstands im § 17 VVG. — der hier in Frage kommt, weil über den Gesundheitszustand des Klägers positiv unrichtige Angaben gemacht worden sind — nicht anders zu nehmen ist als im § 16, also im Sinne eines gefahrerheblichen Umstands, kann nicht zweifelhaft sein.

Hiernach kam es nur auf das Rücktrittsrecht wegen der unrichtigen Angaben über den Gesundheitszustand des Klägers an. Das Berufungsgericht hält den Rücktritt wegen dieses Umstands für verspätet, weil die Beklagte durch das Gutachten der Augenklinik schon im Dezember 1927 von der luetischen Erkrankung des Klägers Kenntnis bekommen habe und der Rücktritt erst im Schriftsatz vom 11. Januar 1929, also nicht innerhalb der im § 20 VVG. vorgeschriebenen Frist, erklärt worden sei. Hiergegen wendet sich die Revision, indem sie geltend macht, daß die Frist nicht mit der Erlangung der Kenntnis von der objektiven

Unrichtigkeit der Anzeige zu laufen beginne, sondern mit der Kenntnis von der Verletzung der Anzeigepflicht, und daß diese Verletzung nur vorliege, wenn der Anzeigende sich bewußt war, daß seine Angabe falsch sei.

Das letztere mag zwar zu weit gehen, weil es nicht auf die subjektive Auffassung des Anzeigenden über die Richtigkeit seiner Anzeige ankommt, es vielmehr genügt, daß die Anzeige der objektiven Wahrheit nicht entspricht (Bruck Gesetz über den Versicherungsvertrag Bem. 3 zu § 17). *Aber richtig ist, daß der Versicherungsnehmer oder* sein Vertreter nur ihm bekannte gefahrerhebliche Umstände dem Versicherer anzuzeigen hat und daß deshalb eine Verletzung der Anzeigepflicht nur vorliegt, wenn der Anzeigende ihm bekannte Umstände anzugeben unterlassen oder über ihm bekannte Umstände unrichtige Angaben gemacht hat. Allerdings ist nur im § 16 VVG. das Bekanntsein der anzeigepflichtigen Umstände ausdrücklich hervorgehoben, während § 17 darüber nichts enthält. Aber der erste Absatz des § 16 bezieht sich auf beide Fälle und ist deshalb sowohl für die negative wie für die positive Verletzung der Anzeigepflicht von Bedeutung (vgl. die bei Gerhard-Manes abgedruckte Begründung zu §§ 16 bis 22 des Entwurfs zum Gesetz über den Versicherungsvertrag). Demgemäß setzt auch das Rücktrittsrecht aus § 17 voraus, daß der Versicherungsnehmer oder sein Vertreter über ihm bekannte gefahrerhebliche Umstände unrichtige Angaben gemacht hat. Hieraus ist zu entnehmen, daß auch die Frist für die Ausübung des Rücktrittsrechts für die Beklagte erst zu laufen begann, wenn sie zuverlässige Anhaltspunkte dafür hatte, daß der Kläger oder seine Frau die luetische Erkrankung, um die es sich handelt, gekannt habe.

Erst recht aber setzte die arglistige Täuschung eine Kenntnis des gefahrerheblichen Umstands beim Versicherungsnehmer oder bei seinem Vertreter voraus. Denn wenn sie ihn nicht kannten, so können sie auch nicht die Absicht verfolgt haben, den Versicherer mit der unrichtigen Angabe zu täuschen. Aus diesem Grunde rügt die Revision mit Recht, daß das Berufungsgericht bei der Frage der Bestätigung des Vertrags auf die Notwendigkeit dieser Kenntnis hätte Rücksicht nehmen müssen und sich darum nicht mit der Feststellung hätte begnügen dürfen, daß die Beklagte, obwohl sie wußte, daß der Kläger zur Zeit des Versicherungsabschlusses und auch bei Stellung des Versicherungsantrags luetisch krank gewesen sei, doch die im Versicherungsvertrag vereinbarten Zahlungen geleistet habe. Richtigerweise konnte in diesen Zahlungen nur dann eine Bestätigung gefunden werden, wenn die

Beklagte gewußt oder mindestens für möglich gehalten hat, daß dem Kläger oder seiner Frau die luetische Erkrankung bekannt war. Denn da in der Bestätigung der Wille liegt, bei dem Rechtsgeschäft ungeachtet seiner Anfechtbarkeit stehen zu bleiben, und da die Bestätigung sachlich einem Verzicht auf das Anfechtungsrecht gleichkommt, so erfordert sie, daß der Bestätigende sein Anfechtungsrecht kennt oder zum mindesten doch aus der Vorstellung heraus handelt, es könne ihm ein solches Recht zustehen (RGZ. Bd. 68 S. 398, Bd. 69 S. 411). Dazu mußte aber die Beklagte auch wissen oder mit der Möglichkeit rechnen, daß der Kläger oder seine Vertreterin die luetische Erkrankung gekannt habe. Aus ihrem Schriftsatz vom 11. Dezember 1928 geht nicht hervor, daß dies der Fall war; denn aus ihm ist nur zu entnehmen, daß die Beklagte durch die ärztlichen Gutachten Kenntnis von der luetischen Erkrankung des Klägers bekommen hat.

Sowohl für die behauptete Verspätung des Rücktritts wie für die Bestätigung des Vertrags wäre der Kläger beweispflichtig. Er würde an sich also auch zu beweisen haben, die Beklagte habe gewußt oder habe es, soweit die Bestätigung in Betracht kommt, mindestens für möglich gehalten, daß er oder seine Frau von der luetischen Erkrankung Kenntnis gehabt habe. Ob er dabei nicht in Widerspruch geraten könnte mit seiner Behauptung, daß er selber von dieser Erkrankung nichts gewußt habe, ist hier nicht zu entscheiden. Denn jedenfalls hat die Beklagte zunächst ihrerseits die Voraussetzungen sowohl ihres Rücktrittsrechts wie auch des Anfechtungsrechts zu beweisen. Deshalb wird es zur Begründung beider Rechte vorerst ihr obliegen, den Beweis dafür zu erbringen, daß der Kläger oder seine Frau tatsächlich gewußt hat, die Augenkrankheit des Klägers sei auf eine Lues zurückzuführen. Für das Rücktrittsrecht genügt nach § 19 VVG. die Kenntnis einer dieser Personen; für die arglistige Täuschung ist insoweit § 166 BGB. entscheidend, da diese Vorschrift auch auf die Vertretung ohne Vertretungsmacht Anwendung findet, und zwar Abs. 2 mit der Maßgabe, daß an Stelle der Vollmacht und der bestimmten Weisungen die Genehmigung des Geschäftsherrn tritt (RGZ. Bd. 68 S. 376, Bd. 76 S. 107).

Die Anfechtungs- und die Rücktrittserklärung der Beklagten mögen vielleicht zu der Annahme berechtigen, daß sie diese Kenntnis vermutet habe. Aber sie beweisen nicht, daß die Kenntnis wirklich vorhanden war, worauf es für das Bestehen sowohl des Anfechtungsrechts wie des Rücktrittsrechts ankommt. Eine Klarstellung hierüber wird erst durch eine weitere Beweisaufnahme erzielt werden können. Dabei wird aber auch zu erwägen sein, ob der Kläger das Anfechtungs-

und Rücktrittsrecht der Beklagten etwa damit abwehren kann, daß seit mehreren Jahren vor dem Versicherungsabschluß keine frischen Erkrankungen des Auges mehr bei ihm hervorgetreten sind. Denn dies könnte zur Widerlegung der Arglist oder, soweit der Rücktritt vom Vertrag in Frage kommt, zum Nachweis des mangelnden Verschuldens dienen (§ 17 Abs. 2, § 19 VVG.).

Wenn die Beklagte die Anfechtung wegen arglistiger Täuschung auch darauf gestützt hat, daß die Frau des Klägers ohne dessen Wissen und ohne ihr dies bekannt zu geben, den *Versicherungsantrag* mit dem Namen ihres Mannes unterzeichnet habe, so hat das Berufungsgericht diesem Anfechtungsgrund mit Recht die Anerkennung versagt, mag auch seiner Begründung nicht durchweg beizustimmen sein. Denn das Berufungsgericht übersieht, daß § 19 VVG. für die Anfechtung wegen arglistiger Täuschung gar nicht in Betracht kommt, sondern nur für den Rücktritt, und es würdigt auch nicht genügend, daß die Genehmigung des ohne Vertretungsmacht abgeschlossenen Vertrags das Rechtsverhältnis nicht so gestaltet, als wenn der Geschäftsherr selbst den Vertrag abgeschlossen hätte, sondern nur so, wie wenn ihn der Vertreter ohne Vertretungsmacht kraft Auftrags und mit Vollmacht geschlossen hätte. Aber da sich der Kläger durch die Genehmigung des Versicherungsvertrags auch zu den Erklärungen seiner Frau im Versicherungsantrag bekannt hat (auf den der Versicherungsschein ausdrücklich Bezug nimmt) und da er, wie bereits ausgeführt, infolge der Genehmigung nach § 166 Abs. 2 BGB. für seine eigene Kenntnis einzustehen haben würde, so steht die Beklagte in Wirklichkeit nicht schlechter, als wenn der Kläger selbst den Versicherungsvertrag mit ihr geschlossen und auch selbst den Versicherungsantrag gestellt hätte. Damit entfällt der Grund und das Recht zur Anfechtung. Dies gilt auch, soweit die Anfechtung auf Irrtum gestützt ist. Denn wenn die Beklagte trotz ihres Irrtums nicht schlechter gestellt ist, als wenn das, was sie geglaubt hat, richtig gewesen wäre, und wenn auch die Arglist ihre Rechtslage nicht beeinträchtigt hat, so kann sie nach Treu und Glauben nicht gegen den Bestand des Versicherungsvertrags ankämpfen.

RGZ. 132, 386 +.

1.–2. . . .

3. Was ist unter „Gefahr" im Sinne des § 16 Abs. 1 des Versicherungsvertragsgesetzes zu verstehen die Gefahr des Versicherungsnehmers, daß er den Schaden erleidet, gegen den er sich versichert, oder

die Gefahr des Versicherers, daß er auf Grund des Vertrags, sei es mit Recht oder mit Unrecht, in Anspruch genommen wird?

VVG. §§ 16 ff.

VII. Zivilsenat. Urt. v. 15. Mai 1931.

I. Landgericht Düsseldorf. — II. Oberlandesgericht daselbst.

Nach zwei Versicherungsscheinen vom 13. März 1925 waren die Klägerin und ihr Ehemann bei der verklagten Gesellschaft gegen die Folgen körperlicher Unfälle versichert, und zwar für den Fall des Todes mit je 100 000 GM und für den Fall dauernder Arbeitsunfähigkeit mit je 200 000 GM. Die erste Halbjahrsprämie wurde am 6. April 1925 gezahlt. Am 28. Juni 1925 verletzte sich die Klägerin am Daumen und am Zeigefinger der linken Hand. Nach ihrer Darstellung geschah dies durch einen Unfall beim Holzzerkleinern. Die Beklagte stellte Ermittlungen an, fand keinen Anlaß, den Eintritt des Versicherungsfalles zu bestreiten, und zahlte, nachdem ein Streit über die Höhe der Entschädigung durch Vergleich beigelegt worden war, Ende Oktober 1925 an die Klägerin 55 000 RM aus. Am 24. Oktober 1927 erwirkte die Beklagte gegen die Klägerin und ihren Ehemann einen Arrestbefehl in Höhe von 55 000 RM und erstattete zugleich Anzeige gegen das Ehepaar wegen Versicherungsbetrugs. Sie behauptete nunmehr, daß sich die Klägerin die Verletzung an der linken Hand freiwillig beigebracht habe. Das Strafverfahren endete damit, daß die Angeschuldigten außer Verfolgung gesetzt wurden.

Ende 1927 erhob die Klägerin Klage auf Feststellung, daß sie nicht verpflichtet sei, die 55 000 RM zurückzuzahlen. Die Beklagte erhob Widerklage auf Rückzahlung der Summe und bat weiter hilfsweise um die Feststellung, daß der Versicherungsvertrag mit der Klägerin nichtig sei. Das Landgericht erklärte dem Antrag der Klägerin entsprechend die Klage in der Hauptsache für erledigt und wies die Widerklage ab. Das Oberlandesgericht wies die Berufung der Beklagten zurück. Auch ihre Revision blieb ohne Erfolg.

Gründe:

...

Die Anfechtung des Versicherungsvertrags wegen Irrtums stützt die Widerklägerin darauf, daß sie sich in einem Irrtum über eine „verkehrswesentliche" Eigenschaft des Ehemanns der Widerbeklagten befunden habe; sie habe nicht gewußt, daß er wegen Verleitung zum Meineid bestraft worden sei, daß er die deshalb gegen ihn verhängte

Zuchthausstrafe verbüßt und auch gegen einen als Zeugen benannten Dritten betrügerisch gehandelt habe. Die Parteien stritten insoweit in erster Reihe darüber, ob diese Anfechtung mit Rücksicht auf die in den §§ 16 flg. VVG. getroffene Sonderregelung überhaupt zulässig sei. Im § 16 Abs. 1 das. wird dem Versicherungsnehmer die Pflicht auferlegt, bei der Schließung des Vertrags alle ihm bekannten Umstände, die für die Übernahme der Gefahr erheblich sind, dem Versicherer anzuzeigen. Im Abs. 2 wird dem Versicherer das Recht zum Rücktritt vom Vertrag für den Fall gegeben, daß der Versicherungsnehmer die Anzeige eines erheblichen Umstands unterlassen hat. Endlich bemerkt dazu § 22 a. a. O., daß das Recht des Versicherers, den Vertrag wegen arglistiger Täuschung über Gefahrumstände anzufechten, unberührt bleibe. Die Parteien sind sich zwar darüber einig, daß die in den §§ 16 flg. VVG. enthaltene Regelung über die Folgen der unterbliebenen Anzeige eines für die Übernahme der Gefahr erheblichen Umstands erschöpfend ist und daß der Vertrag wegen Irrtums über einen derartigen Umstand nicht angefochten werden kann. Sie streiten aber darüber, ob die Zuchthausstrafe des Ehemanns der Widerbeklagten und sein angeblich betrügerisches Verhalten gegenüber dem Dritten derartige Umstände bilden. Die Widerklägerin will den Kreis der gefahrerheblichen Umstände eng begrenzen und dazu nur solche rechnen, die für die Gefahr des Eintritts eines Unfalls bei der Widerbeklagten von Bedeutung waren, während diese selbst unter der Gefahr im Sinne des § 16 VVG. die Gefahr des Versicherers versteht, daß er auf Grund des Vertrags in Anspruch genommen wird, sei es mit Recht und wegen eines wirklich eingetretenen, sei es mit Unrecht und wegen eines nicht oder nicht in dieser Höhe erlittenen Schadens. Der Unterschied der beiderseitigen Ansichten wird klar, wenn man an den von der Widerklägerin — vergeblich — erhobenen Vorwurf des Versicherungsbetrugs anknüpft und sagt: Im Sinne der Widerklägerin ist die Gefahr des § 16 VVG. nur die Unfallsgefahr, im Sinne der Widerbeklagten auch die Betrugsgefahr. Das Berufungsgericht hat den Streit unentschieden gelassen, die Richtigeit der Ansicht der Widerklägerin unterstellt, die Erheblichkeit ihres Irrtums aber verneint, weil die Beziehungen des Versicherungsnehmers zum Versicherer nur ganz lose seien, sich auf die Pflicht zur Prämienzahlung beschränkten, und weil diese durch das Vorleben des Ehemanns der Widerbeklagten nicht berührt werde. Diesen Darlegungen kann das Revisionsgericht nicht beitreten. Das Wesen des Versicherungsvertrags ist damit nicht erschöpft. Er setzt ein weitgehendes Vertrauensverhältnis voraus; namentlich der Versicherer ist nach vielen Richtungen auf die Ehrlichkeit und Zuverlässigkeit des Versicherungsnehmers angewiesen. Wo er Anlaß hat, diese Eigenschaften zu vermissen, etwa das Vorhandensein von Gewinnsucht und Gewissenlosigkeit zu vermuten, da wird er den ihm angebotenen Vertrag nicht abschließen. Das Berufungsgericht hätte also bei richtiger Verfolgung seines Gedankengangs prüfen müssen, ob die weit zurückliegende Strafe des Ehemanns der Widerbeklagten und sein etwaiges sonstiges Verhalten der Widerklägerin genügenden Anlaß zu Mißtrauen geben konnten. Es kommt darauf aber nicht an. Die Anfechtung wegen Irrtums, wie sie die Widerklägerin erklärt hat, ist unzulässig; die „Gefahr des § 16 a. a. O. ist in dem weiteren Sinne aufzufassen, den die Widerbeklagte vertritt.

Die Versicherungsgesellschaften selbst scheinen im allgemeinen auf diesem Standpunkt zu stehen. Sie bemühen sich, ein Bild von der Persönlichkeit desjenigen zu bekommen, der als Antragsteller an sie herantritt. Fragen, die diesem Zwecke dienen, nehmen sie in die Formblätter ihrer Versicherungsanträge auf; unrichtige Antworten auch auf solche Fragen machen sie zur Unterlage eines Rücktritts nach § 16 a. a. O. Wenn sie auch aus begreiflicher Scheu davon absehen, nach den Bestrafungen des Antragstellers zu fragen, so suchen sie doch sein Vorleben auf dem Gebiete des Versicherungswesens zu klären. Deshalb fragen sie, ob der Antragsteller bei anderen Gesellschaften versichert ist oder gewesen ist, ob und bei wem er Versicherungsanträge gestellt, ob und welche Versicherungsschäden er erlitten hat. Das alles sind Fragen, die mit der zu versichernden Gefahr eines Brandes, eines Unfalls usw. kaum oder doch nur ganz lose zusammenhängen, die aber zusammen mit den etwa weiter anzustellenden Ermittlungen die Gesellschaft darüber aufklären sollen, ob sie es wagen darf, mit dem Antragsteller überhaupt oder doch in der von ihm gewünschten Weise einen Vertrag abzuschließen, ob bei ihm nicht Unredlichkeiten irgendwelcher Art zu befürchten sind.

Von diesem Standpunkt aus hatte in einem Rechtsstreit, den der erkennende Senat durch Urteil vom 19. März 1918 VII 14/18 entschieden hat, die Versicherungsgesellschaft ihren Rücktritt nach § 16 Abs. 2 VVG. darauf gegründet, daß der eine Unfallversicherung begehrende Antragsteller die ihm vorgelegte Frage: „Haben Sie bei einer Gesellschaft jetzt oder früher Unfallversicherungsanträge gestellt?" unrichtig mit „nein" beantwortet hatte. Mit der „Unfallsgefahr" des damaligen Antragstellers, eines Tischlermeisters, hatte der Umstand, nach dem gefragt worden war, gewiß nichts zu tun; gleichwohl ist damals die Zulässigkeit des Rücktritts aus dem angegebenen Grunde nicht bezweifelt worden, und die Versicherungsgesellschaft ist nur daran gescheitert, daß sie den Rücktritt zu spät erklärt hatte.

Die jetzt zu entscheidende Streitfrage ist damals nicht angeregt und deshalb auch nicht ausdrücklich behandelt worden; ihre Beantwortung im Sinne der Widerbeklagten liegt aber jener Entscheidung zugrunde, und daran ist festzuhalten. Unter den für die Übernahme der Gefahr erheblichen Umständen ist alles zu verstehen, was für den *Entschluß des Versicherers wesentlich ist, ob er die Gefahr laufen will,* den ihm entgegengebrachten Versicherungsvertrag abzuschließen oder nicht. Damit fällt nach den vorhergehenden Darlegungen die Möglichkeit weg, den Vertrag mit der Widerbeklagten aus dem von der Widerklägerin angegebenen Grunde wegen Irrtums anzufechten. Auf die ebenfalls unter den Parteien streitig gewesene Frage, ob denn der Vertrag mit der Widerbeklagten wegen des Irrtums über eine Eigenschaft ihres Ehemanns angefochten werden könne, braucht bei diesem Ergebnis nicht mehr eingegangen zu werden.

Die Widerklägerin hat schließlich noch den Versuch gemacht, den über die Schadenshöhe abgeschlossenen Vergleich wegen Irrtums anzufechten. Der Vergleich ist untreitig mit der Widerbeklagten und ihrem Ehemann abgeschlossen worden, und der Anfechtungsgrund soll auch hier darin liegen, daß die Widerklägerin bei Abschluß des Vergleichs von der Zuchthausstrafe des Ehemannes und seinem angeblich betrügerischen Verhalten gegenüber dem Dritten nichts wußte. Es ist der Revision zuzugeben, daß die Gründe nicht völlig klar sind, mit denen der Berufungsrichter diesen Angriff der Widerklägerin abgelehnt hat. Die Anfechtung muß indessen schon daran scheitern, daß die Widerklägerin nicht dargelegt hat, warum anzunehmen sein sollte, daß sie bei Kenntnis der Sachlage und bei verständiger Würdigung des Falles dem Vergleich nicht zugestimmt hätte (§ 119 BGB.). Bei der Beurteilung dieser Frage ist jedenfalls davon auszugehen, daß die Widerklägerin mit der Widerbeklagten einen gültigen Versicherungsvertrag abgeschlossen und daß die letztere einen wirklichen Unfall erlitten hatte, der unter den Versicherungsschutz fiel. Der Streit, der durch den Vergleich erledigt wurde, drehte sich nur noch darum, wieviel die Widerklägerin zu zahlen hatte. Der im Vertrag vorgesehene Fall völliger Arbeitsunfähigkeit der Widerbeklagten war nicht eingetreten; es mußte erst geschätzt werden, inwieweit ihre Arbeitsfähigkeit durch die Folgen des Unfalls beschränkt worden war. Entsprechend der erlittenen Einbuße war die zu zahlende Summe zu errechnen. Die zu diesen Ermittlungen erforderlichen Unterlagen standen fest. Schließlich haben sich die Parteien über den Betrag der Forderung verglichen. Es ist nicht einzusehen, welche Rolle bei diesem Vergleich eine etwa vorhandene Unzuverlässigkeit des Ehemanns der Widerbeklagten gespielt haben sollte oder auch nur hätte spielen können. Die Widerklägerin selbst hat in dieser Richtung keine Anführungen gemacht, und irgendwelche Anhaltspunkte für ein auch nur mögliches Vorbringen haben sich nicht gezeigt. Deshalb muß auch der Anfechtung des geschlossenen *Vergleichs der Erfolg versagt bleiben, und damit fällt die* Revision überhaupt.

RGZ. 142, 402.

1. Bis wann darf der Antragende den Eingang der Antwort des Abwesenden „unter regelmäßigen Umständen" erwarten?

2. Nach welchen Gesichtspunkten ist der Zeitpunkt des Zugehens einer Antragsannahme zu bestimmen, wenn die Antragende, eine Versicherungsgesellschaft, ein Postschließfach unterhält?

BGB. §§ 130, 147 Abs. 2. Versicherungsvertragsgesetz § 39.

VII. Zivilsenat. Urt. v. 10. November 1933.

I. Landgericht Cottbus. — II. Kammergericht Berlin.

Der verstorbene Ehemann der Klägerin, W., war bei der verklagten Lebensversicherungsbank mit 10000 RM zugunsten der Klägerin für den Todesfall versichert. Seit Juli 1931 war er mit der Prämienzahlung rückständig geblieben. Am 9. Februar 1932 sandte ihm die Beklagte ein Mahnschreiben, in dem sie ihm eine Frist von zwei Wochen zur Begleichung seiner Rückstände setzte und weiterhin bekanntgab, daß nach Ablauf der Zweiwochenfrist die Ansprüche aus der Lebensversicherung erlöschen würden. W. erklärte sich mit Schreiben vom 20. Februar 1932 zur Nachzahlung außerstande und bat, die Versicherung in eine prämienfreie umzuwandeln. Die Beklagte lehnte dies mit Schreiben vom 5. März 1932 ab, machte aber ihrerseits einen Gegenvorschlag, wie der Versicherungsschutz durch spätere Zahlungen aufrechterhalten bleiben könnte. W. holte die durch dieses Schreiben von ihm erforderte Zustimmung einer Firma N., welcher er einen Teil der Versicherungsforderung abgetreten hatte, ein und unterzeichnete die ihm mit dem Schreiben vom 5. März übersandte Erklärung unter dem 22. März 1932. Sie ist nach der Behauptung der Beklagten erst am 29. März (am Osterdienstag) in ihren Besitz gelangt. Am 27. März

1932 (Ostersonntag) war W. gestorben. Die Zahlungsfrist des § 39 Abs. 1 Satz 1 VVG. war an diesem Tage bereits abgelaufen.

Die Klägerin hat beantragt, die Beklagte zu verurteilen, an sie 9200 RM und weitere 800 RM an sie und die Firma N. zu zahlen. Sie behauptet, sie habe die Erklärung ihres Mannes am 26. März 1932 zur Post gegeben; am 27. März müsse sie in das Schließfach der Beklagten gelangt und damit von dieser in Empfang genommen worden sein.

Die Beklagte bestreitet, vor Eintritt des Versicherungsfalls eine Abmachung mit dem Versicherungsnehmer getroffen zu haben, durch welche dessen Verzug beseitigt worden sei.

Landgericht und Kammergericht haben die Klage abgewiesen. Die Revision der Klägerin führte zur Aufhebung und Zurückverweisung.

Aus den Gründen:

1. . . . (Die Auslegung des Schreibens des Versicherungsnehmers vom 22. März 1932 durch das Kammergericht wird nachgeprüft. Dieses hatte einen Antrag darin gefunden; das wird für unmöglich erklärt.)

In Übereinstimmung mit der Auffassung beider Parteien und der des Landgerichts sieht der erkennende Senat in der Erklärung der Beklagten vom 5. März 1932 ein sie bindendes Vertragsangebot, und es kann sich nur noch darum handeln, ob die als Annahme zu wertende, vom 22. März 1932 datierte Erklärung des Versicherungsnehmers der Beklagten rechtzeitig zugegangen ist.

2. Das Kammergericht verneint das nicht aus den Rechtsgründen des § 130 BGB. und des § 39 Abs. 1 Satz 2 VVG., sondern in Anwendung von § 147 Abs. 2, § 150 BGB. Es will dem Versicherungsnehmer, der das Schreiben der Beklagten vom 5. März 1932 am 8. März erhalten hatte, einen Vorwurf daraus machen, daß er nicht spätestens innerhalb von 8 bis 10 Tagen geantwortet habe. Die Beklagte habe nur innerhalb dieser Frist unter regelmäßigen Umständen eine Antwort auf ihr Angebot erwarten können, nach Ablauf von fast drei Wochen aber nicht mehr.

Dem Berufungsrichter kann darin nicht gefolgt werden. Er hat die Bestimmung des § 147 Abs. 2 BGB. unzutreffend ausgelegt. Zu den regelmäßigen Umständen, unter denen „der Antragende" zu einem bestimmten Zeitpunkt den Eingang der Antwort „erwarten darf", gehören auch solche die Antwort verzögernde Umstände, die dem Anbietenden bekannt sind (Urt. des erkennenden Senats vom 22. November 1927 [VII] VI 402/27). Hiervon muß bei der dem Antragsgegner zu bewilligenden angemessenen Überlegungsfrist ausgegangen werden.

Die notwendigen Verhandlungen mit der Firma N. hatte die Beklagte selbst in ihrem Schreiben gefordert; die dadurch zu erwartende Verzögerung mußte berücksichtigt werden, und zwar kam es dabei auf etwaiges Verschulden des W. — verzögerliche Behandlung — in keiner Weise an. Da es sich weiter immer um die Angemessenheit der Frist handelt, innerhalb deren „der Antragende" unter regelmäßigen Umständen den Eingang der Antwort „erwarten darf", so müssen auch die sonst von den Parteien dieses Versicherungsvertrags, insbesondere von der Beklagten selbst bei ihrem Schriftwechsel in dieser Sache, eingehaltenen Fristen berücksichtigt werden. Die Beklagte hatte ihrerseits das Schreiben des W. vom 20. Februar 1932 erst unter dem 5. März beantwortet. Sie konnte an einer besonderen Beschleunigung der Annahme ihres Antrags kein Interesse haben; sie hatte denn auch selbst in ihrer Zuschrift vom 5. März im vorletzten Satz dem W. deutlich zu erkennen gegeben, daß sie es mit der Annahme ihres Angebots nicht besonders eilig habe, indem sie das Wort „alsbald" durchgestrichen hatte. Die Wirkung dieser Streichung auf W. mußte sie in Rechnung stellen.

Das Berufungsgericht ist hiernach bei Anwendung des § 147 Abs. 2 BGB. von unzutreffenden rechtlichen Gesichtspunkten ausgegangen. Bei richtiger Anwendung dieser Gesetzesstelle muß bejaht werden, daß die Beklagte die Annahme ihres Angebots vom 5. März noch in den Tagen vom 27. bis 29. März erwarten durfte.

3. Trotzdem sonach die Erwägungen, aus denen das Berufungsgericht zur Zurückweisung der Berufung der Klägerin gelangt ist, der rechtlichen Nachprüfung nicht standhalten, müßte die Revision zurückgewiesen werden, wenn jetzt schon feststände, daß der Beklagten die Annahmeerklärung auf ihr Angebot noch nicht zugegangen war, als der Versicherungsfall eintrat. Denn dann war ein Stundungsvertrag, wie er etwa mit der Annahme dieses Angebots zur Entstehung gelangt wäre, noch nicht zustande gekommen, als der Ehemann der Klägerin am 27. März 1932 starb; es lag dann in diesem Zeitpunkt noch Verzug des Versicherungsnehmers mit der Zahlung der Prämie vor, nachdem ja die ihm bestimmte Zahlungsfrist (§ 39 Abs. 1 Satz 1 VVG.) bereits abgelaufen war. Es ist also zu prüfen, ob schon aus den bisherigen Feststellungen entnommen werden kann, daß die Annahmeerklärung des Versicherungsnehmers W. der Beklagten nicht zugegangen, der Verzug also nicht beseitigt war, als der Versicherungsfall eintrat, d. h. als W. starb.

Diese Frage wäre ohne weiteres zugunsten der Klägerin zu beantworten, wenn die Bestimmung des § 130 Abs. 2 BGB. den Sinn hätte, den ihr die Klägerin beilegen will, daß nämlich durch den Tod des Erklärenden das Erfordernis des „Zugehens" (Abs. 1 das.) der Erklärung an den anderen beeinflußt würde. Davon kann aber nicht die Rede sein. Die Bestimmung besagt nur, daß die Erklärung ihre Bedeutung behält, auch wenn der Erklärende nach der Abgabe stirbt, daß sie also trotz des zwischen der Abgabe und dem Zugehen erfolgten Todes des Erklärenden noch durch Zugehen wirksam werden kann. Dagegen bestimmt § 130 Abs. 2 nicht etwa, daß eine Erklärung als zu Lebzeiten des Erklärenden zugegangen gilt, wenn er nach ihrer Abgabe, aber vor dem Zugehen gestorben ist. Für die hier zu stellende Frage, ob sie schon zugegangen war, als der Versicherungsfall eintrat (§ 39 Abs. 1 Satz 2 VVG.), ist aus der Bestimmung des § 130 Abs. 2 BGB. also nichts zu entnehmen.

Abzulehnen ist weiter die Rechtsauffassung, welche die Klägerin in der Berufungsbegründung vorgetragen hatte: durch das Angebot der Beklagten vom 5. März 1932 und den Zugang der Annahmeerklärung am 29. März sei ein Vertrag zustande gekommen, durch den der Versicherungsschutz „ungeachtet des Verzugs" habe bestehen bleiben sollen; es habe so ein durch den Tod des W. bedingter Anspruch der Klägerin auf Zahlung der Versicherungssumme beim Tode ihres Mannes bestanden, und die Bedingung sei durch dessen Tod eingetreten. Die Revision ist auch auf diese rechtlich unhaltbare Auffassung nicht mehr zurückgekommen.

Im Zusammenhang hiermit steht die Auffassung der Klägerin, die Beklagte habe sich durch ihr Schreiben vom 5. März 1932 bereit erklärt, bis zur Annahme des darin enthaltenen Angebots (§ 147 Abs. 2 BGB. in der oben zu 2 dargelegten Auslegung) auf den Verzug des W. für den Fall der Annahme nicht zurückzugreifen; sie habe also eine Art Schwebezustand genehmigt, der, für den Fall der Annahme ihres Angebots, das Vorliegen des Verzugs mit rückwirkender Kraft habe beseitigen sollen, so daß sie beim Eintritt des Versicherungsfalls den Verzug auch dann nicht habe geltend machen dürfen, wenn in diesem Zeitpunkt die Annahme (zwar erfolgt, aber) ihr noch nicht zugegangen gewesen sei. Wollte man eine derartige Willensmeinung der Beklagten annehmen, dann würde freilich der Klage schon im Hinblick auf § 130 Abs. 2 BGB. stattzugeben sein, weil ja der Versicherungsnehmer die Erklärung abgegeben hatte. Das Kammergericht wird bei der erneuten Erörterung Gelegenheit haben, zu prüfen, ob eine solche Willensmeinung der Beklagten anzunehmen ist.

In dieser Instanz ist dagegen, wie bereits ausgeführt, noch zu erörtern, ob die bisherigen Feststellungen des Berufungsgerichts eine Entscheidung darüber ermöglichen, wann die Annahmeerklärung der Beklagten zugegangen ist, ob dies insbesondere schon geschehen war, ehe W. am Ostersonntag, dem 27. März 1932, starb. Zu einer solchen Entscheidung reichen die bisherigen Feststellungen jedoch nicht aus.

Die Klägerin hat in dieser Richtung nur behauptet, der am 26. März (Ostersonnabend) vormittags gegen 11 Uhr, in Cottbus (ihrem Wohnsitz) in einen Postbriefkasten gesteckte Brief, der die Annahmeerklärung enthalten habe, müsse am 27. März morgens in Gotha, wo die Beklagte ihren Sitz hat, in deren Schließfach gelangt sein. Im Laufe des 27. März aber (die Tageszeit wird nicht angegeben) sei ihr Ehemann gestorben.

Die Beklagte hatte über die Einrichtung des Schließfaches, die sie getroffen habe, ausgeführt: Die laufende Post werde in das Schließfach gelegt, die eingeschriebene Post werde durch Boten beim Postamt abgeholt, sobald der Beklagten der Einschreibzettel, der in das Schließfach gelegt werde, zugegangen sei; Eilbotenpost werde der Beklagten durch die Post besonders zugestellt. Die an Sonn- und Feiertagen in ihr Postschließfach niedergelegte Post, im besonderen die etwa am 27. März (Ostersonntag) dort niedergelegte Erklärung des W., sei erst am folgenden Werktag geöffnet und gesichtet worden. Das sei auch nicht anders möglich, da es sich bei ihr täglich um durchschnittlich 1200 Eingänge handle; deren Behandlung könne natürlich nur während der gewöhnlichen Geschäftsstunden von ihrem Personal vorgenommen werden, das zudem an Sonn- und Feiertagen mit solchen Arbeiten nicht befaßt werden dürfe. Feststellungen zu diesen Behauptungen der Parteien hat das Berufungsgericht nicht getroffen.

In der Rechtsprechung des Reichsgerichts wird angenommen, daß eine in Abwesenheit des Empfängers abgegebene Erklärung dem Empfänger dann zugegangen ist, wenn er sich unter gewöhnlichen Verhältnissen Kenntnis vom Inhalt der Erklärung verschaffen konnte, und wenn nach den Gepflogenheiten des Verkehrs von ihm zu erwarten war, daß er sich diese tatsächlich verschaffte (RGZ. Bd. 99 S. 22/23 und LZ. 1925 Sp. 470; vgl auch ROLG. Bd. 20 S. 58). Im Geschäftsverkehr werde man von vornherein davon ausgehen müssen, daß die zum Einwerfen von Briefen und von sonstigen Mitteilungen bestimmten Kästen nur zu bestimmten Zeiten geleert würden (RGZ. Bd. 99

S. 23; ferner WarnRspr. 1921 Nr. 131 und RG. bei Gruch. Bd. 54 S. 1127). Die Abgabe und Annahme von Willenserklärungen im Handelsverkehr ist regelmäßig nicht auf die gewöhnliche Geschäftszeit beschränkt (anders nach § 358 HGB. für Leistungen). Nur wenn das die Willenserklärung enthaltende Schriftstück unter solchen dem Geschäftsverkehr widersprechenden Umständen in die Verfügungsgewalt des Erklärungsempfängers gelangt ist, daß angenommen werden muß, er habe nicht alsbald Gelegenheit zur Kenntnisnahme von der Erklärung gehabt, kann die Erklärung nicht als vor Eintritt jener Gelegenheit zugegangen gelten (Urt. des I. Zivilsenats des Reichsgerichts vom 9. März 1918 I 278/17). Im Handelsverkehr ist die Abgabe und Annahme schriftlicher Erklärungen auch nicht auf Werktage beschränkt (vgl. Staub-Gadow Anh. zu § 361 HGB. Anm. 5a u. 6); das kann je nach den Umständen auf die Feststellung von Einfluß sein, wann eine Erklärung zugegangen ist; denn für diese Frage ist von Bedeutung, zu welcher Zeit nach dem Angeführten mit dem Zugehen von Erklärungen gerechnet werden muß. Auszuschalten ist dabei nicht bloß die Frage, wann der Erklärungsempfänger wirklich Kenntnis erlangt hat; es kommt auch nicht darauf an, ob er bei Anwendung größerer Sorgfalt früher hätte Kenntnis erlangen können. Vielmehr ist der objektive Maßstab gewöhnlicher Verhältnisse und der Gepflogenheiten des Verkehrs, auf die Art des Empfängers bezogen, anzuwenden, soweit diese Art dem Absender bekannt sein mußte.

Die Anordnung, die hier die Beklagte getroffen hatte, wonach die für sie ankommende Post in ein Schließfach beim Postamt für sie gelegt wurde, wo sie zur Abholung durch die Beklagte selbst bereit lag, ändert an diesen Grundsätzen nichts. Keinesfalls kann dadurch der Absender schlechter gestellt werden, als wenn diese Einrichtung nicht bestanden hätte.

Hiernach ist darauf abzustellen, ob die Beklagte, wenn der Brief des Versicherungsnehmers noch rechtzeitig vor Eintritt des Versicherungsfalls in ihr Schließfach gelangt war, ihn auch so in ihre Verfügungsgewalt bekommen hatte, daß es an ihr lang, davon Kenntnis zu nehmen oder nicht (RG. in LZ. 1925 Sp. 470; Soergel Bem. 1 zu § 130 BGB.; Planck Komm. z. BGB. Bem. 1 b zu § 130; RGRKomm. Anm. 1 Abs. 2 zu § 130 BGB.), genauer: ob diese an sich zweifellos zu bejahende Möglichkeit durch die Rücksicht auf die Verkehrssitte eine Einschränkung erfahren mußte dahin, daß sie als nicht gegeben anzusehen war, solange nach der mit den Anschauungen des Verkehrs übereinstimmenden Organisation des Geschäftsbetriebs der Beklagten eine solche Abholung nicht erwartet werden konnte.

Wenn also die Geschäfts-Organisation der Beklagten, wonach sie die während zweier Feiertage (vielleicht auch schon die am Ostersonnabend Nachmittag) für sie eingegangene Post tatsächlich erst am nächtsfolgenden Werktag in Empfang nimmt, den Verkehrsgepflogenheiten entspricht, und zwar in dem Maße, daß der die Erklärung Abgebende damit rechnen muß (vgl. RGUrt. vom 9. März 1918 I 278/17; WarnRspr. *1921* Nr. *131*; RGZ. Bd. 99 S. 22/23; RG. in LZ. *1925* Sp. 470), dann ist die Erklärung nicht mehr am Ostersonntag zugegangen, sondern erst nach Eintritt des Versicherungsfalls, und dann hat bei dessen Eintritt der Verzug noch fortgedauert. Dabei kann auch zu berücksichtigen sein, ob eine Postzustellung in Gotha am Ostersonntag früh stattfand; denn es könnte für die Frage, ob die von der Beklagten getroffenen Anordnungen mit den Gepflogenheiten des Verkehrs in dem erörterten Sinne übereinstimmten, von Belang sein, ob ihr, wenn diese Anordnungen nicht bestanden hätten, der Brief am Ostersonntag früh durch Zustellung in ihren Geschäftsräumen zugegangen wäre. Dazu könnte die Übergabe an einen zur Empfangnahme befugten Gehilfen genügt haben, auch wenn keine geschäftsmäßige Behandlung stattgefunden hätte. Wie bereits erwähnt, darf hier nicht etwa die Frage nach Verschulden aufgeworfen werden, sondern es handelt sich nur um die Feststellung, wann nach den objektiven Verkehrsgepflogenheiten, mit denen der Absender ja zu rechnen hatte, der Beklagten die Möglichkeit der Kenntnisnahme von dem Schriftstücksinhalt eröffnet war.

Das Berufungsgericht hat sich im Gegensatz zum Landgericht mit diesen Fragen nicht befaßt. Es geht nicht an, die zu ihrer Beantwortung noch erforderlichen Feststellungen in der Revisionsinstanz zu treffen. Nach dieser Richtung hin muß vielmehr das Kammergericht die Sache prüfen und aufklären. Denn es ist immerhin denkbar, daß eine von der Beklagten getroffene innere Einrichtung, die ihr eine Möglichkeit der Kenntnisnahme erst am Osterdienstag eröffnete, mit Rücksicht auf die Art ihres Geschäfts nicht schlechthin als verkehrsüblich in dem Sinne gelten kann, daß der Erklärende damit zu rechnen hat. Das Kammergericht wird also unter Berücksichtigung der hervorgehobenen rechtlichen Gesichtspunkte festzustellen haben, ob die Klägerin — gegebenenfalls unter Berücksichtigung der Grundsätze über den Beweis nach dem ersten Anschein — den Nachweis erbringen kann, daß der Beklagten die Annahmeerklärung des Versicherungsnehmers zugegangen war, bevor dieser verstarb; es wird hierfür auf den genauen Zeitpunkt der beiden Ereignisse ankommen.

RGZ. 147, 103.

Kann unter Umständen auch dann, wenn der Antrag auf Abschluß eines Haftpflichtversicherungsvertrags durch Ablauf der Annahmefrist erloschen ist, ein Vertrauensverhältnis zwischen dem Antragenden und der Versicherungsgesellschaft angenommen werden, kraft dessen diese für das Versehen ihres Agenten nach den Grundsätzen der Haftung für Verschulden beim Vertragsschluß einzutreten hat?

BGB. §§ 148, 254, 276, 278. VVG. §§ 1, 149.

VII. Zivilsenat. Urt. v. 26. Februar 1935.

I. Landgericht Karlsruhe. — II. Oberlandesgericht daselbst.

Die Klägerin hatte am 25. Januar 1931 durch Vermittlung des Ratsschreibers und Agenten Josef L. in O. bei der Beklagten einen Antrag auf Abschluß eines Haftpflichtversicherungsvertrags gestellt. In dem formblattmäßig abgefaßten Antrag hatte sie erklärt, sie halte sich an ihren Antrag einen Monat lang gebunden. Als Zeitpunkt des Beginns der Versicherung war in dem Antrag der 1. Februar 1931 bezeichnet. L. hatte den Antrag an die zum Vertragsabschluß berechtigte Generalagentur der Beklagten in K. weitergeleitet. Diese hatte sich am 2. Februar 1931 entschlossen, den Antrag anzunehmen. Den von ihr ausgestellten Versicherungsschein hatte sie an L. gesandt zur Ausfolgung an die Klägerin Zug um Zug gegen Zahlung der ersten Prämie von 39,20 RM. L. hat jedoch den Versicherungsschein der Klägerin nicht behändigt und von ihr auch nicht die Erstprämie eingezogen.

Am 25. April 1931 ereignete sich in dem landwirtschaftlichen Betrieb der Klägerin ein Unfall durch Verschulden ihres im Betrieb beschäftigten Sohnes Georg B. Dabei erlitt der Landwirt Ludwig M. aus U. eine so schwere Verletzung, daß ihm ein Unterschenkel abgenommen werden mußte. Georg B. ist wegen fahrlässiger Körperverletzung des M. zu einer Geldstrafe von 50 RM verurteilt worden.

Die Beklagte, bei welcher der Unfall gemeldet worden war, verweigert der Klägerin den Versicherungsschutz, weil sie der Ansicht ist, mangels Aushändigung des Versicherungsscheins und Zahlung der Erstprämie sei ein Versicherungsvertrag noch nicht zustande gekommen. Auf die Klage hat das Landgericht jedoch festgestellt, daß die Beklagte verpflichtet sei, in den Grenzen des von der Klägerin an sie gerichteten

Antrags vom 25. Januar 1931 und in den Grenzen ihrer Allgemeinen Versicherungsbedingungen für Haftpflichtversicherung und unter Abzug der Erstprämie von 39,20 RM der Klägerin drei Vierteile des Schadens zu ersetzen, für welchen die Klägerin wegen des von dem Landwirt Ludwig M. in U. am 25. April 1931 erlittenen Unfalls haftbar gemacht werden könne. Wegen des letzten Viertels des Schadens hat das Landgericht die Klage abgewiesen. Das Oberlandesgericht hat die Berufung der Beklagten zurückgewiesen und auf die Anschlußberufung der Klägerin die Verpflichtung der Beklagten festgestellt, der Klägerin den gesamten Schaden zu ersetzen, für den diese aus dem Unfall von M. haftbar gemacht werden könne. Auf die Revision der Beklagten wurde das Berufungsurteil aufgehoben und die Sache zurückverwiesen.

Gründe:

Der Berufungsrichter nimmt an, ein Versicherungsvertrag sei nicht zustande gekommen, weil eine Annahmeerklärung der Beklagten der Klägerin nicht zugegangen sei (§ 130 BGB.). Weiter ist er der Auffassung, eine Haftung der Beklagten aus dem Versicherungsvertrage scheide auch nach § 38 Abs. 1 VVG. aus, weil die Klägerin die Erstprämie nicht entrichtet habe. Dagegen hält er die Haftung der Beklagten aus einem doppelten Grunde für gegeben, einmal wegen Verschuldens des Agenten L., für den die Beklagte eintreten müsse, und sodann auf Grund des § 162 BGB.

Die Haftung wegen Verschuldens beim Vertragsschluß begründet der Berufungsrichter wie folgt: Der Versicherungsagent L., der Vermittlungsagent der Beklagten gewesen sei, habe den Antrag der Klägerin vom 25. Januar 1931 pflichtgemäß an die zum Abschluß befugte Generalagentur der Beklagten in K. weitergeleitet. Die Generalagentur habe den Antrag geprüft und in den ersten Tagen des Februar 1931 den Antrag angenommen. Sie habe den Versicherungsschein dem L. am 5. Februar 1931 mit dem Auftrag zugesandt, den die Annahmeerklärung enthaltenden Versicherungsschein der Klägerin zugehen zu lassen und gleichzeitig die fällige erste Prämie von ihr einzuziehen. L. habe den Auftrag nicht, wie zu erwarten, innerhalb kürzerer Frist ausgeführt, sondern er habe den Versicherungsschein zunächst bei sich aufbewahrt, sei also bis zum 25. April 1931, dem Tage des Unfalls, untätig geblieben. Mit der Entgegennahme des Versicherungsantrags sei nun zwischen der Klägerin und der Beklagten ein Vertrauensverhältnis begründet worden. Die Klägerin habe darauf vertrauen dürfen, daß die Beklagte ihren Antrag sachgemäß bearbeite und erledige. Für die Frage, was die Klägerin nach Einreichung ihres Antrags weiter hätte tun sollen, seien ihre persönlichen Verhältnisse von ausschlaggebender Bedeutung. Die Klägerin sei eine einfache Bauersfrau. Sie sei zur Zeit der Antragstellung 62 Jahre alt gewesen, sie habe damit rechnen dürfen, daß der Antrag so gewissenhaft als möglich behandelt werden würde, wenn als Agent der Beklagten der Ratsschreiber einer Nachbargemeinde tätig werde, der schon kraft seiner Amtsstellung auf dem Lande eine Vertrauensstellung genieße. Der Klägerin als einer einfachen Frau, die sich kaum in den im Vordruck des Antrags niedergelegten umfangreichen Vertragsbestimmungen habe zurechtfinden können, werde nicht zum Bewußtsein gekommen sein, daß das Angebot mit der Beendigung ihrer Bindung daran am 25. Februar 1931 seine Wirkung verloren habe und daß sie nun die Möglichkeit gehabt habe, für anderweiten Versicherungsschutz zu sorgen. Solche Gedanken habe sich die Klägerin nicht gemacht und nach Treu und Glauben auch nicht zu machen brauchen. Es könnten überdies Bedenken bestehen, ob die Meinung der Beklagten, das Angebot sei mit dem Ablauf des 25. Februar 1931 erloschen, richtig sei, und ob nicht vielmehr nur der Klägerin die Wahl eröffnet worden sei, den Antrag aufrechtzuerhalten oder erlöschen zu lassen. Denn eigentlich habe die Klägerin in der Erklärung über ihre Bindung nicht eine Frist für die Annahme des Antrags durch die Beklagte gesetzt, sondern nur eine Frist für ihre Bindung. Aber wie dem auch sei, der weitere Verlauf des beiderseitigen Verhaltens zeige, daß kein Teil an das Erlöschen des Angebots im Ernst gedacht habe. Die Beklagte habe nichts getan, um den bis zur Übermittlung ihrer Annahmeerklärung bestehenden Schwebezustand innerhalb angemessener Frist zu beenden. Sie habe sich in diesem Zeitraum nicht darauf berufen, daß es in ihrem Belieben stehe, den Antrag anzunehmen, und daß die verspätete Annahme als Antrag von ihrer Seite zu gelten habe. Sie habe sich vor dem Unfall nicht nach der Erledigung ihres Auftrags durch ihren Erfüllungsgehilfen L. erkundigt. Sie habe nicht an den Einzug der Prämie gemahnt und auch nicht an eine Kündigung des Vertrags nach § 38 Abs. 2 VVG. gedacht. Vielmehr hätten beide Teile auch nach dem 25. Februar 1931 das wirksame Zustandekommen des Versicherungsvertrags erstrebt und gewollt. Es könne nicht darauf ankommen, was die Parteien nach dem 25. Februar hätten tun oder lassen können, sondern darauf, wie sie sich verhalten hätten. Dazu seien auch die aus ihrem Verhalten zu entnehmenden stillschweigenden Willensäußerungen zu rechnen. Beide Vertragsteile hätten nicht die Absicht gehabt, an dem durch ihre früheren Willenserklärungen geschaffenen Rechtszustand nach dem 25. Februar 1931 etwas zu ändern.

Nur das vertragswidrige Verhalten des L. habe den beabsichtigten Erfolg vereitelt. Dieses Verhalten müsse die Beklagte nach § 278 BGB. gegen sich gelten lassen. Die Beklagte müsse die geschädigte Klägerin so stellen, als ob sie einen vertraglichen Schutzanspruch aus dem Haftpflichtversicherungsvertrage hätte. Ein mitwirkendes Verschulden der Klägerin liege nicht vor. Die Klägerin sei eine in Versicherungsfragen nicht bewanderte alte Frau, die dem L. alles Vertrauen hätte entgegenbringen können. Ein Verschulden träfe aber auch die Generalagentur der Beklagten. Dieser könne mehr als der Klägerin ein Vorwurf daraus gemacht werden, daß sie sich von Anfang Februar bis Ende April nicht um die Auftragserledigung durch den Agenten gekümmert habe. Es sei bei einem großen Unternehmen, wie dem der Beklagten, nicht zu billigen, wenn eine mit erheblichen Rechtswirkungen verbundene Annahmeerklärung zur Weiterbeförderung herausgegeben, dann aber fast drei Monate lang nach dem Schicksal dieser Erklärung nicht gefragt werde.

Der Berufungsrichter weist sodann die Beklagte mit ihrem Einwande zurück, der Versicherungsschutz wäre auch bei rechtzeitiger Vorlegung des Versicherungsscheins durch den Agenten L. nicht wirksam geworden, weil die Klägerin zur Zahlung der ersten Prämie nicht imstande gewesen wäre. Auf Grund tatsächlicher Erwägungen kommt er zu dem Ergebnis, daß die Beklagte den ihr obliegenden Beweis der Nichtzahlung der Prämie nicht führen könne.

Die Haftung der Beklagten aus § 162 BGB. begründet der Berufungsrichter wie folgt: In § 3 der dem Antrag der Klägerin beigefügten Allgemeinen Versicherungsbedingungen für Haftpflichtversicherung und in dem damit wörtlich übereinstimmenden § 3 des Versicherungsscheins sei bestimmt:

> Der Versicherungsschutz beginnt vorbehaltlich einer anderen Vereinbarung mit der Einlösung des Versicherungsscheins durch Zahlung der Prämie . . . Wird die erste Prämie erst nach dem als Beginn der Versicherung festgesetzten Zeitpunkt eingefordert, alsdann aber ohne Verzug bezahlt, so beginnt der Versicherungsschutz mit dem festgesetzten Zeitpunkt.

In dem Antrage sei der Beginn der Versicherung auf den 1. Februar 1931 bestimmt worden. Da nun die erste Prämie, weil der Versicherungsschein zweifellos nach dem 1. Februar 1931 dem Agenten L. zugesandt worden sei, erst später habe eingefordert werden können, so hätte die Versicherung mit rückwirkender Kraft auf den 1. Februar 1931 in Vollzug gesetzt werden können, wenn diese Prämie angefordert und zugleich bezahlt worden wäre. Dieses Inkraftsetzen hätte auch noch nach dem Eintreten des Unfalls geschehen können, da für diesen Fall keine Ausnahme vorgesehen gewesen sei. Nun habe aber die Beklagte den Eintritt der Bedingung wider Treu und Glauben verhindert. Denn sie habe dem Agenten L., nachdem dieser sie vom Unfall benachrichtigt habe, die Weisung gegeben, den Versicherungsschein der Klägerin nicht auszuhändigen, sondern ihn zurückzusenden. Die Beklagte müsse sich danach gemäß § 162 BGB. so behandeln lassen, als wäre der Versicherungsvertrag zustande gekommen.

Beide Begründungen des Berufungsrichters beanstandet die Revision; sie rügt Verletzung der §§ 148, 278 BGB., der Grundsätze des Verschuldens beim Vertragsschluß und des sonst in Betracht kommenden sachlichen Rechts. Im einzelnen führt die Revision aus, der Versicherungsantrag sei nach Ablauf der von der Klägerin selbst gesetzten einmonatigen Frist am 25. Februar 1931 nicht mehr annahmefähig gewesen, sondern erloschen. Ob sich die Klägerin dieser Rechtslage bewußt gewesen sei, sei gleichgültig, da es sich um eine gesetzliche Wirkung des § 148 BGB. handle. Der Berufungsrichter habe zu der Grundfrage, ob die Grundsätze des Verschuldens beim Vertragsschluß im Versicherungsrecht Anwendung finden könnten, keine Stellung genommen. Überdies entfalle der Versicherungsschutz gemäß § 38 VVG. wegen Nichtzahlung der ersten Prämie. L. sei, wenn er überhaupt als Erfüllungsgehilfe der Beklagten angesehen werden könne, dies höchstens bis zum 25. Februar 1931, also bis zum Erlöschen des Versicherungsantrags, gewesen. Die Eigenschaft als Erfüllungsgehilfe im Sinn des § 278 BGB. setze das Bestehen eines Schuldverhältnisses voraus, das im vorliegenden Fall nach dem 25. Februar 1931 nicht mehr vorgelegen habe. Dabei komme in Betracht, daß es sich um einen Neuabschluß eines Versicherungsvertrags gehandelt habe, also eine Verpflichtung der Beklagten zur Annahme des Antrags oder zu sonstigem Verhalten nicht bestanden habe. Ob die Klägerin zur Bezahlung der Prämie tatsächlich nicht in der Lage gewesen sei, wie dies ihr Sohn bei der Anmeldung des Unfalls zugegeben habe, werde zur Nachprüfung gestellt. Die Auslegung, die das Berufungsgericht bezüglich der Bindungsfrist vornehme, sei keine endgültige. Wenn die Klägerin wörtlich sage, daß sie sich an ihren Antrag einen Monat gebunden halte, so könne das nur bedeuten, daß alsdann der Antrag erlösche und sie wieder frei werde. Von einem Verschulden der Generalagentur in K. könne keine Rede sein. Für diese hätte keine Veranlassung bestanden, nach der Erledigung der Angelegenheit bei L. anzufragen. Die Annahme des Berufungsrichters, die Beklagte habe wider Treu und Glauben gehandelt, als sie den Agenten angewiesen habe, den Versicherungsschein ihr zurückzusenden, sei hinfällig. Zum mindesten treffe das überwiegende Verschulden die Klägerin. Diese habe vor dem Schadensfall nichts getan, um das Inkrafttreten der Versicherung zu erreichen oder überhaupt sich zu vergewissern, wie es mit dem Versicherungsschutz bestellt sei. Es sei allgemein bekannt, daß der Versicherungsschutz erst mit Zahlung der ersten Prämie in Kraft trete. *Immer wieder erführen es die Versicherungsgesellschaften, daß* der Antragsteller, wenn aus irgendeinem Grunde ein Versicherungsschein nicht rechtzeitig ausgestellt werden könne, auf dessen baldige Übermittelung oder auf Übersendung einer Deckungszusage dränge. Nach bekannter Rechtsprechung sei es auch unzulässig, im Rechtsstreit gegen den Haftpflichtversicherer über die Haftpflicht des Versicherten zu entscheiden. Die Feststellungsklage sei daher unzulässig.

Von den Rügen der Revision ist jedenfalls die letzte nicht begründet. Denn es trifft nicht zu, daß der Berufungsrichter über die Haftpflicht der Klägerin gegenüber M. entschieden hätte. Richtig ist allerdings, daß die Klägerin auch auf Gewährung von Versicherungsschutz statt auf Feststellung der entsprechenden Verpflichtung der Beklagten hätte klagen können. Da indessen das Feststellungsurteil die Rechtslage in gleicher Weise klärt wie ein Urteil auf Gewährung von Versicherungsschutz, so bestehen gegen die Zulässigkeit der Feststellungsklage keine Bedenken.

Der Berufungsrichter verkennt nicht, daß die Klägerin kein Recht auf die Annahme ihres Antrags hatte und daß der Antrag durch Ablauf der einmonatigen Annahmefrist an sich erloschen war. Trotzdem nimmt er an, daß auch noch später und bis zum Unfall ein Vertrauensverhältnis zwischen den Parteien bestanden habe, kraft dessen die Klägerin die ordnungsmäßige Bearbeitung ihres Antrags von der Beklagten auch fernerhin habe erwarten dürfen. Diese Annahme des Berufungsrichters gründet sich auf die Umstände des vorliegenden Falls und kann deshalb nicht als rechtsirrig beanstandet werden. Der Berufungsrichter konnte aus den einfachen ländlichen Verhältnissen, aus dem Umstand, daß die Beklagte sich des Ratsschreibers einer Nachbargemeinde als Agenten bediente, endlich aus der beiderseitigen Abschlußbereitschaft der Parteien bis zum Unfalltage Schlüsse auf das Fortbestehen eines solchen Vertrauensverhältnisses ziehen. Dann aber hatte die Beklagte auch nach Ablauf der Antragsfrist, auf deren Einhaltung von beiden Teilen nach der Annahme des Berufungsrichters kein Gewicht gelegt worden ist, der Klägerin gegenüber gewisse Sorgfaltspflichten. Bediente sie sich zur Erfüllung dieser Sorgfaltspflichten ihres Agenten, so hatte sie nach § 278 BGB. für dessen Verschulden einzutreten. Die Revision hält entgegen, beim Neuabschluß von Versicherungsverträgen könne das nicht gelten, weil ein Recht des Versicherungsnehmers auf den Vertragsabschluß nicht bestehe. Ein solches Recht wird aber auch bei bestehenden Versicherungsverträgen, deren Abänderung verlangt wird, häufig fehlen, ohne daß damit die Haftung des Versicherers für die Vertragsabschlußgehilfen entfiele. Das Entscheidende ist also nicht das Bestehen eines Rechtes auf Vertragsabschluß, sondern das Bestehen von Beziehungen, die nach Treu und Glauben mit Rücksicht auf die Verkehrssitte zu ordnen sind. Den Fortbestand solcher Beziehungen aber hat der Berufungsrichter ohne Rechtsirrtum angenommen. Er hat daraus abgeleitet, daß die Klägerin sich auch nicht um eine andere Versicherung zu bemühen brauchte, weil sie noch mit der Annahme ihres Angebots rechnen durfte, und daß die Beklagte infolge des Versehens ihres Agenten die Klägerin so stellen müsse, als ob diese einen Anspruch auf Versicherungsschutz hätte. Da das negative Vertragsinteresse, auf das die Haftung für Verschulden bei Vertragsschluß sich richtet, mit dem positiven Erfüllungsinteresse zusammenfallen kann und da die Annahme des Berufungsrichters, daß dies hier der Fall sei, durch § 287 ZPO. gedeckt wird, so können auch in dieser Hinsicht keine rechtlichen Bedenken erhoben werden.

Solche Bedenken bestehen aber in anderer Hinsicht.

1. Der Berufungsrichter nimmt ein Verschulden des Agenten L. an, weil dieser auftragswidrig gehandelt und den Versicherungsschein nicht alsbald der Klägerin gegen Zahlung der Erstprämie ausgehändigt habe. Nun war aber zur Entschuldigung des Agenten geltend gemacht, er habe diese Urkunde der Klägerin deshalb nicht vorgelegt, weil er auf Grund genauer Kenntnis der Verhältnisse angenommen habe, die Klägerin würde aus Mangel an bereiten Zahlungsmitteln den Schein vorerst doch nicht einlösen können. Es mag sein, daß eine solche Erwägung den Agenten und damit die Beklagte in der Regel nicht entlasten kann, da bei der Wichtigkeit des erstrebten Versicherungsschutzes wenigstens eine Benachrichtigung der Klägerin nicht unterbleiben durfte. Nun ist aber die Klägerin selbst bis zum Unfall völlig untätig geblieben, so daß man sich des Eindrucks nicht erwehren kann, ihr sei in der Tat die Hinausschiebung der Zahlungspflicht durchaus genehm gewesen. Es wäre daher zu prüfen gewesen, ob der Agent L. das Ver-

halten der Klägerin so deuten durfte, und ob dadurch etwa ein Verschulden des L., das die Beklagte zu vertreten hätte, entfiele.

2. Das untätige Verhalten der Klägerin war aber unter allen Umständen auch nach § 254 BGB. erheblich. In dieser Hinsicht verstößt es gegen allgemeine Erfahrungssätze, wenn der Berufungsrichter annimmt, die Klägerin hätte als einfache 62jährige Frau auf dem Lande sich um das Schicksal des Versicherungsantrags nicht zu kümmern brauchen. Das Gegenteil ist der Fall. Der Landbevölkerung wird kein Dienst erwiesen, wenn man sie in diesem Umfang von eigener Verantwortlichkeit in Versicherungssachen freispricht. Das würde gerade auf dem Gebiet der ländlichen Versicherung zu wenig günstigen Ergebnissen führen. Jeder Bauer und jeder Landwirt muß ohne Rücksicht auf Alter und Geschlecht bestrebt sein, rechtzeitig gegen Feuer und womöglich auch gegen Haftpflicht versichert zu sein, sonst wird das Allgemeinwohl sehr bald Schaden leiden. Nach § 254 BGB. hängt bei mitwirkendem Verschulden die Verpflichtung zum Ersatze sowie der Umfang des zu leistenden Ersatzes von den Umständen, insbesondere davon ab, inwieweit der Schaden vorwiegend von dem einen oder dem anderen Teile verursacht ist. Nach dieser Bestimmung könnte bei der völligen Untätigkeit der Klägerin die Ersatzpflicht der Beklagten unter Umständen sogar ganz entfallen. Jedoch ist die gebotene Abwägung der Ursächlichkeit des beiderseitigen Verschuldens dem Ermessen des Tatrichters zu überlassen.

3. Der Berufungsrichter geht, soviel ersichtlich, davon aus, daß die Beklagte beweisen müsse, die Klägerin hätte den Versicherungsschein aus Mangel an Mitteln nicht einlösen können. Diese Regelung der Beweislast ist nicht zutreffend. Denn Voraussetzung des Versicherungsschutzes war die Einlösung des Versicherungsscheins. Bei nachgewiesener Zahlungsbereitschaft allerdings kann die Beklagte sich auf die Nichteinlösung nicht berufen, weil sie sich gegebenenfalls so behandeln lassen müßte, als sei sie im Annahmeverzug gewesen.

Da auch die Hilfsbegründung aus § 162 BGB. die Entscheidung für sich allein ohne Heranziehung des Verschuldens beim Vertragsschluß nicht zu tragen vermag, so war das Berufungsurteil aufzuheben und die Sache zur anderweiten Verhandlung und Entscheidung an das Berufungsgericht zurückzuverweisen.

RGZ. 148, 298.

1. Unter welchen Umständen darf sich der Versicherer auf eine dem Versicherungsnehmer gesetzte Ausschlußfrist nicht berufen?

2. Bedarf es einer erneuten Fristsetzung, nachdem klargestellt ist, daß der Versicherer die Entschädigung ablehnt?

Gesetz über den Versicherungsvertrag vom 30. Mai 1908 (RGBl. S. 263) — VVG. — § 12 Abs. 2.

VII. Zivilsenat. Urt. v. 23. August 1935.

I. Landgericht Koblenz. —— II. Oberlandesgericht Köln.

Der Kläger ist bei der Beklagten gegen Haftpflicht versichert. Am 16. Dezember 1929 fuhr er mit seinem Motorrad einen Fußgänger, M., an und verletzte ihn erheblich. Er erhielt deshalb einen Strafbefehl und legte Einspruch ein. Die Beklagte lehnte mit Schreiben vom 29. März 1930 den Versicherungsschutz ab, weil der Kläger entgegen § 5 der Allgemeinen Versicherungsbedingungen — AVB. — sie nicht unverzüglich benachrichtigt habe. In diesem Schreiben heißt es weiter:

> Im übrigen kommen wir noch der uns gemäß § 8 AVB. obliegenden Verpflichtung nach, Sie darauf hinzuweisen, daß Ihnen zur Vermeidung des Verlustes Ihrer Entschädigungsansprüche gegen unsere Gesellschaft deren Geltendmachung im Wege der ordentlichen Klage lediglich innerhalb einer Frist von 6 Monaten freisteht.

Auf den Einwand des Klägers, daß er die Versicherungsbedingungen nicht verletzt habe, erklärte die Beklagte mit Schreiben vom 17. April 1930 wiederum, sie sei nicht in der Lage, ihm Versicherungsschutz zu gewähren, sie wolle aber aus Entgegenkommen ihn im Strafverfahren durch Übernahme der Kosten eines Verteidigers unterstützen; unabhängig von ihrer Leistungspflicht bitte sie den Kläger, sie über den Verlauf des Strafverfahrens von Fall zu Fall zu unterrichten. Ähnlich äußerte sie sich gegenüber dem Verteidiger des Klägers in ihren Schreiben vom 3. Mai und 16. Juli 1930, trat aber gleichzeitig in Verhandlungen mit dem Verletzten ein. Mit Schreiben vom 20. September 1930 teilte sie dem Verteidiger des Klägers auf dessen Anfrage mit, daß sie jetzt unabhängig von ihrer Leistungspflicht gegenüber dem Kläger den Verletzten ärztlich untersuchen lasse, mit Schreiben vom 23. Oktober 1930 weiter, der untersuchende Arzt habe inzwischen sein Gutachten erstattet, weitere Verhandlungen hätten indessen nicht stattfinden können. Der Verletzte erhob dann Klage gegen den jetzigen Kläger. Gegen den Kläger erging das Versäumnisurteil dahin, daß festgestellt wurde, er sei verpflichtet, dem Verletzten M. allen Schaden zu ersetzen, der diesem aus dem Motorradunfall vom 16. Dezember 1929 erwachsen sei; zugleich wurde er zur Zahlung von 3941,50 RM nebst Zinsen verurteilt. M. ließ die angebliche Forderung des Klägers gegen die Beklagte pfänden und sich zur Einziehung überweisen. Die Beklagte weigerte sich, an M. zu zahlen, weil der Kläger keine Ansprüche gegen sie habe und die gesetzliche Ausschlußfrist zu einer Klage gegen sie seit Monaten abgelaufen sei. Eine Abfindungssumme von 5000 RM, welche die Beklagte ihm anbot, lehnte M. als zu gering ab. Jetzt verlangte der Kläger nochmals von der Beklagten mit Schreiben vom 1. Januar 1932, sie möge ihm Versicherungsschutz gewähren, und erhob, als sie mit Schreiben vom 6. Januar 1932 dies wiederum ablehnte, im August 1932 Klage auf Befreiung von allen Verbindlichkeiten, die dem Kläger aus dem Motorradunfall vom 16. Dezember 1929 dritten Personen gegenüber entstanden seien, und auf Zahlung der Urteilssumme nebst Prozeßkosten an M. Das Landgericht wies die Klage ab, weil sie erst nach Ablauf der Ausschlußfrist aus § 12 Abs. 2 VVG. erhoben sei, das Oberlandesgericht entsprach dem Klagantrage. Die von der Beklagten eingelegte Revision wurde zurückgewiesen.

Gründe:

Der Berufungsrichter führt aus, durch das Schreiben vom 29. März 1930 habe die Beklagte allerdings die vertragliche Ausschlußfrist der § 8 AVB., § 12 Abs. 2 VVG. rechtswirksam in Lauf gesetzt, sie könne sich aber nach Treu und Glauben nicht darauf berufen, daß der Kläger die Frist unbenutzt habe verstreichen lassen, weil sie dem Kläger selbst durch ihr Schreiben vom 20. September 1930 zu dieser Unterlassung Anlaß gegeben habe. Wenn sie in diesem Schreiben dem Kläger auf ausdrückliche Anfrage nach dem Stand der Verhandlungen mit dem Verletzten wenige Tage vor Ablauf der Klagefrist mitteilte, sie lasse den Verletzten jetzt unabhängig von ihrer Leistungspflicht gegenüber dem Versicherungsnehmer ärztlich untersuchen, so habe dies Schreiben trotz des darin enthaltenen Vorbehalts in dem Kläger notwendig den Eindruck erwecken müssen, daß sie sich zumindest auf den Fristablauf nicht berufen wolle und daß eine Klage nicht nur überflüssig sei, sondern sogar eine Störung der in den entscheidenden Abschnitt getretenen Verhandlungen der Beklagten mit dem Verletzten bedeuten würde.

Entgegen der Annahme der Revision sind diese Ausführungen rechtlich nicht zu beanstanden. Es ist anerkannten Rechts, daß das Versicherungsverhältnis in ganz besonderem Maße von den Grundsätzen von Treu und Glauben beherrscht wird (RGZ. Bd. 146 S. 221 [224]). Das erfordert, daß die Parteien nicht nur mit unbedingter Offenheit und Redlichkeit beim Abschluß und bei der Abwicklung des Versicherungsverhältnisses einander gegenübertreten, sondern daß sie auch ihre Erklärungen über die Gestaltung der gegenseitigen Rechtsbeziehungen mit größtmöglicher Klarheit und Bestimmtheit abgeben. Treu und Glauben machen es erforderlich, daß der Versicherer auch die Belange seines Vertragsgegners ins Auge faßt und danach seine Erklärungen einrichtet (RGUrt. vom 26. Februar 1935 VII 294/34, abgedr. HRR. 1935 Nr. 937). Bei Beachtung dieser Grundsätze hätte die Beklagte den Kläger in ihrem Schreiben auf das Bestehenbleiben der Frist zur Klagerhebung ausdrücklich hinweisen müssen. Es war nicht ausreichend, wenn sie in ihrem Schreiben lediglich zum Ausdruck brachte, daß sie ihren Standpunkt hinsichtlich ihrer Leistungspflicht gegenüber dem Kläger aufrechterhalte. Wenn sie unter diesem Vorbehalt für den Kläger die Kosten eines Strafverteidigers aufwandte, um Auskunft über den Verlauf des Strafverfahrens bat und nach Beendigung des Strafverfahrens den Verletzten untersuchen ließ, so konnte und mußte der Kläger in der Tat annehmen, daß die Beklagte den Standpunkt hinsichtlich ihrer Leistungspflicht nach Beendigung des Strafverfahrens und nach der Untersuchung des Verletzten noch einmal einer Prüfung unterziehen werde und daß sie jedenfalls die gesetzte Frist für die Klagerhebung nicht aufrechterhalte. Unter diesen Umständen kann sich aber die Beklagte nach Treu und Glauben auf den Ablauf der Frist nicht berufen; einem solchen Handeln würde die Einrede der Arglist entgegenstehen (vgl. RGZ. Bd. 22 S. 201 [205], Bd. 87 S. 281 [283], Bd. 142 S. 280 [285]).

Die Revision macht weiter geltend, selbst wenn man annehme, daß die Beklagte zur Unterlassung der Klagerhebung innerhalb der sechsmonatigen Frist begründeten Anlaß gegeben habe, würde daraus doch nicht gefolgert werden können, daß der Kläger nunmehr an eine Ausschlußfrist überhaupt nicht mehr gebunden sei. Der Kläger habe aber nach dem ablehnenden Schreiben vom 13. Mai 1931 noch bis Ende August 1932 gewartet, bis er die Klage erhoben habe; das sei unter allen Umständen zu spät gewesen. Auch diesen Ausführungen kann jedoch nicht zugestimmt werden. Zwar hat das Reichsgericht hinsichtlich der Verjährungseinrede verschiedentlich ausgesprochen, daß nach den Grundsätzen von Treu und Glauben, auf denen der Einwand der Arglist gegen eine Verjährungseinrede beruhe, die Frist, innerhalb deren nach dem Aufhören der den Arglisteinwand rechtfertigenden Verhältnisse der Anspruch durch Klage geltend zu machen sei, nach den Anforderungen des anständigen Geschäftsverkehrs und den Umständen des Falles bestimmt werden müsse (vgl. RGZ. Bd. 115 S. 135 [139]). Den gleichen Standpunkt hat es auch bei vertraglichen Ausschlußfristen schon früher eingenommen (RGZ. Bd. 19 S. 132 [134]). Aber für die Ausschlußfrist des § 12 Abs. 2 VVG. liegt die Sache anders. Die Frist des § 12 Abs. 2 VVG. beginnt erst, nachdem der Versicherer dem Versicherungsnehmer gegenüber den erhobenen Anspruch unter Angabe der mit dem Ablauf der Frist verbundenen Rechtsfolgen schriftlich abgelehnt hat. Der Hinweis auf die mit dem Fristablauf verbundenen Rechtsfolgen ist für die Wirksamkeit der Fristsetzung von wesentlicher Bedeutung. Selbst durch eine Verweisung auf die vertragliche Bestimmung kann der Hinweis nicht ersetzt werden, und zwar auch dann nicht, wenn das Schreiben des Versicherers an einen rechtskundigen Vertreter des Versicherungsnehmers gerichtet ist (RGUrt. vom 22. Januar 1935 VII 195/34, abgedr. WarnRspr. 1935 Nr. 41). Das muß dahin führen, daß die Frist zur Klagerhebung erst dann wieder zu laufen beginnt, wenn die Zweifel des Versicherungsnehmers über die Haltung des Versicherers durch dessen erneute Ablehnung geklärt sind und der Versicherer die Frist durch erneuten Hinweis auf die Folgen ihrer Nichtinnehaltung wieder in Lauf gesetzt hat. Nur auf diese Weise wird der Wille des Gesetzgebers erfüllt, den Versicherungsnehmer nach Möglichkeit vor einem drohenden Verlust seines Versicherungsanspruchs infolge Ablaufs einer vertragsmäßig festgelegten Ausschlußfrist zu schützen. Ein solcher Hinweis ist im vorliegenden Falle nicht geschehen. Die Klage ist daher noch rechtzeitig erhoben.

RGZ. 149, 69.

1. Über den Begriff der „Repräsentanz".

2. Unter welchen Voraussetzungen kann bei der Schadensversicherung eine andere als die im Versicherungsvertrag als Versicherter bezeichnete Person neben dieser oder an ihrer Stelle als Versicherter angesehen werden?

Gesetz über den Versicherungsvertrag vom 30. Mai 1908 (RGBl. S. 263) – VVG. – §§ 1, 61. BGB. § 242.

VII. Zivilsenat. Urt. v. 15. Oktober 1935.

I. Landgericht Kiel. — II. Oberlandesgericht daselbst.

Die Klägerin war Eigentümerin eines mit Wohnhaus und Stallgebäude bebauten Grundstücks in der Nähe des Dorfes D. in H. Dieses Grundstück und die darin befindliche Fahrnis war bei der Beklagten gegen Brandschaden versichert, und zwar das Wohnhaus mit 7220 RM, das Stallgebäude mit 910 RM, die Fahrnis mit 10000 RM. Die mehreren Verträge, durch welche die Versicherungen zustande gekommen waren, sind vom Ehemann der Klägerin K. für diese unterzeichnet worden. Über die Eigentumsverhältnisse an der Fahrnis hat das Berufungsgericht keine Feststellung getroffen.

In der Nacht vom 17./18. März 1933 brannten die Gebäude vollständig nieder; auch die darin befindliche Fahrnis ist zum größten Teil verbrannt. Der Ehemann K. wurde alsbald unter dem Verdacht der Brandstiftung verhaftet; es wurde auch die gerichtliche Voruntersuchung gegen ihn durchgeführt und Anklage zum Schwurgericht erhoben. Er wurde aber von der Strafkammer des Landgerichts K. aus dem Grunde des mangelnden Beweises außer Verfolgung gesetzt.

Die Klägerin erhielt am 25. August 1933 von der Beklagten die auf 6200 RM festgesetzte Fahrnisentschädigung ausgezahlt. Die Beklagte verweigerte aber die Auszahlung der Entschädigung für den Gebäudebrandschaden, weil der Ehemann der Klägerin den Brand mit deren Wissen und Willen angelegt habe.

Die Klägerin erhob fristgemäß Klage auf Feststellung, daß ihr die Beklagte den durch den Brand erwachsenen Gebäudeschaden zu ersetzen, und weiter darauf, daß sie kein Recht auf Rückzahlung der bereits bezahlten Fahrnisentschädigungssumme habe. Die Beklagte trat der Klage entgegen und erhob Widerklage auf Rückzahlung der Fahrnisentschädigung nebst Zinsen.

Landgericht und Oberlandesgericht haben die Klage abgewiesen und der Widerklage stattgegeben. Sie haben angenommen, daß der Ehemann der Klägerin den Brand gelegt habe; daß diese davon gewußt habe und damit einverstanden gewesen sei, haben sie nicht festgestellt. Sie haben aber den Ehemann nach den besonderen Umständen für den Repräsentanten der Klägerin erachtet, so daß sie die von ihrem Manne vorsätzlich bewirkte Herbeiführung des Versicherungsfalls gegen sich gelten lassen müsse. Auf Grund des § 61 VVG. und des § 15 Nr. 1 ihrer Allg. Versicherungsbedingungen sei deshalb die Beklagte von der Leistungspflicht befreit worden.

Die Revision der Klägerin führte zur Aufhebung des angefochtenen Urteils und zur Zurückverweisung.

Aus den Gründen:

Das Berufungsgericht geht, ohne dies ausdrücklich festzustellen, ersichtlich davon aus, daß die Klägerin Versicherungsnehmerin und nach dem Wortsinne des Vertrags auch Versicherte gewesen sei und daß ihr Ehemann den Versicherungsvertrag nur als ihr Vertreter abgeschlossen habe. Damit stehen die von der Revisionsbeklagten dem

Revisionsgericht vorgelegten Urkunden in Einklang. Gegen die Annahme, daß das Berufungsgericht diese Feststellung getroffen habe, ist in der mündlichen Verhandlung vor dem Revisionsgericht von keiner Partei Widerspruch erhoben worden.

Die Entscheidung des Berufungsgerichts beruht, soweit rechtliche Ausführungen des Urteils bekämpft werden, ausschließlich auf der Erwägung, der Ehemann der Klägerin sei ihr Repräsentant in dem Sinn gewesen, wie er durch die Rechtsprechung des Reichsgerichts, insbesondere durch die in RGZ. Bd. 37 S. 150, Bd. 51 S. 20, Bd. 83 S. 43, Bd. 117 S. 327, Bd. 135 S. 370, ferner bei Gruch. Bd. 47 S. 991, in WarnRspr. 1929 Nr. 70, Nr. 188 und in JR. f. PVers. 1934 S. 360 abgedruckten Urteile festgelegt worden ist. Daß die Ehefrau von dem Plane ihres Mannes, das Gebäude und die Fahrnis in Brand zu stecken, gewußt und dessen Ausführung gebilligt habe, stellt das Berufungsgericht nicht fest; es ist deshalb für die Revisionsinstanz davon auszugehen, daß dies nicht der Fall gewesen ist. Die Repräsentanten-Eigenschaft des Ehemannes entnimmt das Berufungsgericht einer Anzahl von tatsächlichen Umständen, die es feststellt. Schon nach den Vorschriften des bürgerlichen Rechts (§ 1374 BGB.) sei der Ehemann auf Grund des zwischen ihm und der Klägerin bestehenden gesetzlichen Güterstandes zur Verwaltung der versicherten Gegenstände nach seinem eigenen Ermessen befugt gewesen; die Klägerin habe ihm auch ihre Vertretung als Hauseigentümerin in vollem Umfange überlassen, insbesondere auch gegenüber der Beklagten. Er habe auch — in Ausübung dieser Vertretung, wie das Berufungsgericht offenbar sagen will, — die Versicherungsverträge mit der Beklagten unterzeichnet. Die Eintragung der Klägerin als Eigentümerin des Grundstücks sei nur erfolgt, weil der Mann das Grundstück vor etwaiger Inanspruchnahme durch seine Kinder aus erster Ehe haben schützen wollen. Die Klägerin habe zu den Erwerbskosten des Grundstücks nur den kleineren Teil (1000 RM von 4500 RM) beigetragen. Sie habe ihren Mann im weitesten Umfang wie einen Eigentümer über das Grundstück selbständig schalten und walten lassen. Er habe die Verkaufsverhandlungen geführt, habe Ausbesserungen ausführen lassen und sei im Einverständnis mit der Klägerin nach außen hin wie ein Eigentümer aufgetreten. Auch im Innenverhältnis habe die Klägerin ihren Mann wirtschaftlich als den Eigentümer angesehen und gewähren lassen.

Diese Feststellungen reichen aber, entgegen der Annahme des Berufungsgerichts, nicht aus, die Repräsentanten-Eigenschaft des Mannes zu begründen. Dieser von der Rechtsprechung aus den Bedürfnissen des

Versicherungswesens heraus geschaffene Begriff muß stark eingeschränkt werden. Die Rechtsprechung hat ihn auch stets beschränkt auf Fälle, in denen ein Geschäftsbetrieb, mindestens ein Geschäftsbereich von einiger Bedeutung, auf den sich das Versicherungsverhältnis bezieht, vorlag, innerhalb dessen ein anderer an der Stelle des Versicherungsnehmers stand. Danach müssen Verhältnisse vorliegen, die den klaren Schluß darauf gestatten, daß der Versicherungsnehmer nicht selbst jene Geschäfte wahrnehmen konnte oder wollte, in denen ihm das nach Lage der Dinge auch billigerweise nicht zugemutet werden konnte, Fälle also, in denen ein gewisses Bedürfnis nach jener „Repräsentanz" bestand und die tatsächlichen und rechtlichen Verhältnisse auch jenem Bedürfnis entsprechend sich gestaltet hatten.

Diese Voraussetzungen, die allerdings — wie zugegeben werden muß — der bisherigen Rechtsprechung des erkennenden Senats nicht so klar zu entnehmen sind, wie das hier ausgesprochen wird, die aber doch stets in den Fällen gegeben waren, in denen die „Repräsentanz" bejaht wurde, fehlen im vorliegenden Falle.

Die Verwaltung eines so klaren Anwesens (vgl. den oben erwähnten, vom Berufungsgericht festgestellten Erwerbspreis), wie es hier den Gegenstand des Versicherungsvertrags bildete, und der dazugehörigen Fährnis kann als Geschäftsbereich im vorstehend erörterten Sinn nicht angesehen werden. Ein Bedürfnis dafür, daß die Ehefrau, mag sie auch mehr oder weniger häufig verreist gewesen sein, sich von ihrem Ehemann in dem „Geschäftsbereich" vertreten ließ, bestand nicht. Die wenigen Geschäfte, die, insbesondere auch in versicherungsrechtlicher Hinsicht, zu erledigen gewesen sein können, konnten an sich ohne weiteres von der Klägerin erledigt werden. Die Stellung, die dem Manne gemäß § 1374 BGB. eingeräumt war, berechtigte ihn zwar zweifellos zu deren Erledigung, und diese war ihm auch außerdem nach der Feststellung des Berufungsgerichts von der Ehefrau übertragen worden. Aber damit war nicht ein Geschäftsbereich (geschweige denn ein Betrieb) geschaffen, auf den sich das Versicherungsverhältnis bezog und innerhalb dessen der Mann an Stelle der Frau hätte stehen können. Es kann sich vielmehr immer nur um vereinzelte, in verhältnismäßig größeren Zwischenräumen sich ergebende Entschlüsse und Maßnahmen gehandelt haben, nicht um einen zusammenhängenden Kreis von Geschäften, aus dem sich etwas wie eine laufende Verwaltung oder sonstige Vertretungstätigkeit für den Eigentümer hätte ergeben können und auf den sich das Versicherungsverhältnis bezogen hätte. Was die Fährnis betrifft, so fehlen insoweit Feststellungen überhaupt, aus denen sich ergeben würde, daß der Mann in einem Geschäftsbereich von gewissem nicht ganz unbedeutendem Umfang an der Stelle der Versicherungsnehmerin gestanden hätte. Der Ehemann kann deshalb im vorliegenden Falle nicht als Repräsentant der Klägerin angesehen werden. Die Feststellung des Berufungsgerichts, daß er den Brand gelegt hat, kann daher aus diesem rechtlichen Gesichtspunkt nicht zur Anwendung des § 61 VVG. und der Bestimmung in § 15 Nr. 1 der Allgemeinen Versicherungsbedingungen der Beklagten führen. Das angefochtene Urteil unterliegt deshalb der Aufhebung.

Zwar scheinen mindestens in Ansehung eines Teils des versicherten Interesses Rechtsgründe vorhanden zu sein, aus denen die Beklagte insoweit von der Verpflichtung zur Leistung frei geworden ist; doch gestatten die bisherigen tatsächlichen Feststellungen dem Revisionsgerichte nicht, in der Sache selbst zu entscheiden, vielmehr ist eine weitere Aufklärung nach den im folgenden zu erörternden rechtlichen Gesichtspunkten geboten.

Wie der Senat in dem in RGZ. Bd. 145 S. 384 [387 oben] abgedruckten Urteil ausgesprochen hat, handelt es sich bei der gesamten Schadensversicherung um eine Interessenversicherung, d. h.: Gegenstand der Schadensversicherung ist nicht die versicherte Sache, sondern das versicherte Interesse, und dieses wieder besteht in dem objektiven Wert einer Beziehung zwischen einer Person und einer Sache, insofern sie durch den Gefahrenbereich, auf den sich die betreffende Versicherung bezieht, gefährdet ist. Diese Art von Beziehung braucht sich keineswegs gerade auf das Eigentum an der versicherten Sache zu stützen; auch das ist in dem vorhin genannten Urteile erörtert. Inhaber dieser Beziehung kann naturgemäß an Stelle oder neben der im Versicherungsvertrag als Versicherungsnehmer oder als Versicherter bezeichneten Person ein anderer sein. Dieser ist dann zwar nicht förmlich, aber in Wirklichkeit (auch) Versicherter im Sinne derjenigen Bestimmungen in Allgemeinen Versicherungsbedingungen, die, wie das hier in § 15 Nr. 1 der Allgemeinen Versicherungsbedingungen der Beklagten geschehen ist, den § 61 VVG. in zulässiger Weise auf den Fall erweitern, daß „der Versicherte" den Versicherungsfall vorsätzlich oder durch grobe Fahrlässigkeit herbeigeführt. Zu demselben Ergebnis würde man übrigens, soweit vorsätzliches Handeln in Frage kommt, auch ohne solche ausdrückliche Bestimmung in den Versicherungsbedingungen durch die Anwendung des § 242 BGB. gelangen müssen, wie das schon in dem Urteil des erkennenden Senats vom

28. Juni 1927, abgedr. RGZ. Bd. 117 S. 327 (S. 331 unten), ausgesprochen worden ist. Aus der Anwendung solcher Grundsätze ergibt sich die Notwendigkeit, an Hand des Vertragsinhalts zu untersuchen, inwieweit der Ehemann der Klägerin in diesem Sinne als Versicherter anzusehen ist. Die Satzung der Beklagten ergibt (§ 1 Nr. 2), daß ihr Geschäftsbetrieb nicht, wie es nach der Benennung der Beklagten den Anschein haben möchte, auf die Provinz Schleswig-Holstein beschränkt ist, daß er sich vielmehr darüber hinaus erstreckt. Deshalb und weil es sich mithin bei den Allgemeinen Bedingungen der Beklagten um sogenannte typische Bedingungen handelt, deren Auslegung verschiedenen Berufungsgerichten obliegen kann, ist das Revisionsgericht befugt, diese Bedingungen selbst frei auszulegen (vgl. RGZ. Bd. 81 S. 117) . Die Auslegung ergibt, daß sie in § 15 Nr. 1 den Begriff des Versicherten in dem erörterten weiteren Sinne auffassen und ihn nicht auf die im Versicherungsvertrag als versichert bezeichnete Person beschränken wollen. Das entspricht dem Sinn und Zweck der Regelung, insbesondere der darin getroffenen Erweiterung der Anwendung des § 61 des Gesetzes.

Das Berufungsgericht gibt nun wohl gewisse Anhaltspunkte für diese Untersuchung, aber es trifft keine Feststellungen, die dem erkennenden Senat die eigene Entscheidung ermöglichen würden. Es stellt fest, in welchem Verhältnis die Ehegatten an dem Erwerbspreise des Grundstücks mit Gebäude beteiligt waren. Es führt an, daß die Ehefrau nur wegen des zu fürchtenden Zugriffs der erstehelichen Kinder des Mannes als Eigentümerin im Grundbuch eingetragen worden sei. Ob sie aber sonst neben dem Manne und in welcher Rechtsform (Eigentum nach Bruchteilen und zu welchem Anteil) eingetragen worden wäre, ist nicht ersichtlich. Über die Eigentumsverhältnisse oder sonstige für die Bemessung des versicherten Interesses beider Ehegatten bedeutsame Umstände hinsichtlich der Fährnis fehlen Feststellungen und Anhaltspunkte. In dieser Hinsicht wäre es Sache der Klägerin, geltend zu machen und im Bestreitungsfall nachzuweisen, wie weit ihr versichertes Interesse reicht. Das Berufungsgericht wird also nach den im vorstehenden erörterten Gesichtspunkten zu untersuchen haben, inwieweit nur der Ehemann der Klägerin als der wahre wirtschaftlich Versicherte in Betracht kommt. Insoweit würde die Beklagte durch sein vom Berufungsgericht festgestelltes vorsätzliches Herbeiführen des Versicherungsfalls gemäß § 15 Nr. 1 ihrer Allgemeinen Versicherungsbedingungen von der Verpflichtung zur Leistung frei geworden sein.

RGZ. 150, 48.

1. Gelten die Vorschriften über die Gefahrerhöhung auch bei der Haftpflichtversicherung?

2. Wann liegt bei ihr eine Gefahrerhöhung vor?

Gesetz über den Versicherungsvertrag vom 30. Mai 1908 (RGBl. S. 263) – VVG. – §§ 23 flg.

VII. Zivilsenat. Urt. v. 3. Januar 1936.

I. Landgericht Düsseldorf. — II. Oberlandesgericht daselbst.

Der Ehemann der Klägerin ist am 30. September 1930 von dem aus Motorwagen und Anhänger bestehenden Lastzug der Gebrüder L. angefahren worden und später an den Folgen des Unfalls gestorben. Der Fahrer des Lastzuges hatte auf einer abschüssigen Straße die Gewalt über die Wagen verloren. Die Klägerin hat von den beiden L. Schadensersatz verlangt und Urteile gegen sie erwirkt, nach denen sie zur Zahlung von 126 RM und einer Rente von 100 RM monatlich verurteilt worden sind. Wegen eines Teiles dieser Forderungen hat sie die angebliche Versicherungsforderung der Gebrüder L. gegen die Beklagte aus Haftpflichtversicherung gepfändet und sich zur Einziehung überweisen lassen. Auf Grund dieser Pfändung und Überweisung klagt sie auf Zahlung der Versicherungssumme.

Das Landgericht hat den Anspruch dem Grunde nach zur Hälfte für gerechtfertigt erklärt. Das Oberlandesgericht hat die Klage abgewiesen. Die Revision der Klägerin führte zur Aufhebung und Zurückverweisung.

Gründe:

Die Bestimmungen über die Gefahrerhöhung in den §§ 23 flg. VVG. kommen grundsätzlich auch bei der Haftpflichtversicherung zur Anwendung. Sie stehen im ersten Abschnitt des Gesetzes über den Versicherungsvertrag, der die Überschrift trägt: „Vorschriften für sämtliche Versicherungszweige"; sie sollen also für alle Versicherungen gelten, die das Gesetz regelt, sofern nicht im Einzelfall, so z. B. bei der Lebensversicherung (§ 164 VVG.), Ausnahmen gemacht sind. Auch die Haftpflichtversicherung wird durch Sicherung gegen bestimmte Gefahren genommen; es wäre deshalb nicht einzusehen, weshalb bei ihr die gesetzlichen Bestimmungen über die Erhöhung der Gefahr nicht gelten sollten. Auch § 152 VVG., der im Falle vorsätzlicher widerrechtlicher Herbeiführung einer haftbar machenden Tatsache durch den Versicherungsnehmer die Haftung des Versicherers ausschließt, steht dem nicht entgegen. In anderen Versicherungszweigen bestehen ähnliche Vorschriften (§§ 61, 125, 181, vgl. auch § 169 VVG.), und es ist anerkannten Rechtens, daß der Abschnitt des Gesetzes über die Gefahrerhöhung gleichwohl Anwendung findet. Die Bestimmungen über das Freisein des Versicherers wegen der Gefahrerhöhung und die über das Freisein wegen der schuldhaften Herbeiführung des Versicherungsfalls stehen unter ganz verschiedenen Gesichtspunkten und deshalb ganz verschiedenen Voraussetzungen. Zwar muß auch bei der Gefahrerhöhung ein Zusammenhang zwischen ihr und dem Versicherungsfall bestehen, soll der Versicherer frei sein; ja das Gesetz enthält eine Vermutung für den Zusammenhang (§ 25 Abs. 3 a. E., § 28 Abs. 2 a. E.). Aber schon bei der Schuldfrage sind die Voraussetzungen in beiden Fällen andere. Während das Freisein wegen der Herbeiführung des Versicherungsfalls in der Regel Vorsatz oder grobe Fahrlässigkeit fordert (§§ 61, 125, 181 VVG.), genügt bei dem Freisein wegen Gefahrerhöhung jedes Verschulden (§ 25 Abs. 2 das.); bei der ungewollten Gefahrerhöhung ist ein Verschulden überhaupt nicht erforderlich. Zudem muß sich die Schuld im ersten Fall auf den Versicherungsfall, im Fall des § 152 VVG. auf den Eintritt der haftbar machenden Tatsachen beziehen, während sie sich bei der gewollten Gefahrerhöhung auf die Gefahrerhöhung beziehen muß. Bei der Herbeiführung des Versicherungsfalls braucht eine Gefahrerhöhung nicht vorausgegangen zu sein. Das Freisein wegen der Gefahrerhöhung erfordert eine Verletzung der Anzeigepflicht (§ 25 Abs. 2 Satz 2, § 28 Abs. 1 VVG.), die in dem anderen Falle nicht in Betracht kommen kann. Es tritt auch nur dann ein, wenn der Versicherer nicht rechtzeitig gekündigt hat (§ 25 Abs. 2 Satz 2 Teil 1, § 28 Abs. 2 Satz 2 VVG.); bei § 152 VVG. kann von Kündigung keine Rede sein. Zu beachten ist bei der Haftpflichtversicherung nur das eine, daß die Gefahr, gegen die eine Sicherung genommen wird, nicht der Eintritt des haftbar machenden Unfalls eines Dritten, sondern die Inanspruchnahme des Versicherungsnehmers durch einen Dritten ist. Rechtsschutz ist auch gegen die Geltendmachung von unbegründeten Haftpflichtansprüchen zu gewähren. Es kann also auch nur eine Erhöhung dieser Gefahr von Bedeutung sein, die allerdings durch die Vergrößerung der Wahrscheinlichkeit eines haftbar machenden Unfalls ebenfalls vergrößert wird.

Was im einzelnen bei der Haftpflichtversicherung eine Gefahrerhöhung ist, muß von Fall zu Fall festgestellt werden. Gefahren, die voraussehbar waren, fallen unter die Versicherung. Beschränkte man die unter die Versicherung fallenden Gefahren allzusehr, so würde die

Versicherung erheblich an Wert verlieren. Entscheidend sind nicht die Tarife des einzelnen Versicherers oder die Meinung eines der Vertragschließenden, maßgeblich sind vielmher objektive Umstände. In Betracht kommt auch nur eine erhebliche Erhöhung der Gefahr (§ 29 Satz 1 VVG.; vgl. dazu RGZ. Bd. 73 S. 359). Eine solche würde z. B. vorliegen, wenn der Versicherungsnehmer eine wichtige Änderung des Betriebes vornimmt (RGZ. Bd. 73 S. 1), wenn er z. B. von der gelegentlichen zur gewerbsmäßigen Beförderung von Personen oder zur dauernden Beförderung von schweren Lasten übergeht (RGUrt. vom 16. Februar 1932 VII 268/31; RGZ. Bd. 141 S. 185 [193 flg.]). Eine solche würde ferner gegeben sein, wenn der Versicherungsnehmer im vorliegenden Falle ständig mit einem Anhänger gefahren wäre, so daß sein Betrieb gewissermaßen auf den Verkehr mit dem ganzen Lastzug zugeschnitten wäre. Nicht dahin gehörte die einmalige oder die sich auf wenige Fälle beschränkende Überschreitung des Ladegewichts.

Eine Gefahrerhöhung käme aber auch dann nicht in Betracht, wenn nach den Umständen als vereinbart anzusehen wäre, daß das Versicherungsverhältnis durch die Gefahrerhöhung nicht berührt werden solle (§ 29 Satz 2 VVG.). Diese Vorschrift enthält nicht, wie das Oberlandesgericht anzunehmen scheint, einen Hinweis darauf, daß auch die Umstände zur Auslegung des Vertrags heranzuziehen sind; das ist selbstverständlich. Sie besagt vielmehr, daß die allgemeine Verkehrsauffassung dahin führen kann, eine Gefahr als mitversichert anzusehen, auch wenn die Parteien nicht an sie gedacht haben, sofern nur Treu und Glauben ergeben, daß der Versicherungsnehmer sie als gedeckt ansehen konnte. Den Beweis hierfür hat der Versicherungsnehmer zu erbringen.

Endlich greift die Revision das angefochtene Urteil insoweit an, als es einen vertraglichen Ausschluß der Haftung für Gefahrenerhöhungen durch die Allgemeinen Versicherungsbedingungen ablehnt. Diese Bedingungen der Beklagten können auch vom Revisionsgericht ausgelegt werden, da sie in mehr als einem Oberlandesgerichtsbezirk einer Auslegung zugeführt werden können. Nun schließen sie allerdings in § 15 II eine Reihe von Fällen von der Versicherung aus, und darunter wird von einem Ausschluß wegen Gefahrerhöhung nichts gesagt. Aber § 15 II betrifft ganz anders geartete Fälle in ihren Zusammenhang würde eine Gefahrerhöhung nicht gehören. Daß die Aufzählung an dieser Stelle nicht vollständig ist, ergibt sich daraus, daß auch der Fall der vorsätzlichen Herbeiführung der haftbar machenden Tatsache (§ 152 VVG.) nicht mit aufgeführt ist. Daß aber die Beklagte auch in diesem

Falle haften wollte, ist nicht anzunehmen. Das Schweigen der Allgemeinen Versicherungsbedingungen über die Gefahrerhöhung könnte man dann aber ebenso wie das Schweigen über den Fall des § 152 VVG., d. h. als ein Bestehenlassen der Vorschriften des Gesetzes, deuten. Keinesfalls kann man daraus entnehmen, daß die Bestimmungen des Gesetzes gerade nicht gelten sollten, sondern daß die Versicherung jede Gefahr decken solle. . . . (Es folgt die Begründung der Aufhebung des Berufungsurteils wegen eines prozessualen Verstoßes.)

RGZ. 150, 147.

1. Über die Bedeutung des Fehlens einer Urteilsunterschrift.

2. Setzt der Begriff der arglistigen Täuschung bei Ermittlung eines Brandschadens im Sinne der Allgemeinen Versicherungsbedingungen voraus, daß der Versicherungsnehmer versucht, sich durch wissentlich falsche Angaben einen unberechtigten Vermögensvorteil zu verschaffen?

3. Wird der Versicherer durch wissentlich falsche Angaben des Versicherungsnehmers bei der Schadensermittlung unter allen Umständen von der ganzen Entschädigungspflicht frei?

Gesetz über den Versicherungsvertrag vom 30. Mai 1908 (RGBl. S. 263) — VVG. — §§ 34, 85. BGB. § 242.

VII. Zivilsenat. Urt. v. 31. Januar 1936.

I. Landgericht Schwerin. — II. Oberlandesgericht Rostock.

Der Kläger hate das Wohnhaus und die Wirtschaftsgebäude seines Gutes Te. mit Inventar und Ernte und die im Wohnhaus befindlichen „Gegenstände des gesamten Haushalts" bei der Beklagten gegen Feuer versichert. Am 8. Dezember 1931 entstand im Wohnhaus ein Brand, durch den dieses und ein Teil der darin befindlichen Gegenstände vernichtet wurden. Der entstandene Schaden wurde für das Gebäude auf 21 034 RM, für die beweglichen Sachen auf 6889,05 RM festgestellt. Die Beklagte verweigert die Auszahlung dieser Summen, weil der Vater des Klägers und sein Schwager T., die ihn bei den Verhandlungen über die Schadensfeststellung vertreten haben, hierbei wissentlich falsche Angaben gemacht hätten.

Die auf Zahlung von 27 923,05 RM nebst Zinsen gerichtete Klage ist vom Landgericht abgewiesen worden. Das Oberlandesgericht hat die Berufung des Klägers zurückgewiesen. Seine Revision führte zur Aufhebung und Zurückverweisung.

Gründe:

Das Urteil des Landgerichts ist unvollständig. Nach der Verhandlungsvorschrift und dem Kopf des Urteils hat bei der Entscheidung als dritter Richter der Landgerichtsrat Dr. L. mitgewirkt; das Urteil ist aber nicht von ihm, sondern von dem nichtbeteiligten Landgerichtsrat H. unterschrieben. Der Berufungsrichter hätte diesen Mangel von Amts wegen berücksichtigen und entweder auf die Nachholung der fehlenden Unterschrift hinwirken (vgl. RGZ. Bd. 58 S. 118 [122, 123]) oder in Anwendung des § 539 ZPO. das Urteil aufheben und die Sache an das Landgericht zurückverweisen müssen.

Aber auch sachlich gibt das angefochtene Urteil zu rechtlichen Bedenken Anlaß. Der Berufungsrichter führt aus, der Vater des Klägers und sein Schwager T. hätten als Vertreter des Klägers in die Schadensaufstellung bewußt Gegenstände aufgenommen, die den Eheleuten T. gehörten, trotzdem aber später eine schriftliche Erklärung dahin abgegeben: die in der Schadensaufstellung aufgeführten Sachen seien alleiniges Eigentum des Klägers und seiner Dienstboten, in der Aufstellung sei Eigentum T.s nicht enthalten. Beide seien sich auch der Bedeutung dieser Erklärung voll bewußt gewesen. Denn auf die Frage T.s, ob seine Sachen durch die Feuerversicherung des Klägers mitversichert seien, habe der Oberinspektor R. dies verneint, und erst nachher sei unter die vorgelegte Schadensaufstellung der entsprechende Vermerk gesetzt und von den beiden Bevollmächtigten des Klägers unterschrieben worden. Durch die Aussage R.s stehe fest, daß die den Eheleuten T. gehörigen Sachen nicht in das Verzeichnis hätten aufgenommen werden dürfen und daß nicht als stillschweigend vereinbart gelten könne, alle Sachen, die nach Te. gekommen seien oder noch kommen würden, sollten ohne Rücksicht auf das Eigentum unter die Versicherung fallen. Die Beklagte sei daher nach § 17 ihrer Allgemeinen Versicherungsbedingungen — AVB. — von der Verpflichtung zur Leistung der Entschädigung frei geworden.

Daß der Versicherungsnehmer ein arglistiges Verhalten seiner Bevollmächtigten bei der Schadensaufstellung gegen sich gelten lassen muß, entspricht der seit langem feststehenden Rechtsprechung des erkennenden Senats (vgl. RGZ. Bd. 58 S. 342 [347]); daran ist festzuhalten. Mit Recht rügt die Revision aber Verletzung des sachlichen Rechts und der Bestimmungen der §§ 139, 286 ZPO. bei der Feststellung des Berufungsrichters, nach den Versicherungsbedingungen fielen die den Eheleuten T. gehörigen Sachen nicht unter die Versicherung. Nach § 2 Abs. 1 AVB. erstreckt sich die Versicherung von

Hausrat und von Arbeitsgeräten auf die Sachen der in häuslicher Gemeinschaft mit dem Versicherungsnehmer lebenden Familienangehörigen und Arbeitnehmer. Diese Bestimmung deckt sich im wesentlichen mit der Vorschrift des § 85 VVG. Der (unverheiratete) Kläger hat nun behauptet, er habe mit den Eheleuten T. in häuslicher Gemeinschaft gelebt; Frau T., seine Schwester, habe ihm die Wirtschaft geführt, und deren Mann habe ihm in der Landwirtschaft geholfen. Auch scheint der Kläger persönlich nur wenig Haushaltsgegenstände besessen zu haben, so daß es bei der für sie eingesetzten Versicherungssumme von 20 000 RM. naheliegt, anzunehmen, die T.schen Sachen sollten mitversichert sein. In beiden Richtungen hätte der Berufungsrichter nähere Feststellungen treffen müssen. Die Aussage des Zeugen R., der nur seine Rechtsansicht zum Ausdruck gebracht hat, reicht nicht zu der Feststellung aus, daß die T.schen Sachen nicht unter die Versicherung fielen. Für die Revisionsinstanz ist deshalb davon auszugehen, daß die T.schen Sachen mitversichert waren und daß der Kläger Anspruch auf die für sie festgestellte Versicherungssumme hatte. Dann entsteht aber die Frage, ob sich die Beklagte wegen der falschen Angaben der Vertreter des Klägers über das Eigentum an den Sachen auf die Verwirkungsbestimmung des § 17 AVB. berufen kann.

Die „arglistige Täuschung" im Sinne dieser Bestimmung setzt nach der feststehenden Rechtsprechung des erkennenden Senats (RGZ. Bd. 146 S. 221 [223] und die dort angeführten Entscheidungen) nicht voraus, daß der Versicherungsnehmer versucht, sich durch wissentlich falsche Angaben bei der Schadensermittlung einen unberechtigten Vermögensvorteil zu verschaffen. Auch wenn er annimmt, daß ihm bei der Durchsetzung seiner berechtigten Ansprüche Schwierigkeiten entstehen würden, und, um diese Schwierigkeiten zu beseitigen, bei der Schadensermittlung bewußt falsche Angaben macht, die für die Stellungnahme des Versicherers von Bedeutung sein können, macht er sich einer arglistigen Täuschung im Sinne des § 17 AVB. schuldig. Denn der Versicherer ist nach § 14 Abs. 1 b AVB. berechtigt, nach dem Schadensfall eine Untersuchung über Ursache und Höhe des Schadens und über den Umfang der Entschädigungspflicht anzustellen. Dieses Recht soll durch die dem Versicherungsnehmer auferlegte Auskunftspflicht mit gewährleistet werden. Auf seine Auskunft ist der Versicherer vielfach für seine Feststellungen angewiesen. Um so mehr muß verlangt werden, daß sich der Versicherungsnehmer bei der Beantwortung der ihm gestellten Fragen unbedingt an die Wahrheit hält und dem Versicherer zuverlässige Grundlagen für seine Stellungnahme zur Entschädigungsfrage verschafft. Das ergibt sich aus der für das Versicherungsverhältnis in besonderem Maße notwendigen Wahrung von Treu und Glauben, auf die der erkennende Senat schon oft hingewiesen hat (RGZ. Bd. 124 S. 343 [345], Bd. 146 S. 221 [224], Bd. 148 S. 298 [301]).

Liegt eine solche arglistige Täuschung bei der Schadensermittlung vor, so soll der Versicherer nach § 17 AVB. dem Versicherungsnehmer gegenüber von jeder Entschädigungspflicht aus diesem Schadensfall frei sein. Die Beklagte will aus dieser Bestimmung schließen, der Versicherungsnehmer könne eines Anspruchs auf viele tausend Mark dadurch verlustig gehen, daß er den Anschaffungspreis einer einzigen Sache im Werte von wenigen Mark wissentlich zu hoch angebe. Das ist in dieser Allgemeinheit unrichtig. Zwar hat der erkennende Senat ausgesprochen, Wortlaut und Zweck der genannten Bestimmung ergäben, daß eine wissentlich falsche Angabe des Versicherungsnehmers über Umstände, die für die Entschädigungspflicht irgendwie von Erheblichkeit sein könnten, die Versicherungsforderung in vollem Umfang zum Erlöschen bringe (RGUrt. vom 8. Dezember 1916 VII 206/16, abgedr. VAufsAPrVers. 1917 Anh. S. 25 Nr. 983; RGZ. Bd. 124 S. 343 [345]). Diese Rechtsprechung kann jedoch nur mit gewissen Einschränkungen aufrechterhalten werden. Die allzu starre Durchführung des in jenen Entscheidungen ausgesprochenen Grundsatzes kann zu Unbilligkeiten führen, namentlich dann, wenn sich die wissentlich unwahren Angaben des Versicherungsnehmers auf besonders geringe Werte beziehen und er durch einen wegen dieser Angaben etwa eintretenden Verlust der gesamten Entschädigungsansprüche seine ganze Daseinsmöglichkeit verlieren würde. Das kann insbesondere dann, wenn die unrichtigen Angaben bis zu einem gewissen Grade entschuldbar sind, unter der gebotenen Berücksichtigung von Treu und Glauben dem gesunden Volksempfinden widersprechen. In solchen Fällen verstößt der Versicherer gegen die Grundsätze des § 242 BGB., wenn er jede Leistung ablehnt. Je nach den Umständen des Falles wird er vielmehr trotz der unrichtigen Angaben des Versicherungsnehmers die Entschädigung an ihn ganz oder doch teilweise zahlen müssen. Zu solchen Erwägungen gibt der vorliegende Fall um so mehr Anlaß, als die Vertreter des Klägers zu ihren unrichtigen Angaben erst dadurch gekommen sind, daß der bei der Schadensermittlung tätige Beamte der Beklagten, der Oberinspektor R., ihnen über den Inhalt des Versicherungsvertrags eine vielleicht unrichtige Auskunft gegeben hat.

Nach Treu und Glauben ist auch die Frage zu entscheiden, ob die Beklagte, weil nur e i n Versicherungsvertrag für die Gebäude und die Haushaltsgegenstände abgeschlossen war, durch die falschen Angaben der Vertreter des Klägers wegen der Entschädigung in ihrer Gesamtheit frei wird oder nur wegen des Teils der Entschädigung, der auf die Haushaltsgegenstände entfallen würde. Der erkennende Senat hat bereits ausgesprochen, *zwei getrennte Versicherungsverträge könnten*, auch wenn sie zwischen denselben Parteien am selben Tage abgeschlossen seien, nicht ohne weiteres als Einheit behandelt werden; wenn die Parteien dies wollten, so müsse es in klarer Weise zum Ausdruck gebracht werden; ohne daß dies geschehen sei, vernichte eine arglistige Täuschung der klagenden Partei bei der Schadensermittlung wegen der Gegenstände des einen Vertrags nicht auch jeden Entschädigungsanspruch aus dem anderen Vertrag, bei dem keine Täuschung vorliegt (RGUrt. vom 30. Juni 1933 VII 102/33, abgedr. JurRdsch.-Pr.Vers. 1933 S. 249). Aber auch wenn in e i n e m Vertrag die Versicherung ganz verschiedener Gegenstände zusammengefaßt ist, die gewöhnlich gesondert versichert zu werden pflegen, braucht die arglistige Täuschung, die sich nur auf einen Teil der versicherten Gegenstände erstreckt, nicht ohne weiteres den Verlust der gesamten Entschädigungsansprüche zur Folge zu haben. Die Versicherung von Gebäuden mit Inventar und Ernte unterliegt ganz anderen Regeln als die Versicherung von Haushaltsgegenständen, die den auf dem Grundstück lastenden Hypotheken nicht haften. Ihre Versicherung wird deshalb gewöhnlich getrennt in mehreren Verträgen erfolgen. Sind sie in einem Vertrag versichert, so ist damit doch keine vollständige Einheit hergestellt; es bleibt eine Versicherung, die den Regeln der Versicherung von unbeweglichen Sachen unterliegt, und daneben eine Versicherung von beweglichen Sachen. Ob falsche Angaben bei der Schadensermittlung wegen der beweglichen Sachen auch zum Verlust des Anspruchs auf die Gebäudeentschädigung führen, kann deshalb nur für den einzelnen Fall unter Berücksichtigung der Grundsätze von Treu und Glauben entschieden werden. Von Bedeutung wird dabei sein, daß an dem Wiederaufbau zerstörter Gebäude auch ein öffentliches Interesse besteht.

Natürlich wird bei diesen Einschränkungen des Grundsatzes des § 17 AVB. immer zu beachten sein, daß ein arglistiges Handeln des Versicherungsnehmers vorliegt und daß deshalb besondere Gründe vorhanden sein müssen, um die Berufung des Versicherers auf die Verwirkungsbestimmung des § 17 als unvereinbar mit Treu und Glauben und dem gesunden Volksempfinden erscheinen zu lassen.

RGZ. 150, 257.

Unter welchen Voraussetzungen entspricht die Setzung einer Ausschlußfrist zur Klagerhebung den Anforderungen des § 12 Abs. 2 VVG.?

Gesetz über den Versicherungsvertrag vom 30. Mai 1908 (RGBl. S. 263) — VVG. — § 12 Abs. 2, § 192. Preuß. Gesetz, betr. die öffentlichen Feuerversicherungsanstalten, vom 25. Juli 1910 (GS. S. 241) § 25 Abs. 1.

VII. Zivilsenat. Urt. v. 11. Februar 1936.

I. Landgericht Ratibor. — II. Oberlandesgericht Breslau.

Der Kläger war bei der Beklagten gegen Feuerschaden versichert. Am 2. Januar 1933 brannte seine Scheune mit Inhalt ab. Der Gebäudeschaden wurde auf 10000 RM, der Schaden am Inhalt der Scheune auf 3868 RM festgestellt. Die Beklagte lehnte aber mit Schreiben vom 13. August 1933 die Zahlung ab, weil der Kläger den Brand vorsätzlich herbeigeführt, auch nicht für die Abwendung und Minderung des Schadens Sorge getragen habe. In diesem Schreiben, das dem Kläger am 16. August 1933 zugestellt ist, heißt es weiter:

Wir weisen darauf hin, daß die Sozietät von der Verpflichtung zur Leistung frei wird, wenn Sie den Anspruch nicht innerhalb einer Frist von sechs Monaten gerichtlich geltend machen oder gegen diesen Bescheid innerhalb eines Monats Beschwerde beim Verwaltungsrat der Sozietät einlegen. Gegen die Entscheidung des Verwaltungsrats steht Ihnen die Beschwerde beim Provinzialausschuß frei, die ebenfalls innerhalb eines Monats einzulegen ist. Falls Sie gegen den Ihren Anspruch ganz oder teilweise ablehnenden Entscheid des Verwaltungsrats keine Beschwerde beim Provinzialausschuß einlegen, wird die Sozietät leistungsfrei. Auch nach der Entscheidung des Provinzialausschusses können Sie binnen einer Frist von sechs Monaten Ihren Anspruch gerichtlich geltend machen; nach Ablauf dieser Frist entfällt für die Sozietät die Verpflichtung zur Zahlung der Entschädigungssumme. Auf den § 18 der Allgemeinen Versicherungsbedingungen und den § 44 der Satzung nehmen wir Bezug.

Der Lauf der Fristen beginnt mit dem Tage, an dem Ihnen der jeweilige Bescheid zugestellt wird.

Der Kläger erhob Beschwerde beim Verwaltungsrat, die zurückgewiesen wurde. Ihm wurde am 2. Oktober 1933 eine Mitteilung vom 30. September 1933 zugestellt, in der es heißt:

Der Verwaltungsrat der Oberschlesischen Prov. Feuersozietät hat in seiner Sitzung vom 19. September 1933 wie folgt beschlossen:

„Die Beschwerde des Bauerngutsbesitzers L. in H. (des Klägers) gegen den Ablehnungsbescheid vom 13. August 1933 wird zurückgewiesen."

Wir bitten Sie, hiervon Kenntnis zu nehmen.

Beschwerde gegen diese Entscheidung erhob der Kläger nicht. Er richtete aber, nachdem ein von der Beklagten eingeleitetes Beweissicherungsverfahren nach seiner Ansicht zu seinen Gunsten ausgefallen war, am 10. November 1933 die Bitte an die Beklagte, ihm mitzuteilen, ob die Versicherungssumme nicht doch an ihn ausgezahlt werden würde. Die Beklagte antwortete mit Schreiben vom 14. November 1933, das Protokoll über die Vernehmung des Sachverständigen liege ihr noch nicht vor, sie könne daher zu dem Inhalt seines Schreibens noch nicht Stellung nehmen, da sie keine Kenntnis von dem Ergebnis des Termins habe. Am 30. November 1933 wiederholte sie ihren ablehnenden Bescheid.

Darauf erbat der Kläger am 12. Dezember 1933 das Armenrecht für die Klage, das ihm durch Beschluß vom 7. März 1934 gewährt wurde. Mit der am 25. Mai 1934 zugestellten Klage begehrt er Zahlung von 3868 RM nebst Zinsen und Feststellung, daß die Beklagte verpflichtet sei, an ihn 10 100 RM gemäß § 16 ihrer Allgemeinen Versicherungs-Bedingungen — AVB. — zu zahlen. Die Beklagte hält, abgesehen von ihren sonstigen Einwendungen, die Klage für verspätet, da der Kläger die Sechsmonatfrist des § 12 Abs. 2 VVG., § 18 AVB. versäumt habe.

Das Landgericht hat die Klage abgewiesen, das Oberlandesgericht auf Berufung des Klägers das landgerichtliche Urteil aufgehoben und die Sache zu weiteren Verhandlung und Entscheidung an das Landgericht zurückverwiesen. Die Revision der Beklagten hatte keinen Erfolg.

Gründe:

Der Berufungsrichter führt aus, die dem Kläger zur Klagerhebung bei Vermeidung des Verlustes seiner Ansprüche gesetzte Frist sei an sich am 16. Februar 1934 abgelaufen gewesen, er habe aber die Klage erst am 25. Mai 1934 erhoben. Trotzdem könne die Beklagte ihm den Fristablauf nicht entgegensetzen; denn bei einer Treu und Glauben im

Verkehr berücksichtigenden Auslegung des Ausdrucks „gerichtliche Geltendmachung" in § 18 AVB. müsse es genügen, daß der Kläger innerhalb der Frist das ordentliche Gericht überhaupt angerufen habe, um seine Ansprüche durchzuführen, daß die Beklagte durch Mitteilung des Armenrechtsgesuchs hiervon sofort Kenntnis erhalten und der Kläger innerhalb der Sechsmonatsfrist und auch anschließend seinen Anspruch weiterverfolgt habe.

Der Ausdruck „gerichtliche Geltendmachung" in § 18 AVB. ist dem § 12 Abs. 2 VVG. *entnommen. Der erkennende Senat hat nun* in ständiger Rechtsprechung daran festgehalten, daß unter den Begriff der gerichtlichen Geltendmachung im Sinne des § 12 Abs. 2 VVG. die Einreichung eines Armenrechtsgesuchs nicht zu rechnen sei (vgl. RGUrt. vom 15. Februar 1929 VII 402/28, abgedr. VAufsA-PrVers. 1929 S. 240 Nr. 2005, und die dort genannten Entscheidungen). Trotzdem braucht nicht erörtert zu werden, ob die vom Berufungsrichter festgestellten besonderen Umstände des vorliegenden Falles zu einer anderen Beurteilung Anlaß geben. Denn die Beklagte kann aus einem weiteren Grunde nicht geltend machen, daß der Kläger die Sechsmonatfrist des § 12 Abs. 2 VVG., § 18 AVB. versäumt habe.

Diese Frist beginnt erst, nachdem der Versicherer dem Versicherungsnehmer gegenüber den erhobenen Anspruch unter Angabe der mit dem Ablauf der Frist verbundenen Rechtsfolgen schriftlich abgelehnt hat. An den Inhalt dieser Mitteilung sind scharfe Anforderungen zu stellen. Der Hinweis auf die mit dem Fristablauf verbundenen Rechtsnachteile ist für die Wirksamkeit der Fristsetzung von wesentlicher Bedeutung (WarnRspr. 1931 Nr. 233). Selbst durch eine Verweisung auf die vertraglichen Bestimmungen kann dieser Hinweis nicht ersetzt werden, und zwar auch dann nicht, wenn das Schreiben des Versicherers an einen rechtskundigen Vertreter des Versicherungsnehmers gerichtet ist (WarnRspr. 1935 Nr. 41). Die Mitteilung muß so klar sein, daß auch der einfache Mann aus dem Volke sie ohne weiteres verstehen kann. Nur dadurch, daß auf ihre Deutlichkeit besonderes Gewicht gelegt wird, kann der Wille des Gesetzgebers erfüllt werden, den Versicherungsnehmer nach Möglichkeit vor einem drohenden Verlust seines Versicherungsanspruchs infolge Ablaufs einer vertragsmäßig festgelegten Ausschlußfrist zu schützen.

Im vorliegenden Fall hat die Beklagte dem Kläger am 13./16. August 1933 bei Ablehnung seiner Entschädigungsansprüche mitgeteilt, sie werde von ihren Verpflichtungen frei, wenn der Kläger seinen Anspruch nicht innerhalb einer Frist von sechs Monaten gerichtlich geltend mache oder innerhalb eines Monats Beschwerde beim Verwaltungsrat einlege. Es mag zulässig sein, neben dem Klageweg eine andere Möglichkeit zur Anfechtung des ablehnenden Bescheides zu eröffnen. Wenn aber der zweite Weg beschritten wird, so ist die Fristsetzung für die gerichtliche Geltendmachung der Ansprüche erledigt. Als die Beschwerde des Klägers zurückgewiesen wurde, hätte ihm deshalb erneut eine solche Frist gesetzt werden müssen. Das ist nicht geschehen, die Beschwerdeentscheidung enthält darüber nichts. In dem ersten Schreiben der Beklagten vom 13./16. August 1933 heißt es, falls der Kläger gegen den seinen Anspruch ganz oder teilweise ablehnenden Bescheid des Verwaltungsrats keine Beschwerde beim Provinzialausschuß einlege, so werde die Beklagte leistungsfrei. Das war unrichtig, weil es der Bestimmung des § 12 Abs. 2 VVG., § 18 AVB. widersprach. Ob ein dieser Bestimmung entsprechender Hinweis für den Fall der Ablehnung der Beschwerde durch den Verwaltungsrat schon vor dessen Stellungnahme hätte wirksam geschehen können, bedarf hier nicht der Entscheidung. Jedenfalls ist im vorliegenden Fall an den Kläger eine den Erfordernissen des § 12 Abs. 2 VVG. entsprechende Mitteilung nicht ergangen; er kann die Frist also nicht versäumt haben. Vergebens beruft sich die Beklagte auf die Bestimmung des § 44 ihrer Satzung, wonach der Kläger den einmal beschrittenen Beschwerdeweg bis zu Ende hätte gehen müssen. Denn einmal steht diese Satzungsbestimmung mit dem § 18 AVB. in Widerspruch; dann aber dürfen auch nach § 25 Abs. 1 des preuß. Gesetzes, betr. die öffentlichen Feuerversicherungsanstalten, vom 25. Juli 1910 die Allgemeinen Versicherungsbedingungen der öffentlichen Feuerversicherungsanstalten und demgemäß auch ihre Satzungen trotz § 192 VVG. keine Bestimmungen enthalten, die von der Vorschrift des § 12 VVG. abweichen. Die Klage ist demnach rechtzeitig erhoben.

Hiernach bedarf es keines Eingehens auf die weitere Frage, ob die Beklagte nach dem Briefwechsel über die Entschädigungsfrage im November 1933 bei der erneuten Ablehnung dem Kläger nochmals eine Frist aus § 12 Abs. 2 VVG. hätte setzen oder ihn wenigstens auf die etwa laufende Frist hätte hinweisen müssen.

RGZ. 155, 103.

1. Ist der Versicherungsnehmer, der den Anspruch aus der Haftpflichtversicherung geltend macht, beweispflichtig dafür, daß der Unfall in die Versicherungszeit fällt?

2. Setzt der Einwand, daß die Geltendmachung der Verwirkung des Versicherungsanspruchs arglistig sei, voraus, daß sich der Versicherungsnehmer nach dem Verhalten des Versicherers oder dem von diesem gebilligten Verhalten des Versicherungsagenten der Einhaltung der ihm gesetzten Klagefrist als überhoben ansehen durfte?

Gesetz über den Versicherungsvertrag vom 30. Mai 1908 (RGBl. S. 263) – VVG. – §§ 12, 38.

VII. Zivilsenat. Urt. v. 25. Mai 1937.

I. Landgericht Essen. — II. Oberlandesgericht Hamm.

Der Kläger hat am 19. Juli 1933, als er auf einem von dem Kartoffelhändler P. gelenkten Pferdefuhrwerk durch G. fuhr, durch Sturz vom Wagen infolge Anpralls des Gefährts an einen Pfahl einen Unfall erlitten, der einen Oberarmbruch und später die Abnahme der linken Hand zur Folge hatte. P. ist in einem vom Kläger gegen ihn eingeleiteten Rechtsstreit zur Schadensersatzleistung verurteilt worden. Er hatte am 24. Juni 1933 seine Versicherung gegen Haftpflicht bei der Beklagten beantragt und den Versicherungsschein, der auf eine Versicherungszeit vom 1. Juli 1933 bis 1. Juli 1943 lautet, am 16. August 1933 durch Zahlung der Erstprämie eingelöst. Auf die Schadensanzeige des P. vom 4. Oktober 1933 lehnte die Beklagte mit Brief vom 30. Dezember 1933 wegen nicht rechtzeitiger Zahlung der Erstprämie den Versicherungsschutz ab unter Hinweis auf die für die Einklagung von Versicherungsansprüchen laufende, bei Rechtsverlust einzuhaltende Sechsmonatsfrist des § 11 der Allgemeinen Versicherungsbedingungen – AVB. –. P. selbst hat gegen die Beklagte nicht geklagt. Der Kläger hat wegen seiner Forderung gegen P. dessen Versicherungsanspruch gegen die Beklagte mittels mehrerer Pfändungs- und Überweisungsbeschlüsse für sich mit Beschlag belegt und klagte darauf fußend nunmehr im gegenwärtigen Rechtsstreit seine Schadensforderung im Wege teils der Leistungs-, teils der Feststellungsklage gegen die Beklagte ein.

Während das Landgericht die Klage abgewiesen hatte, hat das Berufungsgericht dem Klagbegehren gemäß erkannt. Die Revision der Beklagten führte zur Aufhebung des Berufungsurteils und zur Zurückweisung der vom Kläger gegen das landgerichtliche Urteil eingelegten Berufung.

Gründe:

Die Beklagte hatte behauptet, daß dem P. ihrerseits eine Mahnung vom 22. Juli 1933 zur Zahlung der Erstprämie zugegangen, deren Begleichung am 16. August 1933 mithin verzögerlich gewesen und demgemäß der Unfall vor Inkrafttreten des Versicherungsverhältnisses erfolgt sei. Das Berufungsgericht sieht die Beklagte für den Zugang jener Mahnung an P., den der Kläger bestreitet, als beweispflichtig an und erachtet diesen Beweis für nicht geführt, danach aber die Zahlung vom 16. August 1933 als rechtzeitig und die Versicherung gemäß dem Versicherungsschein als mit dem 1. Juli 1933 in Kraft getreten. Der Vorderrichter stellt fest, daß angesichts des Ablaufs der bei der Ablehnung der Versicherungsansprüche P.s von der Beklagten am 30. Dezember 1933 gemäß § 11 AVB. gesetzten Klagefrist an sich diese Ansprüche infolge Nichterhebung der Klage verwirkt seien, erklärt aber demgegenüber die vom Kläger erhobene Einrede der Arglist für durchschlagend, weil P. auf Grund des Verhaltens des Generalagenten der Beklagten, M., der Ansicht habe sein dürfen, daß die ablehnende Stellungnahme der Beklagten keine endgültige sei und daß es seinerseits keiner Klage oder wenigstens nicht der Einhaltung der Klagefrist bedürfen werde, woraufhin er die Klagerhebung unterlassen habe. Demgemäß sieht die Vorinstanz die eingeklagte Entschädigungsforderung als begründet an. Die Revision greift dies mit beachtlichen Gründen an.

Schon in der Verteilung der Beweislast wegen der Prämienabforderung vom 22. Juli 1933 kann dem angefochtenen Urteil, wie die Revision mit Recht rügt, nicht beigetreten werden. Da der Kläger aus den von ihm gepfändeten Rechten des Versicherten P. klagt, muß er gemäß § 149 VVG. nachweisen, daß die Tatsache, für die dieser verantwortlich ist, mithin der Unfall, wegen dessen er (Kläger) Schadensersatzansprüche gegen den Versicherten erhoben hat, in die Versicherungszeit fällt (vgl. RG. in JW. 1936 S. 2978 Nr. 3). Nun nennt der Versicherungsschein als solche den Zeitraum vom 1. Juli 1933 bis 1. Juli 1943. Indessen genügt diese Angabe nicht, um den Unfall als in der Versicherungszeit erfolgt erscheinen zu lassen, wenn, wie unstreitig, als der Unfall geschah, der Versicherungsvertrag überhaupt noch nicht abgeschlossen war. Unfalltag war der 19. Juli 1933. Der Versicherungsantrag P.s vom 24. Juni 1933 aber bedurfte der Annahme der Beklagten, und diese kann mangels einer sonstigen Erklärung frühestens in dem streitigen Zugang der Prämienabforderung vom 22. Juli 1933 seitens der Bezirksagentur der Beklagten; falls diese ausscheidet, jedoch erst in der Einlösung des Versicherungsscheins durch P. am 16. August 1933 erblickt werden. Beide Annahmeerklärungen würden nach dem Unfall liegen. Eine Rückdatierung des Versicherungsbeginns auf den 1. Juli 1933 kommt hiernach nur dann in Frage, wenn die

Zahlung der Erstprämie am 16. August 1933 rechtzeitig und nicht etwa verzögerlich erfolgt war. Bereits der Versicherungsantrag besagt zu Frage D 23c, daß der Versicherungsbeginn am 1. Juli 1933 rechtzeitige Prämienzahlung voraussetze, und in § 3 AVB. heißt es, daß der Versicherungsschutz vorbehaltlich einer anderen Vereinbarung mit der Einlösung des Versicherungsscheins, in dem (hier gegebenen) Falle aber — daß die Erstprämie erst nach dem als Versicherungsbeginn festgesetzten Zeitpunkt eingefordert werde — mit diesem Zeitpunkt nur *beginne, wenn sie ohne Verzug nach Einforderung bezahlt werde.* Der Kläger hat danach, da der Versicherungsvertrag erst nach dem Unfall als geschlossen zu betrachten ist, wenn er trotzdem den Versicherungsschutz auf den 1. Juli 1933 zurückbezogen wissen will, die rechtzeitige Zahlung der Erstprämie im Sinne von § 3 AVB. darzutun, d. h. zu beweisen, daß vor der am 16. August 1933 erfolgten Begleichung dieser Prämie die Zahlung ihm von der Beklagten nicht bereits geraume Zeit früher, nämlich nicht, wie sie behauptet, schon mit Brief vom 22. Juli 1933 abgefordert worden war. Es ist also fehlsam, wenn das Berufungsgericht die nach Abwägung der Beweisergebnisse hinsichtlich des Zugangs des Briefes vom 22. Juli 1933 noch nicht beseitigten Zweifel zu Lasten der von ihm für beweispflichtig angesehenen Beklagten gehen läßt; vielmehr gingen diese zu Lasten des für das Hineinfallen des Unfalls in die Versicherungszeit beweispflichtigen Klägers, da unstreitig dem Versicherten P. eine vorläufige Deckungszusage nicht erteilt war (vgl. RGZ. Bd. 152 S. 244 zu 3).

Kann schon hiernach das angefochtene Urteil nicht bestehen bleiben, so kommt hinzu, daß die Vorentscheidung insbesondere auch zur Frage des Arglisteinwands gegenüber der von der Beklagten geltend gemachten Verwirkung des Versicherungsanspruchs P.s nicht haltbar ist, wie dies die Revision mit Recht rügt. Das Berufungsgericht stellt hierzu fest, daß die Beklagte selbst nach ihrem Ablehnungsschreiben vom 30. Dezember 1933 durch ihr Verhalten dem Versicherten keinen Grund zu der Annahme gegeben hat, sie werde vielleicht bei ihrer ablehnenden Stellung nicht verbleiben und sich gegebenenfalls doch noch zur Anerkennung des Versicherungsanspruchs bestimmen lassen. Zutreffend hebt der Vorderrichter hervor, daß das Schreiben der Beklagten vom 21. Juni 1934 an die Bezirksdirektion L., worin sie ihr Einverständnis erklärte, daß der Generalagent M. den Versicherten bei Abwehr der Schadensersatzansprüche des Klägers „entgegenkommenderweise unterstütze", vom Kläger nicht verwertet werden könne, weil nicht festzustellen sei, daß P. von diesem Schreiben vor Ablauf der Klagefrist (30. Juni 1934) Kenntnis erlangt, und weil die Beklagte auch ungeachtet ihres Schreibens grundsätzlich auf ihrem ablehnenden Standpunkt verharrt habe, über den P. nach M.s Angabe in seinem Schreiben vom 8. Juni 1934 an die Beklagte nach wie vor „selbstverständlich unterrichtet" war. M. hat auch in gleichem Sinne mit Brief vom 7. Juli 1934 dem P. erneut die ablehnende Haltung der Beklagten zum Versicherungsanspruch zum Ausdruck gebracht und nur mitgeteilt, daß *diese ihm „gestattet" habe, dem P. bei Abweisung der Haftpflichtansprüche* behilflich zu sein. Die Klagefrist war damals bereits abgelaufen. Der Kläger kann demgemäß, wie auch der Vorderrichter annimmt, seinen Arglisteinwand nur auf das Verhalten des Generalagenten M. stützen. Das angefochtene Urteil geht aber in dieser Hinsicht zu weit, wenn es der Beklagten die Berufung auf den Ablauf der Klagefrist schon für den Fall versagt, daß P. infolge unklarer Erklärungen und auf Grund des tatsächlichen Verhaltens M.s die Ablehnung im Schreiben vom 30. Dezember 1933 als überholt und mindestens als nicht endgültige Stellungnahme der Beklagten angesehen hätte. Die gesetzliche Vollmacht des Versicherungsagenten nach §§ 43 flg. VVG. erstreckte sich nicht darauf, einen Versicherungsschutz zu gewähren, den die Beklagte ablehnte, und dieser könnten daher aus M.s Verhalten Nachteile nur erwachsen, wenn ihr eigenes Verhalten zu den Maßnahmen M.s den P. nach Treu und Glauben zu der Meinung bringen konnte, der Agent handele auf Grund ihrer Ermächtigung (vgl. RGZ. Bd. 133 S. 100).

Von einer die Beklagte verpflichtenden schuldhaften Handlung M.s im Sinne von § 278 BGB. geht auch das Berufungsgericht nicht aus. Es ist diesem nun nicht zuzugeben, daß schon das Ablehnungsschreiben der Beklagten vom 30. Dezember 1933 insofern den Keim zu Unklarheiten enthalten habe, als es irrigerweise die Erstprämie als bisher nicht bezahlt angab. Die Ablehnung war, wie die Vorinstanz selbst anerkennt, unzweideutig, und sie nannte als Grund außerdem, daß die Prämie am Unfalltage nicht bezahlt war. Das traf jedenfalls zu. Ob die Ablehnung rechtlich zu beanstanden war, war gleichgültig, die Tatsache der Ablehnung bestand jedenfalls, und es kann nicht gebilligt werden, wenn das angefochtene Urteil dem Versicherten einen Anspruch auf eine nochmalige „in völlig klarer Form" ausgesprochene Ablehnung zuerkennt, nachdem die Zahlung der Erstprämie im Januar 1934 zwischen P. und M. klargestellt war. Es konnte sich nur darum handeln, ob die Beklagte daraufhin von ihrer Ablehnung abging. Das ist aber nicht geschehen. Im Gegenteil hat gerade nach der Feststellung der Prämienzahlung M. den Versicherten mit Brief vom 16. Januar 1934 angewiesen, den Entschädigungsanspruch des Klägers abzulehnen, weil am Unfalltage die Prämie noch nicht bezahlt gewesen sei und damals eine Versicherung noch nicht bestanden habe, und es ist nicht einzusehen, wie das Berufungsgericht gerade dieses Schreiben glaubt für die Auffassung P.s verwerten zu können, die Beklagte werde ihm den Versicherungsschutz ernstlich nicht weiter verweigern. Im übrigen stellt der Vorderrichter fest, daß M. in seinem Schreiben vom 5. April 1934 wie auch bei späteren Verhandlungen dem Versicherten immer wieder zum Ausdruck gebracht hat, er unterstütze ihn angesichts des ablehnenden Standpunktes der Beklagten lediglich als Privatmann, und daß M. insofern dem P. gegenüber keinerlei Unklarheiten habe aufkommen lassen wollen, wie dies auch aus seinen — allerdings nach Ablauf der Klagefrist liegenden — Briefen vom 7. Juli und 14. August 1934 und dem Entwurf einer Eingabe P.s vom 7. Juli 1934 zu den Akten 6087/34 des Landgerichts Essen hervorgehe. Demgegenüber wollen die vom Berufungsrichter angeführte, von M. entworfene Eingabe vom 7. Juni 1934 zu denselben Akten, worin der Versicherte um Verlängerung der Erklärung auf das Armenrechtsgesuch des Klägers mit der Begründung gebeten hat, daß die Beklagte seine Interessen wahrnehmen werde, und die von der Vorinstanz festgestellten Vertröstungen M.s an P., er wolle mit der Beklagten noch weiter verhandeln, um sie zu einer ihm günstigeren Stellungnahme zu bewegen, nichts besagen und kann auch nichts darauf ankommen, ob M. persönlich die Auffassung gehabt hat, die Ablehnung des Versicherungsschutzes durch die Beklagte sei unbegründet. Die allein entscheidende Frage, ob der Versicherte nach dem Verhalten der Beklagten und M.s sich der Einhaltung der ihm gesetzten Klagefrist als überhoben, die Ablehnung des Versicherungsschutzes als nicht endgültig ansehen und danach von einer Klageerhebung absehen durfte, deshalb aber die Berufung der Beklagten auf den Fristablauf als wider Treu und Glauben verstoßend zu betrachten berechtigt sei, kann nach den eigenen Feststellungen der Vorinstanz nicht zu Gunsten des Klägers beantwortet werden, da dieser die Fristversäumung nicht dem durch die Beklagte erweckten Anschein der wirklichen Lage, sondern höchstens seinen eigenen falschen Vorstellungen, wenn nicht seiner bloßen Saumseligkeit zur Last zu legen hat.

RGZ. 157, 67.

Unter welcher Voraussetzung und in welchem Umfang kann der Versicherer bei Verletzung von Obliegenheiten, die der Versicherungsnehmer vor dem Eintreten des Versicherungsfalls zu erfüllen hatte, die vertragsmäßige Leistung auch dann verweigern, wenn für den Fall der Obliegenheitsverletzung keine Verwirkung der Versicherungsansprüche ausbedungen worden ist?

Gesetz über den Versicherungsvertrag vom 30. Mai 1908 (RGBl. S. 263) – VVG. – § 6. BGB. § 242.

VII. Zivilsenat. Urt. v. 11. Februar 1938.

I. Landgericht Berlin. — II. Kammergericht daselbst.

Die Klägerin, die eine Herrenwäschefabrik betreibt, war bei den verklagten Gesellschaften nach Maßgabe des Sonderversicherungsscheins Nr. 6310 für den Interessenverband der Deutschen Bekleidungsindustrie e. V. und die ihm angeschlossenen Fachverbände vom 16. Mai 1924 gegen alle Gefahren bis zur Höchstgrenze von 100 000 GM versichert, soweit nicht nach den §§ 1 bis 4 der Allgemeinen Versicherungsbedingungen (AVB.) bestimmte Ausschlüsse vereinbart waren. Die Beklagten hatten sich zu bestimmten Anteilen verpflichtet. Nach § 2 AVB. sind auch Schäden, Nachteile oder Verluste versichert, die durch Einbruchsdiebstahl entstehen.

In die Versicherungszeit fällt ein Einbruchsdiebstahl, der in der Nacht vom 5. zum 6. Oktober 1931 in den Geschäftsräumen der Klägerin verübt wurde. Die Klägerin hat den Wert des gestohlenen Gutes auf 42 369,32 RM berechnet und von den Beklagten die Zahlung dieses Betrags, hilfsweise der auf sie entfallenden Anteile, nebst Zinsen begehrt. Die Beklagten haben eingewendet, die Klägerin habe den Versicherungsanspruch durch arglistige Täuschung bei der Schadensermittlung verwirkt, auch ihre Bücher nicht ordentlich geführt und sonstige Obliegenheiten, insbesondere die Auskunftspflicht, verletzt. Außerdem haben sie ein Zurückbehaltungsrecht geltend gemacht und mit Gegenansprüchen aufgerechnet.

Das Landgericht hat die Beklagten nur zur Zahlung einzelner für jede von ihnen berechneter Teilbeträge (von zusammen 31 769,90 RM) nebst Zinsen verurteilt und die Klage im übrigen abgewiesen. Auf die Berufung der Beklagten hat das Kammergericht die Klage im vollen Umfang abgewiesen. Die Revision der Klägerin führte zur Aufhebung und Zurückverweisung.

Gründe:

I. 1. Die von den Parteien abgeschlossene Einheitsversicherung umfaßt alle von der Klägerin für eigene oder für fremde Rechnung bezogenen, hergestellten oder vertriebenen Waren. Nach § 5 Ziffer 4 AVB. hat die versicherte Firma die Pflicht,

> am Schlusse eines jeden Monats, spätestens jedoch bis zum 12. des darauffolgenden Monats, der Versicherungsvermittlerin den Gesamtbetrag der ihren Abnehmern im Laufe des Monats in Rechnung gestellten Beträge in einer Summe in Goldmark aufzugeben und gleichzeitig mit dieser Umsatzanmeldung den von ihr selbst gemäß § 6 zu errechnenden Prämienbetrag zuzüglich des jeweilig gültigen Reichsstempels zu zahlen . . .

In § 6 AVB. ist bestimmt (unter B):

> Die Zahlung der Prämie einschließlich Reichsstempels erfolgt unter Zugrundelegung der in § 5 Ziffer 4 vorgeschriebenen monatlichen Aufgabe des Gesamtbetrags der monatlichen Versandfakturen . . .

Der Berufungsrichter ist der Meinung, die Klägerin sei des Versicherungsanspruchs verlustig gegangen, weil sie die Beklagten bei der Meldung des Umsatzes und bei der damit zusammenhängenden Berechnung und Zahlung der Beiträge arglistig getäuscht habe. In dieser Beziehung führt er aus:

Durch die bezeichnete Regelung sei die Berechnung der für die Haftung der Versicherungsgesellschaften vorgesehenen Gegenleistung ausschließlich in die Hände der Versicherungsnehmerin gegeben und ihr damit – im Rahmen des in besonderem Maß auf Treu und Glauben abgestellten Versicherungsverhältnisses – eine verstärkte Treupflicht auferlegt worden. Die Klägerin habe streng darauf zu achten gehabt, daß der gesamte Umsatz, soweit er ihren Abnehmern in Rechnung gestellt worden sei, angemeldet und daß die laufenden Beiträge nach dem Gesamtbetrage der Versandrechnungen entrichtet würden. Die Verknüpfung der Umsatzmelde- mit der Beitragszahlungspflicht lasse klar erkennen, daß der zu ermittelnde Gesamtbetrag der Beitragsberechnung habe zugrunde gelegt werden sollen; bei einer kaufmännischen Gepflogenheiten entsprechenden Auslegung der Allgemeinen Versicherungsbedingungen könne also keine Rede davon sein, daß die in § 5 bezeichnete Umsatz- und Beitragsberechnung einerseits und die in § 6 erwähnte Beitragszahlung andrerseits nach verschiedenen Grundsätzen zu geschehen hätten. Für diese komme es nicht darauf an, ob es sich um Umsätze von Waren handle, die von der Versicherungsnehmerin „versandt", oder um solche, die von der Kundschaft bei ihr

„abgeholt" würden; noch weniger sei eine Trennung der Verkäufe in „Bar- (sogenannte Komptant-)verkäufe" und in „Kreditverkäufe" gerechtfertigt. Allerdings sei in § 6 von „Versandfakturen" die Rede; dies besage aber weiter nichts, als daß bei den Bekleidungsunternehmen, auf die der Sonderversicherungsschein zugeschnitten sei, ein Großbetrieb vorausgesetzt werde, in dessen Rahmen regelmäßig ein Warenversand und die Ausstellung von Rechnungen stattfänden. Die Klägerin habe als Herstellerin sich darüber klar sein müssen, daß sie zur Erfassung ihres Umsatzes den Warenausgang buchmäßig festzulegen und ihren Abnehmern urkundlich in Rechnung zu stellen hatte. Auch die sogenannten Verkäufe über den Ladentisch, bei denen kein eigentlicher „Versand" notwendig ist, hätten zum meldepflichtigen Umsatz gehört. Bei der Eigenschaft des Geschäftsbetriebs der Klägerin als eines Großbetriebs und in Anbetracht des Umstandes, daß die Versicherungsgefahr die gesamte auf Lager befindliche Ware unterschiedslos umfaßt habe, sei die Klägerin nicht berechtigt gewesen, nach ihrem Belieben in einzelnen Fällen die Ausstellung von Rechnungen zu unterlassen und so den entsprechenden Wert der Beitragsberechnung zu entziehen.

Bei seinen Erwägungen hat der Vorderrichter sachgemäß berücksichtigt, wie sich in dem Betriebe der Klägerin in den Geschäftsjahren Oktober 1926/27 bis 1930/31 die Unterscheidung zwischen „fakturierten" Verkäufen und sogenannten „Komptant"-Verkäufen auf die Umsatzberechnung ausgewirkt hat:

Geschäftsjahr	Verkäufe mit Rechnungen	ohne Rechnungen
Oktober 1926/27	39 561 RM	2 144 RM
Oktober 1927/28	35 883 RM	8 187 RM
Oktober 1928/29	29 077 RM	12 468 RM
Oktober 1929/30	22 107 RM	14 550 RM
Oktober 1930/31	17 379 RM	13 012 RM
insgesamt rund	144 000 RM	rund 50 000 RM

Er weist darauf hin, daß es widersinnig sei, der Versicherungsnehmerin zu gestatten, ihren Umsatz in „unberechneten" Warenlieferungen beliebig immer mehr zu erhöhen, um schließlich womöglich ganz oder in der Hauptsache von der Ausstellung von Rechnungen abzusehen und so vielleicht ohne Gegenleistung in den Genuß des Versicherungsschutzes zu kommen.

Diese Auslegung des Berufungsrichters unterliegt der freien Nachprüfung des Revisionsgerichts, weil die Allgemeinen Versicherungsbedingungen eine allgemein gebräuchliche („typische") Vertragsgrundlage darstellen. Sie ist zu billigen. Daß eine Unklarheit in der Fassung der Bedingungen vorliege, die zu Lasten des Vertragsteiles gehe, der sie verfaßt und vorgelegt habe, nämlich der Versicherungsgesellschaften, ist der Revision nicht zuzugeben; denn es steht in der Rechtsprechung des erkennenden Senats fest, daß nur dann die für den Versicherungsnehmer günstige Auslegung entscheidet, wenn anscheinend vorhandene Unklarheiten nicht zu Gunsten des Versicherers behoben werden können (RGZ. Bd. 145 S. 21 [26]). Von solchen Unklarheiten kann keine Rede sein, wenn sich, wie es hier nach den zutreffenden Ausführungen des Berufungsurteils der Fall ist, nach Sinn und Zweck der einzelnen Vertragsabrede und aus den sonstigen nach Treu und Glauben zu berücksichtigenden Begleitumständen ein bestimmter Vertragsinhalt feststellen läßt (RGUrteile vom 30. Oktober 1934 VII 158/34, JW. 1935 S. 1009 Nr. 2, und vom 23. Juli 1937 VII 45/37, JW. 1937 S. 2668 Nr. 29).

2. Der Vorderrichter hält für erwiesen, daß der Inhaber der Klägerin bei der Anmeldung des Umsatzes sowie bei der Berechnung und Zahlung der Beiträge nicht gutgläubig verfahren sei, indem er bis zu der gelegentlich der Schadensermittlung bewirkten Aufdeckung und Beanstandung seiner Berechnungsart die sogenannten Komptantverkäufe von den Umsatzmeldungen ausschloß, und daß er sich schon im Verlauf des Geschäftsjahres 1928/29 der Pflicht zur Meldung der rechnungslosen Verkäufe bewußt gewesen sei, diese Pflicht jedoch absichtlich verletzt habe; auch daß er dies nur getan habe, um die Beklagten über den Umfang ihrer Beitragsansprüche zu täuschen; er habe sich bei seiner schlechten Geschäftslage einen ungerechtfertigten Vermögensvorteil in dem Bewußtsein verschaffen wollen, daß er das Vermögen der Beklagten schädige, er habe den Erfolg seiner Unehrlichkeit bewußt mit in den Kauf genommen und auf diese Weise die Beklagten betrogen. Der Berufungsrichter meint schließlich, die Beklagten müßten bei so schweren, in den letzten zwei Geschäftsjahren ständig wiederholten Verstößen der Klägerin gegen die ihr obliegende Treupflicht für befugt erachtet werden, die versprochene Vertragsleistung zu verweigern.

Alle diese Erwägungen stellt der Vorderrichter zur Frage der Anwendbarkeit der Vorschriften der §§ 5, 6 AVB. an, nur mit dem Hinzufügen, daß der Verstoß der Klägerin gegen die Umsatzmelde- und Beitragszahlungspflicht nicht geringer zu werten sei als eine gelegentlich der Ermittlung des Schadens begangene arglistige Täuschung des Versicherers, die — auch ohne ausdrückliche Erwähnung in den Allgemeinen Versicherungsbedingungen — den Verlust des Anspruchs des schuldigen Versicherungsnehmers nach sich ziehe. Ob die Meinung der Revision zutrifft, daß der Tatbestand arglistiger Täuschung bei der Schadensermittlung nur dann die Verwirkung der Versicherungsansprüche begründe, wenn diese Rechtsfolge im Versicherungsvertrage besonders ausbedungen sei, kann an dieser Stelle auf sich beruhen. Denn in Wirklichkeit hat der Vorderrichter nicht festgestellt, daß und durch welches Verhalten sich die Klägerin einer derartigen Täuschungshandlung bei der Schadens e r m i t t l u n g schuldig gemacht hat. Er lehnt es vielmehr ausdrücklich ab, auf die hierauf bezügliche Sachdarstellung der Beklagten noch sachlich einzugehen, und zieht insoweit nur einen Vergleich, indem er darauf hinweist, daß die Handlungsweise der Klägerin vor dem Eintritt des Schadensfalles (5./6. Oktober 1931) nicht weniger verwerflich gewesen sei als ein etwaiges auf Täuschung des Versicherers berechnetes arglistiges Verhalten des Versicherungsnehmers bei der Schadensermittlung. Die von ihm für verletzt erachteten Pflichten der Klägerin (Treupflicht, Umsatzmeldepflicht, Beitragsberechnungs- und -zahlungspflicht) sind in den Allgemeinen Versicherungsbedingungen unter der Überschrift „Obliegenheiten des Versicherungsnehmers" geregelt. Die Bedingungen enthalten — von den noch zu erwähnenden Ausnahmen abgesehen — keine ausdrückliche Regelung der Rechtsfolgen, die in den Fällen schuldhafter Verletzung von Obliegenheiten, insbesondere von solchen eintreten, die — wie hier — vor dem Versicherungsfall dem Versicherer gegenüber zu erfüllen sind. Es steht indessen in der Rechtsprechung des erkennenden Senats fest, daß bei Verletzung vertraglich vorgesehener Obliegenheiten Leistungsfreiheit des Versicherers grundsätzlich nur dann eintritt, wenn sie im Versicherungsvertrag als Folge der Verletzung besonders vorgesehen ist (RGUrteil vom 25. November 1927 [VII] VI 291/27, abgedr. in JW. 1928 S. 791 Nr. 7). Die hier maßgeblichen Versicherungsbedingungen leiden an dem Mangel, daß eine Rechtsfolge der bezeichneten Obliegenheitsverletzungen nicht besonders vorgesehen ist. Allerdings scheinen ihre Verfasser von der selbstverständlichen grundsätzlichen Anwendbarkeit der Vorschriften des § 6 Abs. 1 und 2 VVG. ausgegangen zu sein; denn in § 9 AVB. werden für das Verhalten des Versicherten bei Schadensfällen bestimmte Obliegenheiten ausbedungen, also solche, die nach dem Eintritt des Versicherungsfalls dem Versicherer gegenüber zu erfüllen sind, und für die Verletzung oder Nichtbefolgung dieser Obliegenheiten wird nur (verneinend) bestimmt, daß sie die Versicherer von ihrer Ersatzpflicht n i c h t befreie, es sei denn, daß der versicherten Firma Vorsatz zur Last falle (§ 9 Abs. 4 AVB.). Daraus ergibt sich der Schluß, daß nach Absicht der Vertragschließenden die Verletzung der bezeichneten, nach dem Eintritt des Versicherungsfalls zu erfüllenden Obliegenheiten jedenfalls dann für den Versicherer befreiend wirken soll, wenn eine Obliegenheitsverletzung vorsätzlich begangen wurde. Hierbei handelt es sich um eine Einschränkung der an sich als bestehend vorausgesetzten Befreiung des Versicherers zugunsten des Versicherungsnehmers, die nach § 6 Abs. 3 VVG. zulässig ist. *Daraus ist zu schließen*, daß die Vertragsteile den Eintritt der Verwirkungsfolge bei Verletzung von Obliegenheiten, die nach dem Schadensfall zu erfüllen waren, grundsätzlich vorausgesetzt und gewollt haben, nur mit der doppelten Einschränkung, daß der Versicherer erstens nur bei vorsätzlichen Zuwiderhandeln frei werden und zweitens für den Vorsatz beweispflichtig sein sollte (im Gegensatz zur Regel des § 6 Abs. 2 VVG., wonach der Versicherungsnehmer Vorsatz und grobe Fahrlässigkeit ausräumen muß). Ob sich der gleiche Schluß auch hinsichtlich der Verletzung der vor dem Schadensfall zu erfüllenden Obliegenheiten ergibt, nämlich derjenigen, die der Vorderrichter als verletzt bezeichnet hat, ist jedoch unsicher. Denn in § 5 Nr. 3 AVB. ist wiederum zugunsten des Versicherungsnehmers eine Ausnahme für den Fall gemacht, daß dieser sich einer nur versehentlichen Verletzung (seiner Pflicht zur Verbuchung der täglichen Ein- und Ausgänge und zur ordnungsmäßigen Sammlung der Rechnungen) schuldig macht. Es wird aber hier nur gesagt, daß in diesem Falle der versicherten Firma kein Nachteil erwachsen solle, ohne daß ersichtlich ist, welche Nachteile die Versicherungsnehmerin treffen sollen, wenn sie sich eines schuldhaften, zumal vorsätzlichen Verstoßes gegen die ihr auferlegten Obliegenheiten schuldig macht. In diesem Punkte bleibt also eine Unklarheit, die angesichts der nicht zu beseitigenden Zweifel grundsätzlich zu Lasten der verklagten Versicherer gehen müßte.

Indessen ist im vorliegenden Falle nach dem vom Vorderrichter festgestellten Sachverhalt die Leistungsverweigerung der Versicherer grundsätzlich auch ohnehin gerechtfertigt. Nach dem Versicherungsschein schließt die Versicherung alle Arten von Versendungen und Lagerungen von Waren ein (§ 1 B); ausgeschlossen sind nur gewisse Gegenstände, nicht Waren (§ 1 D). Versichert sind alle Gefahren, denen die versicherten Güter während der Dauer der Versicherung ausgesetzt sind, Feuer, Zerknall, Blitzschlag, Wasserschäden, Diebstähle, Veruntreuungen usw. (§ 2 AVB.), mit Ausnahme lediglich einzelner bestimmter, hier nicht in Betracht kommender Gefahren (§ 3).

Nach § 4 kann die versicherte Firma die Versicherung von Fall zu Fall ausschließen für Waren, die sich unterwegs befinden, aber nur in genau bezeichneten Fällen (§ 4 Abs. 1 zu a und b). Bringt sie im Schadensfall die im § 6 A unter 2 a) und b) angegebenen Beitragsermäßigungen in Abzug, so gilt dies — vorbehaltlich etwaiger Nachprüfung der Versicherer — als Erklärung der versicherten Firma, daß die Beförderungen, für die der Abzug vorgenommen wird, für die bestimmte Reise von der Versicherung ausgeschlossen sind (§ 4 Abs. 2). Daraus *folgt, daß die Versicherungsnehmerin nicht etwa befugt ist, die bei* ihr lagernden Waren nach Belieben teilweise unversichert zu lassen. Sie muß vielmehr alles tun, um ihre vollen Bestände unter Versicherung zu bringen. Die Versicherten haften dann entsprechend der von ihr angegebenen Summe im Schadensfall für alle auf Grund des Sonderversicherungsscheins gedeckten Waren bis zur Höchstgrenze von 100 000 Goldmark (§ 5 Ziffer 1 AVB.).

Wenn nun der Versicherungsnehmer, wie dies der Vorderrichter für den vorliegenden Fall annimmt, im Laufe der Versicherung dazu übergeht, durch bewußt unrichtige Umsatzmeldungen den Versicherer über den Umfang der Versicherung und über den Umfang der ihm zustehenden Beiträge zu täuschen, trotzdem aber für die abhanden gekommenen Warenbestände volle Entschädigung beansprucht, die nach dem Vertrage grundsätzlich ohne Rücksicht auf Umsatz und Beitragshöhe festzusetzen und zu leisten ist; wenn er dies tut in der Absicht, sich einen rechtswidrigen Vermögensvorteil zu verschaffen, und in dem Bewußtsein der dem Versicherer damit zugefügten Schädigung, so muß ein derartiges, sich über einen langen Zeitraum erstreckendes, also planmäßiges Verhalten notwendigerweise das Vertrauensverhältnis zwischen ihm und dem Versicherer von Grund aus erschüttern, zumal wenn, wie hier, der Versicherer der versicherten Firma die Feststellung und Berechnung der von ihr zu leistenden Beiträge nach Maßgabe ihres Umsatzes anvertraut, der Versicherer darauf also in aller Regel keinen unmittelbaren Einfluß genommen, sondern sich auf die Redlichkeit des Versicherungsnehmers verlassen hat. In einem derartigen Verhalten liegt ein so grober Verstoß gegen den Versicherungs- und auch gegen den Gefahrengemeinschaftsgedanken sowie gegen Treu und Glauben, daß die Vertragsgrundlage erschüttert wird und dem Versicherer nicht mehr zugemutet werden kann, für den Versicherungsnehmer im vertragsmäßigen Umfang einzutreten, auch wenn sich dieser bei der Ermittlung des Schadens selbst keines Täuschungsversuchs mehr schuldig gemacht haben sollte. Ein solcher müßte übrigens in einem Fall der vorliegenden Art notwendigerweise schon darin liegen, daß der Versicherungsnehmer bei der Schadensermittlung über die unrichtige Berechnung der Umsätze und der Beiträge dem Versicherer keine oder nur irreführende Aufschlüsse gegeben hat. Unter solchen Voraussetzungen muß dem Versicherer der Einwand der unzulässigen Rechtsausübung zugebilligt und sein hierauf gegründetes Leistungsverweigerungsrecht wenigstens insoweit anerkannt werden, als der Versicherungsnehmer trotz seines unredlichen und der Versicherungstreue widerstreitenden Verhaltens die volle vertragsmäßige Entschädigung verlangt, und zwar auch dann, wenn die Verwirkung für diesen Fall in den Versicherungsbedingungen nicht besonders ausbedungen ist (vgl. RGZ. Bd. 117 S. 327 [331], Bd. 149 S. 69 [74]).

In der Rechtsprechung des Reichsgerichts steht aber auch fest, daß da, wo an sich gegenüber dem Klagbegehren die Arglisteinrede (der Einwand der unzulässigen Rechtsausübung) begründet ist, die Klagforderung nicht stets und ohne weiteres im ganzen hinfällig wird. Es bedarf hier vielmehr einer sorgfältigen Prüfung an der Hand der gesamten Umstände des einzelnen Falles, um zu ermessen, inwieweit das Verlangen des Klägers in Anbetracht seiner eigenen — seinen Vertragspflichten oder Obliegenheiten und den Anschauungen und Regeln des redlichen Geschäftsverkehrs zuwiderlaufenden — Handlungsweise mit den Grundsätzen von Treu und Glauben nicht mehr in Einklang zu bringen ist (vgl. u. a. RGZ. Bd. 152 S. 403, Bd. 153 S. 356 [359]; fernerRGUrteile vom 14. April 1937 V 249/36 in JW. 1937 S. 2036 Nr. 5, und vom 9. Oktober 1937 V 55/37 in JW. 1937 S. 3155 Nr. 7). Die Richtlinien, die der erkennende Senat in dieser Beziehung in Fällen arglistiger Täuschung bei der Ermittlung des Schadens nach dem Eintritt des Versicherungsfalls gegeben hat (RGZ. Bd. 150 S. 147 [150 flg.]; RGUrteile vom 9. Juni 1936 VII 292/35, abgedr. in JRPrV. 1926 S. 216 Nr. 1; vom 3. Juli 1936 VII 287/35 in JW. 1936 S. 2978 Nr. 4 und vom 18. September 1936 VII 41/36 das. S. 3452 Nr. 3), sind in Fällen der vorliegenden Art, wo das arglistige und auf Täuschung des Versicherers abzielende Verhalten des Versicherungsnehmers schon vor dem Versicherungsfall stattgefunden oder eingesetzt hat, unbedenklich entsprechend anzuwenden. Diese Rechtslage hat der Vorderrichter verkannt, da er ohne Rücksicht auf die Gesamtheit der zu beachtenden Tatumstände davon ausgeht, daß das arglistige Verhalten der Klägerin Bei der Anzeige der versicherungspflichtigen Umsätze und bei der Berechnung und Entrichtung der von ihr geschuldeten laufenden Versicherungsbeiträge schlechthin die Beklagten von ihrer Versicherungspflicht überhaupt befreie. In dieser Richtung bedarf aber der Sachverhalt der völligen Aufklärung in tatsächlicher Beziehung, weil erst dann das Maß des rechtswidrigen, Treu und Glauben widerstreitenden Verhaltens der Klägerin richtig eingeschätzt und weiter ermessen werden kann, in welchem Umfang es recht und billig ist, sie ihres vertragsmäßigen Anspruchs auf Entschädigung für verlustig zu erklären. Selbstverständlich ist hierbei nicht nur das Verhältnis zu berücksichtigen, in dem die hinterzogenen Versicherungsbeiträge zum Gesamtbetrag der Beitragsschuld der Klägerin gestanden haben, sondern auch zu beachten, ob und in welchem Ausmaße sie etwa noch nach dem Einbruchsdiebstahl ihr Bestreben fortgesetzt hat, die Beklagten, sei es über die Höhe ihrer wahren Beitragsschuld, sei es über den Umfang des durch den Versicherungsfall entstandenen Schadens zu täuschen oder ihnen die Aufklärung darüber zu erschweren. Zu den danach zu berücksichtigenden Umständen wird es insbesondere auch gehören, wenn etwa die Klägerin noch während des Streites über die Entschädigungspflicht bemüht gewesen wäre, bei den Beklagten oder beim Gericht wahrheitswidrig den unrichtigen Eindruck zu erwecken, als habe es sich bei den an sich versicherungspflichtigen, von ihr aber nicht angegebenen Umsätzen nur um gelegentliche geringfügige Barverkäufe gehandelt, für die (nach § 6 AVB.) entweder überhaupt keine oder keine nennenswerte Beitragspflicht bestanden habe. Wie im einzelnen Falle das Maß des Verschuldens des Versicherungsnehmers in Anbetracht aller Umstände so wenig ins Gewicht fallen kann, daß es nach Treu und Glauben vertretbar erscheint, ihm trotz seiner Unredlichkeit die Versicherungssumme ungeschmälert zuzusprechen (vgl. die oben bezeichnete Entscheidung vom 9. Juni 1936 VII 292/35), so kann es gegebenenfalls umgekehrt mit Rücksicht auf den Umfang, die Hartnäckigkeit und die Gefährlichkeit der auf die Täuschung und die Schädigung des Versicherers abzielenden unlauteren Handlungsweise des Versicherungsnehmers, namentlich wenn durch die Vertragsgestaltung ein besonderes Vertrauensverhältnis zwischen den Vertragsteilen begründet, das Vertrauen des Versicherers aber in besonders verwerflicher Weise getäuscht worden ist, bei Beachtung aller Umstände gerechtfertigt sein, dem Versicherungsnehmer den Entschädigungsanspruch im vollen Umfang abzuerkennen. Ob im Einzelfalle die Verhältnisse zu solcher Beurteilung Anlaß geben, kann aber nur in der Tatsacheninstanz geprüft und entschieden werden.

II. Unter den hervorgehobenen Gesichtspunkten wird das Berufungsgericht den Sachverhalt erneut zu prüfen haben. Schon deshalb ist das Urteil aufzuheben und die Sache an die Vorinstanz zurückzuverweisen. Gegen die Annahme des Vorderrichters, daß sich die Klägerin der arglistigen Täuschung der Beklagten über Umsatz- und Beitragshöhe schuldig gemacht und hierdurch ihre vor dem Versicherungsfall zu erfüllenden Obliegenheiten vorsätzlich verletzt habe, hat die Revision eine Reihe von Verfahrensrügen erhoben. Hierauf einzugehen, erübrigt sich wegen der Zurückverweisung der Sache. . . . Hervorzuheben ist nur noch: keineswegs sind die Beklagten, wie die Revision meint, durch ihren Verzicht auf die Aufrechnung mit einem geringfügigen Betrag, den ihnen die Klägerin wegen unrichtiger Umsatz- und Beitragsberechnung noch schulde, ihres Rechts überhaupt verlustig gegangen, die Verwirkung der Versicherungsansprüche der Klägerin noch geltend zu machen, sofern die tatsächlichen Voraussetzungen dafür vorliegen. Es kann insbesondere keine Rede davon sein, daß die Beklagten, wie die Revision ausführt, durch jenen Verzicht auf Aufrechnung ihr Recht auf Geltendmachung der Verwirkung selbst „verwirkt" hätten.

RGZ. 157, 78.

Liegt in der Erstattung der Schadensanzeige durch den Versicherungsnehmer in der Regel die Geltendmachung des Anspruchs auf die Leistung, so daß der Versicherer nach ihrem Eingang die Klagefrist wirksam setzen kann?

Gesetz über den Versicherungsvertrag vom 30. Mai 1908 (RGBl. S. 263) – VVG. – § 12 Abs. 2.

VII. Zivilsenat. Urt. v. 15. Februar 1938.

I. Landgericht I Berlin. — II. Kammergericht daselbst.

Der Kläger ist bei der Beklagten seit dem 25. August 1931 gegen Unfall versichert. Die Versicherungssumme beträgt im Falle dauernder Arbeitsunfähigkeit 100 000 RM. Am 1. November 1932 wurde ein Personenkraftwagen, in dem sich der Kläger befand, von einem Lastkraftwagen angefahren. Hierbei wurde der Kläger mit dem Kopf zweimal gegen den Holzrahmen des Wagenfensters gestoßen. Infolgedessen traten bei ihm in den nächsten Tage Kopfschmerzen auf. Am 13. November 1932 brach er plötzlich bewußtlos zusammen. Der sofort herbeigerufene Arzt stellte Bewußtseinstrübungen, Sprachstörungen, dumpfe Kopfschmerzen, Lähmung des rechten Armes und Schwächung des rechten Beines fest. Der Kläger begab sich dann in eine Heilanstalt, wo er bis zum 9. Februar 1933 verblieb. Am 6. März 1933 erstattete er der Beklagten Anzeige von dem Unfall. Mit Schreiben vom 9. März 1933 teilte diese ihm mit, daß sie sich mit der Angelegenheit nicht beschäftigen könne, weil der Schaden verspätet angemeldet worden sei; gemäß § 9 Abschnitt 1 ihrer Allgemeinen Versicherungsbedingungen (AVB.) sei jeder Unfall unverzüglich anzuzeigen; wenn diese Obliegenheit verletzt werde, sei die Gesellschaft von der Verpflichtung zur Leistung frei. Die Beklagte fügte hinzu:

> Um einer gesetzlichen Vorschrift zu genügen, weisen wir noch auf § 19 AVB. hin, nach dem ein von der Versicherungsgesellschaft bestrittener Versicherungsanspruch binnen einer Frist von 6 Monaten geltend gemacht werden muß, andernfalls die Ablehnung unumstößliche Rechtskraft erlangt. Die Frist beginnt mit dem Tage zu laufen, an dem Sie das Ablehnungsschreiben der Gesellschaft erhalten haben.

Mit Schreiben vom 22. August 1933 verlängerte die Beklagte dem Kläger die Frist zur Erhebung der Klage bis zum 31. Dezember 1933. Ende 1933 bat er um weitere Frist, die ihm aber nicht gewährt wurde. Am 1. November 1935 hat er dann die vorliegende Klage erhoben. Mit der Behauptung, daß er infolge des Unfalls schwer krank und mindestens zu 33⅓% dauernd arbeitsunfähig sei, verlangt er Zahlung von 33 333,33 RM nebst Prozeßzinsen, hilfsweise die Feststellung, daß die Beklagte aus der Einzel-Unfall-Versicherung Nr. 126 444 nebst den dazu ergangenen Nachträgen wegen des Unfalls vom 1. November 1932, vorbehaltlich der der Ärztekommission bedingungsgemäß zu übertragenden Feststellungen, leistungspflichtig sei.

Die Beklagte hat zur Begründung ihres Antrags auf Klagabweisung vorgetragen: der Kläger sei nur vorübergehend beschränkt arbeitsunfähig; darüber, ob er dauernd arbeitsunfähig sei, habe nur die Ärztekommission zu entscheiden. Die Geltendmachung etwaiger Ansprüche seinerseits sei aber ausgeschlossen, weil er nicht fristgemäß Klage erhoben und den Schadensfall zudem nicht unverzüglich gemeldet habe.

Das Landgericht hat die Beklagte, weil der Kläger infolge des Unfalls zu 20% dauernd arbeitsunfähig sei, zur Zahlung von 20 000 RM verurteilt, im übrigen aber die Klage abgewiesen. Auf die Berufung der Beklagten hat das Kammergericht unter Zurückweisung der Anschlußberufung des Klägers die Klage im vollen Umfang abgewiesen. Die Revision des Klägers blieb ohne Erfolg.

Gründe:

§ 12 Abs. 2 VVG. schreibt vor:

Ist im Vertrage bestimmt, daß der Versicherer von der Verpflichtung zur Leistung frei sein soll, wenn der Anspruch auf die Leistung nicht innerhalb einer bestimmten Frist gerichtlich geltend gemacht wird, so beginnt die Frist erst, nachdem der Versicherer dem Versicherungsnehmer gegenüber den erhobenen Anspruch unter Angabe der mit dem Ablaufe der Frist verbundenen Rechtsfolge schriftlich abgelehnt hat. *Die Frist muß wenigstens sechs Monate betragen.*

Im § 19 Nr. 1 der Allgemeinen Versicherungsbedingungen der Beklagten ist bestimmt, daß ein von der Gesellschaft bestrittener Versicherungsanspruch, soweit nicht nach § 12 Nr. 2 die Ärztekommission zuständig ist, bei Meidung des Verlustes durch Erhebung der Klage binnen einer Frist von sechs Monaten geltend zu machen ist. Die Frist soll mit dem Tage beginnen, an dem der Anspruchsberechtigte durch eingeschriebenen Brief unter Hinweis auf die Rechtsfolgen der Fristversäumung davon in Kenntnis gesetzt worden ist, inwieweit sein Anspruch bestritten werde.

Die Beklagte hat dem Kläger auf die Schadensanzeige vom 6. März 1933 am 9. März 1933 mitgeteilt, daß sie sich mit der Sache nicht befassen könne, weil der Schaden verspätet angemeldet worden sei, und hat ihn darauf hingewiesen, daß ein von ihr bestrittener Versicherungsanspruch binnen sechs Monaten nach Eingang des Ablehnungsschreibens bei dem Versicherungsnehmer geltend gemacht werden müsse. Sie hat mit Schreiben vom 22. August 1933 auf Verlangen des Klägers die Frist zur Erhebung der Klage bis zum 31. Dezember 1933 verlängert; der Kläger hat aber die Klage erst am 1. November 1935 erhoben.

Das Berufungsgericht hat, wie schon vor ihm das Landgericht, dargelegt, daß der Kläger weder in der Schadensanzeige vom 6. März 1933 noch auch zuvor in dem Ferngespräch vom 4. März 1933, womit er der Hauptgeschäftsstelle der Beklagten Mitteilung von dem Unfall machte, einen Anspruch im Sinne der mitgeteilten Bestimmungen erhoben habe. Es unterstellt dabei, daß ein Versicherungsanspruch vom Versicherungsnehmer auch bedingt oder betagt, also bevor er fällig sei, erhoben werden könne. Immer sei jedoch für die Erhebung des Anspruchs erforderlich, daß eine Leistung im Rahmen des Versicherungsverhältnisses verlangt werde. Das sei aber hier nicht der Fall. Zu beachten sei, daß der Kläger auf Grund des Versicherungsvertrages von der Beklagten lediglich eine Kapitalabfindung für den Fall der Arbeitsunfähigkeit oder des Todes, nicht aber Tagegelder beanspruchen könne. Die Schadensanzeige ergebe nicht, daß der Kläger irgendwelche Ansprüche erhoben habe. Er habe vielmehr bei der Besprechung vom 6. März 1933 mit dem Hauptgeschäftsleiter der Beklagten ausdrücklich erklärt, daß er damit keine Ansprüche erheben, sondern nur eine Förmlichkeit, eine Obliegenheit, erfüllen wolle, damit ihm später in dem von ihm nicht für wahrscheinlich gehaltenen Falle, daß er Ansprüche stellen müsse, von der Beklagten keine Einwendungen entgegengestellt werden könnten. Das Berufungsgericht meint, die Rechtsprechung habe stets angenommen, daß der Versicherer nicht das Recht habe, den Versicherungsnehmer zur vorzeitigen Erhebung von Ansprüchen zu zwingen. Dabei sei berücksichtigt, daß der § 12 VVG. sowohl wie auch der § 19 AVB. den Interessen des Versicherers diene. Dieser habe gewiß die Möglichkeit, schon auf die Schadensanzeige hin einen weder durch diese noch sonst erhobenen Anspruch des Versicherungsnehmers von vornherein abzulehnen. Aber eine solche Ablehnung sei nicht wirksam im Sinne des § 12 VVG. und des § 19 AVB.

Das Berufungsgericht kommt trotzdem zur Abweisung der Klage, weil es der Auffassung ist, der Kläger habe, nachdem er der Fristsetzung vom 9. März 1933 nicht widersprochen und eine Verlängerung dieser Frist bis Ende 1933 erwirkt habe, nach Treu und Glauben mit der Erhebung der Klage nicht bis zum Herbst 1935 warten dürfen.

Die Revision des Klägers wendet sich gegen diesen Entscheidungsgrund des Berufungsgerichts. Auf die Begründung, die sie dazu vorträgt, braucht indes nicht eingegangen zu werden, weil sich die Entscheidung des Kammergerichts aus einem anderen Grunde als richtig darstellt und deshalb die Revision nach § 563 ZPO. zurückzuweisen ist. Dem Berufungsgericht ist insofern ein Verstoß gegen sachliches Recht untergelaufen, als es den Begriff und die Bedeutung der Schadensanzeige verkannt hat. Der Versicherer hat ein berechtigtes Interesse daran, möglichst bald von dem Eintritt des Versicherungsfalls Kenntnis zu erhalten, um für die Aufklärung und die Feststellung des Tatbestandes zu sorgen, aus dem sich für ihn erst ergibt, ob und in welchem Umfang er zu einer Leistung verpflichtet ist. Dazu ist der Versicherer aber in weitem Umfang auf den Versicherungsnehmer angewiesen. Diesem ist deshalb die Pflicht zur Schadensanzeige für den Fall auferlegt, daß er aus dem den Eintritt der Versicherung auslösenden Ereignis Ansprüche gegen den Versicherer herleiten will. Infolgedessen liegt in der Schadensanzeige regelmäßig der Hinweis für den Versicherer, daß er sich auf eine geldliche oder geldeswerte

Leistung einzustellen hat. Will er im Interesse seines Geschäftsbetriebes möglichst bald Klarheit darüber haben, welche bestimmte Leistung demnächst von ihm gefordert werden soll, so bietet ihm dazu die Setzung der Klagefrist die Möglichkeit, wie sie im gesamten Bereich des Versicherungsvertragsgesetzes in den Allgemeinen Versicherungsbedingungen ausnahmslos vereinbart zu werden pflegt. Aus diesen Erwägungen ergibt sich zum Vorteil der Rechtssicherheit, daß in der Erstattung einer Schadensanzeige durch den Versicherungsnehmer dessen Wille zum Ausdruck kommt, den Versicherer aus dem Versicherungsfall auf die Leistung in Anspruch zu nehmen. Ohne Bedeutung ist es dabei, ob der Versicherungsnehmer in der Schadensanzeige seinen Anspruch beziffert hat oder nicht, und ob er im Zeitpunkt ihrer Erstattung zur Bezifferung schon in der Lage war. Die Sach- und Rechtslage wird auch dadurch für den Versicherer keine andere, daß der Versicherungsnehmer noch Zweifel daran hat, ob er den Anspruch auf die Leistung durchführen kann oder will, und daß er solche Zweifel bei Erstattung der Anzeige zum Ausdruck bringt. Wenn er die Schadensanzeige erstattet, so erhebt er dadurch dem Versicherer gegenüber regelmäßig den ihm aus dem Schadensereignis zustehenden Anspruch auf die Leistung. Hierdurch setzt er diesen in die Lage, den Anspruch abzulehnen und damit die vereinbarte Klagefrist in Lauf zu setzen, mit deren Ablauf der Versicherungsnehmer seinen Anspruch auf die Leistung verliert, wenn er die Klage nicht innerhalb der Frist erhoben hat. Einer solchen Auffassung von der Bedeutung der Schadensanzeige im Rahmen der eingangs mitgeteilten Bestimmungen steht nicht etwa die Erwägung entgegen, daß der Versicherungsnehmer die Klage innerhalb der ihm gesetzten Frist nur erheben könnte, wenn er seinen Anspruch zu beziffern vermöchte. Ist er dazu innerhalb der Klagefrist nicht in der Lage, so würde er immer ein rechtliches Interesse an der alsbaldigen Feststellung haben, daß er gegen den Versicherer einen Anspruch auf die Leistung habe, und würde somit gemäß § 256 ZPO. vorgehen können.

Im vorliegenden Fall ist der Kläger selbst der Auffassung gewesen, daß die Beklagte ihm nach der Schadensanzeige zulässigerweise die Frist zur Erhebung der Klage gestellt habe. Er hat um Verlängerung dieser Frist gebeten und die Beklagte hat sie gewährt. Der Kläger hat dann aber die Klage erst etwa zwei Jahre später erhoben, nachdem er sich dahin hatte „belehren" lassen, daß die Setzung der Frist zur Erhebung der Klage unwirksam gewesen sei, weil er bislang den Anspruch auf die Leistung noch nicht geltend gemacht habe. Da seine Rechtsauffassung aus den angegebenen Gründen unzutreffend ist, muß er die Folgen tragen.

RGZ. 158, 113.

Wann beginnt die Verjährung des Anspruchs auf Invaliditätsentschädigung aus dem Vertrag über eine Versicherung von Kraftwageninsassen?

Gesetz über den Versicherungsvertrag vom 30. Mai 1908 (RGBl. S. 263) — VVG. — § 12 Abs. 1.

III. Zivilsenat. Urt. v. 13. Mai 1938.

I. Landgericht Dortmund. — II. Oberlandesgericht Hamm.

Der Kläger erlitt am 10. September 1929 als Insasse eines Kraftwagens der Firma W. GmbH. einen Unfall und trug Verletzungen davon. Er nahm wegen des ihm dadurch verursachten Schadens die W. GmbH. in Anspruch, die gegen die Folgen der gesetzlichen Haftpflicht als Halterin des Kraftwagens für Personenschäden bei der L.-er Feuerversicherungsanstalt und gegen die gesetzliche Haftpflicht aus Betriebsgefahren bei dem A. und St.-er Verein a. G. versichert war. Weiter erhob er Versicherungsansprüche gegen den G.-Konzern aus einem von ihm selbst mit diesem abgeschlossenen Unfallversicherungsvertrage. Von diesen Versicherern erhielt er auf Grund von Vergleichen größere Versicherungssummen ausgezahlt. In den Rechtsstreitigkeiten war Rechtsanwalt H. seit Ende November 1930 bis zu seinem am 23. Januar 1933 erfolgten Tode für den Kläger tätig.

Die Firma W. GmbH. hatte weiter mit der I. Allgemeine Versicherungs AG. eine Kraftwageninsassenversicherung zum Höchstbetrag von 15 000 RM für den Todesfall und 30 000 RM für den Invaliditätsfall abgeschlossen. Der Kläger hat behauptet, er habe durch die vorgenannten Zahlungen keinen vollen Ersatz des durch den Unfall erlittenen Schadens erlangt, und es habe daher auch die letztgenannte Versicherung in Anspruch genommen werden müssen. Das sei besonders deshalb notwendig gewesen, weil bei ihm infolge des Unfalls Invalidität eingetreten sei. Rechtsanwalt H., der zu der maßgebenden Zeit auch insoweit mit der Wahrung seiner Rechte betraut gewesen sei, habe es schuldhaft verabsäumt, den Anspruch aus dieser Versicherung rechtzeitig, entweder unmittelbar oder mittelbar durch die Firma W. GmbH., gegen die I. geltend zu machen. Der Anspruch sei Ende

1932 verjährt, und die I., die zunächst auch aus einem anderen Grunde den Anspruch ablehnte, habe schließlich unter Berufung auf die Verjährung die Leistung aus dem Versicherungsvertrag verweigert. In dieser Zwangslage sei zwischen dem Konkursverwalter über das Vermögen der W. GmbH. und der I. mit seiner Zustimmung am 28. Dezember 1934 ein Vergleich auf Gewährung einer „Liberalitätsentschädigung" von 3000 RM an ihn, den Kläger, bei Verzicht auf alle weiteren Ansprüche aus der genannten Versicherung geschlossen worden. Wegen des infolgedessen ungedeckt gebliebenen Schadens im Betrage von über 16000 RM hat der Kläger die Beklagten in Anspruch genommen, weil ihr Rechtsvorgänger, Rechtsanwalt H., seine Vertragspflichten schuldhaft verletzt habe.

Die Beklagten haben den Eintritt der Verjährung und jegliches Verschulden ihres Rechtsvorgängers bestritten und Abweisung der Klage begehrt.

In den ersten Rechtsgängen sind die Beklagten durch Teilurteil zur Zahlung von 6500 RM verurteilt worden. Auf die Revision der Beklagten wurde die Klage, soweit darüber erkannt worden war, abgewiesen.

Gründe:

. . .

Zwischen dem Kläger und Rechtsanwalt H., dem Rechtsvorgänger der Beklagten, bestand von Ende November 1930 bis zum Tode des H. am 23. Januar 1933 ein Rechtsanwaltsdienstvertrag (§§ 611 flg., § 675 BGB.), nach dem H. die Aufgabe hatte, die Ansprüche des Klägers aus dem von diesem erlittenen Kraftwagenunfall zu wahren. Dazu gehörte auch die Sicherung des Zugriffs des Klägers auf den der Firma W. GmbH. aus dem Versicherungsvertrag mit der I. aus Anlaß des Unfalls gegen diese zustehenden Anspruch. Die Klage gründet sich darauf, daß Rechtsanwalt H. es schuldhaft unterlassen habe, Maßnahmen zur Verhütung der nach Ansicht des Klägers Ende 1932 eingetretenen Verjährung dieses Anspruchs zu treffen.

Im Vordergrunde des Rechtsstreits steht danach die Frage der Verjährung des Anspruchs. Es handelt sich hierbei um den Anspruch aus einem Versicherungsvertrage. Nach § 12 Abs. 1 VVG. verjähren die Ansprüche aus einem Versicherungsvertrag der vorliegenden Art in zwei Jahren. Die Verjährung beginnt mit dem Schlusse des Jahres, in welchem die Leistung verlangt werden kann, d. h. in welchem die Leistung dem Vertrage gemäß fällig wird (Begründung zum Versicherungsvertragsgesetz S. 74/75; RG. in JW. 1933 S. 2128 Nr. 14). Die

Leistung, nach deren Fälligkeit zu fragen ist, ist diejenige Vertragsleistung, die gefordert und mit der Verjährungseinrede bekämpft wird (RGZ. Bd. 111 S. 104), hier also die Invaliditätsentschädigung.

Nähere Bestimmung über die Fälligkeit der Versicherungssumme trifft für den vorliegenden Fall § 21 Abs. 1 Nr. 1 der Allgemeinen Versicherungsbedingungen für Kraftfahrzeug-Versicherungen (AVB.), die als typische Geschäftsbedingungen der rechtlichen Beurteilung auch in der Revisionsinstanz unterliegen (RGZ. Bd. 81 S. 117, Bd. 124 S. 345). *Danach erfolgt die Zahlung binnen zweier Wochen, nachdem* die Entschädigung nach §§ 19 und 20 AVB. festgestellt worden ist. Diese Feststellung geschieht durch Anerkennung der Entschädigungspflicht seitens des Versicherers (§ 19 Nr. 1 AVB.), durch Spruch der Ärztekommission (§ 20 AVB.) in dem in § 19 Nr. 2a AVB. vorgesehenen Rahmen und durch gerichtliche Entscheidung im übrigen (§ 19 Nr. 2a 2. Halbsatz, § 8 AVB.). Nach § 19 Nr. 1 AVB. ist die Gesellschaft verpflichtet, sich, soweit Kurkosten und Todesfallsumme beansprucht werden, spätestens binen eines Monats, soweit Invaliditätsentschädigung beansprucht wird, wie im vorliegenden Falle, binnen dreier Monate darüber zu erklären, ob und inwieweit eine Entschädigungspflicht anerkannt wird. Diese Fristen beginnen mit dem Eingang der von der Gesellschaft geforderten Nachweise über den Abschluß des Heilverfahrens und die Unfallfolgen, nicht, wie das Berufungsgericht rechtsirrigerweise angenommen hat, mit dem Umfall.

Eine der genannten Voraussetzungen für die Fälligkeit der vertraglichen Leistung, der Invaliditätsentschädigung, ist nach dem unstreitigen Sachverhalt nicht eingetreten. Der Kläger hat die nach § 19 Nr. 1 AVB. zu erfordernden Nachweise bisher nicht beigebracht und, wie noch näher auszuführen sein wird, zunächst nicht beizubringen brauchen, so daß die I. auch keine Gelegenheit und keine Veranlassung hatte, gemäß § 19 Nr. 1 AVB. zu der Frage der Entschädigungspflicht endgültig Stellung zu nehmen. Weil es zu einer Meinungsverschiedenheit über die Art und den Umfang der Unfallfolgen oder darüber, ob und in welchem Umfange der eingetretene Schaden des Klägers auf den Unfall zurückzuführen ist, noch nicht gekommen war, ist die Ärztekommission gemäß § 20 AVB. nicht tätig geworden; mangels Vorliegens entsprechender Streitpunkte ist auch eine Anrufung des Gerichts gemäß § 19 Nr. 2a 2. Halbsatz AVB. nicht erfolgt. Fehlte es an einer Feststellung der Entschädigungspflicht in einer der genannten Formen gemäß §§ 19, 20 AVB., so war eine Verpflichtung der I. zur Zahlung nach § 21 Abs. I Nr. 1 AVB. nicht gegeben. Eine den Allgemeinen Versicherungsbedingungen entsprechende Fälligkeit der Leistung ist demgemäß zu verneinen und damit zugleich der Beginn der Verjährung des Versicherungsanspruchs gemäß § 12 Abs. 1 VVG. nach Maßgabe dieser Bestimmungen.

Die Bestimmungen der §§ 19 flg. AVB. behandeln indes nur den Regelfall des Eintritts der Fälligkeit der Leistung und damit des Beginns der Verjährung des Versicherungsanspruchs. Es gibt Fälle, in denen es zu der Feststellung der Entschädigungspflicht nach §§ 19 flg. und dem Eintritt der Fälligkeit der Leistung nach § 21 Abs. I Nr. 1 AVB., welche Bestimmungen nicht zwingenden Rechtes sind, nicht kommt, indem die Fälligkeit der Leistung auf andere Weise eintritt. Als solche besonderen Fälle sind anzuerkennen die durch den Versicherer ausgesprochene, begründete oder unbegründete, Ablehnung der Entschädigungspflicht und die Weigerung der Teilnahme an dem Verfahren zur Ermittlung des Schadens (RG. in JW. 1933 S. 2128 Nr. 14). Die Bestimmungen der Allgemeinen Versicherungsbedingungen über die Feststellung der Entschädigungspflicht haben ersichtlich den Zweck, dem schon allgemein die Vorschriften der §§ 33, 34 VVG. dienen, dem Versicherer eine nähere Prüfung des Versicherungsanspruchs zu ermöglichen, damit er sich auf Grund der Prüfung und in einer ihm noch zugebilligten Überlegungsfrist über die Frage der vollen oder teilweisen Anerkennung oder der Ablehnung der Entschädigungspflicht schlüssig werden kann. Lehnt er dies ab oder weigert er sich, an dem geordneten Verfahren zur Ermittlung des Schadens (Feststellung durch die Ärztekommission) teilzunehmen, so gibt er damit zu erkennen, daß er jenen Weg der Prüfung des Anspruchs und der Feststellung der Versicherungsleistung nicht gehen will, daß er ohne die Hilfsmaßnahmen der §§ 19 flg. AVB. zu einer Entschließung über den Versicherungsanspruch gelangt ist. Dann besteht auch kein berechtigter Grund, die Fälligkeit der Versicherungsleistung weiter hinauszuschieben. Vorliegend hat die I. unstreitig die Ablehnung der Entschädigungspflicht ausgesprochen, und zwar zum ersten Male in ihrem an die W. GmbH. gerichteten Schreiben vom 3. September 1931, und diese Ablehnung mit dem Schreiben vom 19. Mai 1932 wiederholt, wobei es in diesem Zusammenhang auf den Grund der Zahlungsweigerung nicht ankommt. Mit dem Eingang des ersten Schreibens bei der genannten Firma ist die Fälligkeit des Versicherungsanspruchs als eingetreten anzusehen, und von diesem Zeitpunkt ab konnte die W. GmbH. die vertragliche Leistung im Sinne des § 12 Abs. 1 Satz 2 VVG. verlangen. Die zweijährige Verjährung des Versicherungsanspruchs nach § 12 Abs. 1 Satz 2

VVG. lief danach Ende des Jahres 1933 ab. Das war lange nach dem am 23. Januar 1933 eingetretenen Tode des Rechtsanwalts H. Da nach seinem Tode noch fast ein Jahr Zeit zur Geltendmachung des Anspruchs gegen die I. und zur Unterbrechung der Verjährung dieses Anspruchs blieb, so kann der Kläger bei dieser Rechtslage H. für den Ablauf der Verjährung nicht verantwortlich machen.

Ob unter Umständen auch in dem Verhalten des Versicherungsnehmers, etwa in der schuldhaften Unterlassung der Beibringung der von dem Versicherer zu verlangenden Nachweise über die Unfallfolgen und den Heilungsverlauf (§§ 5, 19 Nr. 1 AVB.) — abseits von Vorsatz oder grober Fahrlässigkeit, die nach § 6 AVB. den Verlust des Versicherungsanspruchs zu Folge haben —, mit Recht ein Grund für die Ausschaltung der §§ 19 flg., § 21 Abs. I Nr. 1 AVB. und für die Annahme der Fälligkeit der Versicherungsleistung ohne Vorliegen der dort bestimmten Voraussetzungen gegeben sein könnte, kann dahingestellt bleiben. Die Nichteinleitung des zur Feststellung der Entschädigungspflicht führenden Verfahrens nach §§ 19 flg. AVB. ist auf keine Säumnis der W. GmbH. zurückzuführen. Von entscheidender Bedeutung ist hier das Schreiben der I. an diese Firma vom 5. Februar 1930, auf das auch die Revision verweist. Danach durfte die W. GmbH., wie sie es erkennbar getan hat, mit Recht annehmen, daß für ihr Verhältnis zur I. in bezug auf den Versicherungsanspruch das Ergebnis des von dem Kläger aus Anlaß des Unfalls gegen sie eingeleiteten Rechtsstreits, damit auch der in diesem Rechtsstreit einzuholenden ärztlichen Gutachten über die Unfallfolgen beim Kläger, abgewartet werden sollte. Sie brauchte daher vorerst wegen der Beibringung der Nachweise über die Unfallfolgen und den Abschluß des Heilverfahrens gemäß § 19 Nr. 1 AVB. nichts zu veranlassen. Als sie dann der I. mit Schreiben vom 19. August 1931 meldete, daß diese wegen der Unfallfolgen beim Kläger doch voll in Anspruch genommen werden würde, und sie wegen weiterer Aufklärung an die L.-er Feuerversicherungsanstalt verwies, bei der sie gleichfalls versichert war, erfolgte bereits mit Schreiben der I. vom 3. September 1931 die Ablehnung ihres Versicherungsanspruchs, die, wie bereits erwähnt, mit Schreiben vom 19. Mai 1932, hier mit dem rechtlich unbegründeten Hinweis auf die inzwischen eingetretene Verjährung des Versicherungsanspruchs, wiederholt wurde. Damit erübrigte sich eine weitere Tätigkeit der Versicherungsnehmerin im Sinne der §§ 5, 19 flg. AVB. zur Herbeiführung der Feststellung der Entschädigungspflicht der Versicherungsgesellschaft und damit der Fälligkeit des Versicherungsanspruchs.

Für die Ansicht des Berufungsgerichts, daß die Verjährung des Versicherungsanspruchs der W. GmbH. gegen die I. schon Ende 1932 eingetreten sei, findet sich hiernach keine Rechtsgrundlage. Eine solche ist auch nicht aus der vom Berufungsgericht noch angezogenen Bestimmung des § 16 Abs. II AVB. zu gewinnen, wonach Entschädigung nach der Invaliditätssumme oder dem Invaliditätsgrade gewährt wird (§ 18 Abs. II AVB.), wenn sich innerhalb eines Jahres, vom Unfalltage an gerechnet, ergibt, daß eine dauernde Beeinträchtigung der Arbeitsfähigkeit zurückbleibt. Aus dieser Bestimmung, deren Sinn und Zweck hier im übrigen keiner weiteren Auslegung bedürfen, ist kein Anhaltspunkt dafür zu gewinnen, daß danach die Verjährung des Anspruchs auf Invaliditätsentschädigung mit Ablauf eines Jahres nach dem Unfall beginne, wie das Berufungsgericht meint. Diese rechtsirrtümliche Ansicht des Berufungsgerichts hängt aber erkennbar mit der, wie erwähnt, unzutreffenden Auffassung zusammen, daß sich der Versicherer gemäß § 19 Nr. 1 AVB. innerhalb dreier Monate nach dem Unfall, statt nach dem Eingange der von ihm geforderten Nachweise, über die Frage seiner Entschädigungspflicht zu erklären habe.

Aus dem Gesagten ergibt sich, daß die Verjährung des Versicherungsanspruchs der W. GmbH. gegen die I. nicht vor Ende 1933 eintreten konnte und eingetreten ist. Bei dieser Rechtslage kann Rechtsanwalt H. nicht dafür verantwortlich gemacht werden, die die W. GmbH. mit Zustimmung des Klägers in einer vermeintlichen Zwangslage den Vergleich vom 28. Dezember 1934 mit der I. auf Zahlung der „Liberalitätsentschädigung" von 3000 RM geschlossen hat. Lief die Verjährung des Versicherungsanspruchs der W. GmbH., wie gezeigt, nach dem Tode des Rechtsanwalts H. noch fast ein Jahr, so kann keine Rede davon sein, daß im Hinblick auf die Verjährung durch sein Verschulden eine Zwangslage geschaffen worden wäre, für deren rechtliche Folgewirkungen H. die Verantwortung trüge. Dem Klaganspruch fehlt hiernach die Rechtsgrundlage.

RGZ. 158, 284.

Zur Frage der rechtlichen Bedeutung der bei der Kraftfahrzeugversicherung dem Versicherungsnehmer obliegenden Pflicht, zu prüfen, ob der Führer im Besitz des vorgeschriebenen Führerscheins ist. Begriff und Voraussetzungen eines „entschuldbaren" Irrtums des Versicherungsnehmers hierüber.

BGB. § 276. Gesetz über den Versicherungsvertrag vom 30. Mai 1908 (RGBl. S. 263) — VVG. — § 1. Allgemeine Bedingungen für Kraftfahrzeugversicherungen — AVB. — § 3 Nr. 2.

VII. Zivilsenat. Urt. v. 25. Oktober 1938.

I. Landgericht Hamburg. — II. Oberlandesgericht daselbst.

Der Kläger ist als Kraftwagenführer und -halter bei der Beklagten gegen Kaskoschäden, Haftpflicht und Unfall versichert. Er hat am 21. Juli 1937 mit seinem Kraftwagen auf der Landstraße von D. nach G. einen Unfall erlitten und verlangt deshalb von der Beklagten Versicherungsschutz. Bei dieser Fahrt hatte der Kläger seinen Wagen durch den bei dem Unfall ums Leben gekommenen Ingenieur A. N. steuern lassen. Da dieser keinen Führerschein besaß, hat die Beklagte unter Hinweis auf § 3 Nr. 2 AVB. die Forderungen des Klägers abgelehnt. Nach dieser Bestimmung wird der Versicherungsschutz nur dann gewährt, wenn der berechtigte Führer des Fahreugs bei Eintritt des Schadens den zur Führung des Fahrzeugs vorgeschriebenen Führerschein hat „oder der Versicherungsnehmer dies entschuldbarerweise annehmen konnte".

Der Kläger hat behauptet, nicht gewußt zu haben, daß N. nicht im Besitz eines Führerscheins war. Er habe, bevor er dem N. die Führung des Wagens überlassen habe, ihn ausdrücklich gefragt, ob er im Besitz des Führerscheins sei; N. habe das mit großer Bestimmtheit bejaht. Aus verschiedenen besonders triftigen Gründen habe er, der Kläger, annehmen dürfen, daß N. ihm die Wahrheit sage. Er hat beantragt, festzustellen, daß die Beklagte verpflichtet sei, ihm Versicherungschutz wegen des erwähnten Kraftwagenunfalls zu gewähren, soweit es sich um Kasko- und Unfallschäden handelt.

Die Beklagte hält das Vorbringen des Klägers, auch wenn man es als richtig unterstelle, nicht für ausreichend, einen Irrtum seinerseits über das Fehlen des Führerscheins als entschuldbar anzusehen. Weiter macht sie geltend: Soweit der Kläger Versicherungsschutz aus der Unfallversicherung in Anspruch nehme, sei der Unfall gemäß § 15 Abs. II Nr. 1 AVB. von der Versicherung ausgeschlossen, weil der Kläger den Unfall bei der Ausführung eines Vergehens gegen § 24 Abs. 2 KFG. erlitten habe. Was die Kaskoversicherung angehe, so sei die Beklagte gemäß § 61 VVG. von der Verpflichtung zur Leistung frei, weil der Kläger den Versicherungsfall durch grobe Fahrlässigkeit herbeigeführt habe.

Das Landgericht hat der Klage stattgegeben, das Oberlandesgericht hat sie abgewiesen.

Die Revision des Klägers führte zur Aufhebung und Zurückverweisung.

Aus den Gründen:

Daß unter dem „berechtigten Führer des Kraftfahrzeugs" im Sinne des § 3 Nr. 2 AVB., die als sogenannte typische Bedingungen der freien Auslegung durch das Revisionsgericht unterliegen, nicht etwa derjenige zu verstehen ist, der im Besitz des polizeilich vorgeschriebenen Führerscheins ist, sondern derjenige, der — wenn es nicht der Versicherungsnehmer selbst ist — mit Willen des Versicherungsnehmers (Halters) oder seines Vertreters das Fahrzeug führt, hat der erkennende Senat in seinem in RGZ. Bd. 154 S. 340 abgedruckten Urteil entschieden; davon geht offenbar auch das Berufungsgericht aus. Im Sinne dieser Bestimmung war also N. „berechtigter Führer" des Kraftwagens. Weiter ist klar, daß der Versicherungsschutz nach Maßgabe des zweiten Halbsatzes gerade auch dann zu gewähren ist, wenn dieser Wagenführer den vorgeschriebenen Führerschein nicht hatte, sofern nur der Versicherungsnehmer dies „entschuldbarerweise annehmen konnte."

Entscheidend für den vorliegenden Fall ist die Auslegung des Begriffs „entschuldbarerweise" in der vorgenannten Bestimmung.

Hier ist zweierlei voranzustellen: Einmal der sich aus der Fassung dieser Vertragsbestimmung von selbst ergebende Grundsatz, daß allgemeine Regeln darüber, in welchen Fällen der Irrtum des Versicherungsnehmers über die Führerschein-Inhaberschaft des berechtigten Wagenführers „entschuldbar" sein soll, in welchen nicht, überhaupt nicht aufgestellt werden können, daß dies vielmehr immer von den gesamten Umständen des einzelnen Falles abhängig sein muß. Insofern ist es deshalb schon irreführend, wenn der Berufungsrichter meint, an und für sich genüge der Halter seiner „Prüfungspflicht" nur dann, wenn er sich vor Antritt der Fahrt den Führerschein vorlegen lasse. Auch dies kann nicht als allgemeine Regel aufgestellt werden. Weiter ist zu beachten: Von einer „Prüfungspflicht" im Sinne einer vertraglichen, dem Versicherungsnehmer gegenüber dem Versicherer obliegenden Pflicht kann im Rahmen der vorliegenden Bestimmung der Versicherungsbedingungen überhaupt nicht die Rede sein; es handelt sich auch nicht, wie das Berufungsgericht annimmt, um eine „Obliegenheit" des Versicherungsnehmers, sondern, wie bereits ausgeführt, um eine Abgrenzung des Versicherungsschutzbereichs im einzelnen bei der

Frage, ob der Irrtum des Versicherungsnehmers als „entschuldbar" gelten kann, um eine der Voraussetzungen des Versicherungsschutzes, also weder um die Frage nach einer Vertragspflicht- oder Obliegenheitsverletzung noch um ein Freiwerden des Versicherers von der Leistungspflicht. Daß auch die Vorschriften des § 24 KFG. nicht etwa eine Prüfungspflicht des Versicherungsnehmers im Sinne dieser Bestimmungen des Versicherungsvertrags (§ 3 Nr. 2 AVB.) begründen, hat die Beklagte selbst mit Recht ausgeführt. Auf diesem Standpunkt steht auch der Vorderrichter.

Wenn nun so für den Umfang des Versicherungsschutzbereichs die Frage entscheidend ist, ob der erwähnte Irrtum des Versicherungsnehmers „entschuldbar" war, dann ist es klar, daß die Vertragsbestimmung voraussetzt, der Irrtum könne auch entschuldbar sein. Das darf aber nicht zu der Annahme führen, die Unentschuldbarkeit solchen Irrtums sei als Regel zu vermuten, die Entschuldbarkeit als Ausnahme besonders streng zu beurteilen. Vielmehr stehen der tatsächliche Führerscheinbesitz des berechtigten Wagenführers und der entschuldbare Glaube des Versicherungsnehmers daran als gleichwertige Voraussetzungen für die Gewährung des Versicherungsschutzes nebeneinander. Es ist also, wie sich aus dem bisher Ausgeführten ergibt, frei von Auslegungseinschränkungen oder Verschuldensvermutungen an die Prüfung heranzugehen, ob der Irrtum des Klägers „entschuldbar" gewesen ist.

In den Erörterungen der Vorinstanzen, auch im angefochtenen Urteil, ist der Fassung dieser Bestimmung mit Recht besondere Beachtung zugewendet und darauf hingewiesen worden, daß sie sich nicht an die Gesetzessprache anschließt, daß vielmehr die besondere Färbung der Ausdrucksweise auch einen besonderen Inhalt nahelege. Der Laie verstehe, so hatte insbesondere der Kläger ausgeführt, unter dem Ausdruck „entschuldbarerweise" etwas anderes als „ohne Fahrlässigkeit" oder „ohne Verschulden". Der Berufungsrichter will im Wortlaut der Vertragsbestimmung zunächst nur eine „positive" Fassung gegenüber der „negativen" Fassung: „ohne Verschulden" oder „ohne Fahrlässigkeit" sehen. Darüber hinaus könne, so meint er, höchstens gesagt werden, daß der Ausdruck der Vertragsbestimmung eine gewisse subjektive Färbung habe, welche dem Begriffe der Fahrlässigkeit nach § 276 BGB. fehle. Wenn er an die „subjektive Färbung", die dem Begriffe der Fahrlässigkeit im bürgerlichen Recht fremd sei, die Folgerung knüpft, daß ihretwegen die Umstände des Einzelfalls entscheidend seien, so ist das insofern unrichtig, als diese Umstände immer, also gerade auch bei der Anwendung des § 276 BGB., entscheidend sind. Vielmehr denkt der Berufungsrichter offenbar an den strafrechtlichen Begriff der Fahrlässigkeit, der auf den dem einzelnen Beschuldigten nach seiner Persönlichkeit zuzumutenden Grad von Sorgfaltsaufwendung abstellt. Nicht hervorgehoben wurde bisher im Zusammenhang mit diesen Erörterungen der Umstand, daß auch die hier maßgebenden Bedingungen an mehreren Stellen andere, sonst in der Gesetzessprache und in Allgemeinen Versicherungsbedingungen übliche Begriffsbestimmungen für Verschulden oder dessen Fehlen verwenden, wie „Vorsatz", „grobe Fahrlässigkeit" (§ 6), „bewußt gesetz- oder vorschriftswidriges Handeln des Versicherungsnehmers" (§ 14 Ziff. 5). Es kann bei der Sorgfalt, mit welcher erfahrungsgemäß die Allgemeinen Versicherungsbedingungen von rechts- und versicherungskundigen Bearbeitern abgefaßt werden, nicht bedeutungslos sein, daß in § 3 Nr. 2 ein Ausdruck gewählt wurde, der sich sonst weder in diesen Bedingungen noch im Gesetz findet, der aber durchaus dem allgemeinen Sprachgut angehört und darin Träger einer bestimmten Bedeutung ist: „entschuldbarerweise annehmen konnte". Der Unterschied von den gesetzlichen und — diesen entsprechend — sonst auch in den Bedingungen der Beklagten gewählten Begriffsbestimmungen: „unverschuldet" (§ 6 Abs. 1 VVG.) — „weder auf Vorsatz noch auf grober Fahrlässigkeit beruhend" (§ 6 Abs. 2 VVG. — § 6 AVB.), „Vorsatz", „Fahrlässigkeit", „Verletzung der im Verkehr erforderlichen Sorgfalt" (§ 276 BGB.) beruht aber nicht, wie das Oberlandesgericht meint, auf der Betonung der „subjektiven Seite", ähnlich wie im Strafrecht, so daß eine sonst „unentschuldbare" Fahrlässigkeit „entschuldbar" würde um deswillen, weil gerade von dem Täter nach seiner besonderen Persönlichkeit die Aufwendung der sonst erforderlichen oder auch nur üblichen Sorgfalt nicht zu verlangen sei; er beruht vielmehr auf der stärkeren Betonung des Verkehrsüblichen, also des Maßes von Sorgfalt, das nach der Lebenserfahrung unter den gegebenen Umständen von vernünftigen, praktischen Leuten aufgewendet zu werden pflegt und das man demgemäß von solchen verlangt. Damit ist ein gewisser, der Erfahrung des täglichen Lebens entnommener Gegensatz zum Ausdruck gebracht zu dem objektiv-abstrakten Maßstab der im Verkehr erforderlichen Sorgfalt (§ 276 BGB.), auf dem sich die sonst kraft Gesetzes oder kraft Vertrags anzuwendenden Begriffe von Verschulden und Fahrlässigkeit aufbauen. So gesehen kann also, vom abstrakten Standpunkt der im Verkehr erforderlichen Sorgfalt aus, immerhin ein gewisses Verschulden anzunehmen sein, und gleichwohl kann der Täter (Versicherungsnehmer) „entschuldbar" handeln. Bei Anwendung auf den vorliegenden Fall ergibt diese Betrachtungsweise, daß, vom gesetzlichen Begriff der Fahrlässigkeit (§ 276 BGB.) aus gesehen, der Kläger nicht alle „im Verkehr erforderliche Sorgfalt" aufgewendet haben mag, um sich Gewißheit zu verschaffen, ob N. auch wirklich Inhaber eines vorschriftsmäßigen Führerscheins war, er kann aber dabei denjenigen Grad von Sorgfalt betätigt haben, der nach der gesunden Verkehrsanschauung unter den besonderen Umständen, die gegeben waren, genügte, mit anderen Worten, den Grad von Sorgfalt, den in dem besonderen Falle irgendwelche andere, als vernünftig und praktisch anzusehende Leute an seiner Stelle für ausreichend gehalten haben würden. Denn dann ist das Verhalten des Klägers nach allgemeiner Verkehrsauffassung eben „entschuldbar" gewesen, mag es auch nicht den abstrakten strengsten Anforderungen entsprochen haben, mag auch eine gewisse Verfehlung übrig bleiben. Schuldloses und entschuldbares Verhalten — Handeln wie Unterlassen — wird im Sprachgebrauch ebenso wie im Rechtsempfinden des Volkes sehr wohl unterschieden. Zwar ist alles, was unverschuldet, also völlig schuldlos, getan oder unterlassen wird, „entschuldbar"; aber entschuldbar ist danach auch, was zwar vielleicht nicht ganz strengsten Anforderungen entspricht, was aber die Verkehrsanschauung dem Handelnden oder Unterlassenden nach den Umständen des Falles nicht zum Vorwurf machen will, ähnlich, wenn auch nicht gleichbedeutend mit dem Begriff „verzeihlich".

Die vorstehende, nach bekannter Rechtsprechung dem Revisionsgericht freistehende Auslegung trägt zweifellos der Absicht Rechnung, die man mit dieser Regelung in den Allgemeinen Versicherungsbedingungen verfolgt hat. Gerade der vorliegende Fall ist ein bezeichnendes Beispiel dafür. Wie bereits erwähnt, besteht eine vertragliche Pflicht des Versicherungsnehmers zur Erkundigung nach dem Führerscheinbesitz des berechtigten Führers ebensowenig, wie diese Erkundigung eine Obliegenheit darstellt, und auch aus § 24 KFG. ist im Verhältnis zwischen Versicherungsnehmer und Versicherer eine solche Pflicht nicht herzuleiten. Die „Pflicht" des Versicherungsnehmers, um die es sich hier handelt, gründet sich vielmehr dem Versicherer gegenüber nur darauf, daß derjenige, der als Versicherungsnehmer Versicherungschutz aus dem Vertrag begehren will, auch seinerseits von vornherein alles unterlassen muß, was den Eintritt des Versicherungsfalls erleichtern könnte, m. a. W.: es ergibt sich eine Pflicht, nicht selbst durch sein eigenes Verhalten eine Gefahrerhöhung herbeizuführen.

Letztere wird vermutet, wenn jemand, der sich nicht im Besitz eines vorschriftsmäßigen Führerscheins befindet, den Wagen lenkt. Diesem Zwecke dient es, daß der Führerscheinbesitz des berechtigten Führers zur Voraussetzung des Versicherungsschutzes erhoben ist. Zu einer gleichwertigen Voraussetzung ist aber der entschuldbare Irrtum des Versicherungsnehmers hierüber erhoben. Daraus folgt: wer seinerseits Versicherungsschutz begehren will, muß sich um diese Führerschein-Inhaberschaft kümmern, andernfalls kann er eben schon nach Treu und Glauben keinen Versicherungsschutz verlangen. Hieraus allein leitet sich die Erkundigungspflicht des Versicherungsnehmers im Verhältnis zum Versicherer ab. Ihre Erfüllung bildet also lediglich eine Voraussetzung für seinen Anspruch auf Versicherungsschutz. Damit ergibt sich auch ihr Inhalt und ihre Begrenzung: Wer sich so viel um den Führerscheinbesitz des berechtigten Führers gekümmert hat, wie man das mit Rücksicht auf die erwähnten Belange des Versicherers vernünftigerweise nach der Verkehrsanschauung von ihm erwarten konnte, dem soll es für die Geltendmachung seines Versicherungsanspruchs nicht schaden, wenn sein Irrtum bei Erfüllung der objektiv strengsten Anforderungen vielleicht vermeidbar gewesen wäre.

So betrachtet, beruhen die Ausführungen des Berufungsgerichts auf zwei rechtsirrigen Vorstellungen, nämlich auf der Verkennung der rechtlichen Grundlage und damit des Inhalts und Umfangs der Erkundigungspflicht des Versicherungsnehmers und weiter auf der Verkennung des Begriffes „entschuldbarerweise annehmen konnte“. Denn das Oberlandesgericht geht von der rechtsirrigen Auffassung aus, es habe eine „Obliegenheit“ des Klägers, wenn nicht gar eine Vertragspflicht bestanden, sich den Führerschein von N. vorlegen zu lassen, sofern nicht besondere Umstände es rechtfertigten, ihn ohne solchen Nachweis an das Steuer des Wagens zu lassen; derartige Umstände hätten aber nicht vorgelegen. Richtig gesehen kann indes der Kläger Versicherungsschutz schlechthin dann verlangen, wenn er eben „entschuldbarerweise annehmen konnte“, N. sei Inhaber eines vorschriftsmäßigen Führerscheins; und er „konnte dies untschuldbarerweise dann annehmen“, wenn Umstände vorlagen, unter denen er sich nach der allgemeinen Verkehrsanschauung billigerweise mit der von ihm vorgenommenen Erkundigung begnügen durfte.

Der Berufungsrichter hat die Umstände, aus denen der Kläger nach seiner Behauptung der Versicherung N.s, er sei im Besitz eines Führerscheins, Glauben schenkte und schenken durfte, ja auch diese Versicherung des Genannten selbst nicht festgestellt, sondern nur unterstellt.

Er hat bei der Würdigung dieser von ihm unterstellten Umstände verkannt, daß es sich nicht darum handelte, ob sie den Kläger zu dem Schluß berechtigten, daß N. einen Führerschein besitze, wie das Berufungsgericht irrig meint, sondern darum, ob der Kläger, wenn er diese Umstände teils selbst kannte, teils in ihrer Richtigkeit zu bezweifeln keinen Anlaß hatte, der klaren Versicherung des N., er sei im Besitz eines Führerscheins, Glauben schenken durfte. Der Berufungsrichter wird nunmehr auf der Grundlage der vorstehenden rechtlichen Ausführungen nach erneuter mündlicher Verhandlung Feststellungen über das treffen müssen, was er bisher unterstellt hat. Das gilt auch von der Persönlichkeit des Ingenieurs N. und den bei ihm gegebenen besonderen Umständen, wie sie sich dem Kläger nach seiner Auffassung darstellten und darstellen konnten. Erst auf der so gewonnenen tatsächlichen Grundlage wird der Berufungsrichter prüfen können, ob der Kläger im Sinne von § 3 Nr. 2 AVB. entschuldbarerweise annehmen konnte, daß N. im Besitz eines vorschriftsmäßigen Führerscheins sei.

Die Beklagte hat nach dem Tatbestande des angefochtenen Urteils gegen die Ansprüche aus Unfallversicherung weiter eingewendet, der Versicherte habe den Unfall im Sinne des § 15 II Nr. 1 AVB. „bei der Ausführung . . . eines Vergehens" erlitten. Das Vergehen findet sie in der Verwirklichung des Tatbestandes des § 24 Abs. 2 KFG.; deshalb sei dieser Unfall von der Versicherung ausgeschlossen. Wenn das Berufungsgericht im übrigen unter Berücksichtigung der vorstehenden Ausführungen zu dem Ergebnis gelangen sollte, daß der Anspruch auf Versicherungsschutz, was § 3 Nr. 2 AVB. betrifft, begründet sei, so wird es sich wegen der Ansprüche aus der Unfallversicherung mit dieser Einwendung befassen müssen. Es wird dabei die von dem erkennenden Senat in seinem Urteil vom 28. Januar 1938 VII 130/37, teilweise abgedruckt SeuffArch. Bd. 92 S. 135 Nr. 53, dargelegten Grundsätze zu beachten haben. Unter der gleichen Voraussetzung wird auch die Berufung der Beklagten auf § 61 VVG. für die Kaskoversicherung zu erörtern sein.

RGZ. 160, 3.

Ist bei der Haftpflichtversicherung der Versicherer im Falle der Führerflucht des Versicherungsnehmers von der Verpflichtung zur Leistung frei?

Gesetz über den Versicherungsvertrag vom 30. Mai 1908 (RGBl. S. 263) – VVG. – § 6.

VII. Zivilsenat. Urt. v. 24. Februar 1939.

I. Landgericht Leipzig. — II. Oberlandesgericht Dresden.

Der Kläger war mit seinem Kraftwagen bei der Beklagten gegen die Folgen der gesetzlichen Haftpflicht versichert. Am 11. März 1934 gegen 4 Uhr morgens überfuhr er mit seinem von ihm selbst gesteuerten Wagen auf dem Wege von L. nach Sch. den Elektromonteur Z., der vor ihm auf dem Rade hinfuhr. Er stellte fest, daß Z. bewußtlos auf dem Pflaster lag, fuhr aber weiter, um sich der Feststellung der Täterschaft zu entziehen. Z. hatte einen Schädelbruch davongetragen; er starb daran am 25. März 1934. Die polizeilichen Ermittelungen wurden aufgenommen. Auf eine unterschriftslose Anzeige hin wurde der Kläger am 9. Juli 1934 vernommen, bestritt aber, an jenem Unfall beteiligt gewesen zu sein. Die weiteren Ermittlungen führten zu keinem Ergebnis. Mitte Januar 1937 wurden sie wieder aufgenommen; der Kläger wurde verhaftet und gestand schließlich, Z. überfahren zu haben. Am 2. Juni 1937 wurde er von der Strafkammer in L. wegen fahrlässiger Tötung und Führerflucht zu einer Gesamtstrafe von 1 Jahr und 5 Monaten Gefängnis verurteilt. Das Urteil ist rechtskräftig. Am 31. März 1937 ließ der Kläger der Beklagten den Unfall mitteilen; die Beklagte lehnte aber Versicherungsschutz ab, weil der Kläger den Schaden nicht rechtzeitig angemeldet habe. Mittels Schreibens vom 2. Juli 1937 erhob die Witwe des Getöteten Ansprüche gegen den Kläger; dieser leitete das Schreiben am 8. Juli 1937 an die Beklagte weiter; sie lehnte den Versicherungsschutz wiederum ab. Der Kläger hat nunmehr Klage auf Gewährung von Versicherungsschutz erhoben. Die Beklagte beruft sich u. a. darauf, der Kläger habe seine Pflicht zur Aufklärung des Tatbestandes und zur Minderung des Schadens verletzt. Sie meint, sie sei deshalb von der Verpflichtung zur Leistung frei. Das Landgericht hat der Klage stattgegeben, das Oberlandesgericht hat sie abgewiesen. Die Revision des Klägers führte zur Aufhebung des Berufungsurteils.

Gründe:

Das Reichsgericht hat den Begriff des Versicherungsfalles in der Haftpflichtversicherung, keineswegs unter Nichtbeachtung der vom Oberlandesgericht angestellten Erwägungen, seit langem dahin bestimmt, daß darunter nicht das Schadensereignis, sondern die Inanspruchnahme des Versicherungsnehmers durch den Geschädigten zu verstehen sei. An dieser Begriffsbestimmung hat es in langjähriger Übung festgehalten und sie mannigfach ausgebaut. Weder der vorliegende Fall noch die hier in Betracht kommenden Allgemeinen Versicherungsbedingungen der Beklagten für die Kraftwagenhaftpflichtversicherung geben Anlaß, davon abzuweichen, zumal weite Kreise der Beteiligten sich mit dieser Rechtsprechung vertraut gemacht und den Versicherungsfall selbst so bestimmt haben. Im vorliegenden Falle hat die Geschädigte, die Witwe des Überfahrenen, gegen den Kläger zum ersten Male am 2. Juli 1937 Haftpflichtansprüche geltend gemacht. An diesem Tage ist also der Versicherungsfall auch nach den hier maßgeblichen Allgemeinen Versicherungsbedingungen eingetreten. Der Meinung der Revisionsbeklagten, das im Jahre 1934 eingeleitete polizeiliche Ermittlungsverfahren sei schon als der Versicherungsfall anzusehen, da dieses das erste Anzeichen einer Rechtsverfolgung und damit einer Erhebung von Ansprüchen gegen den Versicherungsnehmer sei, kann nicht beigetreten werden. Mag man an die Art der Inanspruchnahme des Versicherungsnehmers auch noch so geringe Anforderungen stellen (RGZ. Bd. 152 S. 235 [241], Bd. 156 S. 378 [383]), so ist doch erforderlich, daß der Verletzte dem Versicherungsnehmer zu erkennen gibt, er wolle ihn für die Folgen des Unfalls haftbar machen; denn nur dann kann von einem Bedürfnis nach Rechtsschutzgewährung oder von einem Anspruch darauf die Rede sein. Aus dem Ermittlungsverfahren aber ersah der Kläger dies nicht; dieses Verfahren hatte auch andere Zwecke als die Geltendmachung oder Sicherung etwaiger Haftpflichtansprüche des Geschädigten.

Die Beklagte beruft sich darauf, der Kläger sei nach § 5 Abs. 1 Satz 2 AVB. verpflichtet gewesen, alles zu tun, was zur Aufklärung des Tatbestandes und zur Minderung des Schadens habe dienen können. Das habe er unterlassen, er habe sich vielmehr der Führerflucht schuldig gemacht, und dies habe zur Folge, daß sie von der Verpflichtung zur Leistung frei sei. Richtig ist, daß der Kläger nach § 5 Abs. 1 Satz 2 AVB. zu der erwähnten Aufklärung und Schadensminderung verpflichtet war. Dabei handelt es sich nicht um eine echte Vertragsverpflichtung, sondern um eine Obliegenheit. Sie ist der vertragliche Niederschlag eines im Schadensversicherungsrecht allgemein herrschenden Gedankens (vgl. §§ 23 flg., 62 VVG.). Daß sie sich besonders in der Haftpflichtversicherung auch auf die Zeit vor dem Versicherungsfall erstreckt, ergibt sich aus der Natur der Sache; denn sie bezieht sich ihrem Inhalt nach im wesentlichen auf das Schadensereignis (den Schadensfall) und seine Begleiterscheinungen. Die maßgebenden Allgemeinen Versicherungsbedingungen der Beklagten setzen in § 6 eine Leistungsfreiheit des Versicherers aber nur für den Fall fest, daß eine Obliegenheit — vorsätzlich oder grob fahrlässig — verletzt wird, die n a c h dem Eintritt des Versicherungsfalles der Gesellschaft gegenüber zu erfüllen ist. Im vorliegenden Falle wirft die Beklagte dem Kläger jedoch eine Verletzung der Aufklärungs- und Schadensminderungspflicht vor, die vor dem Versicherungsfall liegt. § 6 AVB. ist also nicht anwendbar. Man kann auch nicht, wie es die Revisionsbeklagte will, etwa in Anlehnung an § 162 BGB., sagen, der Kläger müsse sich, weil er durch sein Verhalten seine Inanspruchnahme durch den Geschädigten unmöglich gemacht habe, so behandeln lassen, als habe der Geschädigte Ansprüche gegen ihn geltend gemacht. Einmal wäre es unmöglich, ein Ereignis herauszuheben, an das der Versicherungsfall zeitlich geknüpft werden könnte; dann aber verlöre das Versicherungsverhältnis auch den festen Boden, wenn man einen bloß gedachten Versicherungsfall dem wirklichen gleichstellte. Treu und Glauben sind zwar für das Versicherungsrecht ganz besonders bedeutsam; es ist aber selbst unter Berufung auf Treu und Glauben unzulässig, feste Begriffe des Versicherungsrechts aufzulösen und ihnen bloß vorgestellte Möglichkeiten gleichzuachten.

Treu und Glauben können aber, wie das Oberlandesgericht mit Recht annimmt, in einem Falle der vorliegenden Art eine andere Betrachtung rechtfertigen. Bei gegenseitigen Verträgen gibt die grobe, den Vertragszweck gefährdende Vertragsverletzung des einen Teils dem anderen Teil nach § 326 BGB., wie ihn die Rechtsprechung fortgebildet hat, das Recht zum Rücktritt. Im vorliegenden Falle handelt es sich zwar, wie schon erwähnt, nicht um die Verletzung einer eigentlichen Vertragsverpflichtung, sondern um eine Obliegenheitsverletzung; aber Treu und Glauben können, wie das Reichsgericht schon in einem anderen Falle ausgesprochen hat (RGZ. Bd. 157 S. 67), im Versicherungsrecht dahin führen, daß der Versicherungsnehmer seinen Versicherungsanspruch ganz oder zum Teil einbüßt, auch wenn für den gegebeden Fall keine Rechtsverwirkung vereinbart worden ist (§ 242 BGB.). Dies kann jedoch nur bei grober Verletzung tragender Obliegenheiten in Frage kommen. Es muß sich um eine Erschütterung des ganzen Versicherungsvertrags handeln. Die Verletzung muß die Grundlagen der Versicherung berühren. Daß dies bei jeder Führerflucht der Fall wäre, wie das Oberlandesgericht offenbar annimmt, ist nicht richtig. Selbst wenn der Versicherungsnehmer bei der Haftpflichtversicherung eines Kraftwagens den Überfahrenen vorsätzlich in hilfloser Lage verlassen hat (§ 22 Abs. 2 KFG.), wie der Kläger dies nach den Feststellungen des Oberlandesgerichts getan hat, führen Treu und Glauben nicht in allen Fällen dahin, dem Versicherungsnehmer seinen Anspruch aus der Versicherung in voller Höhe oder auch nur zum Teil abzusprechen. § 22 KFG. und ebenso die Vorschrift des § 330c StGB., die hier, wie das gegen den Kläger ergangene Strafurteil mit Recht ausführt, nicht in Frage kommt, da sie erst nach dem Unfall in Kraft getreten ist, schützen die Volksgemeinschaft und jeden Betroffenen als deren Glied. Können auch bei der rechtlichen Beurteilung des Verhaltens eines Versicherungsnehmers bei der Haftpflichtversicherung, insbesondere von Obliegenheitsverletzungen und deren Folgen, wie der erkennende Senat in anderem Zusammenhange schon betont hat (RGZ. Bd. *158* S. *6* [*15*]), *nach Treu und Glauben die Belange des Geschädigten* keineswegs völlig unberücksichtigt bleiben, so stehen hier doch im Vordergrunde Erwägungen, die aus dem Verhältnis zwischen Versicherungsnehmer und Versicherer abzuleiten sind. Namentlich kommt deshalb in Frage, welche Folgen das Verhalten des Klägers für den durch den Haftpflichtfall eingetretenen Schaden gehabt hat, für den die Versicherungsgesellschaft vertragsgemäß einzutreten hat. Ergeben die vom Tatrichter zu würdigenden Umstände, daß dieser Schaden ganz oder zum Teil unabhängig von der dem Kläger zur Last fallenden Handlungsweise (Führerflucht) entstanden ist, so kann dies nach Treu und Glauben nicht unbeachtet bleiben bei der Prüfung der Frage, ob dem Kläger nicht trotz seines aus allgemeinen Rücksichten unzulässigen, ja strafbaren Verhaltens und der darin liegenden groben Obliegenheitsverletzung dem Versicherer gegenüber der Versicherungsanspruch dennoch ganz oder zum Teil zuzusprechen ist. Das Fehlen der Ursächlichkeit spielt auch an anderen Stellen im Versicherungsrecht eine beachtliche Rolle, so bei der Gefahrerhöhung (§ 25 Abs. 3, § 28 Abs. 2 Satz 2 VVG.) und im Falle der Vereinbarung des Rechts zum Rücktritt oder des Freiseins von der Leistungspflicht bei der Verletzung von Obliegenheiten, die zum Zwecke der Verminderung der Gefahr oder der Verhütung einer Gefahrerhöhung übernommen worden sind (§ 32 Satz 2 VVG.). Unter diesem Gesichtspunkt ist nach Treu und Glauben zu berücksichtigen, wie sich der Verletzte selbst vor und bei dem Unfall benommen hat, ob ihn insbesondere ein Mitverschulden trifft, ob ihm von anderer Seite baldige Hilfe gekommen ist, ferner ob etwa gerade durch das Verhalten des Klägers der Haftpflichtschaden vergrößert (Tod des Verletzten) oder die Aufklärung des Sachverhalts, etwa hinsichtlich eines Mitverschuldens des Verletzten, und damit die gänzliche oder teilweise Abwehr der Haftpflichtansprüche zum Nachteil der Beklagten erschwert oder verhindert worden ist. Jedenfalls ist erst nach Aufklärung aller Umstände des einzelnen Falles und unter Abwägung aller Einzelheiten zu beurteilen, ob die Rücksicht auf Treu und Glauben der

Geltendmachung des Versicherungsanspruchs entgegensteht oder ob sie etwa den Anspruch mindestens zum Teil ausschließt. An dieser Feststellung und Abwägung aller Umstände hat es das Oberlandesgericht fehlen lassen.

RGZ. 170, 285.

1. Über die Anforderungen an eine Fristsetzung nach § 39 VVG. und das Zugehen einer solchen Erklärung.

2. Kommt es bei der Veräußerung eines versicherten Grundstücks für den Übergang des Versicherungsverhältnisses auf den Erwerber darauf an, daß dieser nach dem Kaufvertrage schon vor seiner Eintragung als Eigentümer die Nutzungen und Lasten des Grundstücks übernommen hat?

BGB. § 130. VVG. §§ 39, 69.

VI. Zivilsenat. Urt. v. 15. Januar 1943.

I. Landgericht Hamburg. — II. Oberlandesgericht daselbst.

Bei der verklagten Versicherungsgesellschaft war das Fabrikgrundstück in H.-E., K.straße 2, seit 1935 gegen Feuersgefahr versichert. Die Versicherung lief nach stillschweigender Verlängerung bis zum 23. März 1941. Der Erstkläger war Zwangsverwalter des Anwesens von 1935 bis zum Frühjahr 1941. Beim Erlaß des von den Klägern beantragten Zahlungsbefehls (21. Juli 1941) bestand die Zwangsverwaltung nicht mehr. Bis zum 14. März 1941 stand die Fabrik im Eigentum der Firma C. F. P. Am 18. April 1940 hatte die Firma das versicherte Gebäude der Zweitklägerin zum Kauf angeboten; diese nahm das Angebot am 18. Mai 1940 an. Am selben Tage wurde des Grundstück an die Käuferin aufgelassen. Damit gingen vertragsgemäß auch Besitz, Gefahr, Lasten und Nutzungen auf sie über. Der Erstkläger teilte der Beklagten zu Händen ihres Bezirksdirektors L. am 30. Mai 1940 mit, daß das Grundstück an die Zweitklägerin verkauft sei. Diese wurde erst am 14. März 1941 als Eigentümerin im Grundbuch eingetragen.

Inzwischen, nämlich am 14. Dezember 1940, trat auf dem Grundstück ein erheblicher Brandschaden ein. Damals wurde darin von einer Firma M. & Co., deren Inhaber O. der Schwiegersohn der Zweitklägerin war, eine Lackherstellung betrieben. Mit eingeschriebenem Brief vom 22. Januar 1941 lehnte die Beklagte den von ihr verlangten Brandschadensersatz ab und kündigte zugleich den Versicherungsvertrag fristlos auf.

Landgericht und Oberlandesgericht haben die auf Zahlung von 12 000 RM nebst Zinsen zu Händen der Zweitklägerin gerichtete Brandentschädigungsklage abgewiesen. Die Revision der Kläger hatte keinen Erfolg.

Gründe:

I. Wenn die Klage aus sachlichen Gründen mit Recht abgewiesen und die Revision der Zweitklägerin deshalb zurückzuweisen ist, so muß auch die Revision des Erstklägers zurückgewiesen werden, ohne daß es nötig wäre, auf die in seiner Person liegende besondere Rechtslage, insbesondere auf die Frage einzugehen, ob ihm eine sachliche Befugnis zur Klageführung zukommt.

II. Zu den Gründen, welche den Vorderrichter zur Abweisung der Klage der Zweitklägerin bestimmt haben, gehört die Erwägung, daß die verklagte Versicherungsgesellschaft nach § 39 VVG. von der Verpflichtung zur Leistung frei geworden sei. Diese Bestimmung, die für die Feuerversicherung nach dem 1. Abschnitt Nr. 16 der Verordnung vom 19. Dezember 1939 (RGBl. 1939 I S. 2443; 1940 I S. 872, 1298; 1941 I S. 703; 1942 I S. 636, 677) bis zum 1. Januar 1941 in der früheren Fassung des Gesetzes über den Versicherungsvertrag vom 30. Mai 1908 (RGBl. 1908 S. 263) gegolten hat (Verordnung vom 13. Juni 1940 [RGBl. I S. 872] in Verbindung mit der Verordnung vom 27. September 1940 [RGBl. I S. 1298]), setzte voraus, daß in dem für die Anwendung des § 39 VVG. maßgebenden Zeitpunkte (hier eingeschriebener Brief vom 12. September 1940) eine nach dem Beginn der Versicherung zahlbare Beitragszahlung nicht rechtzeitig geleistet worden, ferner daß der Versicherungsfall nach dem Ablauf der (nach § 39 gesetzten) Frist eingetreten und daß der Versicherungsnehmer zur Zeit des Eintritts des Versicherungsfalls mit der Beitragszahlung (der Zinsen- oder Kostenzahlung) im Verzuge war. Unter diesen Voraussetzungen ist der Versicherer (von seinem Kündigungsrecht [§ 39 Abs. 1 Satz 3 bis 5] abgesehen) von der Verpflichtung zur Leistung frei. Nach § 39 Abs. 2 VVG. muß die (mindestens zweiwöchige) Frist schriftlich bestimmt werden und müssen die Rechtsfolgen angegeben sein, die nach Abs. 1 mit dem Fristablaufe verbunden sind; sonst ist die Fristsetzung unwirksam.

Nach der Feststellung des Vorderrichters hatte die Beklagte sowohl den Erstkläger als Zwangsverwalter als auch die Besitzerin der auf dem versicherten Grundbesitz betriebenen Fabrik M. & Co. — diese zu Händen des Inhabers O., eines Schwiegersohnes der Klägerin, der von ihr selbst als ihr Vertreter bezeichnet wird, — mehrfach vergeblich an die Bezahlung des rückständigen Versicherungsbeitrags und an die Einsendung des Verlängerungsantrags erinnert, ohne daß sie (zumeist) auch nur eine Antwort auf ihre Mahnschreiben erhalten hätte. Endlich setzte sie dem Erstkläger durch den eingeschriebenen Brief vom 12. September 1940 eine förmliche Frist von einem Monat unter Verwendung eines (bei ihr üblichen) Vordrucks, worin die Anschrift des Empfängers, die Zeit und der Betrag des Beitragsrückstandes mit Schreibmaschine eingesetzt waren. Das Fristschreiben war von einem Prokuristen unterschrieben und entsprach den sachlichen und förmlichen Voraussetzungen des § 39 VVG. in der damaligen Fassung.

Alles dies ist ohne Rechtsfehler festgestellt. Ferner steht fest, daß das Fristschreiben vom 12. September 1940 dem Erstkläger zugegangen ist. Dazu war vorgetragen, der Brief sei vom Postboten bei der Postannahmestelle der Wirtschaftsgruppe Werkstoffverfeinerung in H., bei welcher der Erstkläger angestellt war, nämlich dem Angestellten D., abgeliefert worden; D. habe auch den Empfang schriftlich bestätigt. Er habe im vollen Einverständnis mit dem Erstkläger ständig Post für ihn entgegengenommen und in den mit seinem Namen versehenen Kasten gelegt; von hier aus sei die Post, wiederum im Einvernehmen mit dem Erstkläger, durch einen Boten in sein Dienstzimmer gebracht worden. So sei es auch mit dem Schreiben vom 12. September 1940 geschehen. Dies entspricht auch der eigenen Darstellung des Erstklägers. Der Vorderrichter erwägt dazu, der geschilderte Vorgang sei dem Einfluß der Beklagten und der Post entzogen, dagegen dem des Erstklägers unterworfen gewesen; es müsse deshalb zu seinen Lasten gehen, wenn das von der Post nach allgemeiner Verkehrsauffassung ordnungsmäßig bestellte Fristschreiben ausnahmsweise nicht in die Hände des Empfängers selbst gelangt sein sollte; das Schreiben sei bereits mit der Empfangsbescheinigung des Angestellten D. dergestalt in den Machtbereich des Erstklägers gekommen, daß ihm unter gewöhnlichen Verhältnissen die Kenntnisnahme des Briefinhalts möglich gewesen sei. Diese Auffassung ebenso wie die Schlußfolgerung daraus, daß das Fristschreiben dem Erstkläger zugegangen sei (§ 130 BGB.), sind ohne rechtliche Bedenken. Es ist unter diesen Umständen auch unerheblich, ob der Erstkläger tatsächlich von dem Briefinhalt Kenntnis genommen hat oder nicht. Unzutreffend ist der Hinweis der Revision, die Verhältnisse der Wirtschaftsgruppe hätten nicht so gelegen, daß ein ihr zugegangenes Schreiben um deswillen auch als dem Erstkläger zugegangen angesehen werden könne. Denn tatsächlich hatte dieser nach der rechtlich einwandfreien Annahme des Vorderrichters den Wirtschaftsangestellten

D. mindestens stillschweigend und durch dauernde Übung ermächtigt, über die für ihn bestimmten Briefeingänge für ihn zu quittieren, und D. hat den Auftrag auch tatsächlich für den Erstkläger ausgeführt. Die Auffassung des Berufungsrichters deckt sich mit der ständigen Rechtsprechung des Reichsgerichts (RGRKomm. z. BGB. Bem. 1 Abs. 2 zu § 130).

Nach der ebenfalls rechtlich einwandfreien Feststellung des Vorderrichters war zur Zeit der Inverzug- und der Fristsetzung nach § 39 VVG. (September 1940) Eigentümerin des versicherten Anwesens noch die Firma C. F. P. Diese war damals noch die Versicherungsnehmerin und Beitragsschuldnerin der verklagten Versicherungsgesellschaft; damals bestand auch noch die Zwangsverwaltung des versicherten Grundstücks, und der Erstkläger war gerichtlich bestellter Zwangsverwalter noch über den Brandfall (11. Dezember 1940) hinaus bis zum Frühjahr 1941. Als solcher war der Erstkläger, wie das Berufungsurteil ebenfalls entgegen der Revision mit Recht annimmt, noch zur Entgegennahme der Fristbestimmung gemäß § 146 Abs. 1, § 148 Abs. 2, §§ 152, 20 Abs. 2 ZVG., § 1127 Abs. 2 BGB. befugt und ausgewiesen. Der rückständige Beitrag war auch bis zum Eintreten des Schadensfalls noch nicht gezahlt.

Ob die Zweitklägerin zur Zeit der Inverzug- und der Fristsetzung (September 1940) schon Rechtsnachfolgerin der Versicherungsnehmerin (Firma C. F. P.) in die aus dem Versicherungsverhältnis mit der verklagten Versicherungsgesellschaft fließenden Rechte und Pflichten geworden war, ist unerheblich. Denn es steht fest, daß die Beschlagnahme und die Zwangsverwaltung des versicherten Grundstücks und damit die Verpflichtung des Erstklägers zur Vornahme aller Handlungen, die erforderlich waren, um das Grundstück in seinem wirtschaftlichen Bestande zu erhalten und ordnungsmäßig zu benutzen, ebenso wie seine Befugnisse dazu über den Zeitpunkt des Rechtsübergangs auf die Erstklägerin, den die Revision auf den 18. Mai 1940 als den Zeitpunkt des Übergangs der Gefahr und der Nutzungen an dem Grundstück verlegt sehen möchte, hinaus noch fortbestanden. Die Beklagte hatte sich demgemäß allein an den durch seine amtliche Stellung als gerichtlich bestellten Zwangsverwalter ausgewiesenen Erstkläger zu halten. Auf die Frage, ob der Rechtsübergang auf den Erwerber des Grundstücks gemäß § 69 VVG. entsprechend § 571 BGB., dem jene Vorschrift nachgebildet ist, an den rein förmlichen Vorgang der Eigentumsübertragung, d. h. die Auflassung und Eintragung des versicherten Grundstücks, geknüpft ist oder — unabhängig von dem förmlichen Eigentumsübergange

— schon mit der Herstellung einer Belangnislage zusammenfällt, bei der durch den Brandfall nicht mehr der Versicherungsnehmer, sondern der Erwerber geschädigt wird (wie es die Revision annimmt), kommt deshalb im vorliegenden Falle nichts an. Denn jedenfalls wurde durch die Inverzug- und Fristsetzung gegenüber dem zu jener Zeit noch im Amte befindlichen Zwangsverwalter eine Rechtslage begründet, die sich unmittelbar gegen die Erwerberin des versicherten Grundstücks und der damit verbundenen Rechte aus dem Versicherungsvertrag, auf die sich die Beschlagnahme des versicherten Grundstücks nach wie vor erstreckte (§ 20 Abs. 2 ZVG. in Verbindung mit § 1127 BGB., § 148 ZVG.). auswirkt. Der an die Stelle des Veräußerers tretende Erwerber des versicherten Grundstücks (§ 69 VVG.) muß das Versicherungsverhältnis in der Lage annehmen, in der es sich befindet. Eine dem Veräußerer gesetzte Frist aus § 12 Abs. 3, § 39 VVG. läuft weiter. § 404 BGB. enthält den allgemeinen Rechtsgedanken, daß niemand mehr Rechte übertragen kann, als er selbst hat; er gilt für den Fall der Übertragung einer Forderung kraft Gesetzes, insbesondere beim Eintritt des Erwerbers einer versicherten Sache an Stelle des Veräußerers in dessen Rechte und Pflichten, entsprechend (§ 412 BGB.; RGZ. Bd. 84 S. 409, Bd. 114 S. 316, Bd. 144 S. 395 [397], Bd. 161 S. 86 [87]). Übrigens steht es mit der ständigen und gefestigten Rechtsprechung des erkennenden Senats im Einklang, wenn der Berufungsrichter annimmt, daß es für die Veräußerung im Sinne des Übergangs des Versicherungsverhältnisses nach § 69 VVG. auf den rein förmlichen Vorgang der Eigentumsübertragung ankommt (außer den vorbezeichneten Entscheidungen noch RGZ. Bd. 73 S. 141, Bd. 117 S. 270). Mit der Revision der davon abweichenden Meinung eines veralteten Erläuterungswerks beizutreten, entscheidend sei die „Interessenlage", bei der durch den Versicherungsfall nicht mehr der bisherige Versicherungsnehmer, sondern der Erwerber geschädigt werde, besteht auch bei nochmaliger Nachprüfung kein Anlaß. Die Ansicht der Revision würde, wie gerade der vorliegende Fall deutlich werden läßt, die Verkehrssicherheit in unerträglicher Weise gefährden, weil sie nicht mehr auf einen einfach zu erkennenden, äußeren Vorgang, die Eintragung des Erwerbers im Grundbuch (§ 872 BGB.), abstellt, sondern die Rechtslage des Versicherers von dem ihm unbekannten Vertrage zwischen Veräußerer und Erwerber abhängig macht (vgl. RGZ. Bd. 125 S. 193; Prölß VVG., 3. Aufl. 1941, Bem. 2 und 3 zu § 69 S. 171).

Das angefochtene Urteil weist die Klage der Zweitklägerin zwar mit teilweise andern Erwägungen ab (so Erwägungen, die sich darauf beziehen, ob die Zweitklägerin ihren Klageanspruch auf eine Abtretungserklärung des früheren Versicherungsnehmers P. zu stützen vermag). Darauf kommt aber nichts an; denn die Klage, und zwar sowohl die des Erstklägers wie die der Zweitklägerin, ist schon deshalb unbegründet, weil die Beklagte, die Klageberechtigung des Erstklägers vorausgesetzt, infolge ihrer ordnungsmäßigen Fristsetzung gegenüber dem Erstkläger sowie infolge ihres hierauf gegründeten Freiseins von ihren Pflichten aus dem Versicherungsvertrage (§ 39 VVG.) den Klageanspruch nicht mehr zu erfüllen braucht. Da diese Rechtsfolge sich aus dem feststehenden Sachverhalt ohne weiteres ergibt, ist die Revision insoweit schon gemäß § 563 ZPO., und zwar auch ohne Feststellung eines Rechtsfehlers in den Gründen des angefochtenen Urteils, zurückzuweisen.

Es bleibt schließlich nur noch zu prüfen, ob die Klage etwa deshalb hätte Erfolg haben müssen, weil sich die verklagte Versicherungsgesellschaft eines von ihr zu vertretenden Verschuldens beim Vertragsabschluß oder eines Verstoßes gegen Treu und Glauben schuldig gemacht hat. Dies hat der Berufungsrichter verneint. Nach der Darstellung der Kläger soll das Verschulden der Beklagten darin bestehen, daß sie es unterlassen habe, die Zweitklägerin darauf hinzuweisen, daß eine Zahlungsfrist gemäß § 39 VVG. gesetzt worden sei. Dieser Vorwurf erledigt sich schon mit der zutreffenden Erwägung des Vorderrichters, die Beklagte habe annehmen dürfen, daß der Erstkläger als Zwangsverwalter die andern Beteiligten von dieser Fristsetzung und ihren Folgen unterrichten werde, die Zweitklägerin und ihr Vertreter O. hätten sich ohnehin sagen müssen, daß die Nichtzahlung des mehrfach erfolglos angemahnten, rückständigen Versicherungsbeitrags für sie nachteilig sein müsse. Auch die weiteren Erwägungen, die Beklagte habe schon angesichts dieser Umstände keinen Anlaß gehabt, bei den Verhandlungen vom 16. November 1940 mit dem Vertreter der Zweitklägerin, O., auf den Zahlungsverzug und die Fristsetzung vom 12. September 1940 nochmals besonders hinzuweisen, zudem sei zweifelhaft, ob damals Verhandlungen über einen Vertragsabschluß zwischen den Parteien überhaupt stattgefunden hätten, sind frei von sachlichem Rechtsirrtum. Daß der Berufungsrichter sich insoweit durch die Nichtvernehmung des als Zeugen benannten Vertreters der Zweitklägerin, O., — der, wie die Revision vorträgt, sofort eine Deckungszusage genommen haben würde, hätte er von dem „Ruhen" des Versicherungsschutzes Kenntnis gehabt — gegen die Verfahrensvorschriften vergangen hätte, ist ebenfalls nicht zuzugeben. Es wäre eine Überspannung der den Versicherer treffenden Sorgfaltspflicht, wenn man von ihm verlangen wollte, daß er unter solchen Umständen, wie sie hier vorliegen, den Versicherungsnehmer oder seinen Rechtsnachfolger nochmals auf den drohenden Ausfall des Versicherungsschutzes besonders aufmerksam machen müßte.

Nach alledem ist die Revision zurückzuweisen.

Schadensversicherung

Allgemeine Vorschriften

RGZ. 84, 409.

Zur Frage der Anwendbarkeit des § 69 Abs. 1 des Reichsgesetzes über den Versicherungsvertrag vom 30. Mai 1908.

VII. Zivilsenat. Urt. v. 28. April 1914.

I. Landgericht Hannover. — II. Oberlandesgericht Celle.

Die Klägerin ist Eigentümerin eines Wohnhauses nebst Scheune. Die Gebäude sind bei der Beklagten gegen Brandschaden versichert. Durch Vertrag vom 4. Januar 1912 hat die Klägerin ihr Wohnwesen an den Tischlermeister D. verkauft. Die Besitzübergabe ist am 1. April 1912, die Auflassung aber bisher nicht erfolgt. Am 31. August 1912 ist das Wohnwesen niedergebrannt. Der ersatzfähige Schaden ist auf 7120 M festgesetzt worden.

Mit der Klage verlangte die Klägerin von der Beklagten Zahlung dieses Betrags. Die Beklagte wendete ein, sie sei nicht haftbar, weil nach Veräußerung und Übergabe des Wohnwesens das Interesse der Klägerin an der versicherten Sache erloschen sei und weil die Klägerin die Veräußerung nicht angezeigt habe. Das Landgericht gab der Klage statt. Die Berufung der Beklagten wurde zurückgewiesen. Auch ihre Revision blieb ohne Erfolg.

Gründe:

„Der Berufungsrichter hat festgestellt, daß im Jahre 1910 zufolge Vereinbarung zwischen der Beklagten und dem Bevollmächtigten der Klägerin, Bürgermeister M., für das Vertragsverhältnis der Parteien die neu aufgestellten Versicherungsbedingungen der Beklagten, welche sich an den Inhalt des Versicherungsvertragsgesetzes vom 30. Mai 1908 anschließen, maßgebend geworden sind. Gemäß dieser Feststellung kommt es für die Entscheidung wesentlich auf die Deutung des ersten Satzes des § 10 der neuen Versicherungsbedingungen an, welcher lautet: „Wird die versicherte Sache von dem Versicherungsnehmer veräußert, so tritt an die Stelle des Veräußerers der Erwerber in die während der Dauer seines Eigentums aus dem Versicherungsverhältnis sich ergebenden Rechte und Pflichten des Versicherungsnehmers ein." Nach dem mit den neuen Bedingungen verfolgten Ziele, die Versicherungsverhältnisse den Vorschriften des neuen Versicherungsvertragsgesetzes anzupassen, und bei der wörtlichen Übereinstimmung des angeführten Satzes mit dem § 69 Abs. 1 VersVG. ist im Einklange mit dem Berufungsurteile davon auszugehen, daß der für § 69 Abs. 1 als zutreffend nachweisbare Sinn auch jenem Satze des § 10 der Bedingungen zukommen sollte und zukommt. Weiterhin ist auch der vorinstanzlichen Auslegung des § 69 Abs. 1 beizustimmen, wonach der Eintritt des Erwerbers der versicherten Sache in das Versicherungsverhältnis an Stelle des Veräußerers erst stattfindet, wenn er das Eigentum an der versicherten Sache erlangt, bei einem Grundstück also, wenn er auf Grund der Auflassung als Eigentümer in das Grundbuch eingetragen wird.

Schon die Tatsache, daß § 69 Abs. 1 den Fall einer Veräußerung der versicherten Sache voraussetzt, weist deutlich darauf hin, daß der Gesetzgeber eine Eigentumsübertragung im Auge hat. Man darf annehmen, daß bei der sehr sorgfältig redigierten Fassung des Versicherungsvertragsgesetzes grundsätzlich der Sprachgebrauch des Bürgerlichen Gesetzbuchs beobachtet worden ist. Das Bürgerliche Gesetzbuch versteht aber unter „Veräußerung" die vollkommene Übertragung einer Sache oder eines Rechtes auf eine andere Person. Im Sinne seines Sprachgebrauchs steht der Begriff der Veräußerung neben dem von ihm verschiedenen Begriffe der Belastung, und es ist unter Veräußerung in der Anwendung auf Sachen ausschließlich die Übertragung des Eigentums, bei Grundstücken also die Auflassung nebst der Eintragung der Rechtsänderung in das Grundbuch zu verstehen (vgl. Planck, Bürgerl. Gesetzbuch, Vorbemerkung vor § 104, VII 4). Sodann sprechen für die Auslegung der Vorinstanz ganz unzweideutig die Worte des Gesetzes „während der Dauer seines Eigentums". Klarer konnte nicht zum Ausdruck gebracht werden, daß nach dem Willen des Gesetzgebers der § 69 nur und erst anwendbar sein soll, wenn ein Übergang des Eigentums an der versicherten Sache vom Versicherungsnehmer als Veräußerer auf den Erwerber stattgefunden hat. Ebenso spricht dafür die Begründung des mit dem Gesetzestexte wörtlich übereinstimmenden Gesetzentwurfs. Erheblichen Beweiswert hat namentlich, daß inhalts der Begründung die Bestimmung des § 69 Abs. 1 im Anschluß an die Vorschriften des

Bürgerlichen Gesetzbuchs über die Fortdauer des Mietverhältnisses nach einer Veräußerung des vermieteten Grundstücks, § 571 Abs. 1, getroffen worden ist. Denn für die Anwendbarkeit des § 571 Abs. 1 BGB. ist, wie in Rechtslehre und Rechtsprechung als zweifelsfrei anerkannt wird, vorauszusetzen, daß das Eigentum an dem vermieteten Grundstücke vom Vermieter auf einen Dritten als Erwerber übergegangen ist (vgl. Planck § 571 Anm. 2; Staudinger § 571 Anm. B I 1 zu a; Entsch. des RG.'s in Zivils. Bd. 59 S. 188, Bd. 68 S. 12, Bd. 78 S. 36). Im übrigen mag noch auf den in der Begründung der §§ 69 bis 73 des Entwurfs mehrfach vorkommenden Ausdruck „Eigentumswechsel" und auf ihre Schlußbemerkungen hingewiesen werden, wo von dem Falle die Rede ist, daß der Käufer die gekaufte und ihm zu Eigentum übertragene Sache noch im Gewahrsam des Verkäufers läßt.

Angesichts dieser gewichtigen Gründe für die Deutung der Vorinstanz könnte von dieser nur abgewichen werden, wenn aus dem sonstigen Inhalt und insbesondere dem Systeme des Versicherungsvertragsgesetzes zwingende Gegengründe nachzuweisen wären. Solche Gegengründe bestehen aber nicht, mindestens nicht im Bereich einer Gestaltung der einschlägigen Verhältnisse, die als regelmäßige in Betracht kommen kann und insbesondere vorliegend in Betracht kommt. Die Revision will davon ausgehen, daß eine Versicherung Schutz gegen eine Gefahr bieten soll, und meint, wenn im Vertragsverhältnis zwischen dem Versicherungsnehmer als Verkäufer und einem Dritten als Käufer der versicherten Sache die Gefahr des zufälligen Unterganges und einer zufälligen Verschlechterung der Sache auf den Käufer übergehe, dann bestehe die versicherte Gefahr nicht mehr für den Versicherungsnehmer, sondern für den Käufer. Allein es ist nicht von dem allgemeinen Begriff einer die Unversehrtheit der Sache bedrohenden Gefahr, sondern von dem Begriffe des rechtlichen Interesses an der Erhaltung der Sache auszugehen. Erst in solchem Interesse des Versicherungsnehmers findet der Versicherungsabschluß eine verständliche und rechtfertigende Grundlage. Im vorliegenden Falle ist durch den vom Bevollmächtigten der Klägerin abgeschlossenen Versicherungsvertrag unzweifelhaft ein Versicherungsschutz für das Eigentumsinteresse der Klägerin an dem Wohnwesen Seebeckstraße Nr. 14 a in B. wirksam erworben. Dem Abschlusse wäre seine Grundlage auf seiten der Klägerin entzogen worden, wenn ihr Eigentum an dem bezeichneten Gebäudegrundstücke wieder erloschen wäre. Dieser Fall ist aber bis zum Brande vom 31. August 1912 für keinen Teil des Grundstücks eingetreten. Der Umstand, daß in

Gemäßheit des Kaufvertrags der Klägerin und des Tischlermeisters D. „die Gefahr des Kaufgegenstandes" schon am 1. April 1912 auf den Käufer übergegangen ist, hat an sich für die Vertragsparteien nur schuldrechtliche Bedeutung und Wirkung und ist nicht ohne weiteres geeignet, auf das zwischen der Klägerin und einer dritten Person zustande gekommene Versicherungsvertragsverhältnis Einfluß auszuüben (vgl. auch Seuff. Arch. Bd. 50 S. 71 bis 75).

Allerdings verknüpfte sich der Gefahrübergang mit dem gleichzeitig auf D. erfolgten Übergange des Besitzes an dem gekauften Grundstücke (vgl. auch § 446 BGB.). Da nun ein Käufer durch den Besitz der ihm von seinem Vertragsgegner übergebenen Sache eine Rechtsstellung erlangt, der gewisse über seine schuldrechtlichen Beziehungen zum Verkäufer hinausreichende Wirkungen absoluter Natur zukommen, so konnte für den Gesetzgeber die Frage entstehen, ob im Falle eines auf Veräußerung der versicherten Sache abzielenden Vertrags der Eintritt des Erwerbers in das Versicherungsverhältnis auf den Zeitpunkt abzustellen war, in welchem diesem vom Versicherungsnehmer der Besitz der Sache übertragen wird, gleichviel, ob sich hiermit der Eigentumsübergang verknüpft oder nicht (vgl. §§ 929 flg., 873, 925 BGB.). Daß mit diesem Zeitpunkt insbesondere auch in dem Falle, wo es sich um ein gegen Brandschaden versichertes Gebäudegrundstück handelt, dessen Auflassung noch aussteht, für den Erwerber ein unmittelbares Interesse an der Erhaltung der versicherten Sache erwächst, das dem Eigentumsinteresse ähnlich ist und ihm, zumal bei Anwendbarkeit des § 446 BGB., wirtschaftlich unter Umständen gleichkommen kann, ist nicht zu verkennen. Es werden indes ausreichende innere Gründe für die gesetzliche Regelung erkennbar, welche den Besitznachfolger des Versicherungsnehmers erst mit dem Zeitpunkte seines Eigentumserwerbes in das Versicherungsverhältnis eintreten läßt.

Hauptsächlich kommen Verkäufe von versicherten, vor der Auflassung dem Käufer übergebenen Gebäudegrundstücken in Frage, auf die sich daher die Betrachtung beschränken kann. Hierbei lassen sich Fälle denken, in denen das nach der Übergabe des Grundstücks fortbestehende Eigentum des Verkäufers nicht mehr einen berechtigten materiellen Inhalt, sondern nur noch formale Bedeutung hat, so namentlichlich, wenn der gesamte Kaufpreis bar zu zahlen und in vollem Betrage bei der Übergabe gezahlt ist. Es kann sich aber dabei nur um sehr seltene Ausnahmefälle handeln. Ob in derartigen Fällen der Verkäufer nach der Grundstücksübergabe noch als Inhaber der Rechte aus der Versicherung angesehen werden könnte, steht hier nicht zur Entscheidung. Regelmäßig wird die Sache so liegen, daß das Grundstück mit Hypotheken belastet und der Kaufpreis zum Teil durch Übernahme von Hypotheken zu begleichen ist. In solchen der Regel entsprechenden Fällen fehlt es dem nach der Übergabe des Grundstücks an den Käufer fortbestehenden Eigentumsrecht und Eigentumsinteresse des Verkäufers nicht an sachlichem Gehalt. Häufig wird ein erheblicher Aufschub der Auflassung über den Zeitpunkt der Übergabe hinaus tatsächlich darauf zurückzuführen sein, daß der Käufer mit der Leistung des bar zu zahlenden Teiles des Preises säumig ist, wie denn auch vorliegend aus dem Tatbestande des landgerichtlichen Urteils zu entnehmen ist, daß D. die vertraglich vorgesehene Barzahlung von 1000 M noch nicht geleistet hat. In derartigen Fällen erscheint in der Zeit nach der Übergabe bis zur Auflassung, auch wenn man einen rein wirtschaftlichen Maßstab anlegt, das für den Verkäufer am Grundstücke bestehende Interesse dem Interesse des Käufers am Grundstück überlegen.

Übrigens war es, um für die Behandlung von Einzelfällen die Möglichkeit einer Fülle von Zweifeln abzuschneiden und eine klare und einfache Rechtslage zu schaffen, gewiß angezeigt, den Übergang des Versicherungsverhältnisses nicht etwa vom Eintritt eines vorwiegenden Interesses des Erwerbers an der Erhaltung der Sache abhängig zu machen, sondern mit einem leicht zu ermittelnden Vorgange, sei es dem Besitzübergange, sei es dem Eigentumsübergange, zu verbinden. Die vorstehend im allgemeinen angedeuteten praktischen Gesichtspunkte lassen die Regelung, welche den Eigentumsübergang für maßgebend erklärt, als verständlich und zweckmäßig erscheinen. Hierfür darf auch noch geltend gemacht werden, daß bei einer Betrachtung, die sachgemäß die Verhältnisse im ganzen berücksichtigt, eine vor der Auflassung stattfindende Übergabe des Grundstücks an den Käufer im wesentlichen nur als ein Glied in der Abwicklung des Kaufverhältnisses erscheint, und diese Abwicklung, soweit sie das Grundstück betrifft, nach außen endgültig erst mit der Auflassung und der Eintragung der Rechtsänderung in das Grundbuch zum Abschlusse kommt.

Die Revision suchte noch auszuführen, die Versicherungsgesellschaften seien daran interessiert, daß ihre Vertragsgegner die versicherten Sachen in ihrer tatsächlichen Obhut hätten, und könnten durch eine Handhabung der gesetzlichen Vorschriften im Sinne der Deutung des Berufungsgerichts leicht Schaden erleiden. Diesem Bedenken ist keineswegs zu folgen. Es gehört zu den alltäglichen Vorgängen, daß Grundstückseigentümer den unmittelbaren Besitz versicherter Gebäudegrundstücke auf andere Personen übertragen. Man denke an Wohnhäuser, die zum Vermieten bestimmt sind. Hat der Eigentümer und Versicherungsnehmer der Versicherungsgesellschaft gegenüber besondere Obhutspflichten übernommen, so bleibt es seine Sache, durch Abkommen mit den unmittelbaren Besitzern oder durch Weisungen an diese dafür Sorge zu tragen, daß die betreffenden Verpflichtungen, sei es durch ihn persönlich, sei es durch Beauftragte, erfüllt werden. Das Versicherungsverhältnis wird durch solche Vorgänge nicht beeinflußt.

In der Literatur wird die zur Entscheidung stehende Frage zum Teil aus dem Gesichtspunkte des wirtschaftlichen Interessebegriffs behandelt. Es ergibt sich aber aus Vorstehendem, daß dieser Begriff hier kein geeigneter Ausgangspunkt ist und daß das Gesez den Eigentumsübergang für maßgebend erklärt. Mehrfach berufen sich Gegner der hier im Einklange mit dem Berufungsurteile vertretenen Ansicht auf das Urteil des erkennenden Senats vom 5. Juni 1903, Rep. VII. 101/03. Jene Entscheidung betraf jedoch einen Fall aus dem Gebiete des ehemaligen preußischen Rechtes und ist lediglich für den damals tatbestandlich zugrunde liegenden, eigenartigen Sachverhalt getroffen worden. Sie kann nicht zur Auslegung einer im Ausdrucke klaren und ihrem Grunde nach verständlichen Vorschrift des damals noch gar nicht erlassenen Versicherungsvertragsgesetzes herangezogen und verwertet werden.

Da nach Vorstehendem eine Veräußerung, wie sie § 69 VersVG. und § 10 der Bedingungen der Beklagten voraussetzen, hier nicht erfolgt ist, bestand für die Klägerin keine Verpflichtung, der Beklagten solche Veräußerung anzuzeigen. Demgemäß war die Revision zurückzuweisen."

RGZ. 97, 76.

Inwiefern kann der auf § 67 Satz 1 des Versicherungsvertragsgesetzes beruhende Übergang des dem Versicherungsnehmer gegen einen Dritten zustehenden Schadensersatzanspruchs auf den Versicherer durch Vereinbarung ausgeschlossen werden?

Gesetz über den Versicherungsvertrag vom 30. Mai 1908 (RGBl. S. 263) § 67. BGB. § 399.

I. Zivilsenat. Urt. v. 1. November 1919.

I. Landgericht Mannheim, Kammer f. Handelssachen. — II. Oberlandesgericht Karlsruhe.

Im Sommer 1914 übertrug die Elsässische Schiffahrts- und Speditionsgesellschaft in St. der Beklagten die Beförderung von Hafer von

Rotterdam nach Straßburg. Die Beklagte stellte über die Abladung einen Ladeschein aus, der die Antwerp Grain Work Company Filiale Rotterdam als Abladerin der fraglichen Ware bezeichnete. Die genannte Abladerin hat den Ladeschein an die Order der Mühlenwerke B. in Straßburg indossiert. Für die Fahrt von Rotterdam bis Mannheim bediente sich die Beklagte des in dem Ladeschein angegebenen Schiffs Elisa. In Mannheim wurde die Ware in das dem Nebenintervenienten B. gehörige Schiff Adelheid umgeladen, mit welchem Schiff B. Gesellschafter der Beklagten ist. Auf der Reise von Mannheim nach Straßburg ist das Schiff Adelheid gesunken, wobei die Ladung zugrunde gegangen ist.

Die durch den Ladeschein als Empfänger der Ware legitimierten Mühlenwerke B. hatten die Ladung für den fraglichen Transport bei der Klägerin und der Allgemeinen Versicherungsgesellschaft in Dr. versichert und sind wegen des Verlustes der Ware von den genannten Versicherern schadlos gehalten worden. Im Hinblick auf den erwähnten Schadensersatz verlangt die Klägerin, welcher die Allgemeine Versicherungsgesellschaft in Dr. ihre Ansprüche abgetreten hat, in Gemäßheit des § 67 VVG. von der Beklagten Erstattung der an den Versicherungsnehmer gezahlten Beträge.

Die Vorinstanzen haben die Klage abgewiesen. Die Revision hatte keinen Erfolg.

Gründe:

„Die Klägerin stützt ihre Klage darauf, daß sie in Gemäßheit von § 67 Satz 1 VVG. Rechtsnachfolgerin der Mühlenwerke B. geworden sei und deren Ansprüche gegen die Beklagte aus dem fraglichen Unfall geltend machen könne. Bei Prüfung dieser letzteren Ansprüche hat das Berufungsgericht u. a. den in den Ladeschein aufgenommenen Frachtvertrag als das Moment bezeichnet, welches die vertraglichen Beziehungen zwischen der Beklagten und den Mühlenwerken herstellte, und ausgeführt, daß die Beklagte den Mühlenwerken für den Transport des Hafers von Mannheim nach Straßburg auf Grund des Frachtvertrags haftbar sei. Dies ist insofern nicht zutreffend, als laut Tatbestand des Berufungsurteils der Frachtvertrag zwischen der Elsässischen Schiffahrts- und Speditionsgesellschaft und der Beklagten geschlossen ist, während die Mühlenwerke nur aus dem sie als Empfänger laut Indossament der Abladerin bezeichnenden Ladeschein als solchem, d. h. auf Grund einer selbständigen obligatorischen Verpflichtung (Skripturobligation) des Frachtführers zur Herausgabe des in dem Ladeschein bezeichneten Gutes an den legitimierten Empfänger, vertragliche Rechte gegen die Beklagte herleiten (Düringer-Hachenburg, HGB. 2. Aufl. § 444 Anm. 2, § 446 Anm. 4; Mittelstein, Binnenschiffahrtsrecht § 72 Anm. 1, 25; Schaps, Seerecht § 651 Anm. 5, 6; § 642 Anm. 6). Indessen kann dies hier auf sich beruhen bleiben. Denn jedenfalls ist der Ansicht des Berufungsgerichts beizupflichten, daß, soweit der Klaganspruch auf Vertrag gestützt ist, der § 26 Abs. 2 der in den Ladeschein aufgenommenen „Verlade- und Transportbedingungen" maßgeblich ist, lautend:

„Kraft gegenseitiger Vereinbarung ist die Zession der Rechte aus dem mittels dieses Konnossements geschlossenen Frachtvertrag an die das Transportobjekt versichernde Versicherungsgesellschaft unzulässig."

Allerdings spricht diese Klausel nur von Rechten aus dem Frachtvertrag, während die Mühlenwerke nach obigem Rechte aus dem Ladeschein als Skripturobligation haben. Gemeint sind aber offenbar auch die letzteren Rechte, da der Ladeschein in erster Linie das Rechtsverhältnis zwischen dem Frachtführer und dem Empfänger regelt und nur nebenbei auch den Frachtvertrag enthalten kann, und da ferner der Frachtvertrag die Grundlage der Verpflichtungen des Frachtführers auch aus dem Ladeschein ist (Düringer-Hachenburg, HGB. § 446 Anm. 2 und 4 Abs. 3). Daß die Rechte der Mühlenwerke aus dem Ladeschein durch die in Mannheim erfolgte Umladung der Güter nicht berührt sind, hat das Berufungsgericht zutreffend ausgeführt.

Die aus der fraglichen Klausel vom Berufungsgericht gezogene Schlußfolgerung, daß eine auf § 67 VVG. beruhende Abtretung des aus dem betreffenden Vertrage hergeleiteten Schadensersatzanspruchs seitens der Mühlenwerke an die Klägerin ungültig und daher diese insoweit zur Erhebung der Klage nicht aktiv legitimiert sei, wird zu Unrecht von der Revision angegriffen.

Nach § 399 BGB. kann eine Forderung nicht abgetreten werden, wenn die Abtretung durch Vereinbarung mit dem Schuldner ausgeschlossen ist. Und zwar kann eine solche Vereinbarung der allgemeinen Fassung der fraglichen Gesetzesvorschrift entsprechend nicht nur bereits bestehende, sondern auch etwaige künftige oder bedingte Forderungen betreffen. Dieser vereinbarte Ausschluß der Abtretbarkeit der betreffenden Forderung wirkt sowohl zwischen Gläubiger und Schuldner als auch jedem Dritten gegenüber, nimmt also der Forderung selbst die Eigenschaft der Veräußerungsfähigkeit. Hieran wird durch die Vorschrift in § 67 Satz 1 VVG. nichts geändert. Diese Bestimmung ist nicht zwingenden Rechtes. Sie beruht auf dem Gedanken, daß ein entsprechender Parteiwille zu vermuten ist und scheidet aus nicht nur, wo sie ersichtlich dem Parteiwillen — d. h. dem von Versicherer und Versicherungsnehmer

— widerspricht (vgl. auch Kommentar zum VVG. von Gerhard, Hagen usw. § 67 Anm. 3; Hager-Bruck, § 67 Anm. 5 usw.), sondern auch soweit es sich um eine auf Grund einer zwischen dem Versicherungsnehmer und einem Dritten getroffenen Vereinbarung nicht abtretbare Forderung handelt.

Ebensowenig ist die Annahme der Revision gerechtfertigt, daß im vorliegenden Falle die zwischen der Beklagten und den Mühlenwerken getroffene, die fragliche Forderungsabtretung ausschließende Abrede als gegen die guten Sitten verstoßend anzusehen und nichtig sei. Es ist nicht einzusehen, inwiefern durch die fragliche Klausel die berechtigten Interessen des Versicherers in einer Weise berührt werden sollen, die unter Berücksichtigung der einschlägigen Verhältnisse und Sittenanschauungen dem Anstandsgefühl aller billig und gerecht Denkenden widerspricht. Zutreffend ist in der Entscheidung des Reichsgerichts vom 9. April 1913 I 319/12 (Leipz. Zeitschr. 1913 Sp. 945) darauf hingewiesen, daß der Versicherer bei einem Zessionsverbote der fraglichen Art unschwer einen Weg zu finden wissen werde, trotz des Verbots zu seinem Rechte zu kommen. Im einzelnen mag dazu auf folgendes verwiesen werden. Soweit es sich um eine in Fällen der fraglichen Art nicht ungewöhnliche Klausel handelt — und das Gegenteil ist hier nicht behauptet und nicht ersichtlich —, muß der Versicherer bei Abschluß des Versicherungsvertrags mit der Möglichkeit rechnen, daß der Versicherungsnehmer eine die fragliche Klausel enthaltende Vereinbarung mit dem Frachtführer treffen wird oder bereits getroffen hat, und ist in der Lage, durch bestimmte, mit dem Versicherungsnehmer zu vereinbarende Abreden sich entsprechend vorzusehen. Sollte aber eine ungewöhnliche Klausel in Frage kommen, auf welche der Versicherer nicht gefaßt zu sein brauchte, so wäre der Versicherungsnehmer nach den Grundsätzen von Treu und Glauben verpflichtet, den Versicherer bei Abschluß des Versicherungsvertrags gehörig zu unterrichten und könnte gegebenenfalls wegen Verletzung dieser Pflicht von dem Versicherer haftbar gemacht werden. Würde der Versicherungsnehmer trotz voller Entschädigung seitens des Versicherers den Dritten auf Schadensersatz belangen und das so Erlangte nicht an den Versicherer abführen, so könnte er vom Versicherer wegen ungerechtfertigter Bereicherung nach Maßgabe von § 812 BGB. in Anspruch genommen werden. Sollte der Versicherungsnehmer eine gehörige Inanspruchnahme des Dritten unterlassen, so würde er der nach Sachlage mit dem Abschluß des Versicherungsvertrags stillschweigend übernommenen Verpflichtung zuwiderhandeln, für den Versicherer — der die Entschädigungssumme gezahlt hat und durch die fragliche Klausel in § 26 Abs. 2 der Verlade- und Transportbedingungen an der eigenen Verfolgung des Schadensersatzanspruchs gegen den Dritten gehindert ist — die fragliche Ersatzsumme einzuziehen, und würde dadurch entsprechend dem Versicherer verhaftet werden. Anderseits kann der vom Versicherungsnehmer auf Schadensersatz belangte Dritte nicht etwa mit Erfolg einwenden, daß jener durch die Leistung des Versicherers bereits befriedigt und somit nicht mehr geschädigt sei, da dies eine unzulässige exceptio de jure tertii sein würde. Dies alles zeigt, daß die fragliche Klausel mit der Tendenz des § 67 Satz 1 VVG., daß weder der Dritte infolge der Leistung des Versicherers von seiner Verbindlichkeit befreit werden noch die Versicherung zu einer Bereicherung des Versicherungsnehmers führen darf, sehr wohl vereinbar ist und nicht etwa wegen Verstoßes gegen die guten Sitten oder aus anderen Gründen als nichtig erachtet werden kann." ...

RGZ. 124, 330.

1. Unter welchen Voraussetzungen unterliegt die Auslegung der Allgemeinen Versicherungsbedingungen einer öffentlichen Feuerversicherungsanstalt der Nachprüfung durch das Revisionsgericht?

2. Welche Bedeutung hat für das Kündigungsrecht des Erwerbers bei annahmepflichtigen Versicherungen die Bestimmung der Allgemeinen Bedingungen einer solchen Gesellschaft, daß bei nicht annahmepflichtigen Versicherungen der Erwerber und die Gesellschaft mit einmonatiger Frist kündigen können?

Gesetz über den Versicherungsvertrag §§ 69, 70. Preuß. Ges. über die öffentlichen Feuerversicherungsanstalten v. 25. Juli 1910 § 22. Allgemeine Bedingungen der Feuersozietät der Provinz Brandenburg § 21.

VII. Zivilsenat. Urt. v. 28. Mai 1929.

I. Landgericht I Berlin. — II. Kammergericht daselbst.

Die Beklagte, eine dem Aufnahmezwang für Gebäude unterworfene öffentliche Feuerversicherungsanstalt, hat im § 21 ihrer „Allgemeinen Bedingungen" bestimmt, daß, „wenn der Versicherungsnehmer das versicherte Gebäude veräußert, an Stelle des Veräußerers der Erwerber in die während der Dauer seines Eigentums aus dem Versicherungsverhältnis sich ergebenden Rechte und Pflichten des Versicherungsnehmers eintritt" (Abs. 1) und „daß die Sozietät und der Erwerber die Versicherung, zu deren Annahme die Sozietät nicht verpflichtet ist, mit einmonatiger Frist kündigen können" (Abs. 4). Der Kläger erwarb am

4. August 1926 ein Rittergut, dessen Gebäude der Vorbesitzer bei der Beklagten bis zum 1. Januar 1936 gegen Feuersgefahr versichert hatte, und kündigte am 27. August 1926 den Versicherungsvertrag. Da die Beklagte die Kündigung als unzulässig zurückwies und Weiterzahlung der Prämien beanspruchte, klagte er auf Feststellung, daß er nicht verpflichtet sei, das Versicherungsverhältnis seines Vorgängers fortzusetzen, und daß zwischen ihm selbst und der Beklagten kein solches Verhältnis bestehe. Die Klage wurde vom Landgericht abgewiesen, vom Kammergericht aber auf Berufung des Klägers zugesprochen. Die Revision der Beklagten hatte keinen Erfolg.

Gründe:

Der Berufungsrichter versteht den § 21 Abs. 4 der Allgemeinen Bedingungen der Beklagten mit dieser dahin, daß bei der Veräußerung von Gebäuden, zu deren Annahme die Versicherungsanstalt verpflichtet ist, nicht nur sie selbst, sondern auch der Erwerber kein Kündigungsrecht haben solle. Er hält aber diese Bestimmung mit Bezug auf den Erwerber deshalb für unwirksam, weil kein Rechtssatz bestehe, wonach die Anstalt durch Vertrag mit dem Versicherungsnehmer dem Erwerber eine solche über die §§ 69, 70 VVG. hinausgehende Bindung auferlegen könnte, und weil im allgemeinen Verträge nur die Parteien, nicht Dritte verpflichteten. Die Revision greift die letzteren Erwägungen, gestützt auf ein Rechtsgutachten eines Hochschullehrers, deshalb an, weil sich die Unzulässigkeit der Ausschließung eines Kündigungsrechts des Erwerbers bei der Schadensversicherung nicht aus allgemeinen Rechtsgrundsätzen, sondern nur aus der Vorschrift des § 72 VVG. ableiten lasse, die auf die nach Landesrecht errichteten öffentlichen Versicherungsanstalten nach § 192 Abs. 2 VVG. keine Anwendung finde. Auf die Frage der Abdingbarkeit des Kündigungsrechts des Erwerbers bei den Verträgen solcher Anstalten braucht indessen nicht eingegangen zu werden, weil, entgegen der Auffassung des Berufungsrichters, eine Ausschließung dieses Rechts in § 21 der Allgemeinen Bedingungen der Beklagten nicht bedungen ist.

Die Allgemeinen Bedingungen der Beklagten haben typischen Inhalt und kommen, da deren Geschäftsbetrieb sich laut § 4 ihrer in der Revisionsverhandlung übergebenen Satzung auf die Provinzen Brandenburg und Grenzmark Westpreußen sowie auf einen pommerschen Kreis erstreckt, in den Bezirken mehrerer Oberlandesgerichte zur Anwendung. Ihre Auslegung unterliegt daher nach der ständigen Rechtsprechung des Reichsgerichts (RGZ. Bd. 81 S. 117, Bd. 83 S. 332 u. a.) der freien Nachprüfung durch dieses. Das Berufungsgericht will nun die Ausschließung des Kündigungsrechts des Erwerbers bei annahmepflichtigen Versicherungen in § 21 insofern ausgedrückt finden, als von dem im Abs. 1 aufgestellten Grundsatz des Eintritts des Erwerbers in die Rechte und Pflichten des Versicherungsnehmers im Abs. 4 eine Ausnahme bezüglich des Kündigungsrechts nur für nicht annahmepflichtige Versicherungen gemacht sei und die Fassung der Bestimmungen den Willen erkennen lasse, den Erwerber und die Sozietät bezüglich des Kündigungsrechts in allen Fällen gleichzustellen. Die Bestimmungen des Abs. 1 und 4 brauchen indessen keineswegs in diesem Sinne verstanden zu werden. Vielmehr liegt folgende Auslegung näher: Abs. 1 spricht ebenso wie § 69 Abs. 1 VVG. lediglich grundsätzlich den Eintritt des Erwerbers in die Rechte und Pflichten des Versicherungsnehmers aus, Abs. 4 wiederholt die diesen Grundsatz beschränkenden Kündigungsbestimmungen des § 70 VVG. mit Bezug auf die nicht annahmepflichtigen Versicherungen, bei denen keine gesetzlichen Sondervorschriften für die öffentlichen Anstalten bestehen; mit Bezug auf die annahmepflichtigen Versicherungen, bei denen das Kündigungsrecht dieser Anstalten in Preußen durch § 22 Satz 1 des Gesetzes vom 25. Juli 1910 ausgeschlossen ist, soll für die Anstalt diese Bestimmung und für den Erwerber § 70 VVG. Platz greifen. Daß das dem Erwerber nach der letzteren Vorschrift zustehende Kündigungsrecht für die Fälle der annahmepflichtigen Versicherung wegbedungen werden sollte, kann aus dem Schweigen des § 21 über diese Fälle nicht geschlossen werden, zumal da mindestens für das Verständnis der großen Mehrzahl der Versicherten der im Abs. 1 verfügte Eintritt des Erwerbers in die Rechte des Versicherungsnehmers nicht ohne weiteres einen Eintritt ohne das gesetzliche Kündigungsrecht bedeutete. Zum mindesten konnte der Versicherungsnehmer die Bestimmungen des § 21 in dem Sinne verstehen, daß durch sie das gesetzliche Kündigungsrecht des Erwerbers auch bei annahmepflichtigen Versicherungen nicht beseitigt werden sollte. Die Beklagte, deren rechtskundigen Beiräten diese Auslegungsmöglichkeit nicht entgehen konnte, hätte daher, wenn sie selbst den Bestimmungen einen anderen Sinn beigemessen wissen wollte, den von ihr entworfenen Bedingungen eine andere, zweifelfreie Fassung geben müssen (RGZ. Bd. 94 S. 29, Bd. 116 S. 274). Sie hatte hierzu um so mehr Anlaß, als auf jene Auslegungsmöglichkeit schon vor Jahren im Schrifttum hingewiesen worden war (K ö n i g e in der LZ. 1912 Sp. 748).

Die Klage stellt sich daher als begründet und die Revision als unbegründet dar, ohne daß es eines Eingehens auf die Frage der Unabdingbarkeit des Kündigungsrechts des Erwerbers bedarf.

RGZ. 127, 303.

Welche Wirkung hat es, wenn bei einem Versicherungsvertrag die Vertragschließenden die Vorschriften über die Unterversicherung wegbedingen?

VVG. § 56.

VII. Zivilsenat. Urt. v. 28. Februar 1930.

I. Landgericht I Berlin. — Kammergericht daselbst.

Die Klägerin hat der D.-N. Treuhandverwaltung GmbH. in Berlin zur Sicherheit für einen ihr in holländischen Gulden gewährten Kredit Warenbestände übereignet und diese bei der Beklagten gegen Feuersgefahr versichert. In dem „Versicherungsschein für die Versicherung der der Treuhandverwaltung für das D.-N. Finanzabkommen GmbH. in Berlin zur Sicherstellung ihrer Kredite von den Kreditnehmern übereigneten Waren" heißt es im Abs. 2, daß im Versicherungsfall die Entschädigung nur an die Treuhandverwaltung . . . zu zahlen ist. Dann wird fortgefahren:

(Abs. 3.) „Die Versicherung beginnt ohne Rücksicht auf Prämienvereinbarung und Prämienzahlung mit dem Erwerb des Sicherungseigentums durch die Treuhandverwaltung und endigt mit seiner Aufgabe.

(Abs. 4.) Als Zeitpunkt des Erwerbs gilt der Zeitpunkt der Absendung der ersten Übereignungs- bzw. Veränderungsmeldung des Kreditnehmers an den Kreditgeber. Der Kreditnehmer (Versicherungsnehmer) wird diesen Zeitpunkt mit Angabe der Warengattung, der Warenmenge, des Warenwertes und demgemäß der Versicherungssumme . . . dem Versicherer unverzüglich mitteilen. . . .

(Abs. 5.) Der aus den Mitteilungen des Kreditnehmers sich ergebende Wert der übereigneten Waren gilt als Versicherungswert. Ein anderer Handels- oder Zeitwert am Schadenstage kommt nicht in Frage. Bei der Schadenregulierung ist also unter Berücksichtigung der Menge der zu Schaden gekommenen Waren die Menge und Wertangabe der jeweils letzten Meldung des Kreditnehmers zugrunde zu legen. Der § 56 VVG. findet mithin keine Anwendung.

(Abs. 6.) Als versichert gilt die Gesamtheit der dem Kreditgeber übereigneten Waren als Inbegriff im Sinne des § 54 VVG. . . .

(Abs. 11.) Der Kreditgeber wird dem Versicherer Mitteilung von dem Ergebnis seiner Prüfung der Versicherungsmeldung des Kreditnehmers machen. Ergibt diese Prüfung einen anderen Versicherungswert, so gilt diese Richtigstellung vom gleichen Tage an, wie die Veränderungsmeldung des Kreditnehmers, welche durch die Richtigstellung berichtigt worden ist. Der berichtigte Wert ist der Prämienberechnung zugrunde zu legen.

(Abs. 13.) Die Versicherung wird in Guldenwährung abgeschlossen; Leistung und Gegenleistung sind in Guldenwährung zu bewirken.

(Abs. 19.) Die Versicherung gilt für die unter a) genannten Schäden (d. h. Feuerschäden). Versicherungsbeginn 15. August 1927, Versicherungsende 15. August 1928.

(Abs. 21.) Für den erstmalig als übereignet gemeldeten Warenbestand wird die Prämie nebst Reichsstempel für ein Jahr im voraus erhoben.

(Abs. 22.) Die Verrechnung der Prämien für die durch die späteren Veränderungsmeldungen aufgegebenen Versicherungssummen bzw. die endgültige Prämienregulierung erfolgt unter Berücksichtigung der ersten Prämienzahlung am Ende eines jeden Kalendervierteljahres pro rata temporis.

(Abs. 23.) Für diesen Versicherungsschein gelten, soweit sie nicht von den vorstehenden Bestimmungen abweichen, die beigehefteten, gedruckten Allgemeinen Versicherungsbedingungen für Feuerversicherung. . . ."

Außerdem gilt für das Verhältnis der Parteien noch eine Erklärung, welche die Beklagte der Treuhandverwaltung gegenüber abgegeben und dieses ihren sämtlichen Kreditnehmern mitgeteilt hat. Sie lautet:

„Sofern eine Veränderung im Bestand des Treuhandgutes stattfindet — sei es hinsichtlich der Menge oder der Art der übereigneten Waren — werden wir im Schadensfalle die neuübereigneten, aber noch nicht gemeldeten Waren gleichwohl als versichert ansehen, insoweit der Übereignungswert der gesamten übereigneten Waren am Schadenstage den letztmalig vor dem Brand gemeldeten Übereignungswert nicht übersteigt und sofern als Lager bzw. Verarbeitungsort der neuübereigneten Vorräte die bisher schon zur Unterbringung von Treuhandgut aufgegebenen, dem Versicherer bereits bekannten Lokalitäten benutzt werden."

Am 29./30. Dezember 1927 erlitt die Klägerin einen Brandschaden. Die Klägerin hatte als der Treuhandverwaltung übereignet zuletzt, und zwar am 28. Dezember 1927, Waren im Werte von 93 449,70 hfl. gemeldet. Im Sachverständigenverfahren wurde der Schaden dahin festgestellt:

Wert der Waren vor dem Brande	107 226,60 hfl.
Wert der geretteten Waren	4 647,45 hfl.
Schaden	102 579,15 hfl.

Am 5. Januar 1928 hat die Klägerin der Beklagten eine Nachmeldung erstattet, in der es u. a. heißt, daß die Klägerin nach der Bestandsaufnahme am 28. Dezember 1927 bis zum Brandtage noch eingearbeitet habe „400 Croup. und 6 Haut" im Gesamtwert von 13 778 hfl. Am 27. Januar 1928 hat die Klägerin die Treuhandverwaltung aufgefordert, 95 127 hfl. rechtsverbindlich nachzumelden. Die Treuhandverwaltung, welche der Beklagten unter dem 29. Dezember 1927 geschrieben hatte: „Der lt. Anmeldeschein vom 28. d. M. aufgeführte Betrag von hfl. 93 449 geht in Ordnung", hat das Schreiben vom 27. Januar 1928 an die Beklagte zur Kenntnisnahme weitergegeben; so behauptet wenigstens die Klägerin.

Die Beklagte hat der Klägerin 89 399 hfl. vergütet. Mit der gegenwärtigen Klage verlangt die Klägerin, die Beklagte solle den Unterschied von 93 449 und 89 399, also 4050 hfl. nebst Zinsen an die Treuhandverwaltung zahlen. Das Landericht gab der Klage statt, das Kammergericht wies sie ab. Die Revision der Klägerin blieb ohne Erfolg.

Gründe:

Der § 56 VVG. regelt den Fall, daß die Versicherungssumme, über welche hinaus der Versicherer nach § 50 VVG. nicht haftet, niedriger ist als der Wert des versicherten Interesses oder der „Versicherungswert", § 51 VVG. Der Versicherer haftet dann für den Schaden nur nach dem Verhältnis der Versicherungssumme zum Versicherungswert. Das gilt sowohl bei Teilschäden als auch bei Vollschäden.

Für das Verhältnis der Klägerin zur Beklagten ist eine Berechnung nach § 56 VVG. ausgeschlossen. Nach Abs. 4 des Versicherungsscheins ist der vom Kreditnehmer dem Kreditgeber gemeldete Wert der übereigneten Waren die Versicherungssumme, und nach Abs. 5 das. gilt derselbe Wert auch als Versicherungswert. Das Verhältnis der Versicherungssumme zum Versicherungswert muß also stets das Verhältnis von

1 zu 1 sein. Deshalb zieht Abs. 5 a. a. O. aus den getroffenen Vereinbarungen mit Recht den Schluß: „Der § 56 VVG. findet mithin keine Anwendung."

Als der Brand vom 29./30. Dezember 1927 den größten Teil des vorhandenen Warenlagers vernichtet hatte, waren für die Schadensregulierung die Menge und die Wertangabe der letzten Meldung der Klägerin vor dem Brande zugrunde zu legen, vgl. Abs. 5 des Versicherungsscheins. Die letzte Meldung war die vom 28. Dezember 1927. Danach waren versichert 613 Häute und 2327 Croupons zum Übereignungswert von 93 449,70 hfl. Diese Meldung ist von der Kreditgeberin nicht berichtigt worden, wie es nach Abs. 11 a. a. O. möglich ist, sondern sie ist durch Schreiben der Treuhandverwaltung vom 29. Dezember 1927 ausdrücklich bestätigt worden. Darin, daß die Treuhandverwaltung das Schreiben der Klägerin vom 27. Januar 1928 „zur Kenntnisnahme" an die Beklagte weitergegeben hat, wie die Klägerin behauptet, liegt ebenfalls keine Berichtigung. Auch der Fall des Rundschreibens der Treuhandverwaltung über ein Entgegenkommen der Beklagten war nicht gegeben; denn nach der letzten Meldung vor dem Brande hatte sich der Bestand der gemeldeten Waren nicht vermindert. Es konnten also neue, aber nicht gemeldete Waren nicht an die Stelle von ausgeschiedenen, aber gemeldeten Waren getreten sein.

Danach waren versichert 613 Häute und 2327 Croupons im Wert von 93 449,70 hfl. Weiter noch vorhanden, aber, weil nicht gemeldet, noch unversichert waren 6 Häute und 400 Croupons im Werte von 13 778 hfl. Von der Gesamtmenge im Werte von 93 449,70 + 13 778 = 107 227,70 hfl. sind Waren im Werte von 102,579,15 hfl. verbrannt und Waren im Werte von 4647,45 hfl. gerettet worden. Ob im einzelnen versicherte oder unversicherte Waren verbrannt sind, hat sich nicht feststellen lassen und auch die Klägerin hat in dieser Richtung nichts anzuführen vermocht. Die Beklagte und ihr folgend das Kammergericht haben deshalb angenommen, daß versicherte und unversicherte Waren in gleichem Verhältnis verbrannt und gerettet seien. Das führt zu dem Ergebnis, daß von den versicherten Waren im Werte 93 449,70 hfl. solche im Wert von 89 399,70 hfl. verbrannt und solche im Werte von 4050 hfl. gerettet sind, während auf die unversicherten Waren im Wert von 13 778 hfl. gerettete Waren im Wert von 597 hfl. und verbrannte Waren im Werte von 13 181 hfl. entfallen. Gegen diese Berechnung erhebt auch die Revision an sich keine Einwendungen; sie hält aber die ganze Berechnung nicht für notwendig, weil der tatsächliche Wert der verbrannten Waren mit 102 579,15 hfl. die Versicherungssumme von

93 449 hfl. bereits übersteige und die Beklagte allermindestens den Betrag der Versicherungssumme erstatten müsse. Die Revision beruft sich für diese ihre Ansicht auf die vereinbarte Ausschaltung des § 56 VVG. aus den rechtlichen Beziehungen der Parteien. Indessen hat es dieser Paragraph nur mit dem Wert der versicherten Sachen zu tun, nicht mit ihrer Menge. Sein Ausschluß kann also niemals bewirken, daß Sachen, die nicht versichert sind, als versichert zu gelten haben.

Die Klägerin rechnet so, als ob das Lager als solches versichert und als ob es unerheblich gewesen wäre, ob der Wert des Lagers sich infolge von Preisveränderungen oder von Mengenveränderungen änderte. So stand aber die Sache nach den Vereinbarungen der Parteien nicht. Immer nur die jeweils gemeldeten Mengen waren versichert; nicht gemeldete Mengen waren nicht versichert, auch wenn sie zum Lager gehörten. Da also nur Waren im Wert von 93 449,70 hfl. versichert waren und hiervon Waren im Wert von 4050 hfl. gerettet worden sind, braucht die Beklagte diese 4050 hfl. nicht zu erstatten.

RGZ. 132, 208.

Ist bei der Auto-Kaskoversicherung der Versicherer nur dann von der Verpflichtung zur Leistung frei, wenn der Versicherungsnehmer den Versicherungsfall vorsätzlich oder durch grobe Fahrlässigkeit herbeigeführt hat?

Versicherungsvertragsgesetz §§ 61, 130.

VII. Zivilsenat. Urt. v. 13. März 1931.

I. Landgericht II Berlin. — II. Kammergericht daselbst.

Am 3. Juni 1928 geriet der Kläger auf einem im Umbau befindlichen Feldwege mit seinem Kraftwagen, der bei der Beklagten für Schäden am Fahrzeug versichert war, in zwei Kieshaufen. Der Wagen blieb darin stecken. Bei den Versuchen, mit eigener Kraft freizukommen, geriet er in Brand. Der Kläger behauptet, daß nur wertlose Trümmer übriggeblieben seien, und verlangt von der Beklagten Zahlung von 7000 RM nebst Zinsen; hilfsweise bittet er um Feststellung, daß die Beklagte ihm den entstandenen Schaden nach den Versicherungsbedingungen zu erstatten habe. Das Landgericht hat die Klage abgewiesen, weil der Kläger den Versicherungsfall durch grobe Fahrlässigkeit herbeigeführt habe. Das Kammergericht hat die Berufung des Klägers zurückgewiesen. Es sieht einfache Fahrlässigkeit des Klägers als erwiesen an und meint, daß die Beklagte nach § 130 Satz 1 VVG.

schon deshalb von ihrer Haftung frei geworden sei. Die Revision des Klägers führte zur Aufhebung und Zurückverweisung.

Gründe:

1. Nach § 1 der Allgemeinen Versicherungsbedingungen der Beklagten umfaßt die Versicherung mit gewissen Ausnahmen alle Schäden, die an dem versicherten Kraftwagen durch Unfall, Beschädigung von seiten betriebsfremder Personen, Diebstahl, Raub oder Unterschlagung entstehen. Es handelt sich also um eine sog. Auto-Kaskoversicherung. Über die Frage, welcher Grad von Fahrlässigkeit des Versicherungsnehmers bei der Verursachung des Schadens die Haftung der Beklagten ausschließen solle, ist weder in den allgemeinen noch in den besonderen Bedingungen etwas vereinbart. Es gelten daher insoweit die gesetzlichen Vorschriften (vgl. § 13 AVB.). Welche Vorschrift maßgebend ist, darüber herrscht Streit. Der Kläger und das Landgericht halten den § 61 VVG. für anwendbar, wo es unter den Vorschriften für die gesamte Schadensversicherung heißt:

> Der Versicherer ist von der Verpflichtung zur Leistung frei, wenn der Versicherungsnehmer den Versicherungsfall vorsätzlich oder durch grobe Fahrlässigkeit herbeiführt.

Die Beklagte und das Kammergericht dagegen berufen sich auf § 130 Satz 1 das., wo unter den Vorschriften für die Transportversicherung gesagt ist:

> Der Versicherer haftet nicht für einen Schaden, der von dem Versicherungsnehmer vorsätzlich oder fahrlässig verursacht wird.

2. Die sog. Auto-Kaskoversicherung als die Versicherung eines Transportmittels fällt unter den Gesamtbegriff der Transportversicherung. Das hat das Reichsgericht bereits in RGZ. Bd. 72 S. 418 ausgesprochen, als es dort die für Verträge über Transportversicherungen in Tarifstelle 70 Abs. 2 des preußischen Stempelsteuergesetzes vom 31. Juli 1895 gegebene Befreiungsvorschrift auf die Policen über die Auto-Kaskoversicherung anwandte. Daran wurde in RGZ. Bd. 86 S. 215 festgehalten, nur wurde dort abgelehnt, den § 187 VVG., der lediglich die Transportversicherung von Gütern behandle, auf die Auto-Kaskoversicherung als die Versicherung eines Transportmittels anzuwenden. Wenn in RGZ. Bd. 88 S. 94 dargelegt wird, daß das Reichsstempelgesetz vom 3. Juli 1913 in seiner Tarifnummer 12 C 1 unter Kaskoversicherung nur die Schiffsversicherung verstehe, wie Kasko wörtlich auch nur „Schiffskörper" bedeute, so ist man damit von der früheren Rechtsprechung nicht abgewichen.

3. Der 5. Titel im 2. Abschnitt des Versicherungsvertragsgesetzes trägt die Überschrift „Transportversicherung". Der grundlegende erste Paragraph dieses Titels (§ 129) beschäftigt sich in seinem ersten Absatz mit der „Versicherung von Gütern gegen die Gefahren der Beförderung zu Lande und auf Binnengewässern" und in seinem zweiten Absatz mit der „Versicherung eines Schiffes gegen die Gefahren der Binnenschiffahrt". Der schon mitgeteilte § 130 Satz 1 VVG. lautet ganz allgemein, er bezieht sich also jedenfalls auf die „Versicherung von Gütern usw." und auf die „Versicherung eines Schiffes usw.". Darüber hinaus, auf jede Transportversicherung und auch auf die Auto-Kaskoversicherung, ist aber die Vorschrift nicht anwendbar. Bereits in RGZ. Bd. 72 S. 424 ist ausgeführt, daß das Versicherungsvertragsgesetz die Regelung der Versicherung anderer Transportmittel als der Schiffe den Parteien überlasse. Ebenso heißt es in RGZ. Bd. 86 S. 218:

> Es ist endlich nicht richtig, daß das Gesetz über den Versicherungsvertrag im 5. Titel ganz allgemein die Transportversicherung aller Transportmittel geregelt hätte. Geregelt ist vielmehr, wie bereits im Urteil Bd. 72 S. 424 dargelegt wurde, die Transportversicherung von Gütern und außerdem die Transportversicherung von Schiffen auf Binnengewässern, während die Versicherung der Landtransportmittel der Regelung durch die Parteien überlassen worden ist. Vgl. auch die Begründung zum Titel Transportversicherung bei Gerhard S. 502.

Die angezogene Stelle der Begründung lautet:

> Die Vorschriften über die Transportversicherung umfassen sowohl die Versicherung von Gütern gegen die Gefahren der Beförderung zu Lande und auf Binnengewässern als die Versicherung von Schiffen gegen die Gefahren der Binnenschiffahrt.

Dieser Rechtsprechung des Reichsgerichts, wonach § 130 Satz 1 VVG. auf die Auto-Kaskoversicherung nicht anwendbar ist, haben sich die Oberlandesgerichte nur zum geringen Teil angeschlossen. Namentlich das Kammergericht hat sich in einer Anzahl von Entscheidungen (JurRdsch. f. Privatversicherung 1926 S. 198, 1927 S. 260, 1928 S. 28, 278) auf den gegenteiligen Standpunkt gestellt. In Anmerkungen zu diesen Entscheidungen und in einem eigenen Aufsatz (ebenda 1926 S. 63) führt Pfeiffer aus, daß das Versicherungsvertragsgesetz die Transportversicherung allgemein geregelt habe, daß also alle Vorschriften, die sich nicht auf die Versicherung von Gütern besonders bezögen, auf die Auto-Kaskoversicherung anwendbar seien. Von seinem Standpunkt aus folgerichtig läßt er auch den § 130 Satz 2 VVG.:

> Er (der Versicherer) hat jedoch den von dem Versicherungsnehmer durch eine fehlerhafte Führung des Schiffes verursachten Schaden zu ersetzen, es sei denn, daß dem Versicherungsnehmer eine bösliche Handlungsweise zur Last fällt,

für die Auto-Kaskoversicherung gelten. Dem ist Gottschalk (ebenda 1926 S. 142) entgegengetreten. Auch er sieht in § 130 Satz 1 VVG. einen allgemein für die Transportversicherung aufgestellten Satz; seinen inneren Grund findet er darin, daß derjenige, der sich mit einem Transportmittel im Verkehr fortbewege, ganz besondere Vorsicht aufwenden müsse, um die Gefährdung anderer Menschen oder auch die von Sachen zu vermeiden, und kann deshalb nicht zugeben, daß § 130 Satz 2 Fehler gerade bei der Führung des Transportmittels noch in weiterem Maße für unerheblich erkläre, als § 61 VVG. es ohnehin tue. Bruck in seinem Kommentar zum Versicherungsvertragsgesetz (Bem. 11 vor §§ 129 bis 148) meint, daß die Auto-Kaskoversicherung Transportversicherung sei, daß sich aber „natürlich nicht alle gesetzlichen Bestimmungen zur Anwendung eigneten". Ähnlich lautet die Äußerung von Bruck in seinem Privatversicherungs-Recht S. 68 Anm. 15. Alle diese Auslegungsversuche führen zu keinem klaren Bild von der Rechtslage. Unfruchtbaren Streitigkeiten zwischen dem Versicherer und dem Versicherungsnehmer wären Tür und Tor geöffnet. Alle Schwierigkeiten sind aber behoben, wenn man an den Sätzen festhält, die das Reichsgericht in Bd. 72 S. 418 und in Bd. 86 S. 215 an Hand des Gesetzes und seiner Begründung in überzeugender Weise entwickelt hat. Danach gilt für die Auto-Kaskoversicherung nicht § 130 Satz 1, sondern § 61 VVG. Nur grobe Fahrlässigkeit des Versicherungsnehmers befreit den Versicherer von der Haftung. Diese Vorschrift kann aber durch Parteiabrede geändert werden, auch zum Nachteil des Versicherungsnehmers. Es kann also eine Vereinbarung mit dem Inhalt des § 130 Satz 1 in den Versicherungsvertrag aufgenommen werden. Wenn der Versicherer das will, so mag er es sagen. Der Versicherungsnehmer weiß dann, woran er ist, und kann sich entscheiden, ob er den Vertrag mit dieser Klausel abschließen will oder nicht.

RGZ. 145, 143.

Können öffentliche, nach Landesrecht errichtete Versicherungsanstalten das Kündigungsrecht des Erwerbers im Versicherungsvertrag wirksam ausschließen?

VVG. §§ 69 bis 73, 192; Preuß. Gesetz betr. die öffentlichen Feuerversicherungsanstalten v. 25. Juli 1910 (GS. S. 241) — SozGes. — §§ 9, 10, 25. BGB. § 305.

VII. Zivilsenat. Urt. v. 13. Juli 1934.

I. Landgericht Breslau. — II. Oberlandesgericht daselbst.

Der Kläger hat das Rittergut N. am 12. November 1931 in der Zwangsversteigerung erworben. Die frühere Eigentümerin des Gutes hatte dessen Gebäude durch einen mit der Beklagten am 9. November 1929 abgeschlossenen Vertrag für die Zeit vom 3. Juli 1929 bis 31. Dezember 1939 u. a. gegen Feuersgefahr versichert. In § 12 der allgemeinen Versicherungsbedingungen heißt es u. a.:

Ziff. 1. Wird die versicherte Sache von dem Versicherungsnehmer veräußert, so tritt an Stelle des Veräußerers der Erwerber in die während der Dauer seines Eigentums aus dem Versicherungsverhältnis sich ergebenden Rechte und Pflichten ein. . . .

Ziff. 2. . . .

Ziff. 3. . . . Die Sozietät und der Erwerber sind berechtigt, die Versicherung mit einmonatiger Frist zu kündigen, wenn es sich um Versicherungen handelt, zu deren Annahme die Sozietät nicht verpflichtet ist. . . .

Eine den allgemeinen Versicherungsbedingungen beigefügte besondere „Erläuterung zu § 12 Ziffer 1 und 3" lautet dahin:

Aus dem Zusammenhang von Abs. 1 und 3 folgert, daß grundsätzlich bei Veräußerungen der Erwerber in den Versicherungsvertrag des Veräußerers einzutreten hat. Das in § 70 VVG. vorgesehene Kündigungsrecht steht der Sozietät und dem Erwerber nur zu, wenn es sich um Versicherungen handelt, zu deren Annahme die Sozietät nicht verpflichtet ist. Betrifft der Versicherungsvertrag aber Gebäude, zu deren Versicherung die Sozietät auf Grund des Annahmezwanges (§ 9 SozGes.) verpflichtet ist, so sind weder die Sozietät noch der Erwerber berechtigt, aus Anlaß der Veräußerung die Versicherung aufzukündigen.

Der Versicherungsvertrag bezieht sich unstreitig nur auf Gebäude, zu deren Versicherung die Beklagte gemäß §§ 9, 10 SozGes. verpflichtet ist.

Der Kläger hat den Versicherungsvertrag mit eingeschriebenem Brief vom 24. November 1931 zum 24. Dezember 1931 gekündigt. Er ist der Ansicht, daß ihn der Ausschluß des Kündigungsrechts nicht binde. Die Beklagte hat der Kündigung widersprochen und zum Ausdruck gebracht, sie beharre auf dem Standpunkt, daß der Versicherungsvertrag trotz der Kündigung weiterlaufe.

Der Kläger hat daraufhin Klage erhoben auf Feststellung, daß der Vertrag durch seine Kündigung aufgehoben sei. Landgericht und Oberlandesgericht wiesen die Klage ab. Die Revision des Klägers hatte keinen Erfolg.

Gründe:

1. Der Senat trägt kein Bedenken, die Feststellungen des Berufungsgerichts im Tatbestand des angefochtenen Urteils dahin aufzufassen, daß auch die den §§ 11, 12, insbesondere dem § 12 Ziff. 1 und 3 der Allgemeinen Versicherungsbedingungen der Beklagten beigefügten „Erläuterungen" Bestandteil des am 9. November 1929 zwischen der Beklagten und der früheren Eigentümerin des Gutes abgeschlossenen Versicherungsvertrags geworden sind. Die Prozeßbevollmächtigten der Parteien haben in der Revisionsverhandlung erklärt, daß dies auch die Auffassung ihrer Auftraggeber sei. Damit ist für den vorliegenden Streitfall außer Zweifel, daß die Beklagte mit der Versicherungsnehmerin vereinbart hatte, das in § 70 VVG. vorgesehene Kündigungsrecht solle der Sozietät und dem Erwerber nur zustehen, wenn es sich um Versicherungen handle, zu deren Annahme die Sozietät nicht verpflichtet sei; wenn aber (wie unstreitig im vorliegenden Fall) der Versicherungsvertrag Gebäude betreffe, zu deren Versicherung die Sozietät auf Grund des Annahmezwanges (§§ 9, 10 SozGes.) verpflichtet sei, dann sollen weder die Sozietät noch der Erwerber berechtigt sein, aus Anlaß der Veräußerung die Versicherung aufzukündigen. Daß diese Vorschriften auch im Fall der Zwangsversteigerung der versicherten Sache Anwendung finden, ergibt sich aus § 73 VVG.

2. Die in der mündlichen Revisionsverhandlung erörterte Frage, ob es von rechtlicher Bedeutung sei, daß die Beklagte gemäß § 2 Ziff. 2 ihrer Satzungen ihre Geschäftstätigkeit lediglich im Gebiet einer Provinz ausübt, ist zu verneinen. Denn nicht die Auslegung von Vertragsbedingungen oder die einer öffentlich-rechtlichen Satzung steht hier zur Nachprüfung; vielmehr bildet der unzweideutige, von keiner Seite bestrittene und auch festgestellte Inhalt der zu 1 erwähnten Vertragsbestimmungen nur die Grundlage der allein streitigen Rechtsfrage, ob die Vereinbarung mit Wirkung gegen den Erwerber so getroffen werden konnte, wie sie getroffen worden ist. Diese Frage aber kann nur aus der Anwendung von Bestimmungen des Versicherungsvertragsgesetzes heraus beantwortet werden, ist also der Nachprüfung in der Revisionsinstanz unterworfen.

3. Die Rechtsfrage ist in Schrifttum und Rechtsprechung ausführlich erörtert worden. Es mag auf die Zusammenstellungen verwiesen werden, die sich bei Bruck VVG. § 192 Bem. 6, insbes. aber bei Hagen in JRPV. 1933 S. 81/82 finden. Es kann nicht Aufgabe dieses Urteils sein, zu allen Einzelheiten, die in jenen ungemein zahlreichen Erörterungen und Entscheidungen zur Sprache gekommen sind, Stellung zu nehmen. Der Senat muß sich darauf beschränken, die ihm wesentlich erscheinenden Gesichtspunkte hervorzuheben. Er schließt sich grundsätzlich den Erwägungen an, die von Kisch zunächst im Handbuch des Versicherungsrechtes (Anm. 1 S. 345/346), dann aber insbesondere in der Öffentlichrechtlichen Versicherung" 1933 S. 113 bis 121 und S. 225 bis 228 niedergelegt worden sind, und hält insbesondere die Ausführungen von Hagen in JRPV. 1933 S. 81 flg. und S. 309 flg., so beachtlich sie sind, nicht für durchgreifend.

Wie von allen Gerichten und Schriftstellern, die sich mit der streitigen Frage befaßt haben, erkannt worden ist, liegt der Schwerpunkt der Entscheidung in der Bedeutung des § 69 VVG. und in seinem Verhältnis zu den §§ 70 bis 73 dortselbst, sowie in der Bedeutung des § 72 Satz 1 und danach des § 192 Abs. 2 a. a. O.

Zunächst spricht die Begründung zum Entwurfe von 1907 (Drucksache R. T. Nr. 364 Anl. 1, S. 87, in den hier bedeutsamen Teilen abgedruckt bei Gerhard, Hagen u. a., Komm. z. VVG. S. 326, 327) dafür, daß die Verfasser des Entwurfs von der Meinung ausgegangen sind, ohne die Vorschrift des § 72 Satz 1 VVG. hätte die zwangsbefreiende Wirkung des § 192 Abs. 2 die Vorschriften der §§ 69 bis 71 nicht ergreifen können. Die Begründung führt zunächst (bei Gerhard, Hagen u. a. S. 326 unten) aus, § 70 Abs. 2 wolle das berechtigte Interesse schützen, das der Erwerber unter Umständen habe, nicht an den vom Veräußerer geschlossenen Versicherungsvertrag gebunden zu sein. In der Tat verbietet § 72 Satz 1 den Ausschluß des Kündigungsrechts. Wenn auch zutreffen mag, daß er nicht verbietet, die Pflichten des Erwerbers zu mehren, sondern nur, dessen Rechte zu mindern, so ist nicht einzusehen, wieso es keine Minderung der Rechte des Erwerbers sein sollte, wenn das ihm durch § 70 Abs. 2 VVG. verliehene Recht der Kündigung ausgeschlossen wird. Es spricht aber auch dafür nichts, daß § 72 Satz 1 nicht auch die Vorschrift über die Kündigungsmöglichkeit des Versicherers und des Erwerbers für sich allein für zwingend zugunsten des Erwerbers habe erklären wollen, sondern daß er die Gesamtheit der gesetzlichen Regelung des Versicherungsübergangs und nur diese erfasse. Daß das Gesetz in § 72 Satz 1 gerade auch den Ausschluß der Kündigungsmöglichkeit des Erwerbers, für sich genommen, im Auge hat, ergibt sich aus Satz 2 a. a. O. Die Fassung, in der jener Satz dem Satz 1 gegenübergestellt wird, entbehrt nicht der Beweiskraft. Denn offenbar ist der Sinn des Gesetzes der: Die durch § 70 Abs. 2 dem Erwerber eröffnete Möglichkeit der frist- und an sich auch formlosen Kündigung — nach den Ausführungen der Begründung zum Entwurf (vgl. die oben angeführte Wiedergabe bei Gerhard, Hagen u. a. S. 326) ein schutzwürdiges Interesse, also ein Vorteil des Erwerbers — wird durch das Bedingen der Schriftform zu Lasten des Erwerbers erschwert. Darin liegt ein „Nachteil" für den Erwerber gegenüber der an sich die formlose Kündigung mit umfassenden Regelung des § 70 Abs. 2. Im allgemeinen kann sich nun der Versicherer auf eine von dieser Regelung zum Nachteil des Erwerbers abweichende Bestimmung des Versicherungsvertrags nicht berufen (§ 72 Satz 1). Obwohl der Formzwang einen solchen Nachteil bedeutet („Jedoch" in § 72 Satz 2), soll sich der Versicherer doch auf eine Bedingung, die diesen festlegt, berufen dürfen. Daraus ergibt sich in der Tat, daß das Gesetz die in § 70 Abs. 2 VVG. für den Erwerber geschaffene frist- und an sich auch formlose Kündigungsmöglichkeit in § 72 Satz 1 im Auge hat, und zwar offensichtlich auch für sich allein genommen, nicht bloß als Bestandteil der Gesamtregelung der §§ 69 bis 73. Dann ist aber die Anwendung des § 192 Abs. 2 VVG. die notwendige Folge. Die Bestimmung des § 72 ergibt aber weiter klar, daß Bedingungen, welche die Parteien des Versicherungsvertrags hinsichtlich des Erwerbers getroffen haben, es sind, an die der vertragsfremde Erwerber (abgesehen von § 72 Satz 1) gebunden wird.

Damit ist der Hauptpunkt berührt, von dem die Entscheidung der Streitfrage abhängt. Es spricht nach Auffassung des erkennenden Senats nichts dafür, daß die Verfasser des Gesetzes die Vorschriften der §§ 69 bis 73 als eine einzige untrennbare Norm angesehen hätten. Daß die Verfasser des Entwurfs von 1907 das nicht getan haben, ergibt sich aus der Begründung zu diesem Entwurf (abgedr. im Kommentar von Gerhard, Hagen u. a. S. 327 dritter Absatz mit S. 326 vorletzter Absatz). Um so mehr ist Kisch beizupflichten, wenn er (Öffentl.-rechtl. Vers. 1933 S. 226) ausführt, die Vorschriften der §§ 69 bis 71 enthielten eine ganze Reihe von einzelnen Rechtssätzen, die alle, und zwar jeder für sich, dem Interesse des Erwerbers der versicherten Sache dienen sollten; insbesondere enthielten § 69 und § 70 Abs. 2 zwei Vorschriften im Interesse des Erwerbers, die eine, daß er überhaupt in die Versicherung eintreten, also nicht eine Zeitlang des versicherungsrechtlichen Schutzes entbehren solle, die andere, daß er für den Fall des Eintritts nicht an die ursprüngliche Vertragsdauer gebunden sein solle, sondern innerhalb eines Monats kündigen dürfe. Es spricht nichts dafür, daß dadurch der Übergang der Versicherung selbst irgendwie auflösend bedingt oder befristet oder, wie Hagen sich ausdrückt, inhaltlich „belastet" wird mit der wesentlichen Auflage, daß das übergehende Versicherungsverhältnis gekündigt werden könne; vielmehr wird lediglich bestimmt, daß und wie das übergegangene Versicherungsverhältnis von dem Erwerber beendet werden könne. Es ist durchaus richtig, wenn Kisch (Öffentl.rechtl. Vers. 1933 S. 115) weiter sagt, es werde lediglich aus Anlaß der Veräußerung der Inhalt des Versicherungsvertrages (m. a. W. die Versicherungsbedingungen) in einer Beziehung verändert, ebenso wie dies auch schon durch eine Klausel des ursprünglichen Vertrages, also durch die Parteien dieses Vertrages selbst, hätte geschehen können, wenn nämlich § 70 Abs. 2 VVG. nicht bestände und demnach § 72 Satz 1 das. nicht entgegengestanden hätte. Das Oberlandesgericht hat zutreffend gerade auch auf diese Beweisführung abgestellt, die auch durch den Hinweis auf die ganz ähnliche Regelung in § 571 BGB. gestützt wird.

Es ist deshalb die Meinung abzulehnen, als ob die Streitfrage überhaupt nicht aus den §§ 72, 192 Abs. 2 VVG. zu lösen wäre, weil die Schranken, die der Vertragsmacht der Parteien gezogen seien, blieben, auch wenn die der Vertragsfreiheit durch § 72 Satz 1 gezogenen gefallen seien; weil ferner jene Schranken zwar vom Gesetz durchbrochen seien, aber nur durch die Gesamtheit der Bestimmungen der §§ 69 bis 73, die ein untrennbares Ganzes, einen wesentlichen Bestandteil des Übergangs der Versicherung selbst bildeten, so daß der Erwerber von vornherein nur nach Maßgabe des § 70 in den Vertrag hineingezogen werden könnte. Nicht durch die Tatsache der Veräußerung und nicht schlechthin auf einen „Dritten" werden die Wirkungen eines zwischen den ursprünglichen Parteien begründeten und an sich nur für sie maßgebenden Versicherungsverhältnisses erstreckt, sondern durch einen an die Tatsache der Veräußerung geknüpften positiven Rechtssatz (§ 69 VVG.) wird den Abreden der ursprünglichen Vertragsparteien Wirkungsmacht gegenüber dem an sich vertragsfremden Erwerber verliehen, also nicht gegenüber einem beliebigen „Dritten", sondern gegenüber dem durch die positive Vorschrift des § 69 an Stelle des Veräußerers zum Träger des Versicherungsverhältnisses selbst gewordenen Erwerber. Dieser ist allerdings insoweit nicht Rechtsnachfolger des Veräußerers, aber sein Verhältnis zum Versicherer deckt sich eben, wie Bruck (Privatversicherungsrecht S. 575 § 40 III Anm. 69, 70) ausführt, inhaltlich mit dem bisherigen Versicherungsverhältnis des Veräußerers, in das er eintritt. Den Vertragsteilen ist die ihnen nach allgemeinem bürgerlichen Recht fehlende Vertragsmacht gegenüber dem Erwerber durch § 69 gegeben, und § 192 Abs. 2 beseitigt nur Schranken, die der aus der erweiterten Vertragsmacht an sich hervorgehenden Vertragsfreiheit durch § 72 Satz 1 gezogen sind. Der positive Rechtssatz des § 69 überträgt das Versicherungsverhältnis auf den Erwerber. Kraft Gesetzes haben die Parteien des ursprünglichen schuldrechtlichen Vertragsverhältnisses den Erwerber, bedingt lediglich durch die Tatsache der Veräußerung von vornherein in ihr Vertragsverhältnis einbezogen und einbeziehen können. Damit fallen insoweit die allgemeinen Schranken des bürgerlichen Rechts, die der Vertragsmacht der Parteien sonst gezogen sind. Geblieben sind nur diejenigen, die der Vertragsfreiheit durch die Vorschrift des § 72 Satz 1 gezogen werden; daß diese durch § 192 Abs. 2 a. a. O. gefallen sind, kann füglich nicht bezweifelt werden. Eingetreten wird in das durch den Vertrag begründete und durch ihn, außer den nebenher geltenden gesetzlichen Vorschriften, gestaltete Versicherungsverhältnis (vgl. Bruck a. a. O.). Die Regelung des § 70 ändert eben dieses Versicherungsverhältnis — in das der Erwerber an sich durch die Veräußerung eintreten würde, so wie es vorher war — mit der Veräußerung selbst ab; § 70 gibt ihm insoweit einen anderen Inhalt. Nicht der Rechtsvorgang des Eintritts wird also durch die Bestimmung des § 70 Abs. 2 berührt, sondern das Rechtsverhältnis, in das eingetreten wird; dieses aber setzt sich zusammen aus den Vertragsabreden und den neben ihnen geltenden gesetzlichen Bestimmungen. Diese erfahren durch § 70 Abs. 2 hinsichtlich der Kündigungsfrist eine Änderung, sofern sie nicht infolge abweichender vertraglicher Festsetzung ohnehin mit der Bestimmung des § 70 Abs. 2 übereingestimmt hatten. Es trifft zu, daß, wie Hagen darlegt (JRPV. 1933 S. 83), die Aufrechterhaltung der Versicherung auch nach der Veräußerung (genauer: der Eintritt des Erwerbers in das Versicherungsverhältnis des Veräußerers) einerseits und das Kündigungsrecht des Erwerbers anderseits als durchaus gleichberechtigte Bestandteile der gesetzlichen Regelung nebeneinander stehen. Aber eben deshalb kann nicht anerkannt werden, daß die Versicherung mit der Veräußerung auf den Erwerber nur „belastet" mit dem Kündigungsrecht des (Versicherers und des) Erwerbers übergehen könne. Eine solche Auffassung würde diese beiden selbständig nebeneinander stehenden gleichberechtigten Bestandteile der gesetzlichen Regelung in ein Abhängigkeitsverhältnis voneinander bringen, das im Gesetz keine Stütze findet. Vielmehr steht der Folgerung nichts im Wege, daß der eine dieser „selbständigen Teile der gesetzlichen Regelung", nämlich die kraft Gesetzes eintretende Änderung der Versicherungsbedingungen hinsichtlich der Kündigungsbefugnis des (Versicherers und des) Erwerbers, seinen eigenen gesetzlich geregelten Weg gehen kann, der, wie die Begründung des Gesetzes zeigt, durch die Anwendung des § 72 Satz 1 und des § 192 Abs. 2 VVG. vorgezeichnet ist.

So ergibt sich denn die auch ohne weiteres nach dem Wortlaut, Sprachgebrauch und Zusammenhang des Gesetzes nächstliegende Lösung, daß § 192 Abs. 2, wenn er von „Beschränkungen der Vertragsfreiheit" spricht, hier gerade auch die nach § 69 durch Erweiterung der Vertragsmacht hinsichtlich des Erwerbers erst eröffnete Vertragsfreiheit meint, die durch § 72 Satz 1 im Hinblick (hier) auf § 70 eingeschränkt gewesen ist, und daß deshalb, wie schon eingangs bemerkt, die Vorschrift des § 72 Satz 1 es ist, ohne welche sich die zwangsbefreiende Wirkung des § 192 Abs. 2 nicht auf die §§ 69 bis 71, hier also auf § 70 hätte erstrecken können.

Von untergeordneter Bedeutung demgegenüber, aber immerhin im Zusammenhang zur Unterstützung der entwickelten Auffassung verwertbar ist auch der Umstand, daß in § 25 SozGes. unter den Vorschriften, von denen zum Nachteil des Versicherungsnehmers nicht abgewichen werden darf, § 70 VVG. fehlt, obgleich die §§ 64, 65 daselbst aufgeführt sind. Daß § 70 VVG. dieses Schicksal mit der gesamten Regelung der §§ 69 flg. VVG. über den Übergang der Versicherung auf den Erwerber teilt, ist doch wohl nicht geeignet, die Bedeutung seines Fehlens an dieser Stelle gänzlich zu entkräften (wie Hagen a. a. O. S. 85 ausführt), zumal da § 25 immerhin die Stelle ist, wo er nach dem Aufbau und Zusammenhang jenes Gesetzes zu erwähnen gewesen wäre. Die Weglassung dieses Paragraphen ist nach dem Ausgeführten auch nicht damit zu erklären, daß eine vertragliche Ausschließung oder Beschränkung des dem Erwerber in § 70 VVG. gewährten Kündigungsrechts schon nach allgemeinen Rechtsgrundsätzen über die Wirkung von Verträgen (§ 305 BGB.) unwirksam sei. Denn diese allgemeine Unwirksamkeit ist eben durch § 69 und im Rahmen dieser Vorschrift beseitigt. Anderseits kann den in den Verhandlungen des Reichstags (Bericht I Drucksache RT Nr. 602, XI. Legisl.Per. II. Session 1905/1907 S. 135 flg.; XII. Legisl.Per. I. Session, Bd. 242, Anlage zu den Stenographischen Berichten, zu Nr. 364 [Anl. II], zu § 189 [192 des Ges.] S. 2061 flg., Gerhard, Hagen u. a. VVG.

S. 777, 778) laut Bericht der VIII. Kommission erhobenen Bedenken gegen die vorgesehene Regelung (§ 192 des Ges.) und der daraufhin vom Regierungsvertreter abgegebenen Erklärung (S. 2077 a. a. O.) gerade im Hinblick auf die Fassung des § 25 des erwähnten preußischen Gesetzes keine Bedeutung beigelegt werden, die maßgebend wäre für die Auslegung der unverändert zum Gesetze (§ 192) erhobenen Bestimmung des § 189 des Entwurfes.

Hiernach ist mit dem Oberlandesgericht anzunehmen, daß die in § 192 Abs. 2 VVG. aufgeführten, nach Landesrecht errichteten öffentlichen Anstalten, zu denen die Beklagte gehört, die Freiheit haben, durch Vertrag mit dem Versicherungsnehmer zu vereinbaren, daß dem Erwerber der versicherten Sache das in § 70 Abs. 2 VVG. bestimmte Kündigungsrecht nicht zustehen soll.

Es bedarf keiner Ausführung in der Richtung, daß dieses Ergebnis nicht durch Erwägungen darüber beeinflußt werden kann, welche Wirkung es auf den Geschäftsbetrieb privater Versicherungsgesellschaften haben mag. Daß in dieser Hinsicht von vornherein, je nach der Einstellung des einzelnen, verschiedenartige Ansichten bestehen können, ist ja schon in den erwähnten Reichstagsverhandlungen deutlich zum Ausdruck gekommen. Die einer Vertragsfreiheit der öffentlichen Anstalten ablehnend gegenüberstehende Meinung hat sich aber nach dem Ausgeführten im Gesetz nicht durchgesetzt.

RGZ. 145, 384.

Ist nur Eigentumsverlust Gegenstand der Versicherung auf laufende Police für Rechnung, wen es angeht, wenn eine Ware gegen „Veruntreuungen aller Art" versichert ist?

VVG. §§ 49 flg., § 80 Abs. 2, § 187 Abs. 2. ZPO. § 287.

VII. Zivilsenat. Urt. v. 9. November 1934.

I. Landgericht Hamburg. — II. Oberlandesgericht daselbst.

Die Klägerin kaufte im Oktober und November 1929 von der Firma Gustav L. in H. insgesamt 3625 Sack Zucker bestimmter Marken. Sie vereinbarte mit der Firma L., daß diese einer Firma H. Lagerscheine der Firma C. über die verkauften Waren verschaffen solle gegen Bezahlung des Kaufpreises durch die Firma H. Die Firma C. erhielt dieser Vereinbarung entsprechend Lagerscheine über die bezeichneten Mengen und Marken auf das Lager eines Paul Kr. in H. und stellte ihrerseits Lagerscheine über die gleichen Marken und Mengen auf ihr Lager aus, welche der Firma C. ausgehändigt wurden. Die Firma L. hatte der Firma C. entsprechende Anweisung erteilt; der Berufungsrichter hat angenommen, daß auch Kr. dies getan habe. Die Firma H. zahlte gegen Behändigung dieser Lagerscheine für Rechnung der Klägerin an die Firma L. insgesamt 145 329,91 RM.

Am 24. Februar 1930 wurde Kr. flüchtig. Es stellte sich heraus, daß er im Einvernehmen mit der Firma L. und einer weiteren Person eine große Zahl von Lagerscheinen begeben hatte, welche durch die bei ihm eingelagerten Waren nicht gedeckt waren. Der Verwalter im Konkurs über das Vermögen des Kr. lehnte die Aussonderung aus den vorhandenen Waren für die Firma H. oder die Klägerin, wie für sämtliche übrigen Lagerscheininhaber ab. Unter Zustimmung des Konkursverwalters wurden die vorhandenen Lagerbestände versteigert, und sämtliche Lagerscheininhaber, einschließlich der Klägerin und der Firma H., einigten sich über die Verteilung des Erlöses durch einen Vergleich.

Gemäß einer Vereinbarung mit der Klägerin hatte die Firma H. die Zuckerpartien, die nach Angabe des L. für die Firma C. bei Kr. lagerten, auf ihre laufende Versicherungspolice „für Rechnung, wen es angeht" deklariert. An dieser Versicherung war die (spätere) Gemeinschuldnerin, eine Versicherungsgesellschaft A.-U., mit 70 % beteiligt. Danach waren u. a. „während etwaiger Lagerung mitversichert Veruntreuungen aller Art". Die „deklarierten Versicherungswerte" sollten „als feste Taxen gelten und in etwaigen Schadensfällen ohne weiteren Beweis die Grundlage für Schadensregulierung bilden". Sie durften außer dem Wert der Ware, Fracht, Spesen und sämtlichen Kosten, gezahlten oder noch zu zahlenden Zöllen „auch imaginären Gewinn, gleichviel in welcher Höhe", enthalten. Die Gesamtversicherungssumme betrug 196 248 RM.

Die Firma H. trat ihren Anspruch aus diesem Versicherungsvertrag an die Klägerin ab. Die A.-U. verweigerte Zahlung mit der Behauptung, der Versicherungsfall sei nicht eingetreten.

Die Klägerin erhob Klage zunächst auf Zahlung eines Teilbetrags gegen die Versicherungsgesellschaft A.-U. Im Laufe des Rechtsstreits verfiel diese in Konkurs. Ihre beiden Konkursverwalter nahmen den Rechtsstreit auf. Nunmehr beantragte die Klägerin mit Rücksicht auf Beträge, die ihr inzwischen auf Grund des oben erwähnten Vergleiches zugeflossen waren, Feststellung einer Forderung von 131 000 RM zur Konkurstabelle.

Das Landgericht gab der Klage in Höhe von 117 702,48 RM nebst Zinsen statt; den weitergehenden Klagantrag wies es ab. Die Beklagten legten Berufung, die Klägerin Anschlußberufung ein. Durch das angefochtene Urteil wies das Oberlandesgericht die Berufung der Beklagten zurück; auf die Berufung der Klägerin änderte es das Urteil des Landgerichts ab: Es stellte die Forderung der Klägerin in Höhe von 123 650,86 RM nebst Zinsen zur Tabelle fest. Den weitergehenden Anspruch der Klägerin wies es ab.

Auf die Revision der Beklagten wurde die Klageforderung lediglich dem Grunde nach festgestellt. Wegen des Betrages wurde zurückverwiesen. Die weitergehende Revision hatte keinen Erfolg.

Aus den Gründen:

a) Es kann nicht bezweifelt werden, daß die Auslegung des Begriffs der „Veruntreuung" als einer typischen Vertragsbedingung der Nachprüfung in der Revisionsinstanz zugänglich ist. Das Berufungsgericht hat ihn so ausgelegt: Der Verlust des Eigentums durch Veruntreuung falle selbstverständlich unter diesen Begriff. Sicher festgestellt sei dieser Verlust aber nur hinsichtlich der 500 Sack Z. R. M., die verschwunden seien. Im übrigen sei die Sach- und Rechtslage verworren und ungeklärt. Es erörtert die Ansprüche, die wegen der übrigen 3000 Sack von Dritten erhoben worden seien, und führt aus, eine tatsächliche und rechtliche Klärung der Verhältnisse wäre im einzelnen schwierig gewesen. Die Austragung des Streits im Wege von Prozessen hätte hinsichtlich eines größeren Teils der streitigen Waren voraussichtlich zum Unterliegen der Klägerin oder von H. führen müssen, während der Ausgang der übrigen Prozesse zum mindesten zweifelhaft gewesen sei. Der Konkursverwalter im Konkurs des Kr. verweigere aber die Herausgabe, und diejenigen, die auf die vorhandenen Waren Ansprüche erhöben, seien zu einer Anerkennung der von der Klägerin geltend gemachten Rechte nicht bereit. Bei dieser Sachlage sehe das Berufungsgericht gleich dem Landgericht den Versicherungsfall als gegeben an. Denn die Versicherung decke H. gegen „Veruntreuungen aller Art". Durch die zahlreichen Übereignungen derselben Waren, also durch ungetreues Verhalten, hätten L. und Kr. diese verworrene Lage herbeigeführt. H. habe die Möglichkeit verloren, wie ein Eigentümer zu verfügen. Sie sei genötigt gewesen, ihre Rechte in zahlreichen äußerst zweifelhaften, zum Teil wenig aussichtsreichen und sehr kostspieligen Prozessen zu erkämpfen. Das sei ihr nicht zuzumuten gewesen. Nur dann, wenn die Beklagten sich erboten hätten, die Kosten zu decken, hätten sie die Durchführung der Rechte der Firma H. im Prozeßwege zur Feststellung des eingetretenen Verlustes und seines Umfanges verlangen können. Sie hätten aber abgelehnt, sich mit der Angelegenheit zu befassen. Deshalb sei der Klägerin und H. nichts übriggeblieben, als sich zur Verminderung des Schadens zu vergleichen. Die Beklagten hätten nach Treu und Glauben sich nicht darauf berufen können, daß die Klägerin sich nicht hätte vergleichen dürfen, zumal sie selbst die Notwendigkeit des Vergleiches im Rechtsstreit anerkannt hätten. Deshalb sei der Klaganspruch dem Grunde nach gerechtfertigt.

b) Diesen Ausführungen des Berufungsgerichts ist im wesentlichen beizupflichten. Die Versicherung war abgeschlossen als sogenannte „laufende Versicherung" (§ 187 Abs. 2 VVG.), also als Schadensversicherung, bei der die versicherten Interessen bei Abschluß des Vertrags nur der Gattung nach bezeichnet und erst nach ihrem Entstehen dem Versicherer im einzelnen aufgegeben werden (vgl. Gerhard-Hagen VVG. S. 249 und Berliner in J.R.P.V. 1931 S. 250 flg.). Versichert waren nicht die Waren, das Gut; versichert ist nach dem vom Revisionsgericht frei auszulegenden Inhalt der Police die für den, „den es angeht", zu dem Gute bestehende Beziehung, insofern ihr für ihn ein Wert zukommt und insofern ihr bestimmte Gefahren, hier während der Lagerung, drohen. Denn bei der gesamten Schadensversicherung ist an die Stelle der versicherten Sache das versicherte Interesse getreten. Die Beziehung zur Sache stellt wie Bruck (PVR. S. 475 flg.) zutreffend ausführt, einen Wert dar. Die Verminderung oder Vernichtung dieses Wertes infolge Eintritts des Versicherungsfalls ist das, was der Versicherer dem Versicherten auszugleichen hat. Nun handelt es sich, wie gesagt, um eine laufende Versicherung „für Rechnung, wen es angeht"; dadurch ist der Grundsatz der Bestimmtheit des Interesses der Person nach beeinflußt. Es genügt hier die objektive Bestimmtheit des Berechtigten. Die Beziehung dieser hiernach subjektiv (d. h. zwischen den Vertragsparteien) unbestimmten Person zu dem Gute kann nun höchst vielgestaltig sein; sie kann schuldrechtlicher oder dinglicher Natur sein; sie kann (wie Bruck a. a. O. S. 488 ausführt) insbesondere das Eigentümer-Interesse oder Eigentums-Interesse umfassen. Daß beides nicht dasselbe ist, bedarf keiner Erläuterung. Nun spricht bei der vorliegenden Police nichts dafür, daß das Eigentums-Interesse und nicht vielmehr das Eigentümer-Interesse versichert sein sollte. Schon die Klausel „für Rechnung, wen es angeht" weist auf das letztere hin. Denn die Frage, worin das versicherte Interesse besteht, entscheidet sich aus dem Wesen der Beziehung als den Vorteil, den das Gut dem Interessenten bietet. Jeder also, der eine rechtliche Beziehung zur Ware erlangte, deren Wert durch den Eintritt des versicherten Gefahrfalls vernichtet oder gemindert werden konnte, war dieser Interessent. Und aus der Fassung der Versicherungsbedingungen, daß die deklarierten Versicherungswerte außer dem Wert der Ware (nach der Taxe), der Fracht, den Spesen und Kosten auch „imaginären Gewinn, gleichviel wie hoch", enthalten dürfen, ergibt sich weiter klar, daß nicht das Substanz-Interesse (Bruck a. a. O. S. 492), sondern das Gewinn-Interesse versichert war. Infolgedessen hat der Versicherer des Gewinn-Interesses im Rahmen der Taxe den Schaden zu ersetzen, der durch Nichtverwirklichung des Gewinns entsteht. Hiernach konnte die Versicherungsbedingung, daß das Gut durch laufende Police „für Rechnung, wen es angeht" während einer Lagerung „gegen . . . Veruntreuungen aller Art" versichert sei, nur dahin verstanden werden, daß der Versicherte gegen den Schaden, der ihm durch Veruntreuungen aller Art entstehen würde, von den Versicherern gedeckt werden müsse. Hier kommt also nicht etwa nur eine Versicherung gegen den Verlust des Eigentums in Frage, sondern eine solche gegen die Gefahren, die dem eben gekennzeichneten Interesse an dem Gute während der Lagerung durch Veruntreuungen aller Art entstehen würden. Dieser Schaden kann auch darin bestehen, daß die Klägerin, sei es als Abtretungsempfängerin, sei es als diejenige, „die es angeht", über die Ware nicht mehr so verfügen kann, wie sie darüber verfügen könnte, wenn sie Eigentümerin wäre. Daß sie das zunächst nicht kann, steht fest. Ob sie es letzten Endes können wird, hängt davon ab, ob es ihr möglich ist, im Prozeßwege ihre Rechte durchzusetzen. Ob das möglich ist und ob es ihr zugemutet werden kann, kann nur nach den gesamten Umständen des einzelnen Falls beurteilt werden. Das Berufungsgericht hat das verneint. Aus Rechtsgründen ist dagegen nichts zu erinnern. Gegen die Beurteilung der tatsächlichen und der Rechtslage, durch die das Berufungsgericht zu dem Schluß der Unmöglichkeit oder doch der Unzumutbarkeit gelangt ist, hat denn auch die Revision nichts Beachtliches vorgebracht. Daß der Klägerin diese Geltendmachung ihrer Rechte dann zuzumuten wäre, wenn nicht das Verhalten des Konkursverwalters im Konkurs Kr. und der Ansprüche erhebenden, sowie insbesondere die Ablehnung der Beklagten hinsichtlich der Prozeßkosten entgegenständen, hat das Berufungsgericht anerkannt.

c) Die Revision hält diese Auffassung für unmöglich, aber mit Unrecht. Denn sie verkennt den Gegenstand dieses Teils der Versicherung, die, wie bereits erwähnt, sich keineswegs auf den Verlust des Eigentums beschränkte, sondern sich auf die Wertminderung oder Vernichtung der versicherten Interessen durch „Veruntreuungen aller Art" hinsichtlich der versicherten Warenmengen bezog. Dies ist im Gegensatz zur Annahme der Revision ein durchaus bestimmter Tatbestand, der allerdings keineswegs gleichbedeutend ist mit dem Verlust des Eigentums. Vielmehr ist der Versicherungsfall nach dem Ausgeführten dann eingetreten, wenn die Beziehung dessen, „den es angeht", zur Sache, als der Vorteil, den das Gut dem Interessenten gewährt, eine Wertminderung oder -vernichtung erfuhr. Daß das geschehen ist, hat das Berufungsgericht für den vorliegenden Fall ohne Rechtsirrtum aus den besonderen Umständen des Falls entnommen. Es hat dabei die Grenzen des § 287 ZPO. nicht überschritten, wenn es unter Würdigung aller Umstände, darunter auch des Verhaltens der Beklagten, zu dem Schluß kommt, ein solcher Schaden sei entstanden.

Bei dieser Rechtslage kann keine Rede davon sein, daß (wie die Revision meint) eine solche Versicherung eine Art von Haftpflichtversicherung darstellen würde, welche auch die Abwehr unbegründeter Ansprüche zum Gegenstand hätte.

Nach dem Ausgeführten kann im wesentlichen dahingestellt bleiben, ob nicht nach den Feststellungen des Berufungsgerichts ein Sachverhalt vorliegt, der nach den Grundsätzen des Beweises nach dem ersten Anschein zu Gunsten der Klägerin zunächst den Eintritt des Versicherungsfalls annehmen läßt. Soweit das Berufungsgericht diesen Eintritt ohne Rechtsirrtum bereits festgestellt hat, kommt hierauf nichts mehr an. Soweit dies jedoch nicht ohne Rechtsirrtum geschehen ist, wird das Berufungsgericht bei der erneuten Verhandlung zu prüfen haben, ob die Grundsätze, die von der Rechtsprechung namentlich bei der Einbruchsdiebstahls- und Beraubungsversicherung hinsichtlich des Wahrscheinlichkeitsbeweises aufgestellt sind, auch für eine Veruntreuungsversicherung der hier vorliegenden Art Anwendung finden können . . .

Das Berufungsgericht hat nicht verkannt, daß es darauf ankam, inwieweit die Lage der Klägerin zur Zeit der letzten mündlichen Verhandlung vor dem Tatrichter gleichzuachten war der Lage, in der sie oder die Firma H. bei Verlust des Eigentums an der Ware (oder auch ohne Verlust des Eigentums der Ware selbst) durch Veruntreuung sich befunden hätte. Soweit diese Gleichstellung anzunehmen war, waren die Taxen der Schadensregelung ohne weiteres zugrunde zu legen. Soweit aber die Klägerin in jenem Zeitpunkt Aussicht hat, noch einen Anteil am Erlöse der Waren zu erhalten, hat sie einen Schaden des im Vorausgegangenen näher bezeichneten Inhalts noch nicht erlitten. Insoweit ist dann eben der Versicherungsfall noch nicht eingetreten.

Nach den Feststellungen des Berufungsgerichts traf nun die Voraussetzung jener Gleichsetzung auf den weitaus größten Teil der versicherten Waren zur Zeit der letzten mündlichen Verhandlung vor dem Berufungsgericht bereits zu, aber nicht auf alle. Denn das Berufungsgericht rechnet ebenso wie die Klägerin selbst damit, daß diese auf Grund des Vergleichs noch einen Anteil am Erlöse für einen gewissen Teil der Ware erhalten werde. Insoweit durfte das Berufungsgericht ein Urteil über den Betrag noch nicht erlassen. Es geht nicht an, in den Urteilsgründen eine „nachträgliche Verrechnung" zuzulassen und gegebenenfalls den rechtskräftig zur Tabelle festgestellten Betrag nachträglich zu kürzen. Der Weg, in dem dergleichen geschehen soll, kann vom Berufungsgericht auch nicht gezeigt werden. . . .

RGZ. 148, 137.

1. Wird die Rechtswirksamkeit der Abtretung eines auf Vertragsverletzung gestützten Schadensersatzanspruchs dadurch in Frage gestellt, daß die Vertragshaftung zur Herstellung desselben wirtschaftlichen Zustandes führt, der bestehen würde, wenn die Haftung auch auf Grund unerlaubter Handlung bestände und ein hierauf gestützter Anspruch nicht abtretbar wäre?

2. Geht im Falle der Haftpflichtversicherung für fremde Rechnung durch die Zahlung seitens des Versicherers der Anspruch des Dritten auf den Versicherer über?

3. Kann im Falle der Haftpflichtversicherung dem Anspruch des Versicherers, der auf Abtretung des Anspruchs aus § 1542 RVO. und des Anspruchs des Verletzten gestützt wird, entgegengehalten werden, daß der Versicherte, für den der Versicherer Zahlung geleistet hat, dem Beklagten ausgleichspflichtig sei?

BGB. §§ 278, 400, 831, 843. ZPO. § 850 Abs. 3. Gesetz über den Versicherungsvertrag vom 30. Mai 1908 (RGBl. S. 263) – VVG. – §§ 67, 74. RVO. § 1542. KFG. § 17.

VI. Zivilsenat. Urt. v. 6. Juni 1935.

Die Entscheidung ist abgedruckt unter „Bürgerliches Recht der Schuldverhältnisse 2".

RGZ. 149, 365.

Besteht bei mehrfacher Haftpflichtversicherung für dieselbe Gefahr im Schadensfall eine Ausgleichungspflicht unter den Versicherern?

VVG. § 59. BGB. § 426.

VII. Zivilsenat. Urt. v. 6. Dezember 1935.

I. Landgericht Köln. — II. Oberlandesgericht daselbst.

Die Firma St. in J. war bei der Klägerin gegen von ihrem Hunde angerichtete Haftpflichtschäden mehrere Jahre lang bis Ende Februar 1932 versichert. Am 26. April 1931 erlitt der Maurer O. in St. dadurch einen schweren Unfall, daß er während der Fahrt auf dem Kraftrade mit dem Hunde der Firma St. zusammenstieß. Am 2. Februar 1932 biß derselbe Hund den Kohlenhändler Br. in J. Die Klägerin regelte im Vergleichswege die Schadensfälle, indem sie nach ihrer Angabe an O. 20094,04 RM und an Br. 175 RM vergütete.

Sie hat behauptet, zur Zeit, in der sich diese Fälle ereigneten, sei die Firma St. gleichzeitig auch bei der Beklagten gegen Haftpflichtschäden wegen des Hundes versichert gewesen. Sie nimmt die Beklagte als ausgleichspflichtig gemäß § 59 VVG. und § 426 BGB. in Anspruch und verlangt von ihr die Zahlung der Hälfte der von ihr aufgewendeten Summen, also von 10047,02 RM und 87,50 RM mit Zinsen.

Beide Vorinstanzen haben die Klage abgewiesen. Die Revision der Klägerin blieb erfolglos.

Gründe:

Der Berufungsrichter geht davon aus, daß die Firma St. beim Eintritt der Schadensfälle, mindestens aber des Schadensfalls O., gleichzeitig bei beiden streitenden Versicherungsgesellschaften gegen Haftpflichtschäden durch ihren Hund versichert gewesen sei, wenn auch nicht mit völlig gleicher Begrenzung der Deckungssummen. Er kommt aber zu dem Ergebnis, daß trotz dieser gleichzeitigen Versicherung die Klägerin hinsichtlich der von ihr gezahlten Entschädigungen von der Beklagten keinen Ausgleich fordern könne, und zwar weder nach § 59 VVG. noch nach § 426 BGB.

Das Berufungsurteil verneint das Vorliegen einer Doppelversicherung im Sinn des § 59 VVG. Deren Regelung sei — so führt es aus — auf dem Verhältnis der Versicherungssummen zu einem bestimmten Versicherungswert aufgebaut; sie könne deshalb grundsätzlich dann keine Anwendung finden, wenn es an einem bestimmten Versicherungswert fehle; dies treffe aber für die Haftpflichtversicherung regelmäßig zu. Bei dieser Versicherungsart bestehe das Interesse in der Abwendung der Gefahr des Versicherungsnehmers, für den einem Dritten entstandenen Schaden mit seinem ganzen Vermögen aufkommen zu müssen. Das Interesse stehe daher nicht (wie z. B. bei der Feuer- und Einbruchsversicherung) in unmittelbarer Beziehung zu einer Sache, der eine Gefahr drohe; infolgedessen sei hier der Wert des Interesses nicht bestimmbar. Die Möglichkeit einer Inanspruchnahme auf Schadensersatz aus einem bestimmten Ereignis durch einen Dritten sei vielmehr unbegrenzt. Demzufolge könne von einem Versicherungswert bei der Haftpflichtversicherung grundsätzlich keine Rede sein. Auch bei der Annahme, daß in solchen Fällen, wo unbegrenzte Deckung übernommen sei, eine Doppelversicherung im Sinn des § 59 VVG. in Betracht gezogen werden könne, scheide diese Möglichkeit im vorliegenden Fall aus, weil hier die Entschädigungen auf bestimmte Beträge beschränkt gewesen seien.

Auch eine rechtsähnliche Anwendung des § 59 VVG. auf die Haftpflichtversicherung hält der Berufungsrichter nicht für veranlaßt. Eine solche würde nach seiner Meinung über den Umfang des Anwendungsgebietes, wie er in der Begründung zum Entwurf eines Versicherungsvertragsgesetzes ins Auge gefaßt worden sei, hinausreichen. Dem Gesetzgeber sei es vor allem darum zu tun gewesen, im Gegensatz zum bisherigen Seeversicherungsrecht und zu den Versicherungsgesetzen anderer Länder festzulegen, daß die Doppelversicherung an sich zulässig sei, wobei sich jedoch der Versicherungsnehmer selbstverständlich mittels der Doppelversicherung keine mehrfache Vergütung für denselben Schaden verschaffen dürfe; wenn hier gleichzeitig Bestimmung über eine Ausgleichspflicht der mehreren Versicherer getroffen worden sei, so beruhe dies vor allem darauf, daß man auf Grund der bisherigen Rechtsprechung des Reichsgerichts annehmen zu können glaubte, daß bei der Doppelversicherung ein Gesamtschuldverhältnis im Sinn des bürgerlichen Rechts vorliege. Übrigens könne die Ausgleichspflicht des § 59 VVG. sogar das Interesse des Versicherungsnehmers verletzen; regelmäßig bestehe nämlich nach den Versicherungsbedingungen für den Versicherer ein Kündigungsrecht, wenn auf Grund eines Versicherungsfalls Zahlung geleistet oder der Haftpflichtanspruch rechtshängig geworden sei. So wäre auch die Firma St., wenn man die Anwendung des § 59 VVG. zuließe, der Gefahr der Kündigung ihrer beiden Versicherungen ausgesetzt gewesen, weil ihre Verträge ebenfalls jene Kündigungsklausel enthalten hätten.

Auch für die Anwendung des § 426 BGB. auf das Verhältnis unter den Parteien sei — so meint das Berufungsgericht weiter — kein Raum. Denn es liege hier kein echtes Gesamtschuldverhältnis vor, sondern eine sog. „unechte Solidarobligation", da die beiden Versicherer nur zufällig und ohne inneren Zusammenhang gleichartige Leistungen an ein und denselben Gläubiger in der Weise schuldig geworden seien, daß der wirtschaftliche Zweck der Schuldverpflichtungen durch einmalige Leistung an den Gläubiger erreicht werde und deshalb der Gläubiger nur einmal Zahlung verlangen könne.

Im Ergebnis ist der Meinung des Berufungsrichters beizutreten.

Nach der vor Erlaß des Versicherungsvertragsgesetzes vom 30. Mai 1908 herrschenden Auffassung war eine Doppelversicherung vorhanden, wenn dasselbe Interesse an denselben Gegenständen für dieselbe Zeit gegen dieselben Gefahren bei mehreren Versicherern in der Weise versichert war, daß die sämtlichen Versicherungen den Versicherungswert überstiegen. Das Versicherungsvertragsgesetz, das als ein besonders sorgfältig bearbeitetes Gesetz gerühmt worden ist und dessen Entstehungsgeschichte auf den — im engeren Kreise beratenen — Entwurf von 1902 zurückreicht, hat die schon vorher vielfach besprochene Frage der Doppelversicherung, ihre Zulässigkeit grundsätzlich bejahend, in § 59 Abs. 1 dahin entschieden, daß eine „Doppelversicherung" dann vorliege, wenn „ein Interesse gegen dieselbe Gefahr bei mehreren Versicherern versichert ist und die Versicherungssummen zusammen den Versicherungswert übersteigen". Es hat zugleich das für diesen Fall angeordnete Gesamtschuldverhältnis unter den mehreren Versicherern in der Weise ausgestaltet, daß die Versicherer im Verhältnisse zueinander so ausgleichungspflichtig sind, wie es § 59 Abs. 2 VVG. bestimmt. Diese Regelung hat praktische Bedeutung für die Fälle, daß die mehreren Versicherer unabhängig voneinander, zufällig und ohne inneren Zusammenhang die Versicherungen übernehmen, also für die Fälle der sog. unechten Gesamtschuld; denn wenn sie sich durch Vertrag gemeinschaftlich zur Versicherungsleistung verpflichten, so besteht ein Gesamtschuldverhältnis unter ihnen mit Ausgleichspflicht und Ersatzhaftung schon nach den allgemeinen Bestimmungen der §§ 427, 426 BGB., es sei denn, daß etwas anderes vereinbart wäre. Es ist aber zu beachten, daß die Anordnung im § 59 Abs. 1 und 2 VVG. eine Ausnahmeregelung darstellt, die keinesfalls ausdehnend ausgelegt und angewendet werden darf. Bis zum Erlaß des Versicherungsvertragsgesetzes war die Doppelversicherung auf weiten Rechtsgebieten, insbesondere im Bereiche der Seeversicherung und auf Grund verschiedener landesgesetzlicher Bestimmungen, ausgeschlossen, ja zum Teil sogar verboten und strafbar. Für die Seeversicherung (§§ 787, 788 HGB.) hat erst das gleichzeitig mit dem Versicherungsvertragsgesetz erlassene Gesetz betreffend Änderung der Vorschriften des Handelsgesetzbuchs über die Seeversicherung vom 30. Mai 1908 (RGBl. S. 307) eine dem § 59 VVG. entsprechende

Regelung geschaffen. Danach ist anzunehmen, daß man sich mit allem Vorbedacht auf den Fall beschränkt hat, daß die Versicherungssummen zusammen den Versicherungswert übersteigen, und daß jene Regelung nicht gelten soll und nicht gelten kann, wenn diese Voraussetzung nicht gegeben ist.

Nun entspricht es aber der allgemeinen Auffassung, daß der Haftpflichtversicherung ein Versicherungswert unbekannt ist. Unter dem Versicherungswert versteht das Gesetz nach seiner — zum Fall der Überversicherung (§ 51 VVG.) gegebenen — Begriffsbestimmung den Wert des versicherten Interesses; darunter kann aber nichts anderes verstanden sein, als der Wert, den der Versicherungsnehmer zur Zeit des Vertragsabschlusses dem versicherten Interesse beilegt. Ein solcher Wert kann bei der Haftpflichtversicherung, im Gegensatz zu anderen Schadensversicherungen, nicht vorhanden sein, weil bei ihr die Gefahr der Belastung mit Ansprüchen Dritter nicht einem bestimmten Gegenstande oder bestimmten Gegenständen, sondern dem gesamten Vermögen des Versicherungsnehmers, und zwar grundsätzlich in unbegrenztem Umfange droht. Diese Gefahr ist unübersehbar und unmeßbar; man kann sie im voraus, zur Zeit des Versicherungsbeginns, niemals bestimmen, sondern nur für den einzelnen Vertrags- oder Versicherungsfall vertragsmäßig beschränken, wie es vielfach geschieht und auch bei den in Frage stehenden Versicherungen der Parteien geschehen ist. Aber einen bestimmbaren Versicherungswert kann es bei der Haftpflichtversicherung nicht geben. Aus dieser in ihrem begrifflichen Aufbau liegenden Verschiedenheit dieser Versicherungsart von anderen Schadensversicherungen folgt, daß eine Anzahl von Vorschriften für die gesamte Schadensversicherung (§§ 49 flg. VVG.) auf sie nicht anwendbar sein kann. Vielmehr können diese allgemeinen Vorschriften, wie schon in der amtlichen Begründung zum Entwurf eines Versicherungsvertragsgesetzes (Reichstagsvorlage vom 29. April 1907, Drucks. 12. Legislaturperiode I. Session 1907 Nr. 364 Anlage 1 S. 145) hervorgehoben ist, für die Haftpflichtversicherung nur gelten, soweit sich nicht aus dem Gegenstand und der Natur dieser Versicherungsart ein anderes von selbst ergibt. Unter diesem Gesichtswinkel betrachtet, haben für die Haftpflichtversicherung vor allem diejenigen Vorschriften keine Geltung, die — wie die §§ 52, 69 bis 73 VVG. — voraussetzen, daß die Versicherung eine Sache betrifft. Alsdann wird (a. a. O.) auf den bedeutsamen Umstand verwiesen, daß sich bei der Haftpflichtversicherung der Umfang der Verbindlichkeiten, welche dem Versicherungsnehmer möglicherweise entstehen werden, regelmäßig einer Schätzung entzieht, daß also der Wert des versicherten Interesses hier nicht festgestellt werden kann; dementsprechend bleibe kein Raum für die Vorschriften des Entwurfs, die einen bestimmten Versicherungswert voraussetzen und aus dem Verhältnisse dieses Wertes zu der Versicherungssumme Folgerungen ableiten, insbesondere für die Vorschriften über die Überversicherung und die Unterversicherung (§§ 51, 56, 57). Da sich die Unanwendbarkeit aller dieser Vorschriften — so heißt es an der angegebenen Stelle der amtlichen Begründung weiter — aus dem Mangel wesentlicher Voraussetzungen mit Notwendigkeit ergebe, so bestehe kein Bedürfnis, sie im Gesetz noch ausdrücklich auszusprechen; dies erübrige sich auch für die Vorschrift des § 53 über die Versicherung entgangenen Gewinns, die für die Haftpflichtversicherung gegenstandslos sei, sowie für den § 64, der zu seiner Anwendung voraussetze, daß die Vertragsteile vereinbart haben, die Höhe des Schadens durch Sachverständige feststellen zu lassen. Es fällt allerdings auf, daß hier die Nichtanwendbarkeit des § 59 auf die Haftpflichtversicherung nicht ausdrücklich erwähnt ist. Aber umgekehrt sind in der Liste der allgemeinen Bestimmungen über die Schadensversicherung, die nach der amtlichen Begründung auf die Haftpflichtversicherung anwendbar sein sollen (a. a. O. S. 146), aufgeführt zwar § 49 (Schadensersatzleistung in Geld), § 50 (Haftung nur bis zur Höhe der Versicherungssumme sowohl für den Fall, daß für die Gesamtleistung des Versicherers aus dem Vertrag eine Summe bestimmt wird, wie für den Fall, daß im Vertrage die Entschädigungspflicht hinsichtlich der einzelnen Versicherungsfälle dem Betrage nach begrenzt ist) und § 55 (Begrenzung der Leistungspflicht des Versicherers durch die Höhe des dem Versicherungsnehmer erwachsenen Schadens), nicht aber § 59. Zudem brauchte nach dem vom Gesetzgeber in der amtlichen Begründung kundgegebenen Standpunkt die Nichtanwendbarkeit des § 59 VVG. auf die Haftpflichtversicherung nicht besonders hervorgehoben zu werden; denn hier handelt es sich gerade um eine jener Vorschriften, die einen bestimmten Versicherungswert voraussetzen und aus dem Verhältnisse dieses Wertes zur Versicherungssumme Folgerungen ableiten.

Ist danach anzunehmen, daß der Gesetzgeber die Anwendung des § 59 VVG. auf die Haftpflichtversicherung ausschließen wollte und diesen Willen gerade durch das Erfordernis eines die Versicherungssummen übersteigenden Versicherungswertes als Voraussetzung der für den Fall der Doppelversicherung geltenden Ausgleichungspflicht der mehreren Versicherer zum Ausdruck gebracht hat, so kann die Vorschrift des § 59 VVG. weder unmittelbar noch auch nur entsprechend auf die Haftpflichtversicherung angewendet werden. Denn auch innere Gründe, die etwa aus den dieser Gesetzesregelung innewohnenden Rechtsgedanken oder aus einer überwiegenden Zweckmäßigkeit abgeleitet werden könnten, sind nicht vorhanden. Im Gegenteil müssen die Gründe, die den Gesetzgeber veranlaßt haben, die Haftpflichtversicherung von der Anwendung des § 59 VVG. auszuschließen, aus dem besonderen Wesen dieser Versicherungsart entnommen und erklärt werden. Es kann deshalb dahinstehen, ob die Erwägungen als irgendwie wesentlich anerkannt werden müßten, die der Berufungsrichter für die Nichtanwendbarkeit des § 59 VVG. noch anführt — daß es nämlich dem Gesetzgeber bei dieser Regelung vornehmlich auf die Festlegung der grundsätzlichen Zulässigkeit der Doppelversicherung angekommen sei und daß eine Ausgleichungspflicht im Hinblick auf das für den Versicherer bedungene Kündigungsrecht für den Fall des Schadenseintritts dem Versicherungsnehmer nachteilig sein könnte — und es braucht deshalb auf die insoweit erhobenen Angriffe der Revision nicht weiter eingegangen zu werden.

Die Eigenart der Haftpflichtversicherung bringt es nämlich mit sich, daß bei dieser Versicherungsart das Bestehen und der Umfang der Ersatzpflicht oft erst geraume Zeit nach Eintritt des Versicherungsfalls, sei es im Wege der Verhandlungen mit dem Verletzten, sei es im Wege des Rechtsstreits, und zwar auf diesem Wege regelmäßig nur zwischen dem Verletzten und dem haftpflichtigen Versicherungsnehmer, ermittelt werden können, während dies bei den anderen Arten der Schadensversicherung, wo sich der Schaden oft durch Sachverständige ohne weiteres schätzen läßt, in der Regel nicht der Fall ist. Insofern liegen die Fälle schon tatbeständlich verschieden. Es ist auch nicht ohne weiteres anzunehmen, daß der im § 59 Abs. 2 VVG. vorgesehene Maßstab für die Ausgleichungshaftung der mehreren Versicherer bei der Haftpflichtversicherung in allen Fällen der Billigkeit entsprechen würde, namentlich dann nicht, wenn — wie hier — zwar jede Versicherung den vollen Schaden decken würde, aber die vereinbarten Höchstbeträge verschieden bemessen und deshalb auch die von den Gesellschaften vereinnahmten Versicherungsbeiträge verschieden hoch sind. Das Wesen der Haftpflichtversicherung besteht, mag dies auch in den Allgemeinen Versicherungsbedingungen der einzelnen Gesellschaften verschieden ausgedrückt sein, darin, daß der Versicherer dem Versicherungsnehmer die Leistung zu ersetzen hat, die dieser auf Grund seiner Verantwortlichkeit für eine während der Versicherungszeit eintretende Tatsache an einen Dritten zu bewirken hat (§ 149 VVG.). Nach den Allgemeinen

Versicherungsbedingungen beschränkt sich aber in aller Regel die Verpflichtung des Versicherers keineswegs auf den Ersatz der Entschädigung, welche der Versicherungsnehmer auf Grund eines vom Versicherer abgegebenen oder genehmigten Anerkenntnisses, eines von ihm abgeschlossenen oder genehmigten Vergleichs oder einer richterlichen Entscheidung zu zahlen hat, sondern die Leistung des Versicherers besteht, der Natur der Haftpflichtversicherung gemäß, auch in der Prüfung der Haftpflichtfrage und in der Abwehr unberechtigter Ansprüche; einen etwaigen Rechtsstreit über den Anspruch des Geschädigten gegen den Versicherungsnehmer führt die Versicherungsgesellschaft im Namen des Versicherungsnehmers auf ihre Kosten (vgl. die Allgemeinen Versicherungsbedingungen der Beklagten im § 3 II 1 und 3). Der auf dem Haftpflichtversicherungsvertrag beruhende Anspruch des Versicherungsnehmers gegen den Versicherer ist mithin nach seiner inneren Natur gerichtet auf Befreiung des Versicherungsnehmers von dem Angriff des Dritten durch Gewährung von Rechtsschutz und nach Befriedigung des Dritten oder Anerkennung oder Feststellung seines Anspruchs auf Befreiung des Vermögens des Versicherungsnehmers von der ihm obliegenden Verpflichtung (vgl. Bruck VVG. Vorbem. vor §§ 149 bis 158 Bem. 5 und die dort bezeichneten Entscheidungen). In der Form der Schuldbefreiung wird sich auch bei der praktischen Handhabung die Erledigung des Versicherungsfalls und der daraus erwachsenden Verpflichtungen regelmäßig abwickeln, wobei die unmittelbare Mitwirkung des Versicherers bei der Prüfung der Haftpflichtfrage, die gerichtliche Austragung des Streits mit dem Verletzten und die endgültige Beilegung der Meinungsverschiedenheiten mit diesem über Grund und Höhe seiner Ansprüche eine wesentliche Rolle spielen. Hierbei handelt es sich um Besonderheiten gegenüber den übrigen Schadensversicherungen, die es verständlich erscheinen lassen, daß der Gesetzgeber die für die Doppelversicherung geltenden Vorschriften auf solche Fälle beschränkt hat, in denen ein beim Vertragsabschlusse vorhandener, bestimmter Versicherungswert in ein Verhältnis zu den Versicherungssummen gesetzt werden kann. Dies ist auch in den Vorschriften der §§ 58 und 60 VVG. vorausgesetzt, deren Anwendung sonst nicht in Betracht kommen könnte. Damit aber entfällt die Möglichkeit, daß innere Gründe dafür geltend zu machen wären, welche die unmittelbare oder auch nur entsprechende Anwendung des § 59 VVG. über die Grenzen des dort geregelten Falls hinaus als notwendig oder auch nur statthaft erscheinen lassen könnten. Denn daß bei der Haftpflichtversicherung der Versicherungsnehmer die mehreren Versicherer über den Betrag des ihm erwachsenen Haftpflichtschadens hinaus in Anspruch nehmen könnte, ist schon durch § 55 VVG. ausgeschlossen, wie es auch dem Grundgedanken des Gesetzes entspricht, daß ein Versicherungsschaden nur insoweit entstehen, also auch nur insoweit ersatzfähig sein kann, als eine versicherte Beziehung vorhanden ist. Eine solche ist bei der Haftpflichtversicherung nicht mehr gegeben, soweit einer der mehreren Versicherer in Anspruch genommen ist und sein Eintreten zur Befriedigung des Geschädigten und damit zur Befreiung des Versicherungsnehmers geführt hat. In diesem Umfang kann schon begrifflich eine Inanspruchnahme der anderen Versicherer, auch abgesehen von dem Falle des § 59 Abs. 3 VVG., nicht mehr in Frage kommen.

Auch daß der Berufungsrichter den § 426 BGB. auf den vorliegenden Fall nicht für anwendbar erachtet hat, ist rechtlich nicht zu beanstanden. Hierbei bedarf es nicht der Prüfung, ob etwa § 59 VVG. eine ausschließliche Regelung für das ganze Gebiet der Privatversicherung enthält. Man kann, wie schon hervorgehoben, unbedenklich davon ausgehen, daß mehrere Versicherer, die im Einvernehmen miteinander ein Interesse gegen dieselbe Gefahr versichern, schon nach allgemeiner Regel (§ 427 BGB.), sofern mit dem Versicherungsnehmer nichts anderes vereinbart ist, als Gesamtschuldner haften und infolgedessen untereinander gemäß § 426 BGB. ausgleichungspflichtig sind. Dies entspricht auch der vom Gesetzgeber in der amtlichen Begründung niedergelegten Auffassung (Begründung a. a. O. S. 72). Die Bestimmung des § 59 VVG. geht darüber hinaus, indem sie unter der dort gesetzten Voraussetzung (die Versicherungssummen müssen zusammen den Versicherungswert übersteigen) ein Gesamtschuldverhältnis für die Schadensversicherung auch dann entstehen läßt, wenn die mehreren Versicherer nur zufällig und ohne inneren Zusammenhang ein Interesse gegen dieselbe Gefahr versichert haben. Auf diese Fälle der Doppelversicherung sollen nach der in der amtlichen Begründung ausgesprochenen Meinung des Gesetzgebers die Vorschriften des § 426 BGB. nur insofern keine Anwendung finden, als dort der Grundsatz aufgestellt ist, daß die Gesamtschuldner im Verhältnisse zueinander zu gleichen Teilen verpflichtet sind, während § 59 Abs. 2 Satz 1 VVG. die mehreren Versicherer im Verhältnis zueinander zu Anteilen nach Maßgabe der Beträge haften läßt, deren Zahlung ihnen dem Versicherungsnehmer gegenüber vertragsmäßig obliegt. § 59 VVG. ist also fraglos auf jene Fälle „unechter Solidarität" zugeschnitten, in denen ein gemeinschaftlicher Verpflichtungsgrund oder eine sonstige vertragliche Rechtsgemeinschaft unter den mehreren Versicherern nicht besteht.

Demnach liegt hier eine ausgesprochene Ausnahmeregelung vor, die nicht auf Verhältnisse ausgedehnt werden kann, für die sie nach der erkennbaren Absicht des Gesetzgebers nicht bestimmt ist. Das ist aber, wie oben ausgeführt, bei der Haftpflichtversicherung der Fall. Deshalb kann auch zur Begründung einer abweichenden Meinung nicht auf die gesamtschuldnerische Haftung der mehreren Mitbürgen, wie sie in den §§ 769, 774 Abs. 2 BGB. geregelt ist, verwiesen werden. Denn auch wenn hierin ein allgemein gültiger Rechtsgedanke ausgedrückt sein sollte, so würde dieser für das Verhältnis, das bei der Haftpflichtversicherung unter mehreren Versicherern auf Grund zufälligen Zusammentreffens mehrerer auf dasselbe Interesse und dieselbe Gefahr bezüglicher Versicherungsverträge besteht, nicht in Betracht zu ziehen sein, weil das Versicherungsvertragsgesetz das dort geregelte Gesamtschuldverhältnis in der vorerwähnten Weise ausdrücklich eingeschränkt hat.

RGZ. 153, 135+.

1. Muß der Versicherungsnehmer bei der Einbruchsdiebstahlversicherung beweisen, daß die Wegnahme der Sachen gegen seinen Willen erfolgt ist?

2. . . .

Gesetz über den Versicherungsvertrag vom 30. Mai 1908 (RGBl. S. 263) – VVG. – § 61.

VII. Zivilsenat. Urt. v. 11. Dezember 1936.

I. Landgericht Berlin. — II. Kammergericht daselbst.

Der Kläger, der Inhaber einer Kleiderfabrik in B., Pr. Straße 13, ist, besaß außer seinem dort befindlichen Geschäftsladen einen Kellerraum in der Pr. Straße 46 auf dem zweiten Hof, der zur Einlagerung eines Teils seiner Waren und als Arbeitsraum für den Zuschneider diente. Dieser Raum war durch eine eiserne Tür verschließbar. Die Schlüssel zu den Schlössern wurden regelmäßig im Geschäft in der Pr. Straße 13 aufbewahrt. Der Kläger hatte die in dem Kellerraum liegenden Waren bei der Beklagten gegen Einbruchsdiebstahl versichert. Am 27. Juli 1931 zeigte er der Beklagten an, in den Lagerraum sei ein Einbruch verübt worden. Von den nach § 15 der Allgemeinen Versicherungsbedingungen – AVB. – tätigen Sachverständigen ist der Schaden auf 11 100 RM geschätzt worden.

Die Beklagte hat Ersatz des Schadens unter anderem deshalb abgelehnt, weil es sich um einen vorgetäuschten Einbruch handle.

Das Landgericht wies die Klage ab, das Berufungsgericht gab dem auf Zahlung von 11 100 RM nebst Zinsen gerichteten Antrag statt.

Die Revision der Beklagten blieb erfolglos aus folgenden

Gründen:

Der Berufungsrichter führt aus, der Kläger müsse beweisen, daß ein Einbruchsdiebstahl verübt worden sei; er brauche aber nach der Regel des im Versicherungsrecht geltenden Beweises des ersten Anscheins nur einen Sachverhalt darzutun, der nach dem regelmäßigen Zusammenhang der Dinge die Folgerung rechtfertige, daß ein Einbruchsdiebstahl vorliege. Diese Auffassung des Berufungsrichters ist insoweit zutreffend, als er den Versicherungsnehmer bezüglich des Vorliegens eines Einbruchsdiebstahls für beweispflichtig hält; denn dieser muß nach allgemeiner Rechtsregel das Vorliegen der Voraussetzungen beweisen, die nach dem Versicherungsvertrag die Verpflichtung des Versicherers zum Schadensersatz begründen. Die unter die Schadensversicherung im Sinne des Zweiten Abschnitts des Versicherungsvertragsgesetzes fallende Einbruchsdiebstahlversicherung ist in diesem Gesetz nicht besonders behandelt, so daß neben dem Ersten Titel dieses Abschnittes — Vorschriften für die gesamte Schadensversicherung — insbesondere die Allgemeinen Versicherungsbedingungen des einzelnen Versicherungsvertrags Anwendung finden. Wenn im vorliegenden Fall § 1 AVB. bestimmt, der Versicherer hafte für den durch Einbruchsdiebstahl entstehenden Schaden, so ist damit der strafrechtliche, mit dem allgemeinen Sprachgebrauch übereinstimmende Begriff des Diebstahls im Sinne des § 242 StGB. gemeint. Das ergibt sich abgesehen davon, daß die Allgemeinen Versicherungsbedingungen selbst keine andere Begriffsbestimmung geben, auch daraus, daß in § 2 AVB. wiederholt von den gestohlenen Sachen und von dem Einbruch und anderen erschwerenden Umständen, die in § 243 StGB. behandelt sind, die Rede ist.

Da hiernach eine fremde, bewegliche Sache einem anderen in der Absicht, sich diese rechtswidrig zuzueignen, weggenommen sein muß (§ 242 StGB.), ist Voraussetzung des Versicherungsfalls, daß die Wegnahme der Sachen gegen den Willen des anderen erfolgt. Der Versicherungsfall ist danach gar nicht gegeben, wenn der Versicherungsnehmer mit der Wegnahme der Sachen einverstanden ist. Dieser muß demnach grundsätzlich beweisen, daß die Sachen ihm gegen seinen Willen weggenommen worden sind. Dieser Auffassung steht nicht etwa die Bestimmung des § 61 VVG. entgegen, wonach der Versicherer von der Verpflichtung zur Leistung frei wird, wenn der Versicherungsnehmer den Versicherungsfall vorsätzlich oder durch grobe Fahrlässigkeit herbeigeführt hat, wofür der Versicherer beweispflichtig ist; denn § 61 setzt voraus, daß der Versicherungsfall als solcher eingetreten ist, was aber bei Einverständnis des Versicherungsnehmers mit der Wegnahme der Sachen eben nicht der Fall ist. . . .

. . .

RGZ. 155, 50.

1. Zur Frage der Sachbefugnis für die Geltendmachung von Verzugsschäden bei Sicherungsabtretungen.

2. Über die Verpflichtung des Versicherers zur Leistung von Abschlagszahlungen.

BGB. §§ 242, 398. Gesetz über den Versicherungsvertrag vom 30. Mai 1908 (RGBl. S. 263) — VVG. — § 49.

VII. Zivilsenat. Urt. v. 30. April 1937.

I. Landgericht Hamburg. — II. Oberlandesgericht daselbst.

Der Kläger hatte bei der Beklagten seinen von der D.-B. AG. erworbenen Lastkraftwagen vom 29. Januar 1935 an auf ein Jahr zum Zeitwert gegen Fahrzeugschaden versichert. Am 12. Juni 1935 wurde der Wagen schwer beschädigt. Die Beklagte erkannte ihre Entschädigungspflicht grundsätzlich an. Nach verschiedenen Verhandlungen, während deren sich auch ein Sachverständiger der Beklagten über die Höhe der Ausbesserungskosten äußerte, forderte der Kläger die Beklagte mit Schreiben vom 31. August 1935 auf, wegen der Entschädigungszahlung das in § 9 ihrer Allgemeinen Versicherungsbedingungen (AVB.) vorgesehene Sachverständigen-Verfahren einzuleiten. Die Beklagte erklärte jedoch, die Beendigung der gesamten Ausbesserung abwarten zu wollen.

Der Kläger erhob darauf Anfang Oktober Klage auf Zahlung der erforderlichen Ausbesserungskosten mit 9 538,10 RM an die D.-B. AG., an welche die Ansprüche aus der Versicherung zur Sicherung des noch rückständigen Kaufpreisrestes abgetreten waren, sowie auf Feststellung, daß die Beklagte verpflichtet sei, ihm allen durch die verspätete Auszahlung der Entschädigung verursachten Schaden zu ersetzen. Auf Grund eines vom Landgericht vorgeschlagenen Zwischenvergleichs zahlte die Beklagte zunächst am 22. Dezember 1935 7000 RM an die

D.-B. AG. und, nachdem die jetzt einberufene Sachverständigenkommission den Schaden auf 9851,45 RM festgesetzt hatte, am 24. Januar 1936 weitere 2851,45 RM an den Kläger selbst. Damit war der erste Klagantrag erledigt.

Der Kläger ist nunmehr von seinem Feststellungsantrag zum Zahlungsantrag übergegangen; er verlangt für die Zeit vom 1. August 1935 bis 24. Januar 1936 = 177 Tage an Verzugsschaden durch Verdienstausfall je 100 RM, also 17 700 RM. Das Landgericht hat den Klaganspruch dem Grunde nach für berechtigt erklärt. Das Oberlandesgericht hat ihn nur für die Zeit vom 15. Oktober bis 22. Dezember 1935 (69 Tage) dem Grunde nach anerkannt und die Klage in Höhe von 10 800 RM (für 108 Tage) abgewiesen.

Die von beiden Parteien eingelegten Revisionen führten zur Aufhebung und Zurückverweisung.

Aus den Gründen:

Wie aus der Bestätigung der Beklagten über die Mitteilung von der Abtretung an sie hervorgeht, hat der Kläger die Ansprüche aus seiner Schadensversicherung für die Dauer des ihm von der D.-B. AG. gewährten Kredits an diese „in dem Umfange abgetreten, daß eine Auszahlung der Entschädigung . . . nur mit Genehmigung der genannten Firma vorgenommen werden" durfte. Der Berufungsrichter sieht hierin keine „eigentliche Abtretung". Dieser Ausdruck ist schlecht gewählt; denn auch die Sicherungsabtretung, um die es sich hier handelt, ist eine richtige Abtretung, wenn sie auch die vom Vorderrichter hervorgehobenen Besonderheiten hat. Durch eine solche Abtretung wird — ebenso wie bei der Verpfändung — das Recht des Abtretenden, die Zahlung von dem Schuldner zu fordern, nicht berührt, nur muß er Zahlung an den durch die Abtretung Gesicherten verlangen. Die Auszahlung erfolgt für seine Rechnung, und wenn sie nicht rechtzeitig geleistet wird, so geschieht dies zu seinem Nachteil. Auch den daraus entstehenden Schaden kann der Abtretende geltend machen. Ob er insoweit Zahlung an ihn selbst verlangen kann, ist Frage des einzelnen Falles. Der Vorderrichter legt nun die in Rede stehende Sicherungsabtretung dahin aus, daß nach den damit verfolgten Absichten der Beteiligten der Kläger die Zahlung eines etwaigen Verzugsschadens an ihn ohne Zustimmung der D.-B. AG. verlangen könne. Diese Auslegung liegt auf tatsächlichem Gebiet, sie ist möglich und, da sie einen Rechtsverstoß nicht erkennen läßt, für die Revisionsinstanz bindend.

Das angefochtene Urteil gibt aber in anderen Punkten zu rechtlichen Bedenken Anlaß.

Nach § 9 AVB. ist die Entschädigung an den Versicherungsnehmer 14 Tage nach endgültiger Feststellung des Entschädigungsbetrages zu zahlen. Bei Streitigkeiten über die Höhe der Entschädigung entscheidet nach § 7 AVB. eine Sachverständigen-Kommission, bestehend aus je einem Sachverständigen des Versicherers und des Versicherungsnehmers, an deren Stelle, wenn sie sich nicht einigen, ein Obmann tritt. Gegen die Gültigkeit dieser Bestimmungen bestehen keine Bedenken. § 11 VVG. verbietet nur die Hinausschiebung der Fälligkeit des Versicherungsanspruchs bis zur Feststellung durch Anerkenntnis, Vergleich oder rechtskräftiges Urteil, nicht aber bis zur Feststellung der Höhe der Entschädigung durch Sachverständige. Da unter den Parteien über die Höhe der Entschädigung Streit bestand, wurde demnach die Entschädigung erst fällig, nachdem die Sachverständigen-Kommission entschieden hatte. Die Revision des Klägers irrt, wenn sie meint, er habe die Beklagte durch eine vorher erfolgende Mahnung wegen der ganzen geschuldeten Entschädigung in Zahlungsverzug setzen können. Denn Zahlungsverzug kann nur eintreten, wenn die Forderung fällig ist. Wohl aber geriet die Beklagte mit ihrer Verpflichtung, die Sachverständigen-Kommission zu berufen, spätestens in Verzug, als der Kläger mit seinem Schreiben vom 31. August 1935 diese Berufung von ihr verlangte (RGUrt. vom 4. Oktober 1904 VII 115/04, abgedr. VAufs.-APrVers. 1905 S. 61 Nr. 130). Die Beklagte ist somit nach § 286 BGB. zum Ersatz des hieraus entstandenen Schadens verpflichtet, ohne daß es auf das Vorliegen eines Zahlungsverzugs ankommt, der sich so, wie der Vorderrichter meint, nicht begründen läßt. Sie muß deshalb ihren Gläubiger so stellen, wie er bei rechtzeitiger Berufung der Sachverständigenkommission gestanden haben würde. In diesem Falle würde er, wie der Berufungsrichter tatsächlich feststellt, die Entschädigung am 15. Oktober 1935 erhalten haben.

Der Vorderrichter hat aber unerörtert gelassen, ob die Beklagte nicht bei der gebotenen Rücksicht auf Treu und Glauben im Verkehr verpflichtet war, dem Gläubiger schon vor der Entscheidung der Sachverständigen-Kommission eine Abschlagszahlung zu leisten. Im Versicherungsvertragsgesetz ist eine solche Verpflichtung zwar nur für die Feuerversicherung und für die Viehversicherung ausgesprochen (§§ 94, 124 VVG.). Aber auch bei anderen Versicherungsarten kann die Sache so liegen, daß der Versicherer in Berücksichtigung der Bestimmung des § 242 BGB. zur Leistung einer Abschlagszahlung verpflichtet ist. In dem hier zu entscheidenden Falle war der Unterschied in der Schadensberechnung der Parteien verhältnismäßig gering. Die Beklagte wollte die von ihrem Sachverständigen als Schaden errechnete Summe von 9000 RM nicht zahlen, weil sie annahm, der Kläger werde die Ausbesserung selbst billiger vornehmen, und bot ihm im Vergleichswege Zahlung von 7000 RM. Der Kläger lehnte den vorgeschlagenen Vergleich ab und forderte mit Schreiben vom 31. August 1935 die Beklagte auf, ihm den geforderten Betrag von 9538,10 RM zu zahlen oder den von ihr anerkannten Betrag zur Auskehrung zu bringen und wegen des Restes das Sachverständigen-Verfahren einzuleiten. Bei dieser Sachlage hätte die Beklagte sofort denjenigen Betrag, den sie auch nach ihrer Ansicht schuldete, zahlen und das Sachverständigenverfahren auf den Mehrbetrag beschränken müssen. Die Zurückhaltung jeder Entschädigung bis zur Entscheidung der Sachverständigen-Kommission über den streitigen Mehrbetrag widerspricht bei dessen verhältnismäßiger Geringfügigkeit jedem gesunden Rechtsempfinden. Durch die Aufforderung des Klägers, den von ihr anerkannten Betrag zu zahlen, geriet die Beklagte deshalb in dieser Höhe jedenfalls schon am 31. August 1935 in Verzug.

Die Revision des Klägers rügt aber mit Recht die Übergehung seiner unter Beweis gestellten Behauptung, daß er die Beklagte schon vor dem 31. August 1935 wiederholt mündlich auf Auszahlung des Schadensbetrags gemahnt habe. Diese Behauptung war erheblich. Zwar konnte die Beklagte durch eine solche Mahnung mangels Fälligkeit der geforderten Leistung nicht in Zahlungsverzug wegen der ganzen geforderten Summe kommen. Aber wenn die Mahnung zu einer Zeit erfolgte, als der Kläger die Ermittlungen der Beklagten über die Höhe des entstandenen Schadens für abgeschlossen halten durfte, so konnte darin die Aufforderung enthalten sein, nunmehr den auch von der Beklagten anerkannten Betrag zu zahlen und wegen des Restbetrags die Sachverständigen-Kommission zu berufen, und konnte die Beklagte mit der Erfüllung dieser Verpflichtungen in Verzug kommen. Die beantragte Beweiserhebung konnte also zu der Feststellung führen, daß die Beklagte schon vor den oben genannten Zeitpunkten hätte zahlen müssen.

Der Vorderrichter billigt dem Kläger dem Grunde nach Schadensersatz wegen Verdienstausfalls zu für die Zeit vom 15. Oktober 1935, dem Tage, an dem die Beklagte nach seiner Annahme hätte zahlen müssen, bis zum 22. Dezember 1935, dem Tage, an dem die Beklagte

7000 RM gezahlt hat. Gegen beide Zeitpunkte richten sowohl die Revision des Klägers, wie diejenige der Beklagten Angriffe, denen die Berechtigung nicht abgesprochen werden kann. Daß die Beklagte schon früher, und jedenfalls einen Teil der Entschädigung schon am 31. August 1935 hätte zahlen müssen, ist bereits gesagt. Anderseits sind aber auch für die Feststellung des Zeitraums, in welchem der Kläger durch den Verzug der Beklagten einen Verdienstausfall erlitten hat, nicht die Tage entscheidend, an denen die Beklagte hätte zahlen müssen und an denen sie ganz oder teilweise gezahlt hat, sondern diejenigen Tage, an denen der Kläger in dem einen und dem anderen Falle infolge der Zahlung durch die Beklagte nach Wiederherstellung des beschädigten Kraftwagens oder seiner Ersetzung durch einen neuen seinem Verdienst wieder nachgehen konnte. In dieser Richtung läßt es der Berufungsrichter an jeder näheren Darlegung fehlen. Seine Ausführung, der Kläger sei durch die Zahlung der Beklagten in Höhe von 7000 RM spätestens in die Lage versetzt, den Ausfall des beschädigten Wagens in geeigneter Weise auszugleichen, läßt, wie die Revision der Beklagten mit Recht geltend macht, nicht erkennen, warum er das Ende für den Verdienstausfall des Klägers gerade auf den 22. Dezember 1935 und nicht früher festlegt. Sie steht auch im Widerspruch mit seiner weiteren Ausführung, die Beklagte habe kein schuldhaftes Verhalten des Klägers in der Richtung dargetan, daß er nicht durch geeignete Vorkehrungen auf eine Minderung des Schadens bedacht gewesen sei. Anderseits rügt die Revision des Klägers mit Recht, daß der Berufungsrichter sich nicht darüber ausgesprochen habe, in welcher Weise dem Kläger der Ausgleich möglich gewesen sei. Von der Verpflichtung, dies näher darzulegen und zu den Ausführungen der Parteien darüber Stellung zu nehmen, wurde er auch nicht durch die freiere Stellung entbunden, die ihm die Bestimmung des § 287 ZPO. in der Frage gab, ob und in welcher Höhe ein Schaden entstanden sei.

Feuerversicherung

RGZ. 72, 213.

Kann der Versicherer bei der Feuerversicherung, wenn der Anspruch auf die Versicherungssumme abgetreten ist, dem neuen Gläubiger gegenüber geltend machen, daß der Anspruch durch das Verhalten des Versicherungsnehmers nach der Abtretung verwirkt sei?

BGB. § 404.

VII. Zivilsenat. Urt. v. 26. November 1909.

Die Entscheidung ist abgedruckt unter „Bürgerliches Recht, Recht der Schuldverhältnisse 4".

RGZ. 75, 377.

Feuerversicherung. Welche Bedeutung hat die im Versicherungsschein enthaltene Angabe des Anfangstermins der Versicherung gegenüber einer Versicherungsbedingung, nach der die Gesellschaft die Gefahr erst mit der Einlösung des Versicherungsscheins übernimmt?

VII. Zivilsenat. Urt. v. 26. Januar 1911.

I. Landgericht Stettin. — II. Oberlandesgericht daselbst.

Aus den Gründen:

. . . „§ 4 der Versicherungsbedingungen bestimmt:

„1. die Versicherungsurkunde wird dem Antragsteller bei dem Agenten zur Verfügung gestellt;

2. die Verpflichtung der Gesellschaft beginnt mit der Einlösung der Versicherungsurkunde, wenn nicht ein späterer Zeitpunkt in der Urkunde bestimmt oder ein früherer vor Aushändigung der Urkunde liegender Zeitpunkt durch das zur Ausstellung der Urkunde berechtigte Gesellschaftsorgan schriftlich zugesagt ist;

3. die Einlösung der Urkunde wird durch Zahlung der Prämie und Nebenkosten bewirkt."

In dieser Bestimmung ist klar und unzweideutig zum Ausdruck gebracht, daß, wenn nicht die vorstehend unter 2 erwähnten Ausnahmen vorliegen, die Gesellschaft die Gefahr erst mit der Einlösung der Police übernimmt. Hieran wird auch dadurch nichts geändert, daß nach der vorliegenden Police die Versicherung schon . . . an einem Tage beginnen soll, der vor der Ausstellung der Urkunde liegt und an dem die Urkunde deshalb auch noch nicht eingelöst werden konnte. Der durch die Police beurkundete Abschluß des Versicherungsvertrages erfolgt nach Maßgabe der das Vertragsverhältnis regelnden Versicherungsbedingungen. Bestimmen diese, daß für die Versicherungsgesellschaft eine Verpflichtung aus dem Vertrage erst mit der Einlösung der Police erwachsen soll, so gelangt auch durch die Ausstellung einer Police des Inhalts, wie ihn die hier in Frage stehende hat, für die Gesellschaft doch immer nur eine bedingte Verpflichtung zur Entstehung. Die Versicherungsgesellschaft will, ohne daß der Versicherungsnehmer eine Zahlung leistet, Risiko nicht übernehmen. Deshalb macht sie ihre Gefahrübernahme abhängig davon, daß eine solche Zahlung geleistet, die Police durch Berichtigung der ersten Prämie und der Nebenkosten eingelöst wird. Trotz der Annahme des Antrags des Versicherungsnehmers ist die Gefahrübernahme für die Gesellschaft nach der Bestimmung, wie sie § 4 aufstellt, mag auch der Vertrag im übrigen perfekt sein, zunächst nur eine bedingte.

Die Police wird in der Erwartung, daß die Bedingung eintreten und die Einlösung erfolgen werde, ausgestellt. Solange diese Bedingung aber nicht eingetreten ist, trägt die Gesellschaft, sofern nicht eine den § 4 abändernde Vereinbarung getroffen ist, im Regelfalle auch noch keine Gefahr. Wie es zu beurteilen ist, wenn die Police dem zur Einlösung bereiten Versicherungsnehmer nicht rechtzeitig vorgelegt und deshalb vor einem eingetretenen Schadensfalle nicht eingelöst ist, ist hier nicht zu entscheiden." . . .

RGZ. 86, 392.

Versicherungsinteresse bei der Feuerversicherung.

VII. Zivilsenat. Urt. v. 30. April 1915.

I. Landgericht Kiel. — II. Oberlandesgericht daselbst.

Der Kläger ist Eigentümer eines Grundstücks in N. Durch Beschluß des Amtsgerichts zu Preetz vom 23. Juni 1913 wurde wegen einer Forderung der Sparkasse in E. die Zwangsverwaltung des Grundstücks eingeleitet und der Hufner M. als Zwangsverwalter bestellt. Durch Beschluß vom 19. August 1913 wurde das Verfahren wieder aufgehoben. Noch während des Schwebens der Zwangsverwaltung hatte der Zwangsverwalter mit der Beklagten zwei Versicherungsverträge abgeschlossen, einen über die Gebäude und einen über lebendes und totes Inventar sowie über die Ernte. Am 25. August 1913 entstand ein Brand, der die Vernichtung des Wohnhauses und des versicherten Mobiliars zur Folge hatte. Die Beklagte lehnte jede Entschädigung ab, wurde aber in zweiter Instanz verurteilt, den Kläger wegen des abgebrannten Wohnhauses zu entschädigen. Die Revision der Beklagten blieb ohne Erfolg.

Aus den Gründen:

. . . „Der Berufungsrichter hält für erwiesen, daß der Zedent des Klägers, M., den Versicherungsvertrag im eigenen Namen und für eigene Rechnung geschlossen hat. Die Revision ficht diese Feststellung nicht an, macht aber geltend, daß M. einen Entschädigungsanspruch nicht erworben habe, weil er zur Zeit des Brandes nicht Eigentümer der versicherten Gebäude gewesen sei und deshalb kein Eigentumsinteresse gehabt habe. Allein das Eigentumsinteresse kann unter Umständen auch von einem anderen als dem Eigentümer im eigenen Namen und für eigene Rechnung versichert werden. Vorauszusetzen ist allerdings, daß der Versicherungsnehmer ein eigenes Interesse an der unversehrten Erhaltung der versicherten Sache hat. Ein solches eigenes Interesse des M. wird vom Berufungsrichter aber auch angenommen. Der Berufungsrichter findet es einmal darin, daß M. bei Abschluß der Versicherung die Absicht hatte, das Grundstück zu erwerben, sodann darin, daß er in seiner Eigenschaft als Zwangsverwalter nach § 12 der Allgem. Verf. vom 8. Dezember 1899 bezüglich der ihm anvertrauten Gegenstände die dienstliche Verpflichtung hatte, für die Versicherung gegen Brandschaden Sorge zu tragen. Das zuerst erwähnte Interesse kommt jetzt nicht mehr in Betracht, weil M. das Grundstück tatsächlich nicht erworben hat. Dagegen bestand das andere Interesse bei Eintritt des Schadens noch fort. Da M. weder im Namen noch für Rechnung des Eigentümers versichert hatte, so war er, wenn er ihm den Versicherungsanspruch nicht übertragen konnte, der Gefahr ausgesetzt, vom Kläger für den ganzen Schaden haftbar gemacht zu werden. Das Interesse, das M. hiernach als ehemaliger Zwangsverwalter an der Versicherung hatte, deckte sich also auch inhaltlich vollständig mit dem des Eigentümers.

Die Revision will das Interesse, das sich aus der Stellung des M. als Zwangsverwalter ergab, deshalb nicht gelten lassen, weil die Beklagte von jener Stellung keine Kenntnis gehabt habe und nur gewillt gewesen sei, das Interesse zu versichern, das M. als Eigentümer der Gebäude hatte. Dem steht aber entgegen, daß, wie die Beklagte wußte, M. bei Abschluß der Versicherung nicht Eigentümer war, und keinesfalls hat die Beklagte den Erwerb des Eigentums zur Bedingung ihrer Entschädigungspflicht gemacht. Wenn sie in der Police vom 11. August 1913 die versicherten Gebäude als im Eigentum des M. befindlich bezeichnete, so brachte sie damit in ausreichender Weise weder zum Ausdruck, daß der Beginn der Versicherung erst mit dem Erwerb des Eigentums eintreten, noch daß nur das Interesse M.s als Eigentümer und nicht auch ein sonst verhandenes Eigentumsinteresse des Versicherungsnehmers versichert sein sollte. Die Behauptung der Revision, daß bei Versicherungsvereinen auf Gegenseitigkeit immer nur das Interesse des Versicherungsnehmers als Eigentümer versichert werde, ist neu und auch durch Bezugnahme auf eine Bestimmung der Satzung des Beklagten nicht belegt." . . .

RGZ. 92, 60.

Wie sind die Mauerreste abgebrannter Fabrikgebäude im Falle der Versagung der zum Wiederaufbau erforderlichen baupolizeilichen Genehmigung bei Festsetzung der von der Versicherungsgesellschaft zu zahlenden Entschädigung zu bewerten? Ist auch derjenige Schaden zu ersetzen, den der Versicherte dadurch erleidet, daß er die vom Brande nicht betroffenen Baulichkeiten nicht mehr in der bisherigen Weise zu seinem Fabrikbetriebe benutzen kann?

VII. Zivilsenat. Urt. v. 18. Januar 1918.

I. Landgericht Liegnitz. — II. Oberlandesgericht Breslau.

Die Klägerin hatte ihre in L. belegenen Fabrikgebäude nebst Nebengebäuden bei den beiden Beklagten gegen Brandschaden versichert, als am 19. September 1914 durch eine Feuersbrunst ein Teil der Gebäude vernichtet und ein anderer Teil nur leicht beschädigt wurde, während ein weiterer Teil der Baulichkeiten überhaupt nicht beschädigt wurde. Nachdem die Beklagten eine Entschädigung von 24 678,70 M ausbezahlt hatten, erhob die Klägerin Klage gegen die Beklagte zu 1 auf Zahlung von 13 687,50 M, gegen die Beklagte zu 2 auf Zahlung von 6843,75 M, indem sie geltend machte: 1. die Sachverständigen hätten zu Unrecht den von ihnen auf 7320 M geschätzten Wert der sog. Rudera der vier zerstörten Gebäude in Abzug gebracht, da infolge baupolizeilicher Vorschrift eine Wiederherstellung der Fabrikgebäude unmöglich und damit die Verwendbarkeit der Überbleibsel für eine solche Wiederherstellung ausgeschlossen sei; 2. da die zerstörten Fabrikgebäude nicht wiederhergestellt werden dürften, seien auch infolge des Brandes die weniger beschädigten und ganz unbeschädigt gebliebenen Baulichkeiten wertlos geworden, so daß auch dieser Schaden ihr policenmäßig zu ersetzen sei.

Das Landgericht wies die Klage ab. Auf Berufung der Klägerin änderte das Oberlandesgericht das Urteil insoweit ab, als es den Anspruch der Klägerin auf Ersatz des Wertes der Rudera dem Grunde nach mit Ausschluß ihres Wertes als Altmaterial für gerechtfertigt erklärte und die Sache insoweit an das Landgericht zurückverwies. Gegen dieses Berufungsurteil haben beide Teile Revision eingelegt. Die Revisionen wurden zurückgewiesen aus folgenden

Gründen:

„Über die Höhe der der Klägerin auf Grund der Versicherung zu leistenden Entschädigung besteht unter den Parteien Streit nach zwei

Richtungen. In bezug auf die vier durch das Feuer zerstörten Gebäude – A bis D der Klageschrift – streiten die Parteien darüber, ob die Überreste mit Rücksicht darauf, daß sie infolge der nach § 50 der Liegnitzer Bauordnung erfolgten Versagung der Bauerlaubnis zum Wiederaufbau der abgebrannten Gebäude nicht benutzt werden können, lediglich nach ihrem Werte als Altmaterial in Anrechnung zu bringen sind. In bezug auf die übrigen, in der Klage unter a bis q als „stehen geblieben" aufgeführten Baulichkeiten streiten sie darüber, ob die Beklagten auch denjenigen Vermögensschaden ersetzen müssen, den die Klägerin dadurch erleidet, daß sie infolge der Unmöglichkeit, die abgebrannten Gebäude an alter Stelle wieder aufzubauen, diese stehengebliebenen Baulichkeiten nicht mehr in der bisherigen Weise zu ihrem Fabrikbetriebe benutzen kann. Der Berufungsrichter hat die erstere Frage zugunsten der Klägerin, die letztere zugunsten der Beklagten entschieden. Die Parteien greifen diese Entscheidung, soweit sie ihnen ungünstig ist, an, jedoch ohne Erfolg.

Nach § 1 der Allgemeinen Versicherungsbedingungen hat der Versicherer im Falle eines Brandes den durch die Zerstörung oder Beschädigung der versicherten Sachen entstehenden Schaden zu ersetzen, soweit der Schaden die versicherte Sache betrifft, und zwar nicht nur den unmittelbar durch das Feuer selbst entstandenen Schaden, sondern auch den Schaden, der eine unvermeidliche Folge des Brandes ist. Einen weiteren, insbesondere einen weiteren mittelbaren Schaden soll die Versicherung nur im Falle besonderer Vereinbarung umfassen. Der § 14 der Allgemeinen Versicherungsbedingungen bestimmt sodann, daß die Höhe des an der versicherten Sache entstandenen Schadens in der Weise ermittelt werden soll, daß der Versicherungswert der Sache sowohl zur Zeit des Eintritts des Versicherungsfalls als auch zur Zeit nach dem Versicherungsfall festzustellen ist, „und zwar bezüglich der übriggebliebenen Teile und Materialien unter Berücksichtigung ihrer Verwendbarkeit für die Wiederherstellung". In bezug auf gleichlautende Versicherungsbedingungen hat der erkennende Senat bereits ausgesprochen, daß diese Bestimmung zugunsten der Versicherungsnehmer dahin auszulegen ist, daß eine Verwendbarkeit der Restteile der versicherten Sache zur Wiederherstellung nur dann als gegeben anzusehen ist, wenn die Wiederherstellung für den Versicherten tatsächlich ausführbar ist, daß deshalb die nach der Beschaffenheit der Restteile an sich wohl gegebene Möglichkeit der Verwendung zu einer Wiederherstellung dann bei deren Bewertung nicht zu berücksichtigen ist, wenn eine Wiederherstellung infolge eines baupolizeilichen Verbots ausgeschlossen ist. Die Ausführungen der Beklagten geben keinen Anlaß, von dieser Auslegung abzugehen. Es ist deshalb mit dem Berufungsrichter als in den §§ 1 und 14 der Allgemeinen Versicherungsbedingungen niedergelegte Vertragsbestimmung anzunehmen, daß die Bewertung der Restteile dann lediglich nach ihrem Altmaterialwert zu erfolgen hat, wenn die Wiederherstellung der abgebrannten Gebäude dem Versicherten infolge Versagung der zum Wiederaufbau erforderlichen baupolizeilichen Genehmigung nicht möglich ist. Da das Vorliegen dieser Voraussetzung in einer von den Beklagten nicht bemängelten Weise seitens des Berufungsrichters festgestellt worden ist, so hat der Berufungsrichter mit Recht dahin erkannt, daß die sog. Rudera der abgebrannten Gebäude nur nach deren Altmaterialwert zum Ansatz zu bringen sind.

In bezug auf die übrigen Baulichkeiten, deren Wert die Klägerin ersetzt verlangt und von denen elf überhaupt keinerlei Beschädigung aus Anlaß des Brandes erlitten haben, während fünf nur ganz unbedeutend, wie z. B. durch Zerspringen von Fensterscheiben, beschädigt sind, hat der Berufungsrichter durch Auslegung der unter den Parteien geschlossenen Versicherungsverträge als gemeinsamen Vertragswillen festgestellt, daß die in den Versicherungsscheinen einzeln und mit bestimmten Versicherungswerten aufgeführten Baulichkeiten als selbständige Gegenstände der Versicherung gelten sollten, und hat sodann aus dieser Selbständigkeit der einzelnen Baulichkeiten die Folgerung gezogen, daß für die im wesentlichen erhalten gebliebenen Baulichkeiten, abgesehen von den ganz geringfügigen Ausbesserungskosten eine Entschädigung, insbesondere ein Ersatz der Versicherungswerte nicht zu erfolgen hat. Die Revision der Klägerin wendet sich dagegen, daß der Berufungsrichter nicht eine Versicherung aller in den Versicherungsscheinen aufgeführten Baulichkeiten als einer Einheit angenommen hat. Allein die vom Berufungsgericht angenommene tatsächliche Feststellung des Vertragsinhalts läßt die gerügte Verletzung der Auslegungsgrundsätze nicht erkennen und ist deshalb für den Revisionsrichter bindend. Der von der Klägerin zur Begründung ihrer abweichenden Auffassung hervorgehobene Umstand, daß in den Versicherungsscheinen gesagt ist: „die Versicherungsgesellschaft versichert . . . nachfolgende Gebäude und Inhalt . . . des Fabriketablissements", kann den Nachweis der Richtigkeit ihrer Auffassung um so weniger erbringen, als die Selbständigkeit der unter einzelnen Nummern und mit besonderen Werten aufgeführten Baulichkeiten, durch die in § 13 der Allgemeinen Versicherungsbedingungen gegebene Vorschrift bestätigt wird, daß „die Ersatzpflicht für jede einzelne Position, unter der die versicherten Sachen in dem Versicherungsschein aufgeführt sind, durch die für die Position angegebene Versicherungssumme begrenzt wird". Daß ein einheitlicher Versicherungsvertrag abgeschlossen ist, schließt keineswegs aus, daß die in die Versicherung aufgenommenen einzelnen Gegenstände nach dem Willen der Vertragschließenden selbständige Gegenstände der Versicherung sein sollen, auch dann nicht, wenn alle diese Gegenstände einem gemeinsamen Betriebe zu dienen bestimmt sind. Hier kommt hinzu, daß auch bewegliche Sachen, ja auch in fremdem Eigentum stehende Sachen mitversichert sind. Sofern die Klägerin noch Nichtbeachtung einer Verkehrssitte rügt, nach der bei Gebäudeversicherung stets Vorderhaus, Hinterhaus und Seitenflügel besonders aufgeführt würden, ohne daß es sich um Einzelversicherungen handle, war eine solche Verkehrssitte in der Vorinstanz nicht geltend gemacht; sie würde aber auch unerheblich sein, da es sich vorliegend um derartige Baulichkeiten nicht handelt.

Ist aber hiernach mit dem Berufungsrichter daran festzuhalten, daß nicht die gesamte Fabrikanlage als solche den einheitlichen Gegenstand der Versicherung bildete, so ist die durch die Versagung der Bauerlaubnis gegebene Unmöglichkeit, die abgebrannten Fabrikgebäude wiederherzustellen, nicht geeignet, hinsichtlich der stehengebliebenen, selbständige Gegenstände der Versicherung bildenden Baulichkeiten eine über die Kosten der ganz geringfügigen Wiederherstellungsarbeiten hinausgehende Ersatzpflicht zu begründen. Einen weitergehenden Schaden haben diese Baulichkeiten nicht erlitten.

Gehen somit die Angriffe beider Parteien gegen die die Höhe der zu gewährenden Entschädigung betreffende Entscheidung des Berufungsrichters fehl, so versagt auch der weiter von der Beklagten erhobene Angriff, daß der Berufungsrichter zu Unrecht den von der Beklagten zu 2 aus § 15 Abs. 3 der Allgemeinen Versicherungsbedingungen erhobenen Einwand der Versäumung der Klagefrist abgewiesen habe. Die durch Auslegung des Schreibens dieser Beklagten vom 5. Mai 1915 getroffene tatsächliche Feststellung, daß sie darin ihren Willen zum Ausdruck gebracht hat, auf Einhaltung der Klagefrist zu verzichten, ist rechtlich nicht zu beanstanden. Jedenfalls aber treffen die Ausführungen des Berufungsrichters zu, daß die Klägerin ihrerseits den Brief in diesem Sinne verstehen konnte, und daß deshalb eine Berufung der Beklagten zu 2 auf die tatsächlich eingetretene Nichteinhaltung der Frist gegen Treu und Glauben verstößt.

Da das Berufungsurteil, auch soweit es nicht von den Parteien besonders bemängelt ist, zu Bedenken keinen Anlaß gibt, waren die beiderseitigen Revisionen, wie geschehen, als unbegründet zurückzuweisen."

RGZ. 95, 207.

Ist eine gegen § 98 des Gesetzes über den Versicherungsvertrag verstoßende Übertragung der Forderung des Versicherungsnehmers nichtig?

BGB. §§ 1128, 1130, 135. VersVG. §§ 97, 98.

VII. Zivilsenat. Urt. v. 25. März 1919.

I. Landgericht Königsberg. — II. Oberlandesgericht daselbst.

Der Kläger, der seit Februar 1911 bei der Beklagten gegen Brandschaden versichert war und im Dezember 1911 einen Brandschaden erlitt, forderte mit der Klage Zahlung der Entschädigung und erlangte in erster Instanz wegen eines Teilbetrags seiner Forderung eine verurteilende Entscheidung. Dagegen erkannte auf Berufung der Beklagten das Oberlandesgericht insoweit auf Klagabweisung. Die Revision des Klägers blieb ohne Erfolg.

Gründe:

„Zur Abweisung des in der Berufungsinstanz erörterten Teiles des Klaganspruchs ist der Berufungsrichter aus dem Grunde gelangt, weil der Kläger den Anspruch auf die Versicherungssumme, wie die Beklagte in der Berufungsinstanz geltend gemacht hat, schon vor der Klagerhebung an einen Dritten abgetreten hatte. Der Kläger hatte behauptet, die Abtretung sei nichtig, weil sie gegen die Vorschriften des § 1128 BGB. und des § 98 VersVG. verstoße. Diesem Einwande tritt der Berufungsrichter mit der Begründung entgegen, ein Verstoß gegen die erwähnten, zum Schutze bestimmter Personen erlassenen Verfügungsverbote würde nicht die Nichtigkeit, sondern nur eine relative Unwirksamkeit der Abtretung begründet haben und nur von den verletzten Personen gerügt werden können. Zudem seien die abgebrannten Gebäude nach der eigenen Erklärung des Klägers wiederhergestellt oder ersetzt worden; damit sei die Haftung der Klagforderung überhaupt erloschen und die Übertragung derselben an andere zulässig geworden.

Diese Ausführungen, deren Richtigkeit die Revision bestreitet, erscheinen rechtlich einwandfrei. Durch die Vorschriften in § 1128 BGB. werden die Hypothekengläubiger eines versicherten Hausgrundstücks gegen eine vorzeitige Auszahlung der Versicherungssumme an den Versicherten in der Weise geschützt, daß die Auszahlung der Regel nach erst nach vorheriger Anzeige erfolgen darf und nur, wenn von ihnen innerhalb eines Monats seit dem Empfang der Anzeige der Zahlung nicht widersprochen worden ist. Ist der Versicherer nach den Versicherungsbestimmungen nur verpflichtet, die Versicherungssumme zur Wiederherstellung der versicherten Gebäude zu zahlen, so ist eine diesen Bestimmungen entsprechende Zahlung an den Versicherten den Hypothekengläubigern gegenüber nach § 1130 BGB. wirksam. Für den letzteren Fall, der gegenwärtig vorliegt, ist die Auszahlung der Versicherungssumme an den Versicherungsnehmer durch §§ 97, 98 VersVG. weiter noch dahin beschränkt, daß der Versicherungsnehmer die Zahlung erst verlangen kann, wenn die bestimmungsmäßige Verwendung des Geldes gesichert ist, und daß der Anspruch auf die Versicherungssumme vor der Wiederherstellung des versicherten Gebäudes nur an den Erwerber des Grundstücks oder an solche Gläubiger des Versicherungsnehmers übertragen werden kann, welche Arbeiten oder Lieferungen zur Wiederherstellung des Gebäudes übernommen oder bewirkt haben; jedoch ist eine Übertragung an Gläubiger, die bare Vorschüsse zur Wiederherstellung gegeben haben, wirksam, wenn die Verwendung der Vorschüsse zur Wiederherstellung erfolgt. Alle diese Vorschriften dienen, wie sich aus ihrem Inhalt ohne weiteres ergibt, dem Schutze bestimmter Personen, nämlich der Hypothekengläubiger und derjenigen Personen, die zur Wiederherstellung der zerstörten Gebäude Arbeiten oder Lieferungen übernommen oder bewirkt haben. Sie stellen mithin Veräußerungsverbote im Sinne des § 135 BGB. dar. Eine Verfügung, die ihnen zuwider getroffen wird, ist deshalb keineswegs nichtig, sondern nur jenen bestimmten Personen gegenüber unwirksam, anderen Personen gegenüber ist sie dagegen wirksam und muß von ihnen gelten gelassen werden. Aber auch dem geschützten Gläubiger gegenüber verlieren jene Veräußerungsverbote ihre Wirksamkeit mit der Wiederherstellung der zerstörten Gebäude, da hierdurch der Zweck, dem sie zu dienen bestimmt sind, erreicht ist. Für den jetzt vorliegenden Fall kommen sie, da die versicherten und durch Brand zerstörten Gebäude wieder aufgebaut oder durch Errichtung gleichwertiger Anlagen ersetzt sind, überhaupt nicht in Betracht." . . .

RGZ. 97, 44.

1. Beschränkt sich die Entschädigungspflicht des Versicherers, wenn vom Versicherungsnehmer erzeugte Sachen durch Brand zerstört sind,

auf den Ersatz der Gestehungskosten oder erstreckt sie sich auf den Ersatz des gemeinen Wertes der Sachen?

2. Zum Begriff des „entgehenden Gewinns" im Sinne des § 53 des Gesetzes über den Versicherungsvertrag vom 30. Mai 1908 (RGBl. S. 263).

VII. Zivilsenat. Urt. v. 28. Oktober 1919.

I. Landgericht Hannover. — II. Oberlandesgericht Celle.

Die Klägerin, die auf ihrem Grundstück Öl gewinnt, hat 60 000 kg Rohölvorrat mit 30 000 M bei der Beklagten gegen Brandschaden versichert. Im November 1916 sind ihr 56 147 kg des Rohöls verbrannt. In einem Abschätzungsverfahren wurde der Wert des Verbrannten auf 4107,75 M, der entgangene Gewinn auf 35 195,75 M festgesetzt. Als Wert sind dabei nur die Gestehungskosten in Rechnung gestellt. Da die Klägerin zu einem Viertel selbstversichert war, erhielt sie von der Beklagten nur drei Viertel von 4107,75 M mit 3080,38 M als Entschädigung gezahlt. Sie hält die Wertschätzung für offenbar unbillig und fordert den gemeinen Wert des Öles mit 21 055,13 M zu drei Vierteln. Landgericht und Berufungsgericht verurteilten die Beklagte demgemäß. Die Revision der Beklagten wurde zurückgewiesen aus folgenden

Gründen:

„Die Parteien streiten darüber, ob die Beklagte als Versicherer der Klägerin nur die sogenannten Gestehungskosten des verbrannten Öles oder dessen gemeinen Wert zu ersetzen hat. Die Vorinstanzen haben übereinstimmend im letzteren Sinne entschieden. Ein Rechtsirrtum ist in dieser Entscheidung nicht zu finden.

Das Versicherungsvertragsgesetz bestimmt im § 52: „Bezieht sich die Versicherung auf eine Sache, so gilt, soweit sich nicht aus den Umständen ein anderes ergibt, der Wert der Sache als Versicherungswert." Im vorliegenden Falle ist Rohöl, also eine Sache, der Gegenstand der Versicherung. Danach ist im Zweifel der Wert des Rohöls, das heißt, das Interesse, das der Eigentümer des Rohöls an ihm hat, zu ersetzen. Umstände, aus denen „ein anderes" zu entnehmen wäre, sind hier nicht ersichtlich, vielmehr stimmen in dieser Beziehung die Bestimmungen der allgemeinen Versicherungsbedingungen der Beklagten mit § 52 VersVG. überein. Nach § 1 Abs. 2 dieser Bedingungen hat der Versicherer entsprechend der Vorschrift des § 83 VersVG. den durch die Zerstörung oder Beschädigung der versicherten Sachen entstehenden Schaden und „auch den Wert" derjenigen versicherten Sachen zu ersetzen, die bei dem Brand abhanden gekommen sind. Also auch für die Bemessung des durch die Zerstörung oder Beschädigung der Sachen erwachsenen Schadens soll ihr Wert entscheidend sein. Nach § 13 Abs. 1 der Bedingungen ist der zu ersetzende Schadensbetrag „unter Zugrundelegung des Wertes der Sache zur Zeit des Eintrittes des Versicherungsfalls" festzustellen. Dafür, daß unter diesem Werte der Sache die Gestehungskosten zu verstehen seien, ist weder im Gesetz noch in den Versicherungsbedingungen ein Anhalt zu finden. Die Beklagte könnte diese Kosten daher für ihre Entschädigungspflicht nur dann an die Stelle des Sachwerts setzen, wenn dieser mit jenen Kosten in Geld gleichwertig wäre. Das trifft jedoch nicht zu, da die Gestehungskosten im einzelnen Falle den Wert übersteigen oder hinter ihm zurückbleiben können.

Der Begriff des hiernach zu ersetzenden Sachwerts ist mehrdeutig. Man kann darunter den Wert, den die Sache für jedermann hat, also den Verkehrs- oder gemeinen Wert verstehen, aber auch den höheren Wert, den sie im Einzelfall unter besonderen Voraussetzungen dem Eigentümer gewähren kann (außerordentlicher Wert) oder den nur in der Meinung des Eigentümers bestehenden Wert der besonderen Vorliebe. Wo in den Gesetzen nur vom „Wert", ohne besondere nähere Beziehung, gesprochen wird, ist regelmäßig darunter der gemeine Wert zu verstehen. Daß dies insbesondere auch für das VersVG. zutrifft, ergibt sich aus der im § 86 enthaltenen Ausnahmebestimmung in Verbindung mit der zum Entwurfe gegebenen amtlichen Begründung. Nach dieser Bestimmung gilt bei Haushalts- und sonstigen Gebrauchsgegenständen, bei Arbeitsgerätschaften und Maschinen als Versicherungswert derjenige Betrag, der erforderlich ist, um Sachen gleicher Art anzuschaffen, unter billiger Berücksichtigung des aus dem Unterschiede zwischen alt und neu sich ergebenden Minderwerts. Die Begründung führt dazu aus: „Werden die versicherten Sachen durch Brand zerstört, so soll die Entschädigung dem Versicherungsnehmer die Mittel gewähren, an ihrer Stelle andere zu erwerben; sein berechtigtes Interesse wird nicht gewahrt, wenn er als Ersatz nur den Verkaufswert erhält, den die Sachen zur Zeit des Eintritts des Versicherungsfalls hatten." Als Regel gegenüber der Ausnahmevorschrift wird daher angesehen, daß der Verkehrswert, also der gemeine Wert zu ersetzen ist. Jedenfalls hat die Beklagte keinen Anlaß, sich darüber zu beschweren, wenn sie nicht zur Leistung des Wertes, den die Sache für ihren besonderen Eigentümer oder unter besonderen Umständen hat, verpflichtet wird, sondern zum Ersatz des niedrigeren Wertes, den sie für jedermann hat.

Es fragt sich aber, ob diese Erwägungen auch gegenüber der Vorschrift des § 53 VersVG. und den dieser entsprechenden Bestimmungen der allgemeinen Versicherungsbedingungen als für den vorliegenden Fall zutreffend anzusehen sind. Die Frage, die von der Revision verneint wird, ist zu bejahen. Der § 53 bestimmt, die Versicherung umfasse den durch den Eintritt des Versicherungsfalls „entgehenden Gewinn" nur, soweit dies besonders vereinbart sei. Eine gleiche Bestimmung enthält der Abs. 2 letzter Satz des § 1 der allgemeinen Bedingungen. Eine besondere Vereinbarung hinsichtlich des Ersatzes des Gewinns ist hier nicht getroffen. Die Beklagte folgert hieraus, daß nur die Gestehungskosten des Rohöls zu ersetzen seien, da derjenige Teil des Betrags des Gemeinwerts, der über diese Kosten hinausgehe, als entgangener Gewinn anzusehen sei. Der Schluß ist nicht gerechtfertigt, und zwar auch dann, wenn man hier den Begriff der Gestehungskosten im weitesten Sinne versteht, also darunter nicht nur die Kosten der besonderen Herstellung gerade der in Betracht kommenden Ware für sich allein begreift, sondern auch den verhältnismäßigen Anteil an den Kosten der die Errichtung des Unternehmens durch den Versicherungsnehmer vorbereitenden Handlungen (Bohrversuche usw.), der Errichtung selbst, der Verzinsung des Anlagekapitals, der geschäftlichen Verluste, die Minderung des in der Erde noch befindlichen Rohstoffs usw. in Rechnung zieht. Zwar ist der Revision zuzugeben, daß in dem gemeinen Werte, den das Rohöl zur Zeit des Brandes hatte, schon über die Gestehungskosten hinaus ein Gewinn, das ist eine Vermögensvermehrung gegenüber der Zeit vor dem Beginne der Erzeugung des Rohöls, steckt, der sog. Unternehmergewinn. Gerade zur Erzielung dieses Gewinns wird das Unternehmen betrieben. Dieser Gewinn ist aber nicht der für die Entschädigungsfrage in Betracht kommende, durch den Brand entgangene Gewinn des § 53 VersVG. Unter dem letzteren ist vielmehr nur eine, von der Zeit des Brandfalls aus betrachtet, in Zukunft durch geschäftliche Verwertung des Öles oder sonstwie zu erzielende Vermehrung des Vermögens gegenüber dem Vermögensstande zur Zeit der Brandentstehung zu verstehen. Die schon mit der Erzeugung des fertigen Rohöls verbundene Gewinnziehung gehörte zur Zeit des Brandes bereits der Vergangenheit an; ihr Ergebnis, der Gewinn, war schon ein gegenwärtiger fester Bestandteil des Vermögens der Klägerin geworden. Dieser Erfolg trat nicht, wie die Revision meint, erst durch die Veräußerung des Öles an Dritte ein, die Vermögensvermehrung war vielmehr schon vorher durch Fertigstellung des Öles erfolgt, wenn, was hier anzunehmen ist, der sofortigen Veräußerung zum Marktpreise nichts entgegenstand. Hätte jemand unmittelbar vor dem Brande die Absicht gehabt, das gesamte Unternehmen der Klägerin einschließlich des versicherten Rohöls käuflich zu erwerben, so würden beide Teile bei der Bemessung des Kaufpreises nicht die bloßen Gestehungskosten, sondern die Möglichkeit, das Rohöl bald zum Marktpreis umzusetzen, in Rechnung gezogen haben. Da hiernach zur Zeit des Versicherungsfalls der Unternehmergewinn bereits gezogen war, konnte er der Klägerin im Sinne der Versicherungsbestimmungen nicht mehr „entgehen". Selbstverständlich lag jedoch die Möglichkeit vor, daß ein dieser bereits eingetretenen Vermögensvermehrung entsprechender Betrag hinterher dem Vermögen, z. B. durch Brand, wieder entzogen wurde. Der in diesem Falle eintretende Schaden war dann aber ein das gegenwärtige Vermögen des Versicherten als Ganzes unmittelbar vermindernder und stellte einen entgangenen Gewinn nicht dar.

Die vorstehenden Erwägungen treffen nicht nur für den Fall zu, daß die verbrannte Sache zur Zeit des Brandfalls noch im Eigentum des Erzeugers stand, sondern auch dann, wenn sie zu dieser Zeit bereits in das Eigentum eines anderen übergegangen war. Wenigstens gilt dies stets, wenn die verbrannte Sache, wie im vorliegenden Falle das Rohöl, eine marktgängige vertretbare Ware ist. Erwirbt ein Kaufmann eine solche Ware vom Erzeuger, so umfaßt der dem letzteren zu zahlende Preis nicht nur die Gestehungskosten, sondern auch den Unternehmergewinn, der sich aus dem Unterschiede des Betrags der Gestehungskosten und des gemeinen Werts, zu dem die Ware veräußert werden kann, ergibt. Das VersVG. enthält zwar für die Bewertung von solchen Waren nicht Sondervorschriften, wie sie für Gebrauchsgegenstände im § 86 getroffen sind, aber aus der Natur der Feuerversicherung als einer Schadensversicherung folgt ohne weiteres, daß für die Entschädigung der Neubeschaffungswert gleicher Waren die Höchstgrenze bildet. Durch Gewährung dieses Neubeschaffungswerts wird der Versicherte regelmäßig in die Lage versetzt, seinen Schaden — abgesehen vom entgehenden Gewinn — in vollem Maße zu decken. Zu einer Bereicherung darf die Versicherung nicht führen. Der Neubeschaffungswert ist aber bei marktgängigen Waren gleich dem gemeinen Werte, da sich der Marktpreis einer Ware — also der Betrag, in dem durch Nachfrage und Angebot der Einkaufspreis und der Verkaufspreis sich zusammenfinden, — nach dem Werte richtet, den die Ware für jedermann aus dem in Betracht kommenden Interessentenkreise hat. Der Erzeuger der Ware also und ebenso der nur mit ihrem Umsatz befaßte Kaufmann hat im Brandfalle Anspruch auf Ersatz des gemeinen Wertes der verbrannten Ware zur Zeit des Brandfalls, also des Betrags, den er aufzuwenden hat, um sich zur Zeit des Brandes die Ware, je nachdem im Großhandel oder im Kleinhandel, neu zu beschaffen. Dabei macht es keinen Unterschied, ob dieser Betrag gleich dem tatsächlich aufgewendeten ursprünglichen Einkaufspreise oder höher oder niedriger als dieser ist; die Höhe des zu ersetzenden Schadens ist stets nach den Verhältnissen zu berechnen, die zur Zeit des Brandfalls herrschten. Wenn es bei Brandfällen, von denen versicherte Kaufleute betroffen werden, üblich ist, die Entschädigung nach den aufgewendeten Einkaufspreisen der Waren zu berechnen, so beruht dies darauf, daß meistens der Einkaufspreis von dem zur Zeit des Brandfalls geltenden Marktpreise nur unwesentlich verschieden sein wird und daß zum Nachweise der Höhe des Schadens sich schnell und bequem die vorzulegenden Rechnungen und Geschäftsbücher des versicherten Gewerbetreibenden ohne weiteres verwerten lassen.

Die Revision gibt zu, daß in dem von dem Streitfall nicht wesentlich im Sachverhalt abweichenden Falle, in dem beim Erzeuger landwirtschaftlicher Produkte Getreide oder sonstige landwirtschaftliche Erzeugnisse verbrennen, die Versicherungsgesellschaften den Landwirten nicht nur die Gestehungskosten, sondern den Marktwert erstatten. Diese Gepflogenheit sucht die Revision dadurch zu erklären, daß infolge der besonderen Natur des Betriebes der Landwirtschaft und der bei Landwirten üblichen mangelhaften oder fehlenden Buchführung der Berechnung der Gestehungskosten große Schwierigkeiten entgegenständen, die bei der Industrie fortfielen, weil bei dieser infolge der viel genaueren Buchführung und der gleichmäßigeren Voraussetzungen für die Erzeugung von Gütern sich unschwer die Selbstkosten für jedes Erzeugnis nachprüfen ließen. Dieser Begründung fehlt die Überzeugungskraft. Der wirkliche Grund wird darin zu finden sein, daß auch die Versicherungsgesellschaften davon ausgehen, dem Erzeuger von Waren gegenüber sei ebenfalls der gemeine Wert als der maßgebende Versicherungswert anzusehen, nicht aber die bloßen Gestehungskosten, die im vorliegenden Falle nach der von der Beklagten gebilligten Schätzung noch nicht ein Sechstel des jetzt unstreitigen gemeinen Wertes des Rohöls und weniger als ein Achtel der Summe betragen, die von der Beklagten als „entgangener Gewinn" bezeichnet wird. Diese Begründung ist auch unvereinbar mit der von der Beklagten vertretenen Meinung, daß der Unternehmergewinn — sei es im landwirtschaftlichen, sei es im industriellen Betrieb – als zu dem nicht zu ersetzenden „entgangenen Gewinn" zu rechnen sei. Das Berufungsurteil war hiernach aufrechtzuerhalten."

RGZ. 97, 279.

Kann der Entschädigungsforderung des von eigenem Verschulden freien Versicherten entgegengehalten werden, daß sein Vertreter Anzeigen unterlassen hat, die zur Erhaltung des Anspruchs auf Entschädigung nach den Versicherungsbedingungen dem Versicherer zu erstatten sind?

VII. Zivilsenat. Urt. v. 12. Dezember 1919.

I. Landgericht II Berlin. — II. Kammergericht daselbst.

Der Kläger versicherte als Eigentümer eines landwirtschaftlichen Grundstücks dessen Gebäude bei der Beklagten gegen Feuersgefahr. Er machte, zum Heeresdienst einberufen, dem Ingenieur D. ein Kaufangebot über das Grundstück und verpachtete es ihm bis zur Annahme des Angebots. D. vermietete Gebäude des Grundstücks zur Unterbringung von Kriegsgefangenen. Es wurden neue Feuerstätten angelegt. Die vermieteten Gebäude brannten ab. Der Kläger forderte die Brandentschädigung; die Beklagte verweigerte die Zahlung, weil ihr weder die Verpachtung des Grundstücks mitgeteilt noch rechtzeitig Anzeige von der durch die Anlegung der Feuerstätten eingetretenen Gefahrerhöhung gemacht, der Brand aber auch auf Mängel der neuen Anlage zurückzuführen sei.

In den Vorinstanzen wurde die Beklagte nach dem Klagantrage verurteilt. Auf die Revision der Beklagten wurde das Berufungsurteil aufgehoben und die Sache in die Vorinstanz zurückverwiesen.

Gründe:

„Das Berufungsgericht nimmt zunächst an, daß den Kläger selbst kein Verschulden daran trifft, wenn, wie die Beklagte behauptet, die von der Gefahrerhöhung und den Sicherheitsvorschriften handelnden Bestimmungen ihrer Versicherungsbedingungen und die des Gesetzes über den Versicherungsvertrag nicht befolgt worden sind.

Dieser Beurteilung ist beigetreten. In der Verpachtung des Gutes und dessen Überlassung mit den versicherten Gebäuden an D. liegt keine Gefahrerhöhung, die der Einwilligung der Beklagten bedürfte. Daß der Kläger bei der Auswahl des D. es an der genügenden Sorgfalt habe fehlen lassen, ist nicht behauptet. Von den Vorgängen, aus denen die Beklagte die Befreiung von der Entschädigungspflicht herleitet, hat der im Felde stehende Kläger keine Kenntnis gehabt.

Die zur Entscheidung stehende Frage ist, ob der Kläger gleichwohl für die behauptete Nichtbefolgung der dem Versicherten bei Gefahrerhöhungen auferlegten Obliegenheiten einzustehen hat. In den Vorinstanzen ist diese Frage verneint. Die Revision will sie bejaht haben, weil D. Vertreter des Klägers gewesen sei. Habe D. die vorgeschriebenen Anzeigen unterlassen und Gefahrerhöhungen durch V. zugelassen, so müsse der Kläger dies nach §§ 242, 278, 831 BGB. gegen sich gelten lassen.

Darüber, ob der Versicherungsnehmer nur für sein eigenes Verschulden zu haften hat oder ob und wieweit er auch für Handlungen und Unterlassungen Dritter einzustehen hat, herrscht im Schrifttum große Verschiedenheit der Ansichten. Zu einer grundsätzlichen Stellungnahme gegenüber dieser Streitfrage bietet der vorliegende Rechtsstreit keinen Anlaß. Vielmehr ist auch ohne eine solche Entscheidung nach der tatsächlichen Lage des Falles hier zu einem von der Auffassung der Vorinstanzen abweichenden Ergebnis zu gelangen.

Das Berufungsgericht stellt über das vertragliche Verhältnis des D. zu dem Kläger in bezug auf das in Frage stehende Grundstück fest: D. sei in der in Frage kommenden Zeit nicht nur Pächter des Grundstücks gewesen, sondern es sei ihm auch der Eigentumserwerb angetragen, die Auflassung an ihn auch inzwischen erfolgt. Er habe als Eigentumsanwärter das Grundstück selbständig verwaltet und alle öffentlichen Lasten getragen. Er habe sich in seiner Anzeige an die Beklagte als Vertreter des Eigentümers bezeichnet, als solcher sei er auch von der Ehefrau des Klägers, und von der Beklagten fortgesetzt behandelt. Diese Eigenschaft habe ihm auch der Kläger eingeräumt und als dessen Vertreter habe er bei der Brandschadensermittlung mitgewirkt. Wenn der Kläger auch von den erwähnten Einzelheiten, weil er im Felde war, nichts gewußt habe, habe er doch durch den Pachtvertrag, das Angebot des Eigentumserwerbs und die Besitzübertragung dem D. schon vorher die von ihm eingetragene Stellung eingeräumt, D. sei mit dem Wissen und dem Willen des Klägers dessen „Repräsentant" in dem Versicherungsverhältnis gewesen.

Das Berufungsgericht schließt sich sodann der Rechtsprechung des Reichsgerichts (RGZ. Bd. 58 S. 342, Bd. 62 S. 190) darin an, daß § 278 BGB. hier nicht zur Anwendung zu bringen ist. Denn es handle sich bei der nach der Behauptung der Beklagten nicht rechtzeitig und nicht vollständig erstatteten Anzeige von der gefahrerhöhenden Verwendung der versicherten Gebäude nicht um von der Beklagten erzwingbare, bei Nichterfüllung in Schadensersatzansprüche übergehende Verbindlichkeiten im Sinne des § 278, sondern nur um Voraussetzungen für die Erhaltung des Anspruchs auf die Versicherungssumme. Scheide aber § 278 aus, so fehle es, auch wenn D. Repräsentant des Klägers war, an einer gesetzlichen Grundlage, den Kläger für dessen Verhalten haftbar zu machen. Weder aus den Bestimmungen des Bürgerlichen Gesetzbuchs noch aus den Vorschriften des Gesetzes über den Versicherungsvertrag oder aus dem in den Versicherungsbedingungen Vereinbarten sei die von der Beklagten verlangte Haftung des Klägers zu entnehmen.

Diesen Ausführungen ist, soweit sie die Anwendbarkeit des § 278 verneinen, unter Aufrechterhaltung der erwähnten Rechtsprechung beigetreten. Gefolgt aber kann dem Berufungsgerichte darin nicht werden, daß, wenn § 278 ausscheidet, es auch bei einem Verhältnis, wie es hier zwischen dem Kläger und D. festgestellt ist, an einer gesetzlichen Grundlage für die Haftung des Klägers fehlt. Es kann dahingestellt bleiben, welche Deutung der im Gesetze nicht gebrauchten Bezeichnung „Repräsentant" zu geben ist. Jedenfalls aber war D. nach der vorstehend erwähnten Feststellung hinsichtlich der Verwaltung des hier in Betracht kommenden Grundstücks gewillkürter Vertreter des Klägers. Er war als Eigentumsanwärter zur selbständigen Verwaltung des Grundstücks ermächtigt. Zur Verwaltung eines Grundstücks gehört auch die Versicherung seiner Gebäude gegen Feuersgefahr. D. konnte sich deshalb, wie er es getan hat, auch der Beklagten gegenüber als Vertreter des Klägers bezeichnen, mit dem der Versicherungsvertrag abgeschlossen war. Trat er so der Beklagten gegenüber, so zeigte D. damit, daß er auch die dem Versicherungsnehmer in den Bedingungen auferlegten Obliegenheiten in Vertretung des Klägers erfüllen wolle und damit auch die bei Gefahrerhöhung erforderliche Anzeigepflicht für den Kläger übernommen habe. D., an den jetzt auch die Zahlung der Versicherungssumme beantragt ist, handelte bei der Vertretung des Klägers zugleich in seinem eigenen Interesse als Eigentumsanwärter.

Auf ein Verhältnis, wie es sich hier gestaltet hat, findet die Bestimmung des § 166 Abs. 1 BGB. entsprechende Anwendung. Es handelt sich zwar bei der Erfüllung der Obliegenheiten, welche in den Versicherungsbedingungen zur Erhaltung des Anspruchs auf die Versicherungssumme dem Versicherten auferlegt sind, nicht um Willenserklärungen im eigentlichen Sinne, immerhin aber doch um ein Handeln des Vertreters für den Vertretenen innerhalb des durch den Versicherungsvertrag begründeten Rechtsverhältnisses. Dieses Handeln beruhte ausschließlich auf dem Willensentschluß des Vertreters D. Denn dieser Willensentschluß setzt Kenntnis der auf dem Grundstücke vorgenommenen oder bevorstehenden Änderungen voraus, eine Kenntnis, die nicht der Kläger, sondern nur D. hatte. Nur aus seiner Person läßt sich deshalb beurteilen, ob durch das, was er getan oder unterlassen hat, Obliegenheiten, die in den Bedingungen dem Versicherungsnehmer vorgeschrieben sind, unerfüllt geblieben sind. Der dem § 166 Abs. 1 zugrunde liegende Rechtsgedanke kommt deshalb auch hier zur entsprechenden Anwendung. Diese Anwendung führt zu der Folgerung, daß, wenn der den Kläger in seinem Vertragsverhältnis zu der Versicherungsgesellschaft vollständig vertretende D. gegen die dem Versicherungsnehmer bei Gefahrerhöhungen und hinsichtlich der Sicherheitsvorschriften auferlegten Obliegenheiten gefehlt hat, dies auch das Versicherungsverhältnis dem Kläger gegenüber berührt. Seine Nichtkenntnis und das sich daraus ergebende Fehlen des eigenen Verschuldens schützt den Kläger nicht, da hier für die Beurteilung der Sache die Person des Vertreters in Betracht kommt und dessen Kenntnis maßgebend ist.

Daß in dem Gesetz über den Versicherungsvertrag bei den in Frage kommenden Bestimmungen nur von dem Versicherten die Rede ist, und auch die Versicherungsbedingungen nur von dem Versicherungsnehmer sprechen, steht dieser Beurteilung nicht entgegen. Grundsätze des bürgerlichen Rechtes haben durch die den Regelfall im Auge habende Ausdrucksweise nicht abgeändert werden sollen. Es ist nicht ersichtlich, daß für Fälle, wie der vorliegende ist, eine Erleichterung in der Erfüllung der Bedingungen für den Versicherten hat eintreten sollen."

RGZ. 99, 280.

Kann der Versicherte Brandschadensvergütung für reine Explosionsschäden verlangen, wenn die Explosion selbst durch einen Brand hervorgerufen ist?

Gesetz über den Versicherungsvertrag vom 30. Mai 1908 (RGBl. S. 263), §§ 82, 83.

VII. Zivilsenat. Urt. v. 29. Juni 1920.

I. Landgericht Oppeln. — II. Oberlandesgericht Breslau.

Die Klägerin klagt als Rechtsnachfolgerin zweier ihrer Angestellten einen angeblichen Brandschaden in Höhe von 9472 M ein. Am 5. Juni

1918 fand in der Sprengstoffabrik der Klägerin eine Explosion statt. Der dadurch hervorgerufene Luftdruck brachte die Wände und die Decken der Gebäude, in welchem sich die versicherten Sachen befanden, zum Einsturz. Die Sachen selbst wurden beschädigt oder zerstört. Die Klägerin behauptet, daß die Explosion die Folge eines in der Fabrik entstandenen Brandes gewesen sei und daß die Fabrik mit den Häusern für die Angestellten wirtschaftlich eine Einheit und deshalb auch ein einheitliches Grundstück im Sinne der Versicherungsbedingungen gebildet habe. Die Beklagte bestreitet dies.

Die maßgebenden Allgemeinen Versicherungsbedingungen lauten dahin:

§ 1 Nr. 1: „Der Versicherer haftet nach Maßgabe der nachfolgenden Bestimmungen für den Schaden, der an den versicherten Sachen durch Brand, Blitzschlag oder durch Explosion von Leuchtgas aller Art, auch wenn es zu anderen als zu Beleuchtungszwecken dient, oder durch Explosion von Haushaltungsheizeinrichtungen oder von Beleuchtungskörpern entsteht. Die Haftung des Versicherers für den durch Explosion anderer Art entstehenden Schaden bedarf der besonderen Vereinbarung."

Nr. 2: „Im Falle eines Brandes hat der Versicherer den durch die Zerstörung oder die Beschädigung der versicherten Sachen entstehenden Schaden zu ersetzen, soweit der Schaden die versicherten Sachen betrifft, welche zerstört oder beschädigt werden, und soweit die Zerstörung oder die Beschädigung auf Einwirkung des Feuers beruht, oder bei dem Brande durch Löschen, Niederreißen oder Ausräumen verursacht wird oder die unvermeidliche Folge eines Brandes ist, der auf dem Grundstück, auf dem sich die vernichteten Sachen befinden, oder auf einem angrenzenden Nachbargrundstücke stattgefunden hat. Der Versicherer hat auch den Wert der versicherten Sachen zu ersetzen, welche bei dem Brande abhanden kommen."

Eine besondere Explosionsversicherung nach Nr. 1 Satz 2 war nicht abgeschlossen.

Die Vorinstanzen haben die Klage abgewiesen. Auch die Revision der Klägerin blieb erfolglos.

Gründe:

„Das Oberlandesgericht unterstellt zugunsten der Klägerin, daß die Explosion der Sprengstoffabrik die Folge eines dort ausgebrochenen Brandes gewesen ist, und es unterstellt weiter, daß das Grundstück, auf dem die Explosion stattgefunden hat, entweder dasselbe Grundstück gewesen ist, auf dem sich die versicherten Sachen befanden, oder ein angrenzendes Nachbargrundstück. Bei dieser alternativen Unterstellung durfte es das Oberlandesgericht belassen, denn darüber herrscht unter den Parteien kein Streit, und das geht auch aus den Versicherungsbedingungen zweifelsfrei hervor, daß die Folgen eines Brandes auf einem angrenzenden Nachbargrundstück ebenso zu entschädigen sind, wie die eines Brandes auf dem Grundstücke selbst, auf dem sich die versicherten Sachen befinden. Zu entscheiden blieb hiernach lediglich, ob der Versicherte Brandschadensvergütung für Explosionsschäden verlangen darf, wenn die Explosion selbst durch einen Brand hervorgerufen ist. Diese Frage hat das Oberlandesgericht verneint, die von der Revision dagegen unter Berufung auf die §§ 133, 157 BGB. erhobenen Rügen müssen versagen.

Auszugehen ist von den die Feuerversicherung betreffenden Vorschriften des Gesetzes über den Versicherungsvertrag. Es heißt dort im § 82: „Der Versicherer haftet für den durch Brand, Explosion oder Blitzgefahr entstandenen Schaden", und im § 83: „Im Falle eines Brandes hat der Versicherer den durch die Zerstörung oder die Beschädigung der versicherten Sachen entstehenden Schaden zu ersetzen, soweit die Zerstörung oder Beschädigung auf der Einwirkung des Feuers beruht oder die unvermeidliche Folge des Brandereignisses ist. Der Versicherer hat auch den Schaden zu ersetzen, der bei dem Brande durch Löschen, Niederreißen oder Ausräumen verursacht wird; das gleiche gilt von einem Schaden, der dadurch entsteht, daß versicherte Sachen bei dem Brande abhanden kommen. Auf die Haftung des Versicherers für den durch Explosion oder Blitzschlag entstandenen Schaden finden die Vorschriften des Abs. 1 entsprechende Anwendung." Es werden also im § 82 die Arten von Schäden umschrieben, für die der Versicherer zu haften hat, und im § 83 wird der Umfang des jeweils zu ersetzenden Schadens umgrenzt. Dieser Umfang des Schadens soll bei allen drei Arten von Schäden derselbe sein. Den beiden Paragraphen entsprechen unverkennbar die Nr. 1 und 2 des § 1 der Allg. Versicherungsbedingungen. Nr. 1 schränkt die Haftung des Versicherers gegenüber dem Gesetz etwas ein. Das ist zulässig, da § 82 VersVG. zum nachgiebigen Rechte gehört. Der Versicherer haftet danach unbedingt nur für zwei Arten von Schäden, nämlich für Brand- und Blitzschäden; für Explosionsschäden haftet er mangels anderer Vereinbarung nur, wenn es sich um die Explosion von Leuchtgas, von Haushaltungsheizeinrichtungen oder von Beleuchtungskörpern handelt.

Es ist nun unbedenklich und wird auch von der Klägerin nicht geleugnet, daß im gegenwärtigen Falle eine Explosion stattgefunden hat, gegen die als Explosion die Rechtsvorgänger der Klägerin nicht versichert waren. Besondere Vereinbarungen in dieser Richtung waren nicht getroffen; um eine Explosion von Leuchtgas, Haushaltungsheizvorrichtungen oder Beleuchtungskörpern hat es sich nicht gehandelt. Die Klägerin will aber die streitigen Explosionsschäden nach § 1 Nr. 2 der Allg. Versicherungsbedingungen als Feuerschäden vergütet wissen, weil die Explosion die unvermeidliche Folge eines Brandes gewesen sei. Damit verkennt die Klägerin den, wie dargelegt, dem Versicherungsvertragsgesetz entsprechenden Aufbau der Allg. Versicherungsbedingungen. Arten von Schäden, die an der dazu bestimmten Stelle von der Haftung des Versicherers ausgenommen sind, können nicht dadurch wieder unter diese Haftung gebracht werden, daß dem Umfange einer anderen Schadensart eine Auslegung gegeben wird, die auch jene an sich ausgenommenen Schadensarten wieder unter die Versicherung fallen lassen würde. Unterscheidet das Gesetz und unterscheiden ihm folgend die Versicherungsbedingungen nun einmal zwischen Brandschäden, Blitzschäden und Explosionsschäden, so ist an dieser Unterscheidung auch festzuhalten, wenn der Umfang der einzelnen Schadensart zu bestimmen ist. Es mag Fälle geben, in denen es schwer ist, Brandschäden und Explosionsschäden gegeneinander abzugrenzen. Das wird namentlich zutreffen, wenn beide Arten von Schäden nebeneinander gegeben sind. Derartige Schwierigkeiten kennt aber der gegenwärtig zu entscheidende Fall nicht. Die eingetretenen Schäden sind, wie auch die Klägerin nicht leugnet, nur durch den Luftdruck der Explosion verursacht, nicht auch durch Feuer. Solche reinen Explosionsschäden bleiben im Sinne des Gesetzes und der Versicherungsbedingungen Explosionsschäden, auch wenn zur Entstehung der Explosion ein Brand mitgewirkt hat. Der rein logische Zusammenhang ist hier nicht maßgebend. Um zu einer scharfen Scheidung zu gelangen, haben sich das Gesetz und die Allg. Versicherungsbedingungen darüber hinweggesetzt, für sie ist der sog. adäquate ursächliche Zusammenhang maßgebend, der Zusammenhang im natürlichen Sinne. Auf demselben Standpunkt steht das Urteil des Senats vom 21. Oktober 1907, VII 435/07." . . .

RGZ. 102, 350.

Rechtliche Natur des Anspruchs der Hypothekengläubiger aus § 101 VersVG. Ist § 1127 Abs. 2 BGB. auf diesen Anspruch anwendbar?

VII. Zivilsenat. Urt. v. 5. Juli 1921.

I. Landgericht Oppeln. — II. Oberlandesgericht Breslau.

Kr. hatte als eingetragener Eigentümer des Grundstücks Colonnowska Nr. 2 dessen Gebäude bei der Beklagten gegen Feuersgefahr mit der Bestimmung versichert, daß eine Entschädigung nur zur Wiederherstellung des Gebäudes gezahlt werden sollte. Im Jahre 1914 entstand an dem Gebäude ein Brandschaden, dessen Höhe auf 5453,75 M festgestellt wurde. Kr. ist wegen Beihilfe zur Brandstiftung an diesem Gebäude rechtskräftig verurteilt worden. Zur Zeit des Brandes standen im Grundbuch des Grundstücks in Abt. III unter Nr. 4 für den Buchdruckereibesitzer K. 824,02 M und für den Kläger 5675,98 M, ferner für Sm. unter Nr. 5 7500 M und unter Nr. 6 13 907,18 M eingetragen. Sm. ist verstorben und von seiner Frau beerbt worden. Nach dem Brande wurde das Grundstück zwangsweise versteigert und der Frau Sm. zugeschlagen. Dabei sind die Hypotheken Nr. 5 und 6 ausgefallen, die übrigen Eintragungen infolge Aufnahme in das geringste Gebot bestehen geblieben, dann aber bis auf die Hypothek des Klägers unter Nr. 4 von 5675,98 M gelöscht worden. Der Kläger hat seinen Anspruch auf die Brandentschädigung an Frau Sm. abgetreten. Er hat dann der Frau Sm. ein Darlehen in Höhe der Entschädigung zum Wiederaufbau des beschädigten Gebäudes gewährt. Der Wiederaufbau ist erfolgt. Frau Sm. hat schließlich dem Kläger für das Darlehen ihre Ansprüche auf die Brandentschädigung abgetreten. Die dinglich Berechtigten, deren Rechte nach der Zwangsversteigerung gelöscht worden waren, haben ihre Zustimmung dazu erklärt, daß die Brandentschädigung an den Kläger gezahlt werde. Der Kläger behauptet, er sei zur Erhebung der Brandentschädigungsgelder berechtigt, die Beklagte habe auch seine Forderung anerkannt, später aber es abgelehnt, unbedingt Zahlung zu leisten. Mit der Klage verlangt Kläger die Verurteilung der Beklagten zur Zahlung von 5453,75 M nebst Zinsen. Die Beklagte hat Abweisung der Klage in Höhe von 50,75 M und im übrigen beantragt, sie ihren Anerkenntnissen gemäß zu verurteilen, an den Kläger 5403 M Zug um Zug gegen Übergabe der zur Umschreibung in Höhe des gezahlten Betrags der Hypothek des Klägers auf sie erforderlichen Urkunden oder Zug um Zug gegen Mitwirkung des Klägers zu dieser Grundbuchberichtigung zu zahlen. Das Landgericht wies die Klage in Höhe von 50,75 M ab und verurteilte die Beklagte unbedingt, dem Kläger 5403 M nebst Zinsen zu zahlen. Die Berufung der Beklagten blieb erfolglos. Ihre Revision wurde zurückgewiesen aus folgenden

Gründen:

Der beklagte Versicherer ist zwar nach § 61 VersVG. und § 12 der Versicherungsbedingungen wegen des Verhaltens des bei der Brandstiftung beteiligten Versicherungsnehmers Kr. diesem gegenüber von der Verpflichtung zur Leistung frei geworden, seine Verpflichtung einem Hypothekengläubiger gegenüber aus § 1127 Abs. 1 BGB. ist aber nach § 101 VersVG. bestehen geblieben. Gestützt auf die letztere Vorschrift macht der Kläger in erster Reihe als Zessionar der Frau Sm. deren Ansprüche auf die Versicherungssumme geltend, die ihr als Gläubigerin der unter Nr. 5 und 6 auf dem Pfandgrundstück eingetragen gewesenen Hypotheken zustehen. Erst in zweiter Reihe fordert der Kläger hilfsweise die Zahlung der Versicherungssumme in seiner Eigenschaft als Gläubiger der unter Nr. 4 für ihn eingetragenen Hypothek.

Prüft man zunächst diesen hilfsweise erhobenen Anspruch, so erweist er sich nach § 1127 Abs. 2 BGB. als unbegründet. Nach dieser Vorschrift erlischt die in Abs. 1 bestimmte Haftung der Forderung gegen den Versicherer, wenn der versicherte Gegenstand wiederhergestellt oder Ersatz für ihn beschafft ist. Im vorliegenden Falle hat Frau Sm., nachdem sie das Pfandgrundstück in der Zwangsversteigerung durch Zuschlag erworben hatte, den versicherten Gegenstand durch Wiederaufbau wiederhergestellt. Damit war die hypothekarische Pfandhaftung der Forderung auf die Versicherungssumme, soweit eine solche noch bestand, endgültig beseitigt. Bis zum Wiederaufbau würde die Haftung für die Hypothek Nr. 4, die in das geringste Gebot aufgenommen war und insofern von den Folgen der Zwangsversteigerung unberührt geblieben ist, und bis zu dem, schon vor dem Wiederaufbau erfolgten, Ausfall in der Zwangsversteigerung und der darauf erfolgten Löschung würde auch die Haftung für die Hypotheken Nr. 5 und 6 bestehen geblieben sein, wenn nicht schon vorher der Gegenstand der Haftung, nämlich die Forderung des Versicherungsnehmers gegen den Versicherer, nach § 61 VersVG. mit dem Zeitpunkt der Brandlegung untergegangen wäre. An die Stelle der pfandweisen Haftung der Forderung des Versicherungsnehmers ist nun zwar nach § 101 VersVG. ein selbständiger, unmittelbarer Anspruch der Hypothekengläubiger auf die Versicherungssumme getreten; es fragt sich aber, ob nicht auch auf diesen Anspruch hinsichtlich der allein noch bestehen gebliebenen Hypothek Nr. 4 die Vorschrift des § 1127 Abs. 2 entsprechend anzuwenden und deshalb die auf diese Hypothek sich gründende Forderung auf die Versicherungssumme als erloschen anzusehen ist. Diese Frage ist zu bejahen.

Die im § 1127 Abs. 1 angeordnete Erstreckung der Hypothek auf die Forderungen aus der Versicherung, die an sich dem Versicherungsnehmer als bloß persönliche, schuldrechtliche Ansprüche zustehen, liegt nicht in der Rechtskonsequenz, ist vielmehr im Interesse des Realkredits geschaffen worden, um einem schwerwiegenden praktischen, wirtschaftlichen Bedürfnis zu genügen. Geht nach § 61 VersVG. infolge des Verhaltens des Versicherungsnehmers dessen Forderung unter, so muß freilich aus formal-juristischen Gründen die Haftung dieser Forderung erlöschen. Das praktische Bedürfnis der Realsicherheit bleibt aber bestehen. Erfolgt der Wiederaufbau, so ist schon hierdurch dies Bedürfnis anderweit, ohne Inanspruchnahme der Versicherungssumme, befriedigt, soweit es schützenswert und billig erscheint; der Zustand, der vor dem Brande dem Hypothekengläubiger gesetzliche Sicherheit gewährte, ist völlig wiederhergestellt. Würde man ihm außer dieser Sicherheit das Recht zugestehen, sich wegen seiner Hypothek auch noch aus der Versicherungssumme bezahlt zu machen, die an Stelle des durch den Brand zerstörten Gebäudes getreten ist, so würde das eine ungerechtfertigte Bereicherung des Hypothekengläubigers darstellen, und eben diese soll durch den Abs. 2 des § 1127 verhindert werden. Alle vorstehend in dieser Beziehung angeführten Gründe für das Erlöschen des hypothekarischen Anspruchs auf Befriedigung aus der Versicherungssumme treffen in gleicher Weise auch auf den durch § 101 VersVG. gegebenen Ersatzanspruch zu. Zwar ist im § 101 die im Abs. 2 des § 1127 gegebene Vorschrift nicht wiederholt, aber dieser Abs. 2 ist neben dem § 101 bestehen geblieben und entsprechend auf jenen Ersatzanspruch anzuwenden. Nichts spricht dafür, daß der Gesetzgeber bei der Erlassung des Versicherungsvertragsgesetzes irgendwie zu der den Schutz des Hypothekengläubigers auf das erforderliche Maß einschränkenden Vorschrift des Abs. 2 in Gegensatz hat treten und dem darin ausgedrückten allgemeinen vernünftigen und schon aus der Natur der Sache folgenden Rechtsgedanken die weitere Anwendung hat versagen wollen. Jeder Anspruch des Gläubigers der Hypothek Nr. 4 auf die Versicherungssumme, die infolge des in der Vergangenheit liegenden Brandes zu zahlen ist, hat hiernach seine Grundlage verloren. Dagegen erstreckt sich die Hypothek Nr. 4 nach § 1127 Abs. 1 wiederum kraft Gesetzes auf die neue Forderung gegen den Versicherer, wenn nach dem Wiederaufbau des Gebäudes dieses von neuem versichert worden ist oder versichert wird. Sind im Falle des § 101 VersVG. mehrere Hypothekengläubiger vorhanden, so richtet sich selbstverständlich die Reihenfolge, in der sie sich an die Versicherungssumme halten dürfen, nach der Rangordnung ihrer Hypotheken untereinander. Gerade dieser Umstand aber zeigt, daß der im § 101 gegebene Anspruch im Grunde hypothekenrechtlicher Natur ist, und hieraus wieder ergibt sich die Notwendigkeit, auch auf die Ersatzforderung die Vorschrift des § 1127 Abs. 2 anzuwenden.

Ansprüche auf die Versicherungssumme glaubt der Kläger aus eigenem Recht auch noch darauf gründen zu können, daß er der Frau Sm. das Geld zum Wiederaufbau hergegeben und daß die Beklagte ihre Verpflichtung zur Zahlung der Versicherungssumme auch anerkannt habe. Aber durch das Darleihen des Geldes hat der Kläger keine anderen Ansprüche als solche schuldrechtlicher Natur gegen die Darlehensnehmerin erworben. Überdies hat ihm diese „zur Abgeltung" ihrer Darlehensschuld ihre Ansprüche auf Brandentschädigung abgetreten, so daß er nur diese Ansprüche noch geltend machen könnte. In der das angebliche Anerkenntnis enthaltenden Urkunde vom 1. November 1917 ist ein Versprechen, unbedingte Zahlung zu leisten, wie sie der Kläger erstrebt, nicht enthalten. Die Beklagte, die Zahlung an sich auch jetzt nicht verweigert, erklärt nur, Zahlung werde gemäß §§ 101 und 102, also in der Weise erfolgen, wie sie ihrem in der Klagebeantwortung enthaltenen, auch jetzt von ihr noch aufrechterhaltenen Antrag entspricht.

Es bleibt hiernach nur zu erörtern, ob der Kläger auf Grund des ihm von Frau Sm. abgetretenen Anspruchs auf die Brandentschädigung unbedingte Zahlung verlangen kann. Diesen Anspruch hat Frau Sm. nicht, wie der Kläger behauptet, durch den Erwerb des Grundstücks in der Zwangsversteigerung miterworben, denn sie konnte in der Zwangsversteigerung nicht mehr Recht erlangen als der bisherige Eigentümer gehabt hat. Dieser aber hatte den Versicherungsanspruch verloren (Urteil des erkennenden Senats vom 3. März 1916 VII 417/15). Da das Recht des Klägers als des Gläubigers aus der Hypothek Nr. 4 nach § 1127 Abs. 2 erloschen ist, muß als Erstberechtigte zur Brandentschädigung nach § 101 VersVG. die Inhaberin der Hypothek Nr. 5 von 7500 M, also Frau Sm., jetzt ihr Sonder-Rechtsnachfolger, der Kläger, gelten. Dieses Recht ist von dem Wiederaufbau des Gebäudes unberührt geblieben, denn der Wiederaufbau, durch den die frühere Sicherheit wiederhergestellt wurde, ist erst erfolgt, nachdem die Hypotheken Nr. 5 und 6 bereits ausgefallen und gelöscht waren; diese Hypotheken haben also aus dem Wiederaufbau keinen Vorteil erlangen können. Gerade für solche ausgefallene Hypothekengläubiger ist der durch den § 101 gegebene Schutz bestimmt. Auch der § 17 der Versicherungsbedingungen, der schon nach seiner Überschrift die Sicherung des Realkredits bezweckt, steht dem Anspruch der Frau Sm. nicht entgegen. Denn die Wiederherstellung ist bereits erfolgt und die vor dem Versicherungsfall eingetragenen Realgläubiger haben sämtlich in die unbedingte Zahlung an den Kläger gewilligt. Der § 102 VersVG. bestimmt nun zwar, daß, soweit der Versicherer auf Grund der §§ 100, 101 den Hypothekengläubiger befriedigt, die Hypothek auf ihn übergeht. Der auf diese Vorschrift gegründete Einwand der Beklagten ist jedoch unbegründet, da inzwischen die Hypotheken Nr. 5 und 6 gelöscht sind und der Übergang daher gegenstandslos geworden ist. Durch die Löschung sind aber die schon durch das Eintreten des Versicherungsfalls erworbenen Rechte der Frau Sm. in Beziehung auf die in der Zwangsversteigerung zum Verkauf nicht mitverstellten Brandentschädigungsgelder nicht verloren (RGZ. Bd. 8 S. 170, Bd. 100 S. 89, 90). Da überdies die Beklagte nach den obigen Ausführungen durch Zahlung der Versicherungssumme nicht den Gläubiger der Hypothek Nr. 4, sondern den der Hypothek Nr. 5 befriedigt, könnte sie bestenfalls nur den Übergang der letzteren Hypothek beanspruchen; sie verlangt aber die Umschreibung der Hypothek Nr. 4 auf ihren Namen. Diese durch die Zwangsversteigerung als sicher erwiesene Hypothek will jedoch der Kläger behalten, und er kann von der Beklagten nicht gezwungen werden, auf sie von der Beklagten Zahlung anzunehmen und sie damit der Beklagten zu überlassen. Wäre aber selbst die Hypothek Nr. 5 aus § 102 auf die Beklagte übergegangen, so würde sie doch hinter alle Hypothekengläubiger, also auch hinter Frau Sm. als Inhaberin der Hypothek Nr. 6 nach § 102 Satz 2 zurücktreten und der Frau Sm. weichen müssen, ohne Aussicht zu haben, die Versicherungssumme für sich behalten zu dürfen. Würde die Beklagte gegen die Zahlung der Versicherungssumme die sichere Hypothek Nr. 4 eintauschen und sie vor den dieser nachfolgenden Hypotheken geltend machen dürfen, so würde sie sich entgegen dem gesetzgeberischen Zwecke der §§ 101, 102 auf Kosten der Realgläubiger bereichern. Das Berufungsurteil war hiernach aufrechtzuerhalten.

RGZ. 105, 356.

1. Wie sind Mauerreste, wenn sie infolge Bauverbots zum Wiederaufbau nicht verwertbar sind, bei Feststellung der Brandentschädigung zu bewerten?

2. Inwieweit kann die Versicherungsgesellschaft, wenn sie wegen Verzugs auf Schadensersatz in Anspruch genommen ist, zu ihrer Entschuldigung sich auf Rechtsirrtum berufen?

VII. Zivilsenat. Urt. v. 14. November 1922.

I. Landgericht Köln. — II. Oberlandesgericht daselbst.

Der Kläger war mit seinem in M. am Markt gelegenen Hause bei der Beklagten laut Versicherungsschein vom 3. Dezember 1909 in Höhe von 22 500 M gegen Brandschaden versichert: am 10. Juli 1912 brannten das Dach und das Dachgeschoß des Hauses ab. Der Schaden wurde unter Anrechnung des Wertes der stehengebliebenen Gebäude- und Mauerreste im Abschätzungsverfahren auf 2350 M festgestellt; dem Kläger wurde jedoch durch Bescheid der Polizeiverwaltung vom 30. Juli 1912, der im Beschwerdeverfahren vom Regierungspräsidenten aufrechterhalten wurde, im Hinblick auf den bestehenden Fluchtlinienplan der Wiederaufbau des Daches und Dachgeschosses verweigert. Infolge dieses Bauverbots verlangte der Kläger von der Beklagten im Wege der Klage für die Herstellung des Neubaus die Zahlung der vollen Versicherungssumme von 22 500 M. Die Beklagte zahlte zwar im Laufe des Rechtsstreits die festgesetzten 2350 M, später noch 1990 M, verweigerte aber grundsätzlich die Anerkennung einer weitergehenden, aus dem Bauverbot hergeleiteten Entschädigungspflicht und blieb bei dem Antrag auf Klagabweisung auch dann, als die ursprünglichen klagabweisenden Urteile des Landgerichts vom 9. Januar 1914 und des Oberlandesgerichts vom 21. Januar 1915 am 14. Mai 1915 vom Reichsgericht aufgehoben wurden, das die Berücksichtigung des Bauverbots für geboten erklärte. Das Oberlandesgericht erklärte nun den Klaganspruch dem Grunde nach für gerechtfertigt und verwies zur Entscheidung über die Höhe des Anspruchs die Sache an das Landgericht zurück. Der Kläger behielt sich zuerst die Geltendmachung weiterer aus dem Verzuge der Beklagten hergeleiteter Ansprüche vor, erweiterte dann aber den Klagantrag und verlangte schließlich in der Berufungsinstanz, daß die Beklagte zur Zahlung einer nach richterlichem Ermessen zu bestimmenden Entschädigung, mindestens aber zur Zahlung von 203 981,78 M nebst 4 % Zinsen seit dem 1. April 1921 verurteilt werde. Das Oberlandesgericht verurteilte die Beklagte, dem Kläger 1. außer den bereits gezahlten 4340 M noch 10 518,66 M nebst 4 % Zinsen seit dem 1. April 1921 zu zahlen, und weiterhin 2. die zum Wiederaufbau des beschädigten Hauses erforderliche Summe bis zum Höchstbetrage von 189 123,12 M zur Verfügung zu stellen gegen den Nachweis, daß das Geld zur Bestreitung der Kosten des Wiederaufbaus verwendet werden wird.

Die Revision der Beklagten blieb erfolglos.

Aus den Gründen:

. . . Der Berufungsrichter hat . . . zunächst die Brandentschädigung, die die Beklagte unter Berücksichtigung der für den Neubau noch verwertbaren Fundamente und des Materialwerts der unverwertbaren und deshalb abzubrechenden Mauerreste zu zahlen hatte, auf 14 858,66 M und nach Abzug der gezahlten 2350 und 1990 M noch auf 10 518,66 M festgestellt. Gegen diese Berechnung hat die Revision keine Einwendungen mehr erhoben.

Der Berufungsrichter hat dann aber auch die Beklagte zum Ersatz des dem Kläger erwachsenen Verzugsschadens für verpflichtet erachtet und diesen Schaden, zur Sicherung des Wiederaufbaus des Gebäudes und aller dabei Beteiligten (§ 97 VersVG. und § 12 der Allg. Vers.-Bedingungen), in der unter Nr. 2 der Urteilsformel bestimmten Form zugesprochen. Als Verzugsschaden hat er die Mehrkosten berechnet, die der Neubau nach dem letzten Gutachten des Sachverständigen vom März 1921 damals erforderte, indem er von der durch den Sachverständigen ermittelten Bausumme von 203 981 M, für einen auf den alten Fundamenten zu errichtenden Neubau, den Betrag der zu 1 der Urteilsformel berücksichtigten und zum Teil bezahlten Brandentschädigung in Höhe von 10 518,66 + 4340 M in Abzug gebracht hat. Den Materialwert der Mauerreste hatte der Sachverständige nicht in Ansatz gebracht, weil jetzt die Abbruchskosten ihn bedeutend überstiegen. Den Verzug der Beklagten hat der Berufungsrichter mit dem Ablauf eines Monats seit der Brandanzeige (§ 94 VersVG.), spätestens aber mit der Zustellung der Klage im August 1913, für eingetreten erachtet. Zur Entschuldigung könne der Beklagten ihre rechtsirrige Auffassung über den Umfang ihrer Entschädigungspflicht, an der sie selbst nach dem in der vorliegenden Sache ergangenen Urteil des Reichsgerichts hartnäckig festgehalten habe, nicht gereichen. Sie sei schon zur Zeit des Brandes durch höchstrichterliche Rechtsprechung mißbilligt gewesen. Hätte die Beklagte im Jahre 1913 gezahlt, so wäre noch in diesem Jahre mit Hilfe der Brandentschädigung der Neubau herzustellen gewesen. Ohne die Brandentschädigung, mit eigenen Mitteln habe der Kläger, der im Armenrecht habe klagen müssen, nicht bauen können.

Die Revision hat demgegenüber gerügt, daß Verzug auf Seite der Beklagten zu Unrecht angenommen worden sei. Der Rechtsirrtum, in dem auch die Vorinstanzen nach den ersten Urteilen vom 9. Januar 1914 und 21. Januar 1915 sich befunden hätten, müsse ihr zur Entschuldigung gereichen. Im Mai 1915, als das Urteil des Reichsgerichts in der vorliegenden Sache ergangen, sei infolge des Krieges aus tatsächlichen und rechtlichen Gründen mit der von der Beklagten zu zahlenden Entschädigung der Neubau nicht mehr auszuführen gewesen. Diese Ausführungen sind indessen nicht geeignet, der Revision als

Stütze zu dienen. Einer Untersuchung, ob der Neubau nicht noch im Sommer 1915 bei Zahlung der vollen Entschädigungssumme ausführbar gewesen wäre, bedurfte es nicht, weil die Annahme des Berufungsrichters nicht zu beanstanden ist, daß der Verzug spätestens mit Klagezustellung eingetreten sei. Wenn man auch nicht der strengen Ansicht folgt, daß bei zweifelhaften Rechtsfragen derjenige, der sich auf die Richtigkeit seiner Rechtsansicht verläßt, dies auf seine Gefahr tut (RGZ. Bd. 92 S. 377), sondern Entschuldigung zuläßt, so ist diese doch ausgeschlossen, wenn bereits höchstrichterliche gegenteilige Entscheidungen vorliegen (Gruchot Bd. 50 S. 1005, Bd. 59 S. 254). *Im gegenwärtigen* Falle aber lagen bereits Entscheidungen des Reichsgerichts im Sinne des in der vorliegenden Sache ergangenen Urteils vom 14. Mai 1915 vor (JW. 1915 S. 788 Nr. 7, vgl. auch das spätere Urteil in RGZ. Bd. 92 S. 60), worauf der Berufungsrichter mit Recht hingewiesen hat. Der Grundsatz, daß beim Vorliegen eines Bauverbots die Mauerreste nicht als solche, sondern nur mit dem Wert des Abbruchmaterials in Ansatz zu bringen seien, war bereits in dem Urteil vom 22. Dezember 1908 (abgedruckt in JW. 1909 S. 132 Nr. 4 und in den vom Berufungsrichter angezogenen Mitteilungen für die öffentlichen Feuerversicherungs-Anstalten) ergangen, und auch in dem späteren, im Berufungsurteil und im reichsgerichtlichen Urteil vom 14. Mai 1915 angeführten Urteil vom 27. Mai 1910 (Mitteilungen 1910 S. 412, Beiheft „Wirtschaft und Recht der Versicherung" 1913 S. 202) war der Grundsatz aufrechterhalten worden, daß Bauverbote nicht als besondere Schadensursache aufzufassen, der dadurch verursachte Mehrschaden vielmehr zu vergüten sei. Die etwaige Unkenntnis der Beklagten von dem Vorhandensein dieser Entscheidungen hat der Berufungsrichter mit Recht für unentschuldbar erachtet, und dasselbe gilt von einer etwaigen Annahme, daß die dort ausgesprochenen Grundsätze für den vorliegenden Fall nicht zuträfen.

Unzutreffend ist auch die Bezugnahme der Revision auf RGZ. Bd. 98 S. 52, wonach bei der Schätzung des Minderwerts eines durch Bergbau beschädigten Gebäudes die später durch den Krieg eingetretene Erhöhung der Reparaturkosten nicht in Betracht gezogen werden sollte. Denn die Frage der Vergütung eines besonderen, durch Verzug entstandenen Schadens war, wie der Berufungsrichter mit Recht hervorgehoben hat, in diesem Urteil überhaupt nicht zur Erörterung gelangt.

RGZ. 107, 198.

Zum Wesen und zur Wirkung einer sog. Deckungszusage bei einer Feuerversicherung.

VII. Zivilsenat. Urt. v. 16. Oktober 1923.

I. Landgericht Frankfurt a. M. — II. Oberlandesgericht daselbst.

Seit dem 1. Dezember 1913 war die Klägerin für den Inhalt ihres Fabrikanwesens in O. bei der Beklagten gegen Feuersgefahr versichert. Neben der Beklagten stand die Nebenintervenientin, W. Privatfeuerversicherungsgesellschaft, jetzt A.G., im Risiko, und zwar der Beklagten gegenüber als „führende" Gesellschaft. Das Versicherungsverhältnis zwischen den Streitteilen lief je vom 1. Dezember bis 1. Dezember. Es ist bis zum 1. Dezember 1919 jeweils ausdrücklich verlängert worden. Eine Vertragsbestimmung über stillschweigende Verlängerung findet sich im Versicherungsschein nicht. Im September 1919 wurde die Gesamtversicherungssumme um 40 %, auf 1 263 360 M erhöht. Bei diesem Anlaß hat die W. Privatfeuerversicherungsgesellschaft der Klägerin eine sog. Deckungszusage erteilt. Wegen eines am 10. Dezember 1920 ausgebrochenen Brandes verlangt die Klägerin von der Beklagten die Bezahlung des auf diese entfallenden Anteils am Schaden mit 572 520 M. Die Beklagte ist dem Klagantrag entgegengetreten, da nach ihrer Auffassung das Versicherungsverhältnis mit dem 1. Dezember 1919 abgelaufen war. Demgegenüber beruft sich die Klägerin auf stillschweigende Verlängerung sowie auf die erteilte Deckungszusage.

Das Landgericht erklärte nach Anhörung eines gerichtlich bestellten Sachverständigen den Klaganspruch dem Grunde nach für gerechtfertigt, das Oberlandesgericht wies die Klage ab. Die Revision hatte Erfolg.

Aus den Gründen:

... Am wenigsten ist der Berufungsrichter dem Vorbringen der Klägerin insoweit gerecht geworden, als diese sich zur Begründung ihres Anspruchs auf die Deckungszusage vom September 1919 beruft. Das Berufungsurteil verwertet an mehreren Stellen den Begriff der stillschweigenden Deckungszusage, und zwar jeweils in einem Zusammenhang, in dem die Streitteile selbst sich auf eine stillschweigende Deckungszusage in keiner Weise berufen hatten. Mit der ausdrücklichen Zusage dagegen, die die W. Privatfeuerversicherungsgesellschaft in ihrem Schreiben vom 29. September 1919, und zwar zugestandenermaßen mit Wissen und im Einvernehmen mit der Beklagten, zugleich in deren Namen über die gesamte nunmehr erhöhte Versicherungssumme erteilt hatte, befaßt sich das Berufungsurteil nur an einer Stelle, indem es sagt, die Zusage dürfe nicht in eine Verlängerung umgedeutet werden. Ob und welche positive Bedeutung der Deckungszusage vom

29. September 1919 für das Vertragsverhältnis unter den Streitteilen zukomme, unterläßt der Berufungsrichter zu untersuchen.

Eine solche Bedeutung kommt ihr in der Tat zu. Hierüber haben sich die von der Nebenintervenientin vorgelegten, außergerichtlich erstatteten Gutachten der Professoren K. und M. — Gutachten, über deren Bedeutung für den Rechtsstreit sich das Berufungsurteil in einer durchaus zutreffenden Weise geäußert hat — eingehend ausgesprochen. Namentlich den Darlegungen des Gutachtens K. war im wesentlichen beizutreten, zumal sie mit den Ergebnissen der Rechtslehre und Rechtsprechung im Einklang stehen.

Eine Deckungszusage erteilt der Versicherer, wenn zwischen ihm und dem Versicherungsnehmer über den Abschluß eines Versicherungsvertrags oder die Abänderung eines bestehenden Versicherungsvertrags soweit Einigung erzielt ist, daß der künftige Abschluß in Aussicht genommen werden kann, während der endgültige Abschluß, namentlich die Ausfertigung der Versicherungspapiere, vielleicht auch die Besprechung minder wesentlicher Einzelheiten, mutmaßlich noch eine gewisse Zeit in Anspruch nehmen werden. Für diese Zwischenzeit bis zum endgültigen Abschluß will und soll der Versicherte nicht ohne den Versicherungsschutz bleiben. Zu dem Ende gewährt ihm der Versicherer mittels der Deckungszusage vorläufigen Schutz, d. h. das Versprechen, bei etwaigem Eintritt des Versicherungsfalles die vorgesehene Entschädigung in gleicher Weise auszubezahlen, wie wenn der Vertrag jetzt schon fertig abgeschlossen wäre. Der auf der Deckungszusage beruhende Schutz dauert, wenn nicht die Zusage von vornherein befristet ist, so lange, bis entweder der Versicherungsvertrag durch Ausstellung der Papiere seinen endgültigen, auch formellen Abschluß findet, oder der Versicherer zurücktritt oder die Verhandlungen endgültig scheitern. In dem erwähnten Schreiben vom 29. September 1919 hatte die W. Gesellschaft der Klägerin geschrieben nicht bloß, daß die Versicherungsgesellschaften die Nachversicherung von 40 % an der Gesamtversicherungssumme vom 25. d. M. an rechtsverbindlich in Deckung genommen haben, sondern sie hatte noch angefügt: „Sie" (die Klägerin) „sind daher mit 1 263 360 M für den Inhalt Ihrer Fabrik gegen Feuersgefahr versichert. Die Ausfertigung des Nachtrags und Verlängerungsscheines werden wir veranlassen." Die W. Gesellschaft hat ferner in der Folge der Klägerin eine Neudeklaration zugfertigt, worin erwähnt ist, daß die Beklagte mit 763 360 M (ihrem Anteil an der Gesamtsumme) im Risiko sei. Die Deckungszusage der W. Gesellschaft war für die Beklagte, wie sie nicht bestreitet, verbindlich. Die nicht befristete

Deckungszusage wirkte so lange, bis die Beklagte der Klägerin neue Versicherungspapiere ausfertigte. Dies zu tun, war ganz Sache der Beklagten, die ja selbst stets Gewicht darauf gelegt hat, daß sie unmittelbar mit der Klägerin verhandelt, nicht etwa zu ihren Verhandlungen mit der Klägerin sich der Vermittlung der W. Privatfeuerversicherungsgesellschaft bedient habe (abgesehen von den eine Ausnahme bildenden Verhandlungen über die Erhöhung der Versicherungssumme). Unter allen Umständen durfte die Klägerin angesichts des Schreibens vom 29. September 1919 sich darauf verlassen, daß die Beklagte ihr die neuen Papiere zufertigen würde; solange bis dies geschah, durfte die Klägerin sich nach Treu und Glauben auch im Verhältnis zu der Beklagten als versichert betrachten. Die Verzögerung in der Ausfertigung des Verlängerungsscheins und der Erhöhungspapiere geht zu Lasten der Beklagten, einerlei worin die Verzögerung ihren Grund gehabt haben mag, sei es in Geschäftsüberlastung oder in einem Übersehen; ja es müßte selbst dann gelten, wenn, was die Beklagte gelegentlich andeuten zu wollen scheint, aber nirgends bestimmt und schlüssig behauptet hat, das etwaige Versehen zu einem Teile auf Verschulden der W. Gesellschaft beruhte.

Aus der zeitlichen Begrenzung, die nach dem Dargelegten der Wirkung der Deckungszusage zukommt, erhellt unmittelbar, daß sich die Beklagte gegenüber der Deckungszusage nicht darauf berufen kann, daß nach ihrer Behauptung der Hauptvertrag mit dem 1. Dezember 1919 durch Zeitablauf sein Ende erreicht habe. Die Deckungszusage ist am 29. September 1919 mit Wirkung vom 25. desselben Monats an erteilt. Daß, sei es die Klägerin, sei es die Beklagte irgendwie die Absicht gehabt und kundgegeben haben, das Versicherungsverhältnis mit dem 1. Dezember 1919 endigen zu lassen, wird von der Beklagten selbst nicht behauptet und ist in keiner Weise angezeigt. Vielmehr durfte und mußte die Klägerin annehmen, daß das erst Ende September auf einen wesentlich erhöhten Betrag abgestellte Versicherungsverhältnis so lange weiter dauern werde, bis ihr die Beklagte entweder die neuen Papiere zufertigte oder ihren anders gerichteten Willen zu erkennen gab. Die Frage ist nicht dahin zu stellen, ob die gegen Ende September vereinbarte Erhöhung der Versicherungssumme in Verbindung mit der Deckungszusage von Rechtswegen imstande war, eine Verlängerung des an sich (nach der Behauptung der Beklagten) mit dem 1. Dezember 1919 ablaufenden Versicherungsverhältnisses zu bewirken; selbst wenn diese Frage verneint werden müßte, würde es doch dabei bewenden, daß jedenfalls unter den besonderen Umständen des Falles die Klägerin nach den das Versicherungsverhältnis in besonderem Maße beherrschenden Grundsätzen von Treu und Glauben auf die Wirkung der Deckungszusage so lange zählen und vertrauen durfte, bis die endgültigen neuen Versicherungspapiere ausgestellt waren oder Beklagte etwa ihren abweichenden Willen erklärt haben würde.

Ganz dieselben Erwägungen greifen gegenüber dem Einwand der Beklagten durch, die Wirkung der Deckungszusage habe sich nicht auf die Gesamtversicherungssumme, sondern nur auf die 40 %ige Erhöhung erstreckt. Die von der W. Privatfeuerversicherungsgesellschaft erteilte Zusage lautete wörtlich auf die Gesamtversicherungssumme. Dieser Umstand, sowie übrigens auch die gesamte Sachlage, berechtigten die Klägerin nach Treu und Glauben, sich in Höhe der Gesamtversicherungssumme, nicht etwa bloß in Höhe der neu hinzugekommenen 40 %, für versichert zu halten, wie ja eine Zerreißung der im September 1919 getroffenen Vereinbarungen nicht bloß von den Sachverständigen K. und M., sondern auch in anderem Zusammenhang von der Beklagten selbst entschieden mißbilligt wird, weil es sich um eine einheitliche, nur hinsichtlich des Betrags erhöhte Versicherung handelte.

RGZ. 117, 312.

Zur Auslegung des § 81 des Gesetzes über den Versicherungsvertrag.

VII. Zivilsenat. Urt. v. 24. Juni 1927.

I. Landgericht Hildesheim. — II. Oberlandesgericht Celle.

Der Kläger war bei der Beklagten für die Zeit vom 19. Januar 1924 bis 19. Januar 1929 gegen Feuersgefahr versichert:

a) auf Grund Versicherungsscheins Nr. 244 456 mit Gebäuden und Fahrnis bis zur Höhe von 18 700 und 12 600 RM,
b) als Inhaber der Firma J. & D. Flachsaufbereitungsanstalt auf Grund Versicherungsscheins Nr. 244 457 mit den Flachsvorräten, Maschinen und Werkzeugen bis zur Höhe von 10 000 RM.

Die Jahresprämie betrug für a) und b) 8 vom Tausend; sie ist bis 19. Januar 1926 gezahlt worden. Mit Brief vom 19. Juli 1925 teilte der Kläger der Beklagten mit, daß ab 15. Juli 1925 der Betrieb der Flachsaufbereitungsanstalt eingestellt sei. Er beantragte, die Versicherung aus Schein 244 457 mit dem 15. Juli 1925 aufzuheben und die Prämie auf Schein 244 456 zu ermäßigen. Am 28. Juli ersuchte die Beklagte den Kläger, ihr, bevor sie die Betriebseinstellung zu den Scheinen 244 456/57 dokumentiere, mitzuteilen, welches Gewerbe jetzt auf seinem Grundstück betrieben werde. Der Kläger erwiderte mit

Postkarte vom 29. Juli, auf dem Grundstück werde nur noch Gastwirtschaft betrieben. Die Beklagte sandte dann ihrem Agenten S. eine vom 10. August 1925 datierte Abrechnung, wonach sie dem Kläger die halbe Prämie auf Schein 244 457 und 3 v. T. auf Schein 244 456 gutbrachte. Die Beklagte will ferner unter dem 31. Juli 1925 zum Versicherungsschein 244 456 einen Nachtragsschein 141 911 ausgestellt haben, worin die Prämie für diese Versicherung vom 19. Juli 1925 ab auf 2 v. T. ermäßigt wurde. Dieser Nachtragsschein ist dem Kläger erst am 22. September 1925 übersandt worden. Er hat von der Ausstellung des Scheines auch erst nach dem Brande vom 22. August 1925 Mitteilung erhalten, durch den er Brandschaden an Gebäuden, Fahrnis und Maschinen erlitt. Er verlangt Ersatz des Schadens auf Grund der Versicherungsscheine 244 456 und 244 457, und zwar auf ersteren 25 157,50 RM, auf letzteren 6798 RM. Die Beklagte bestreitet die Ersatzpflicht.

Das Landgericht wies die Klage ab. Das Oberlandesgericht verurteilte die Beklagte durch Teilurteil zur Zahlung von 28 117,20 RM. Ihre Revision wurde zurückgewiesen.

Aus den Gründen:

Die Revision rügt zu Unrecht rechtsirrige Anwendung des § 81 VVG. auf den vorliegenden Fall. Wohl ist richtig, daß diese Gesetzesvorschrift aus der Erwägung heraus entstanden ist, es solle an Stelle des unbestimmten Zeitraums, währenddessen der Antragende nach der allgemeinen Bestimmung des § 147 Abs. 2 BGB. an seinen Antrag gebunden bleibt, eine bestimmte Frist gesetzt und damit der Antragende, falls vom Versicherer innerhalb dieser Frist keine Antwort eingeht, in die Lage versetzt werden, daß er sofort für anderweite Versicherung Sorge tragen kann und nicht der Gefahr ausgesetzt ist, doppelt Prämie bezahlen zu müssen (vgl. Begr. zu § 81 VVG. bei Gerhard-Hagen S. 378 flg.). Nun ist der Revision zuzugeben, daß die Gefahr, längere Zeit der Versicherung entbehren oder vielleicht doppelt Prämie zahlen zu müssen, dann zumeist nicht besteht, wenn es sich lediglich um einen Antrag auf Änderung eines bereits abgeschlossenen Vertrags handelt, insbesondere um einen Antrag auf Prämienherabsetzung oder auf Aufhebung eines bestehenden Versicherungsvertrags wegen Wegfalls des Versicherungsinteresses. Aber das Gesetz hat die Vorschrift nicht auf Anträge beschränkt, welche die Schließung oder Verlängerung eines Versicherungsvertrags bezwecken, sondern auch die Anträge auf Vertragsänderung in die Bestimmung einbezogen, und zwar ohne zu unterscheiden, ob die bezeichnete Gefahr für den Versicherungsnehmer dabei in Betracht kommt oder nicht. Es fallen daher alle Anträge auf Änderung eines bestehenden Feuerversicherungsvertrags unter die Vorschrift des § 81. Eine einschränkende Auslegung der Vorschrift ist um so weniger geboten, als sie nicht nur dem Interesse des Versicherungsnehmers, sondern in ihrer weiten Fassung auch dem des Versicherers dient, indem nämlich die bis zum Ablauf der zweiwöchigen Frist erfolgte Annahme des Antrags auch dann noch rechtzeitig ist, wenn der Antragende gemäß § 147 BGB. unter regelmäßigen Umständen den Eingang der Antwort auf seinen Antrag schon früher hätte erwarten dürfen.

Der Antrag des Klägers war demnach erloschen, wenn er nicht binnen zwei Wochen seit seiner Absendung von der Beklagten angenommen wurde. Nach der Feststellung des Berufungsgerichts ist die Frist nicht gewahrt worden. Die am 19. Juli 1925 in Lauf gesetzte Frist lief am 2. August 1925 ab. Der erste Akt aber, aus dem der Wille der Beklagten, den Antrag anzunehmen, zu folgern war, ist erst am 13. August 1925 in die äußere Erscheinung getreten, als nämlich der Agent S. die Abrechnung vom 10. August nebst der Anweisung erhielt, einen Teil der für 1925/26 gezahlten Prämien dem Kläger wieder gutzubringen. Da dieser Akt schon nicht mehr rechtzeitig war, bedarf es keines Eingehens auf die von der Revision angeregte Frage, ob darin nicht eine Annahmeerklärung gegenüber dem Kläger insofern zu finden sei, als S., der auch der Bankier des Klägers war, als sein Vertreter die Erklärung entgegengenommen habe.

Ebensowenig braucht auf die Rüge rechtsirrtümlicher Nichtanwendung des § 151 BGB. eingegangen zu werden. Denn wenn man der Revision zugeben wollte, daß eine Annahmeerklärung nach der Verkehrssitte nicht zu erwarten war, oder daß der Kläger auf eine solche verzichtet gehabt hatte, so mußte doch irgendeine den Annahmewillen der Beklagten nach außen hin kundgebende Handlung binnen der Frist erfolgen. Wenn es auch im Falle des § 151 BGB. keiner Annahmeerklärung bedarf, so ist doch irgendeine äußere Kundgebung des Annahmewillens nötig, die freilich nicht dem Antragenden gegenüber vorgenommen zu werden und zunächst auch nicht einmal zu seiner Kenntnis zu gelangen braucht (RGZ. Bd. 84 S. 320, Bd. 90 S. 430). Eine solche Handlung ist aber innerhalb der Frist festgestelltermaßen nicht erfolgt. . . .

RGZ. 117, 327.

1. Hat bei der Feuerversicherung der Versicherungsnehmer gegenüber dem Versicherer dafür einzustehen, wenn seine Ehefrau durch grobe Fahrlässigkeit einen Brandschaden herbeiführt?

2. Wird bei der Versicherung für fremde Rechnung der Versicherer von der Leistungspflicht befreit, wenn der Versicherte durch grobe Fahrlässigkeit den Versicherungsfall herbeiführt?

Gesetz über den Versicherungsvertrag §§ 61, 67, 74 bis 80, 85.

VII. Zivilsenat. Urt. v. 28. Juni 1927.

I. Landgericht Stettin. — II. Oberlandesgericht daselbst.

Der Kläger hat bei der Beklagten laut Versicherungsschein Nr. 505 021 vom 5. September 1924 die gesamte Einrichtung seines Hausstands zu 10 000 GM und laut Versicherungsschein Nr. 505 036 vom 6. September 1924 Schreib-, Papier-, Spiel- und Textilwaren, in seiner Wohnung befindlich, zu 5000 GM, je auf die Dauer von zehn Jahren seit dem 1. September 1924, gegen Feuer versichert.

Am Morgen des 21. Oktober 1925 entstand in Abwesenheit des Klägers, der geschäftlich verreist war, dadurch ein Brand in seiner Wohnung, daß seine Ehefrau, die glühende Kohlen von einem Ofen nach einem anderen Ofen tragen wollte, infolge Anstoßens an einen Stuhl Kohlen fallen ließ, wodurch zunächst ein Vorhang und Kleidungsstücke Feuer fingen.

Der Kläger behauptet, durch den Brand sei ein Teil der Hausstandseinrichtung, die zum größten Teil seiner Ehefrau, zum geringeren ihm selbst gehört habe, sowie ihm gehörige Textilwaren vernichtet worden. Er beziffert den Gesamtschaden auf 5833,80 RM und verlangt, nachdem die Beklagte wegen der der Frau L. zur Last fallenden groben Fahrlässigkeit die Ersatzleistung abgelehnt hat, mit der Klage Zahlung eines Teilbetrags von 4050 RM.

Die Vorinstanzen haben die Klage abgewiesen. Die Revision des Klägers führte zur Aufhebung des Berufungsurteils und zur Zurückverweisung der Sache.

Gründe:

Das Berufungsgericht sieht in dem Verhalten der Ehefrau des Klägers, das für die Entstehung des Schadenfeuers ursächlich war, eine grobe Fahrlässigkeit, die dem Kläger als dem Versicherungsnehmer anzurechnen sei und nach § 61 VVG. und dem damit inhaltlich übereinstimmenden § 12 Abs. 2 der Allgemeinen Versicherungsbedingungen der Beklagten diese von ihrer Leistungspflicht aus dem Versicherungsvertrag befreie.

Mit Recht wendet sich die Revision gegen diese Auffassung. Zwar liegt darin, daß der Vorderrichter das Verschulden der Frau L. als grobe

Fahrlässigkeit bewertet, kein Rechtsirrtum. Hingegen kann die Annahme nicht gebilligt werden, daß der Kläger gegenüber der Beklagten dafür einzustehen hätte.

Daß sich eine derartige Haftung des Versicherungsnehmers für schuldhaftes Handeln Dritter nicht aus § 278 BGB. herleiten läßt, scheint auch das Oberlandesgericht anzunehmen, da es auf diesen Gesichtspunkt nicht eingeht. Das Reichsgericht hat bereits im Urteil RGZ. Bd. 83 S. 43 ausgesprochen, daß hier jene Gesetzesvorschrift unanwendbar ist, weil es nicht zu den Verbindlichkeiten des Versicherungsnehmers gegenüber dem Versicherer gehört, Fahrlässigkeit in bezug auf das versicherte Risiko zu vermeiden, und deshalb niemals davon die Rede sein kann, daß er sich insoweit eines anderen „zur Erfüllung seiner Verbindlichkeit bediente" (vgl. auch RGZ. Bd. 62 S. 190, Bd. 102 S. 113). An dieser Ansicht ist festzuhalten.

In der Entscheidung Bd. 83 S. 44 wie auch schon vorher in RGZ. Bd. 37 S. 149 und Bd. 51 S. 20 hat sich indes das Reichsgericht zu dem von der herrschenden Meinung vertretenen Satze bekannt, daß dem eigenen Verschulden des Versicherungsnehmers dasjenige solcher Personen gleich zu achten ist, die als sog. „Repräsentanten" in dem Betrieb, auf den sich das Versicherungsverhältnis bezieht, an seiner Stelle stehen (vgl. Gerhard-Manes, Kommentar zum Versicherungsvertragsgesetz, Anm. 4 zu § 61 S. 289). Hierauf fußend meint das Berufungsgericht, daß die Ehefrau des Klägers als dessen Repräsentantin in diesem Sinne anzusehen sei. Zu einer solchen Annahme reichen aber die getroffenen Feststellungen nicht aus. Die bloße Tatsache, daß der Kläger am Brandtage geschäftlich verreist war und infolgedessen den Hausstand der Obhut seiner Frau überlassen hatte, kann zur Begründung eines rechtsgeschäftlichen Vertretungsverhältnisses keinesfalls genügen. Dies hat das Reichsgericht schon in RGZ. Bd. 51 S. 20 angenommen, wo ein ähnlich liegender Fall — wenn auch nach preußischem Rechte — zur Beurteilung stand. Daß der Kläger bei seiner Abreise die Geschäftsführung seiner Ehefrau übertragen hätte, ist nicht festgestellt. Zudem weist diejenige Handlung, bei deren Vornahme Frau L. den Brand herbeigeführt hat, in keiner Weise darauf hin, daß sie sich als Vertreterin ihres Mannes angesehen und betätigt hätte. Vielmehr war das Ofenheizen eine Verrichtung, die ihr gemäß § 1356 BGB. als eigenes Recht zustand und als eigene Pflicht oblag, mochte ihr Ehemann anwesend sein oder nicht.

Hinsichtlich der durch das Feuer vernichteten Textilwaren meint der Berufungsrichter die Verantwortlichkeit des Mannes für das Verschulden der Frau mit der Erwägung besonders begründen zu können, daß der Kläger den Kleinhandel mit diesen Waren nach außen hin auf den Namen seiner Frau, im Innenverhältnis aber für eigene Rechnung betrieben habe. Indes erscheint dieser Umstand allein — und weiteres hat der Vorderrichter nicht festgestellt — ungeeignet zur Rechtfertigung eines Vertreterverhältnisses. Der Kläger verfuhr in dieser Weise lediglich deshalb, weil er sich den Textilwarenfabrikanten, deren Vertretungen er hatte, verpflichtet hatte, mit Textilwaren nicht auch für eigene Rechnung zu handeln. Trotz der Verschleierung, die er vornahm, blieb er tatsächlich doch der Herr des Handelsbetriebs, und es trat namentlich in keiner Weise zutage, daß sich an den bestehenden Verhältnissen durch sein Verreisen für kurze Zeit irgend etwas geändert hätte.

Die Beklagte meint, sich gegenüber diesen auch von der Revision vertretenen Erwägungen darauf berufen zu können, daß der Vorderrichter tatsächlich festgestellt habe, nach Sinn und Inhalt des Versicherungsvertrags habe die Gefahr, es könnten die versicherten Sachen des Klägers durch Verschulden seiner Frau von einem Feuerschaden betroffen werden, nicht einen Teil des versicherten Risikos bilden sollen. Indes ist darin nicht eine den Revisionsrichter bindende Feststellung einer Tatsache zu sehen, sondern lediglich eine rechtliche Beurteilung des Vertragsinhalts, für welche die zur Ermittlung dieses Inhalts allein in Betracht kommenden Urkunden — Versicherungsscheine und Versicherungsbedingungen — keinerlei Unterlage bieten. Die Annahme, es hätten die Verpflichtungen des Versicherers über die Bestimmungen jener Urkunden und des Gesetzes hinaus eingeschränkt werden sollen, ist durchaus abzulehnen.

Fehlt es sonach an den Voraussetzungen, unter denen eine Vertretung des Klägers durch seine Ehefrau im Rahmen des Versicherungsverhältnisses angenommen werden könnte, so ist seine Haftbarkeit für ihr Verschulden überhaupt zu verneinen. Keinesfalls läßt sich eine solche aus familienrechtlichen Beziehungen herleiten. Hier ist auf die Vorschrift im § 67 Abs. 2 VVG. hinzuweisen, wo für den Fall, daß dem Versicherungsnehmer ein Anspruch auf Ersatz des Schadens gegen einen mit ihm in häuslicher Gemeinschaft lebenden Familienangehörigen zusteht, der Übergang des Anspruchs auf den Versicherer, der nach der Regel des § 67 Abs. 1 sonst eintreten würde, ausgeschlossen wird, wenn nicht der Angehörige den Schaden vorsätzlich verursacht hat. Diese Vorschrift wäre gegenstandslos, wenn man den § 61 oder sonstige Vorschriften des Gesetzes so auslegen wollte, daß der Versicherungsnehmer

Vorsatz und grobe Fahrlässigkeit solcher Familienangehörigen unmittelbar zu vertreten habe. Welchen Zweck der Gesetzgeber hat erreichen wollen, das ergibt sich deutlich aus der amtlichen Begründung des Entwurfs zum Gesetz über den Versicherungsvertrag von 1905, wo auf S. 127 zu § 67 Abs. 2, der unverändert Gesetz wurde, gesagt ist:

„Fällt dem Versicherungsnehmer selbst ein die Haftung des Versicherers ausschließendes Verschulden nicht zur Last, so muß er, soweit möglich, auch dagegen geschützt werden, daß er infolge des Verschuldens eines Familienangehörigen der ihm zustehenden Entschädigung tatsächlich wieder verlustig geht."

Sonach bleibt nur noch zu erörtern, ob etwa der Umstand, daß ein Teil der verbrannten Sachen im Eigentum der Ehefrau des Klägers gestanden hat, insoweit zu einer abweichenden Beurteilung führen muß. Jedoch auch dieses ist zu verneinen. Nach der maßgebenden Vorschrift des § 85 VVG. gilt für die hier in Frage kommenden Sachen die vom Kläger mit der Beklagten über die gesamte Hausstandseinrichtung am 5. September 1924 eingegangene Versicherung als für fremde Rechnung genommen. Die §§ 74 bis 80, in denen das Gesetz die Versicherung für fremde Rechnung regelt, enthalten aber keine Vorschrift, die, entsprechend dem § 61 VVG., gegenüber dem vom „Versicherungsnehmer" scharf zu scheidenden „Versicherten", der den Versicherungsfall vorsätzlich oder durch grobe Fahrlässigkeit herbeiführt, eine Befreiung des Versicherers von der Leistungspflicht aufstellte. Eine solche Bestimmung würde der Gesetzgeber, wenn er sie hätte treffen wollen, in das mit besonderer Sorgfalt jahrelang vorbereitete Gesetz sicherlich aufgenommen haben. Davon ist um so mehr auszugehen, als der § 79 VVG. für eine Reihe sonstiger Umstände, die für das Versicherungsverhältnis von Wichtigkeit sind, im einzelnen verordnet, inwieweit der Versicherte dem Versicherungsnehmer rechtlich gleichzustellen ist. Bei dem Schweigen des Sondergesetzes kann mithin eine Berechtigung des Versicherers, dem Versicherten, der schuldhaft einen Brandschaden herbeigeführt hat, die Ersatzleistung zu verweigern, nur aus allgemeinen Rechtsgrundsätzen hergeleitet werden. Die hier in Betracht kommende allgemeine Arglisteinrede würde jedoch, auch bei Heranziehung des § 242 BGB., nur einen Rechtsverlust des vorsätzlichen Schädigers begründen können. Vorsätzliches Handeln fällt aber der Ehefrau des Klägers nicht zur Last.

Nach alledem erweist sich der Einwand, den die Beklagte aus der Entstehungsursache des Brandes entnommen hat, in vollem Umfang als unbegründet.

RGZ. 122, 292.

1. Inwieweit wird der Mieter dem Vermieter gegenüber dadurch von einer sonst bestehenden Haftung für Brandschaden befreit, daß er die Zahlung der vom Vermieter zu entrichtenden Feuerversicherungs-Prämien übernommen hat?

2. Muß der Versicherer eine solche Vereinbarung gegen sich gelten lassen?

3. Wie regelt sich die Beweislast zwischen Versicherer und Mieter, wenn der Versicherer von diesem Ersatz der dem Vermieter gezahlten Brandschadenssumme verlangt?

BGB. §§ 548, 556. VVG. § 67.

VII. Zivilsenat. Urt. v. 2. November 1928.

I. Landgericht Arnsberg. — II. Oberlandesgericht Hamm.

Der Beklagte hatte von der Firma J. in A. seit dem 1. Februar 1922 einige Fabrikräume gemietet. Nach dem als „Pachtvertrag" bezeichneten Vertrag hatte der Beklagte jährlich 5000 M Miete zu zahlen und „den Beitrag zur Provinzial-Feuerversicherung oder einer vom Verpächter zu bestimmenden gleichwertigen Gesellschaft zu tragen". Die Feuerversicherung sollte stets in einer dem Werte der Gebäude entsprechenden Höhe genommen werden. Dann heißt es im Vertrag weiter: „Der Pächter muß alle Vorsichtsmaßregeln gegen Feuersgefahr beachten und befolgen." Der Beklagte betrieb in den gemieteten Räumen eine Nagelfabrik und hatte hierfür in einem der Räume eine Feldschmiede errichtet. Am 26. Juli 1926 abends brach in den gemieteten Räumen Feuer aus, wodurch das Gebäude zum Teil zerstört wurde. Die Entstehung des Brandes ist nicht aufgeklärt. Die Klägerin hat der Vermieterin, die bei ihr versichert war, Ersatz des Brandschadens in Höhe von 6390 RM gewährt. Mit der Klage verlangt sie Ersatz dieses Betrags vom Beklagten.

Das Landgericht hat den Klaganspruch dem Grunde nach für gerechtfertigt erklärt; das Oberlandesgericht hat die Klage abgewiesen. Auf die Revision der Klägerin wurde das Berufungsurteil aufgehoben und die Sache in die Vorinstanz zurückverwiesen aus folgenden

Gründen:

Der Berufungsrichter legt die vorstehend wiedergegebene, den Beklagten zur Zahlung der Feuerversicherungs-Prämien verpflichtende Vertragsbestimmung dahin aus, daß der Beklagte insoweit für Brandschäden nicht aufzukommen brauche, als der verkehrsübliche Versicherungsschutz (für Zufall und leichte Fahrlässigkeit) reiche. Hierin findet der Berufungsrichter kein Aufgeben eines Ersatzanspruchs durch die Vermieterin und Versicherungsnehmerin im Sinne von § 67 Abs. 1 Satz 3 VVG. Denn diese Vorschrift betreffe, so wird weiter ausgeführt, in erster Linie die Beeinträchtigung eines gegen den Dritten bereits entstandenen Rechtes auf Ersatz. Allerdings sei sie auch dann anzuwenden, wenn der Versicherungsnehmer von vornherein durch ungewöhnliche Vereinbarungen mit dem Dritten die Entstehung eines solchen Rechtes und damit dessen Übergang auf den Versicherer verhindert habe; das gelte aber nur von ungewöhnlichen Abreden, durch die eine Ersatzpflicht überhaupt von vornherein ausgeschlossen werde. Hier sei jedoch die Ersatzpflicht nur in der Weise gegen Übernahme der Prämienzahlung gemildert worden, daß sie bloß dann eintreten sollte, wenn dem Beklagten bei der Entstehung des Brandes Vorsatz oder grobe Fahrlässigkeit zur Last falle. Eine solche Vereinbarung sei durchaus verkehrsüblich. § 67 VVG. stehe der Auslegung nicht entgegen, die das Berufungsgericht der Klausel gegeben habe. Im Hinblick auf die Klausel hätte die Klägerin dartun müssen, daß der Brandschaden auf grobe Fahrlässigkeit oder auf Vorsatz des Beklagten zurückzuführen sei. Sie habe aber nicht einmal entsprechende Behauptungen aufgestellt.

Der Revision war stattzugeben.

1. Die Klage macht einen in der Person der Vermieterin, Firma J., entstandenen Ersatzanspruch geltend, der nach § 67 Abs. 1 Satz 1 VVG. auf die Klägerin übergegangen sein soll. Der Ersatzanspruch selbst wird nur aus den §§ 548, 556 BGB. hergeleitet, nicht auch, wie die Revision meint, aus § 823 das. Die Klägerin hat während des ganzen Rechtsstreits die Meinung vertreten, daß der Beklagte den Entlastungsbeweis zu führen habe. Dieser Standpunkt ist mit einer Klage aus § 823 BGB. nicht vereinbar.

2. Die der Vertragsbestimmung vom Berufungsrichter gegebene Auslegung ist möglich und verstößt nicht gegen gesetzliche Auslegungsregeln. Es kann auch der Revision nicht zugegeben werden, daß sich der Vermieter durch die Abrede der Gefahr eines Rechtsverlusts nach § 67 Abs. 1 Satz 3 VVG. ausgesetzt hätte. Wenn dort gesagt ist, der Versicherer werde von seiner Ersatzpflicht frei, sofern der Versicherungsnehmer seinen Anspruch auf Ersatz des Schadens gegen den Dritten aufgebe, so handelt es sich dabei in erster Linie um einen schon entstandenen Anspruch. Auf Fälle wie den gegenwärtigen, wo nur die Möglichkeit der Entstehung eines Ersatzanspruchs im voraus ein-

geschränkt wird, kann die Vorschrift nicht bezogen werden, sofern die Vertragsklausel nicht als ungewöhnliche Abrede anzusehen ist und die Lage des Versicherers nicht schlechter gestaltet, als sie ohne den zwischen dem Versicherungsnehmer und dem Dritten geschlossenen Vertrag wäre (RGZ. Bd. 9 S. 120, Bd. 25 S. 100, anderseits Bd. 97 S. 78). Der Versicherer hat kein Recht darauf, daß der Versicherungsnehmer, wenn er die versicherte Sache vermietet, das Interesse des Versicherers in der Weise vertritt, daß dieser durch die Vermietung bessergestellt wird, als er ohne eine solche stehen würde. Der Versicherungsnehmer darf ihn nur nicht schlechter stellen. Das geschieht aber nicht, wenn er mit seinem Mieter vereinbart, dieser brauche für Brandschaden insoweit nicht aufzukommen, als der verkehrsübliche Versicherungsschutz reiche, er brauche also nicht für Zufall und leichte Fahrlässigkeit zu haften. Eine derartige, dem Interesse des Mieters entsprechende Vereinbarung ist nicht ungewöhnlich, sondern, wie der Berufungsrichter ohne Rechtsirrtum feststellt, durchaus verkehrsüblich (OLG. Hamburg in ROLG. Bd. 22 S. 248).

3. Wenn aber der Berufungsrichter die Klägerin schon deshalb abweist, weil sie nicht dargetan habe, daß der Brandschaden auf Vorsatz oder grobe Fahrlässigkeit des Beklagten zurückzuführen sei, so beruht das auf einer Verkennung der Beweislast. Wie sich aus den §§ 548, 556 BGB. ergibt, trägt der Mieter dem Vermieter gegenüber die Beweislast dafür, daß eine Zerstörung oder Beschädigung der Sache durch Brand nicht auf einen von ihm zu vertretenden Umstand zurückzuführen sei (vgl. RG. in BayZ. 1922 S. 173). Nach der Auslegung des Berufungsrichters hat der Beklagte zwar nicht für Zufall und leichte Fahrlässigkeit aufzukommen; eine Auslegung dahin aber, daß nach dem Willen der Vertragschließenden auch die Beweislast sich umkehre und der Vermieter im Falle eines Brandes den Beweis für Vorsatz oder grobe Fahrlässigkeit des Mieters führen müsse, hat der Berufungsrichter nicht getroffen. Im Eingang der Gründe des Urteils läßt er die Frage der Beweislast dahingestellt; er hat diese Frage also überhaupt nicht entschieden. Wenn er gleichwohl der Klägerin die Beweispflicht dafür auferlegt, daß der Brandschaden auf Vorsatz oder grobe Fahrlässigkeit des Beklagten zurückzuführen sei, so verletzt er die Beweisregel, wonach der Mieter sich entlasten muß, sofern keine abweichende Vereinbarung getroffen ist. Die besondere Vereinbarung bezog sich aber nach der Feststellung des Berufungsrichters nur darauf, daß der Beklagte nicht für Zufall und leichte Fahrlässigkeit aufzukommen habe, nicht auch darauf, daß er das Fehlen von Vorsatz oder grober Fahrlässigkeit

nicht zu beweisen brauche. Insoweit hatte es also bei der auf den §§ 548, 556 BGB. beruhenden Regel zu verbleiben.

Wegen dieses Verstoßes gegen die Beweislast mußte das Urteil aufgehoben werden.

RGZ. 124, 91.

1. Kann der Grundschuldgläubiger, dem vom Grundstückseigentümer für gewährte und noch zu gewährende Kredite eine Eigentümergrundschuld abgetreten worden ist, auch dann gegenüber dem Versicherer auf die vom Grundstückseigentümer verwirkte Versicherungsentschädigung für ein abgebranntes Gebäude zum vollen Grundschuldbetrag Anspruch erheben, wenn er einen Teil des Abtretungsentgelts erst nach dem Versicherungsfall gezahlt hat?

2. Ist der in §§ 102, 106 VVG. den Realgläubigern zugebilligte Anspruch auf die Versicherungsentschädigung davon abhängig, daß sie in der Lage sind, ihr Realrecht dem Versicherer abzutreten?

VVG. §§ 101, 102, 106.

VII. Zivilsenat. Urt. v. 16. April 1929.

I. Landgericht Hamburg. — II. Oberlandesgericht daselbst.

Auf dem Fabrikgrundstück des Fabrikbesitzers D. war für diesen eine Eigentümergrundschuld von 60000 RM eingetragen, die er am 4. November 1924 der Klägerin abgetreten hat; sie sollte sich daraus wegen aller Forderungen bezahlt machen, die sie gegen ihn bereits erworben hatte und noch erwerben würde. Am 29. Juli 1925 brannte das auf dem Grundstück stehende Fabrikgebäude ab, das mit Maschinen und Vorräten bei der Beklagten in Höhe von 160000 RM gegen Feuersgefahr versichert war. Die Klägerin hatte bis zu diesem Tage dem D. erst Zahlungen im Gesamtbetrag von 18811 RM gemacht, hat ihm aber nach dem Versicherungsfall noch weitere Zahlungen geleistet, so daß der Grundschuldbetrag von 60000 RM schließlich voll belegt war.

Der Versicherte hat im Februar 1926 gegen die Beklagte auf Zahlung der Brandentschädigung in Höhe von 127046 RM geklagt, ist aber durch rechtskräftiges Urteil des Oberlandesgerichts Kiel vom 8. Februar 1927 mit seiner Klage abgewiesen worden, weil er nach der Annahme des Gerichts nach dem Brande seine Auskunftspflicht der Beklagten gegenüber grob fahrlässig verletzt hatte. Nunmehr verlangt die Klägerin in Höhe des vollen Betrags der ihr abgetretenen Grundschuld von der Beklagten Zahlung der Versicherungsentschädigung auf

Grund der §§ 101, 106 VVG. Die Beklagte hält diesen Anspruch nur im Betrag von 18 811 RM für begründet, weil die Klägerin am Tage des Versicherungsfalls nur in Höhe dieses Betrags an dem abgebrannten Gebäude dinglich berechtigt gewesen sei. Das Grundstück ist inzwischen zur Zwangsversteigerung gekommen, und die Grundschuld ist nur in Höhe von 7366,18 RM zur Zahlung gelangt, zum Rest aber ausgefallen.

Das Landgericht hat unter Abweisung des weitergehenden Klagantrags die Beklagte zur Zahlung von 18 811 RM verurteilt. Das Oberlandesgericht hat auf die Berufung der Klägerin durch Teilurteil das landgerichtliche Urteil insoweit abgeändert, als es die Klage in Höhe von 31 822,82 RM abweist und die Beklagte zur Zahlung dieses Betrags verurteilt. Die Revision der Beklagten blieb ohne Erfolg.

Gründe:

Das Berufungsgericht verkennt nicht, daß der Grundschuldgläubiger nach §§ 101, 106 VVG. auf die Versicherungsentschädigung nur soweit Anspruch erheben kann, als ihm der versicherte Grundstückseigentümer aus der Grundschuld haftet. Der Revision ist auch zuzugeben, daß es für den Umfang dieser Haftung auf den Tag des Versicherungsfalls ankommt, da nach diesem Zeitpunkt die Haftung des abgebrannten Gebäudes nicht mehr in Frage kam. Aber die Revision irrt, wenn sie meint, daß für das Maß der Haftung allein entscheidend sei, wieweit die Grundschuld oder richtiger die Abtretung der Grundschuld beim Eintritt des Versicherungsfalls bereits vergütet war. In dieser Beziehung hat das Berufungsgericht mit Recht zwischen Hypothek und Grundschuld unterschieden.

Während die Hypothek für ihre Entstehung grundsätzlich eine Forderung voraussetzt, ist die Grundschuld von einer solchen unabhängig. Dies hindert zwar nicht, daß auch bei der Bestellung einer Grundschuld zwischen dieser und einer Forderung Beziehungen bestehen können, sei es um die Forderung zu tilgen oder zu sichern, sei es als Entgelt für eine versprochene oder gewährte Leistung. Aber das Ausbleiben der Abgeltung hindert im letzteren Fall niemals die Entstehung der Grundschuld für den eingetragenen Grundschuldgläubiger, weil das Entgelt für die Grundschuld nur Gegenstand des Grundgeschäfts ist und die Grundschuld sachenrechtlich ganz losgelöst ist von dem Schuldgeschäft und seiner Erfüllung (RGZ. Bd. 78 S. 67). Entsprechendes gilt auch für den Fall der Abtretung einer für den Grundstückseigentümer selbst bestellten Grundschuld, die hier in Frage steht. Denn im Ergebnis kommt diese Abtretung auf dasselbe hinaus wie die ursprüngliche Bestellung der Grundschuld für den Geldgeber, weil dieser in beiden Fällen Gläubiger der Grundschuld werden soll und der Grundstückseigentümer hier wie dort der Empfänger der gewährten Geldbeträge ist.

Demgemäß war die Klägerin in voller Höhe Gläubigerin der Grundschuld, auch schon bevor diese von ihr voll vergütet war, und es lag nicht etwa so, daß in Höhe des nicht bezahlten Teils der Grundstückseigentümer selbst der jeweils Berechtigte aus der Grundschuld war und die Klägerin zum Vollbetrag erst dann Gläubigerin wurde, wenn sie durch die gegebenen Geldbeträge für die Grundschuld die volle Gegenleistung gewährt hatte (RGZ. Bd. 85 S. 93). Vergütete sie die Grundschuld nicht voll, so konnte der Grundstückseigentümer nach dem zugrundeliegenden Schuldvertrag oder aus § 812 BGB. der Geltendmachung des vollen Betrags der Grundschuld zwar widersprechen; aber im gegebenen Falle ist die Grundschuld voll gedeckt. Daß dies erst nach dem Versicherungsfall bis zum vollen Betrage geschehen ist, ändert die Rechtslage nicht. Denn ein bestimmter Zeitpunkt war für die zu gewährenden Geldbeträge, soweit ersichtlich ist, nicht vorgesehen, und darum war es der Klägerin nicht verwehrt, die Zahlungen auch noch nach dem Versicherungsfall fortzusetzen. Sie konnte dies um so mehr tun, als sie mit der Auszahlung der Versicherungssumme an den Versicherten rechnen durfte, solange sie keine Kenntnis von der Verwirkung des Versicherungsanspruchs hatte und als die Versicherungsforderung ihr nach § 1127 BGB. haftete, bis das abgebrannte Gebäude wiederhergestellt war. Darum kommt es auch nicht darauf an, ob sie von dem Brande wußte, als sie die weiteren Zahlungen leistete. Denn auch wenn dies der Fall war, hörte ihr Interesse an der Vollvergütung für die Grundschuld nicht auf. Vielleicht war diese nach dem der Abtretung der Grundschuld zugrundeliegenden Vertrag sogar ihre Pflicht, nachdem sie sachenrechtlich zum vollen Betrage Grundschuldgläubigerin geworden war. Ein Recht auf Einstellung der weiteren Zahlungen hatte die beklagte Versicherungsgesellschaft nicht, wenn die Einstellung auch vorteilhaft für sie gewesen wäre. Der Standpunkt des Berufungsgerichts, daß die Klägerin die Haftung der Beklagten aus §§ 101, 106 VVG. durch Gewährung weiterer Kredite von dem Zeitpunkt an nicht mehr habe erweitern dürfen, wo ihr die später auch rechtskräftig bestätigten Verwirkungstatsachen bekannt geworden waren, beschwert die Revisionsklägerin nicht. Denn in Wirklichkeit beschränkte auch die Kenntnis von der Verwirkung die weitere Hergabe der Gelder bis zum vollen Betrag der Grundschuld nicht, und nur ein einverständliches Zusammenwirken der Klägerin und des Versicherten könnte der ersteren den Anspruch auf die Versicherungsentschädigung in Höhe der nach der Verwirkung noch gewährten Beträge nehmen.

Es mag scheinen, als wenn dadurch der Versicherungsnehmer trotz der Verwirkung seines Versicherungsanspruchs auf dem Umweg über die weiteren Geldleistungen mittelbar schließlich doch die Rechte aus der Versicherung genieße, besonders nachdem zufolge der Zwangsversteigerung des Grundstücks und des teilweisen Ausfalls der Grundschuld der Übergang der Grundschuldrechte an die Beklagte nicht mehr in Frage kommt. Aber in Wahrheit wird der versicherte Grundstückseigentümer durch die Zahlung des Versicherers an den Grundschuldgläubiger nur diesem gegenüber von seiner Schuld befreit, ohne daß er auf die Zahlung der Versicherungsentschädigung an sich selbst einen Anspruch hätte. Da aus diesem Grunde aber der Versicherer zum Ausgleich einen Erstattungsanspruch aus der Bereicherung oder einen sonstigen Ersatzanspruch gegen den Versicherten gewinnt und ihm deshalb infolge der Zahlung insbesondere auch der Übergang der Grundschuld gesetzlich verbürgt ist (§§ 102, 106 VVG.), so kommt insofern die Verwirkung des Versicherungsanspruchs gegenüber dem Versicherten doch zur Geltung. Ihre Folgen äußern sich im gegebenen Falle freilich spärlicher, weil das Grundstück des Schuldners inzwischen zur Zwangsversteigerung gekommen und die Grundschuld teilweise ausgefallen ist, so daß im wesentlichen nur der persönliche, vielleicht wertlose Ersatzanspruch gegen den Versicherten bestehen geblieben ist. Aber dies ändert an der Rechtslage nichts. Denn daß etwa dann, wenn der Übergang der Grundschuld wegen ihres Ausfalls nicht in Frage kommt, der Anspruch des Realgläubigers aus §§ 101, 106 VVG. nicht besteht, ergibt die Fassung des § 102 VVG. nicht. Aus ihr geht sogar das Gegenteil hervor, weil danach der Übergang der bezahlten Post auf den Versicherer vorgängige Befriedigung des Realgläubigers voraussetzt und deshalb umgekehrt diese auch nicht von der Möglichkeit des Übergangs abhängig sein kann (vgl. dazu RGZ. Bd. 8 S. 169). Eine besondere Unbill liegt hierin für den Versicherer nicht. Denn auch wenn die Post auf ihn übergeht, kann er später mit ihr ausfallen und dann für die Zahlung der Versicherungsentschädigung an den Realgäubiger vielleicht doch nicht voll schadlos gehalten werden. Diese Nachteile sind Folgen des den Realgläubigern selbständig gewährten Rechts auf die Versicherungsentschädigung. Auch daß etwa sonst wegen des teilweisen Ausfalls der Grundschuld der Klägerin die Rechte aus §§ 101, 106 VVG. zu beschränken seien, kann nicht zugegeben werden. Denn dieser Ausfall beweist nicht, daß die Grundschuld auch ohne den Brand nicht in voller Höhe zur Hebung gekommen wäre, sondern nur, daß bei der Zwangsversteigerung ohne das abgebrannte Gebäude ein Erlös, der die Grundschuld voll deckte, nicht mehr zu erzielen war. Dies beeinflußte aber nicht die Rechte der Klägerin auf die Versicherungsentschädigung, soweit diese als Ersatz für das versicherte und pfandverhaftete Gebäude zu gelten hat.

RGZ. 130, 263.

Über die Beweispflicht des Versicherers für die Behauptung, daß der Schaden durch Verschulden des Versicherungsnehmers verursacht sei.

Versicherungsvertragsgesetz § 61.

VII. Zivilsenat. Urt. v. 18. November 1930.

I. Landgericht Waldshut. — II. Oberlandesgericht Karlsruhe.

Laut Versicherungsschein vom 26. Januar 1926 hatte der Kläger bei der verklagten Gesellschaft Fahrnis bis zur Höhe von 31 000 RM gegen Feuer versichert. Am 1. November 1926 brannte sein Anwesen nieder; der dadurch verursachte Fahrnisschaden wurde auf 17 116 RM festgesetzt. Mit der Klage macht der Kläger den Anspruch auf die Brandentschädigung geltend. Landgericht und Oberlandesgericht gaben der Klage im wesentlichen statt. Die Revision der Beklagten wurde zurückgewiesen.

Aus den Gründen:

... Der Berufungsrichter nimmt an, das Strafverfahren gegen den Kläger habe eine Reihe von Tatsachen ergeben, die den dringenden Verdacht begründeten, daß er sein Anwesen in Brand gesetzt habe. Das Gericht ist aber weiter der Ansicht, der Beweis für die Brandstiftung durch den Kläger könne nicht als geführt angesehen werden, solange weder der Brandherd mit Sicherheit feststehe noch irgendwelche bestimmte Anhaltspunkte gegeben seien, aus denen über bloße Vermutungen hinaus entnommen werden könne, daß, wo und wie der Kläger den Brand gelegt habe; aus dem Fehlen sicherer Anhaltspunkte für eine andere Entstehung des Brandes könne bei der großen Zahl von Umständen, die einen Brand hervorrufen könnten, noch nicht zwingend geschlossen werden, daß eine Brandstiftung durch den Kläger in Betracht komme. Hiergegen wendet sich die Revision. Sie meint, das Berufungsgericht halte einen absolut zwingenden Beweis der Brandstiftung durch den Kläger für erforderlich und begnüge sich nicht mit einem für das praktische Leben brauchbaren Grade von Wahrscheinlichkeit. Sie verweist auf die Entscheidung des erkennenden Senats vom 13. Dezember 1929 (RGZ. Bd. 127 S. 26), wo zwar die Übertragung der Grundsätze des Beweises des ersten Anscheins auf den Fall abgelehnt werde, daß der Versicherer einen aus einem Versicherungsfall gegen ihn erhobenen Anspruch zunichte machen wolle, aber anerkannt sei, daß die Beweispflicht des Versicherers überspannt werde, wenn man ihm ansinne, auch die Möglichkeit einer ungewöhnlichen Verkettung von Umständen zu widerlegen.

Dieser Vorwurf gegen den Berufungsrichter ist ungerechtfertigt. Zwar geht der in jener Entscheidung ausgesprochene Satz, daß die Regeln des Beweises des ersten Anscheins keine Anwendung fänden, wenn es sich darum handle, den Anspruch des Versicherungsnehmers aus dem Versicherungsfall zu beseitigen, zu weit und kann nicht aufrechterhalten werden. Daraus folgt aber nichts zugunsten der Revision, weil der Vorderrichter die Grundsätze des Beweises des ersten Anscheins nicht verletzt hat. Er entnimmt dem Beweismaterial zwar einen dringenden Verdacht der Brandstiftung gegen den Kläger, hält diesen aber nicht für überführt, weil er keine über Vermutungen hinausgehende Anhaltspunkte für die Art und Weise der Inbrandsetzung feststellen kann und solche Feststellungen mit Rücksicht auf die Menge der an sich möglichen Brandursachen für erforderlich hält. Die Ansicht, daß die Annahme einer Brandlegung durch den Kläger nur bei einer ungewöhnlichen Verkettung von Umständen ausgeschlossen sei (vgl. RGZ. Bd. 127 S. 28), hat das Berufungsgericht nicht vertreten, sondern es erachtet offensichtlich die Sachlage nicht für derart geklärt, daß daraus nach der Erfahrung des Lebens mit Wahrscheinlichkeit auf die Täterschaft des Klägers geschlossen werden müßte. . . .

RGZ. 133, 117.

Ist der Wiederaufbau als eine Obliegenheit im Sinne des § 6 Abs. 2 VVG. anzusehen, wenn bei einer Feuerversicherung nach den Versicherungsbedingungen die Entschädigung nur zum Wiederaufbau gleichartiger, denselben Zwecken dienender Gebäude an derselben Stelle gezahlt wird?

Versicherungsvertragsgesetz §§ 6, 97, 101, 192. Preuß. Gesetz betr. die öffentlichen Feuerversicherungsanstalten vom 25. Juli 1910 (GS. S. 241) § 25.

VII. Zivilsenat. Urt. v. 19. Juni 1931.

I. Landgericht Stettin. — II. Oberlandesgericht daselbst.

Der Kläger ist zum Zwangsverwalter für ein Mühlengrundstück bestellt, welches früher dem Mühlenbesitzer W. P. in S. gehörte. Die Gebäude und Maschinen der Mühle waren bei den sieben verklagten Feuerversicherungs-Unternehmungen mit 153 800 RM gegen Feuerschaden versichert, und zwar nach Maßgabe der Satzung und der Allgemeinen Versicherungsbedingungen der Pommerschen Feuersozietät (Erstbeklagte) sowie der Allgemeinen Versicherungsbedingungen der Privatversicherungsgesellschaften vom 1. Januar 1910. Führende Gesellschaft war die Erstbeklagte. Der Versicherungsvertrag enthielt auch die Wiederherstellungsklausel der Erstbeklagten, welche folgenden Wortlaut hat:

> Im Schadensfalle wird die Entschädigung für die versicherten Betriebsgebäude und die Maschinen nur zur Wiederherstellung, d. h. zum Wiederaufbau gleichartiger, denselben Zwecken dienender Gebäude und Maschinen an derselben Stelle gezahlt.
>
> Kann die Wiederherstellung aus zwingenden Gründen überhaupt nicht erfolgen und ist die Sozietät bereit, in Anerkennung dieser Gründe von der Wiederherstellung abzusehen, so verliert der Versicherungsnehmer den Anspruch auf ein Drittel der für die nicht wiederhergestellten Gebäude und Maschinen berechneten Entschädigung.

Die Versicherung lief noch, als die Mühle in der Nacht vom 21. zum 22. Juli 1926 abbrannte. Der Schadensbetrag wurde in dem Verfahren, wie es die Satzung der Erstbeklagten vorsah, endgültig auf 103 527 RM festgesetzt. Der Versicherungsnehmer ließ dann die Mühlengebäude zum Teil wiederherstellen und wandte dafür 26 871,01 RM auf. Später kam die Mühle zur Zwangsversteigerung. Sie wurde ohne den Anspruch auf die Versicherungsentschädigung schließlich der Erstbeklagten zugeschlagen. Wegen der Versicherungsentschädigung besteht die Zwangsverwaltung noch fort.

Im gegenwärtigen Rechtsstreit verlangt der Kläger Zahlung der Brandentschädigung mit der vollen festgesetzten Summe von 103 527 RM. Das Landgericht hat ihm die Summe abzüglich der für den Neubau aufgewendeten Beträge von 26 871,01 RM, also 76 655,99 RM zugesprochen. Das Oberlandesgericht hat dem Kläger unter Abweisung des weiteren Drittels nur zwei Drittel der 76 655,99 RM, also 51 103,98 RM zuerkannt. In der Revisionsinstanz fordert der Kläger, daß ihm auch das dritte Drittel zugesprochen werde.

Der Steuersyndikus P. in G. ist dem Kläger als Nebenintervenient beigetreten mit der Begründung, daß er die Zwangsverwaltung wegen einer Hypothekenforderung von 20 000 RM betreibe; der Rechtsstreit werde also zu einem erheblichen Teile für seine Rechnung geführt. Gegen den Beitritt ist kein Widerspruch erhoben worden. Der Nebenintervenient hat sich den Anträgen der Revision angeschlossen.

Das Reichsgericht hat das Berufungsurteil, soweit es angefochten war, aufgehoben und die Sache an das Berufungsgericht zurückverwiesen.

Aus den Gründen:

Die Entscheidung des Oberlandesgerichts stützt sich, soweit sie dem Kläger günstig ist, auf § 152 ZVG., wonach der Zwangsverwalter die Ansprüche geltend zu machen hat, auf welche sich die Beschlagnahme erstreckt, ferner auf die §§ 146 flg. das., wonach der Beschlagnahme in der Zwangsverwaltung auch alle diejenigen Gegenstände unterliegen, welche die Beschlagnahme in der Zwangsversteigerung umfaßt, weiter auf § 20 Abs. 2 das., wonach die Beschlagnahme in der Zwangsversteigerung diejenigen Gegenstände ergreift, auf welche sich bei einem Grundstück die Hypothek erstreckt, und endlich auf § 1127 Abs. 1 BGB., wonach sich die Hypothek auf die Forderung gegen den Versicherer erstreckt, wenn Gegenstände unter Versicherung gebracht sind, die der Hypothek unterliegen (dazu gehörten die versicherten Gebäude und Maschinen).

Die Forderung gegen die Versicherer beträgt 103 527 RM. Davon sind, wie nicht mehr streitig ist, die zum Wiederaufbau verwendeten 26 871,01 RM abzusetzen, denn nach § 1127 Abs. 2 BGB. haftet die Forderung gegen den Versicherer nicht mehr für die Hypothek, wenn und soweit der versicherte Gegenstand wiederhergestellt ist. Der Berufungsrichter hat aber von der hiernach verbleibenden Forderung von 103 527 – 26 871,01 = 76 655,99 RM. noch weitere 25 552,01 RM gestrichen. Das beruht auf Anwendung der im Tatbestand mitgeteilten Wiederaufbauklausel. Dagegen wenden sich die Revision und der Nebenintervenient.

Dieser bezweifelt zunächst, daß jene Klausel überhaupt Vertragsinhalt geworden sei. Er sucht das aus gewissen Vorgängen beim Vertragsschluß nachzuweisen. Eines näheren Eingehens hierauf bedarf es nicht, denn nach dem Tatbestand des Berufungsurteils war es zwischen den Parteien nicht streitig, daß „der Versicherungsvertrag bezüglich der Mühlengebäude und Maschinen die Führungsklausel . . . und ferner die Wiederherstellungsklausel der Erstbeklagten enthielt". Danach gilt für den ganzen Versicherungsvertrag und gegenüber allen Versicherern die streitige Klausel, wenn sie, was der Nebenintervenient ebenfalls bestreitet, mit den gesetzlichen Vorschriften überhaupt vereinbar ist. Der Nebenintervenient sieht nämlich in der Vertragsbestimmung, daß die Entschädigung nur zum Wiederaufbau gezahlt werde, die Vereinbarung einer Obliegenheit des Versicherungsnehmers, und da diese Obliegenheit nach dem Eintritt des Versicherungsfalls dem Versicherer gegenüber zu erfüllen sei, will er auf einen etwaigen Verstoß gegen sie den § 6 Abs. 2 VVG. angewendet wissen. Diese Vorschrift besagt im Zusammenhalt mit Abs. 1 daselbst:

> Ist im Vertrag bestimmt, daß bei Verletzung einer Obliegenheit, die nach dem Eintritt des Versicherungsfalls dem Versicherer gegenüber zu erfüllen ist, der Versicherer zum Rücktritt berechtigt oder von der Verpflichtung zur Leistung frei sein soll, so tritt die vereinbarte Rechtsfolge nicht ein, wenn die Verletzung weder auf Vorsatz noch auf grober Fahrlässigkeit beruht.

Mit Recht weist der Nebenintervenient auch darauf hin, daß nach dem Abs. 3 des § 6 a. a. O. der Versicherer sich auf eine Vereinbarung, durch welche von der Vorschrift des Abs. 2 zum Nachteil des Versicherungsnehmers abgewichen wird, nicht berufen darf. Dieser Satz gilt reichsgesetzlich zwar nur für die Beklagten zu 2 bis 7, die private Versicherungsunternehmungen sind; denn nach § 192 Abs. 2 VVG. finden die in diesem Gesetz vorgesehenen Beschränkungen der Vertragsfreiheit keine Anwendung auf Versicherungen, welche bei einer nach Landesrecht errichteten öffentlichen Anstalt genommen werden. Landesgesetzlich gilt jedoch die Bestimmung auch für die zu jenen Anstalten gehörige Erstbeklagte. Im § 25 Abs. 1 des preußischen Gesetzes betr. die öffentlichen Feuerversicherungsanstalten vom 25. Juli 1910 ist nämlich angeordnet, daß die allgemeinen Versicherungsbedingungen der vom Gesetz betroffenen Anstalten keine Bestimmungen enthalten dürfen, die zum Nachteil des Versicherungsnehmers von den Vorschriften des § 6 VVG. abweichen. Die Wiederherstellungsklausel der Erstbeklagten, von welcher der Tatbestand des Berufungsurteils spricht, ist offenbar in den allgemeinen Versicherungsbedingungen dieser Beklagten enthalten, denn sonst könnte nicht von „der", d. h. der typischen Wiederherstellungsklausel, gesprochen werden. Die Sache liegt also für diese Beklagte nicht anders als für die übrigen.

Greift aber § 6 VVG. ein, so ist die Lage des Versicherungsnehmers günstiger als nach der Wiederherstellungsklausel der Erstbeklagten. Diese besagt grundsätzlich, daß der Versicherer die Entschädigung nicht zu bezahlen braucht, wenn nicht wieder aufgebaut wird, und mildert diese starre Regel nur dahin ab, daß der Versicherungsnehmer lediglich den Anspruch auf ein Drittel der Entschädigung verliert, wenn aus zwingenden Gründen überhaupt nicht wieder aufgebaut werden kann und der Versicherer bereit ist, in Anerkennung dieser Gründe von der Wiederherstellung abzusehen. Selbst die ohne jedes Verschulden des Versicherungsnehmers *eingetretene* Unmöglichkeit des Wiederaufbaues gibt ihm also noch nicht das Recht, auch nur einen Teil der Entschädigung zu verlangen, wenn nicht der Versicherer geneigt ist, in Anerkennung der dem Wiederaufbau entgegenstehenden zwingenden Gründe von ihm abzusehen. Bei Anwendbarkeit des § 6 a. a. O. dagegen hat der Versicherungsnehmer auch wenn der Wiederaufbau unterbleibt, dann den Anspruch auf die volle Entschädigung, wenn er beweist, das Unterbleiben des Wiederaufbaues beruhe weder auf seinem Vorsatz noch auf seiner groben Fahrlässigkeit. Die Meinung des Nebenintervenienten, daß der Versicherer dem Versicherungsnehmer den Vorsatz oder die grobe Fahrlässigkeit zu beweisen hätte, ist rechtsirrig; das ergibt bereits der Wortlaut des § 6 Abs. 2 VVG.

Die Revision hat den auf diese Vorschrift gestützten Angriff nicht erhoben. Der Nebenintervenient setzt sich aber mit seinem Vorbringen nicht in Widerspruch zur Hauptpartei, was er nach § 67 ZPO. nicht dürfte, denn auch der Kläger ist bemüht, die Wirkungen der Wiederherstellungsklausel zu beseitigen. Er versucht das allerdings mehr in der Richtung, daß er die Schuld an der Nichtvollendung des Wiederaufbaues in vollem Umfang den Beklagten zuschiebt, den Versicherungsnehmer für schuldlos erklärt und den Beklagten Arglist vorwirft, wenn sie sich auf das Unterbleiben eines Wiederaufbaues beriefen, daß sie selbst verschuldet hätten. Der Nebenintenvenient kann also mit dem von ihm angeregten Bedenken gehört werden, und dieses muß durchgreifen, wenn der in der Wiederherstellungsklausel vorgesehene Wiederaufbau in der Tat eine Obliegenheit im Sinne des § 6 Abs. 2 VVG. ist.

Eine „Obliegenheit" ist nach der feststehenden Rechtsprechung des Reichsgerichts (RGZ. Bd. 58 S. 346, Bd. 62 S. 192) keine in irgendeiner Art erzwingbare, bei Nichterfüllung in eine Schadensersatzpflicht übergehende Verbindlichkeit, sondern nur eine Voraussetzung für die Erhaltung des Anspruchs aus dem Versicherungsvertrage. Daß es sich um eine Obliegenheit dieser Art handelte, wäre nicht zweifelhaft, wenn die Wiederherstellungsklausel etwa dahin lautete: Der Versicherungsnehmer darf die Zahlung der Entschädigung erst verlangen, wenn er wieder aufgebaut und das dem Versicherer nachgewiesen hat. So soll die Klausel nach der – nicht zwingenden – Vorschrift des § 97 VVG. aber nicht lauten. Es soll dem Versicherungsnehmer nicht angesonnen werden, daß der zunächst mit eigenem oder anderweit beschafftem Gelde die zerstörten Gebäude wieder aufbaue und dadurch erst die Voraussetzung für den Anspruch auf Auszahlung der Versicherungsentschädigung schaffe, es soll anderseits aber auch dem Versicherer nicht zugemutet werden, ohne jede Unterlage für einen wirklichen Wiederaufbau schon im voraus die Entschädigung auszuzahlen. Zum Ausgleich der beiderseitigen Interessen bestimmt der erwähnte § 97:

> Ist der Versicherer nach den Versicherungsbedingungen nur verpflichtet, die Entschädigungssumme zur Wiederherstellung des versicherten Gebäudes zu zahlen, so kann der Versicherungsnehmer die Zahlung erst verlangen, wenn die bestimmungsmäßige Verwendung des Geldes gesichert ist.

Entsprechend heißt es in Art. 38 Nr. 1 Abs. 1 der Satzung der Erstbeklagten:

> Die Entschädigung für versicherte Gebäude wird grundsätzlich nur zur Wiederherstellung und erst dann gezahlt, wenn die bestimmungsmäßige Verwendung des Geldes gesichert ist. Die Zahlung der Entschädigung erfolgt bei Vollschäden in der Regel in drei Teilbeträgen. Die Hälfte der Entschädigungssumme wird gezahlt, wenn Baumaterial angefahren und mit dem Aufbau der Umfassungswände begonnen ist, ein weiteres Viertel der Entschädigungssumme, wenn das Gebäude unter Dach gebracht ist, und der Rest nach Vollendung des Baues unter Verwendung der gesamten Entschädigung.

Diese Sätze zeigen deutlich, wie trotz der durch praktische Rücksichten gebotenen Abmilderung doch der Wiederaufbau die eigentliche Obliegenheit des Versicherungsnehmers bleibt, durch deren Erfüllung er sich den Anspruch auf Auszahlung der Versicherungsentschädigung sichert und dauernd erhält. Ebenso ist klar, daß dann, wenn der Wiederaufbau unmöglich geworden ist, der Versicherungsnehmer weder in der Lage ist, „die bestimmungsmäßige Verwendung des Geldes zu sichern", noch den Wiederaufbau beginnen, fortführen oder vollenden kann. Die Möglichkeit des Wiederaufbaues ist hiernach die entscheidende Frage. Ist sie fortgefallen, so kann der Versicherungsnehmer weder seine eigentliche Hauptobliegenheit noch die hilfsweise an ihre

Stelle gesetzten anderen Obliegenheiten minderen Ranges erfüllen. Aus alledem folgt, daß dem Versicherungsnehmer, wenn der Wiederaufbau unmöglich geworden ist, das Recht zur Seite stehen muß, gemäß § 6 Abs. 2 VVG. nachzuweisen, daß er den Wiederaufbau weder vorsätzlich noch aus grober Fahrlässigkeit unterlassen habe.

Das Reichsgericht hat die Streitfrage bisher noch nicht entschieden. Bruck ist in seinem Kommentar zum Versicherungsvertragsgesetz darauf nicht eingegangen. In seinem „Privatversicherungsrecht" (S. 468) erklärt er aber die Wiederherstellung für eine „Obliegenheit (Voraussetzung) für die Geltendmachung des Anspruchs des Versicherungsnehmers auf die Entschädigungsleistung". Auf § 6 Abs. 2 VVG. geht Bruck allerdings nicht ein, er meint nur, daß das Recht des Versicherers zu der Zurückhaltung seiner Zahlung bis zur bestimmungsmäßigen Verwendung des Geldes seine natürliche Grenze an Treu und Glauben finde; werde die Wiederherstellung aus Gründen unmöglich, die der Versicherungsnehmer nicht zu vertreten habe, so könne der Versicherer die Wiederherstellung nicht verlangen, er sei zur Entschädigung verpflichtet (a. a. O. S. 469). Handelt es sich aber bei dem Wiederaufbau um eine Obliegenheit, so darf sich der Versicherungsnehmer auf § 6 Abs. 2 VVG. berufen und die ihm danach zustehenden Rechte gehen weiter, als Bruck annimmt, schon weil nach dieser Vorschrift eine nicht grobe Fahrlässigkeit, welche dem Versicherungsnehmer etwa zur Last fällt, außer Betracht bleiben muß.

Eine Unmöglichkeit des Wiederaufbaues sieht der Berufungsrichter als gegeben an. Nach seiner Annahme ist sie dadurch herbeigeführt worden, daß das Grundstück ohne die Versicherungsforderung dem Ersteher zugeschlagen wurde. Diesen Sachverhalt hat der Vorderrichter bisher nur unter dem Gesichtspunkt der oben erwähnten Arglist-Replik des Klägers geprüft; er wird ihn nunmehr unter dem Gesichtspunkt des § 6 Abs. 2 VVG. und des hier dem Versicherungsnehmer nachgelassenen Entlastungsbeweises zu würdigen haben. Es kommt jetzt also nicht darauf an, ob die Beklagten das Unterbleiben des Wiederaufbaues verschuldet haben, sondern nur darauf, ob der Kläger nachgewiesen hat, daß dem Versicherungsnehmer insoweit weder Vorsatz noch grobe Fahrlässigkeit zur Last fällt. (Wird näher ausgeführt.)

Erst wenn sich herausstellen sollte, daß der Versicherungsnehmer den Anspruch auf das jetzt allein noch streitige Drittel der der Zwangsverwaltung unterliegenden Versicherungsordnung verwirkt habe, wird auf den vom Landgericht herangezogenen § 101 VVG. einzugehen sein. Namentlich wird es sich dann fragen, ob der Kläger als Zwangsverwalter überhaupt in der Lage ist, den dort den Hypothekengläubigern verliehenen unmittelbaren und selbständigen Anspruch auf die Versicherungsentschädigung von sich aus zu verfolgen, d. h. also, ob der Anspruch der Hypothekengläubiger der Beschlagnahme im Zwangsverwaltungsverfahren gegen den Versicherungsnehmer unterliegt. An der Auslegung, die er dem § 101 VVG. in RGZ. Bd. 102 S. 352 gegeben hat, hält der erkennende Senat fest.

RGZ. 135, 159.

Zur Auslegung von § 15 des Versicherungsvertragsgesetzes.

VII. Zivilsenat. Urt. v. 9. Februar 1932.

I. Landgericht Köln. — II. Oberlandesgericht daselbst.

Aus den Gründen:

. . . Auch § 15 VVG. machte weder eine Pfändung noch eine Verpfändung des Anspruchs auf die Brandentschädigung unzulässig. Die unbefangene Auslegung des § 15 ergibt, daß dort unter „unpfändbaren Sachen" nur solche Sachen verstanden werden sollen, die überhaupt keiner irgendwie gearteten Zwangsvollstreckung unterliegen, nicht aber solche, bei denen eine Pfändung im technischen Sinne, eine Mobiliarzwangsvollstreckung unzulässig ist, während eine Immobiliarvollstreckung gestattet ist. Die Vorschrift will den Eigentümer unpfändbarer Sachen vor der Vernichtung der wirtschaftlichen Existenz schützen, er soll die Versicherungsforderung nicht übertragen dürfen; damit ist zugleich die Unverpfändbarkeit und die Unpfändbarkeit gegeben (§ 1274 Abs. 2 BGB., § 851 Abs. 1 ZPO.). § 15 VVG. entspricht also im wesentlichen dem § 811 ZPO. Der Ausschluß der Mobiliarzwangsvollstreckung in Grundstückszubehör (§ 865 Abs. 2 ZPO.) soll die Entwertung einer wirtschaftlichen Einheit verhindern, aber wesentlich im Interesse der Gläubiger selbst, die im Wege der Immobiliarzwangsvollstreckung auch das Zubehör für ihre Forderungen verwerten können. § 865 Abs. 2 ZPO. schützt also den Eigentümer nicht vor einer Zwangsvollstreckung, sondern nur vor einer bestimmten Art der Vollstreckung; dies auch nicht nach seiner Zweckrichtung, sondern als Nebenwirkung bei Verfolgung eines anderen Zweckes. Diese Bestimmung kann deshalb nicht zur Auslegung einer Vorschrift herangezogen werden, die zum Zweck hat, den Eigentümer zu schützen, und zwar vor jeder Art von Zwangsvollstreckung (vgl. Stein-Jonas ZPO. § 865 Anm. III Abs. 2). Wenn die Revision ausführt, der Abschnitt in dem auf die Mobilien bezüglichen Hypothekensicherungsschein, den das Berufungsgericht als die Anzeige einer Verpfändung ansieht, bezieht sich nur auf die einer Verpfändung gleichstehende Hypothekenbelastung, so kann dem Vorderrichter keineswegs entgegengetreten werden, wenn er aus dem Nebeneinanderstehen der „Anmeldung" der Hypothek durch den Hypothekar und der „Anzeige" der Verpfändung durch den Eigentümer geschlossen hat, daß unter Verpfändung etwas anderes zu verstehen sei als eine Hypothekenbestellung. Dies um so weniger, als „Anmeldung" ein gesetzlicher Ausdruck des Versicherungsrechts im Falle der Belastung eines versicherten Gebäudes mit einer Hypothek (§§ 100 flg. VVG.) und „Anzeige" ein gesetzlicher Ausdruck bei der Verpfändung von Forderungen ist (§ 1280 BGB.). Die Anzeige der Verpfändung bezieht sich denn auch nach dem Wortlaut des Hypothekensicherungsscheins nur auf bewegliche Sachen, die allein nicht mit einer Hypothek belastet werden können. . . .

RGZ. 135, 370.

Wird der Versicherer von der Verpflichtung zur Zahlung der Brandentschädigung frei, wenn der Vater des minderjährigen Versicherungsnehmers durch Brandstiftung den Versicherungsfall herbeiführt?

VVG. § 61.

VII. Zivilsenat. Urt. v. 15. März 1932.

I. Landgericht Magdeburg. — II. Oberlandesgericht Naumburg.

Der Vater der Klägerin, der Bäckermeister A., hatte das ihm und seiner Ehefrau gehörige Bäckereigrundstück in Ch. und außerdem Möbel, Waren und andere bewegliche Sachen bei der Beklagten gegen Feuer versichert. Am 26. Februar 1926 haben die Eheleute A. mit der damals noch minderjährigen Klägerin einen Vertrag geschlossen, wonach sie ihr das Grundstück mit der Bäckerei, dem Materialwarengeschäft, allen Waren, Vorräten, Möbeln und Betten gegen ein lebenslängliches Wohnungs-, Nutzungs- und Unterhaltsrecht überließen. Die Klägerin erhielt das Grundstück nebst allem, was ihr nach dem Vertrage zustand, am 1. März 1926 übertragen; am 20. Mai 1926 wurde sie als Eigentümerin eingetragen. Am 19. Juni 1926 brannte das Haus ab. Gegen den Vater der Klägerin wurde ein Strafverfahren wegen Brandstiftung und Versicherungsbetruges eingeleitet, welches zu seiner Verurteilung wegen beider Straftaten führte.

Die Klägerin verlangt die festgesetzte Brandentschädigung. Die Beklagte wendet ein, die Klägerin hafte für die Brandstiftung ihres Vaters als ihres gesetzlichen Vertreters oder ihres Repräsentanten, der Brand sei auch mit ihrem Wissen und Willen angelegt worden.

Das Landgericht hat die Beklagte nach dem Klagantrage verurteilt, das Oberlandesgericht hat ihre Berufung insoweit zurückgewiesen, als über den Grund des Anspruchs erkannt war. Die Revision der Beklagten führte zur Aufhebung und Zurückverweisung.

Gründe:

Mit Unrecht wendet sich die Revision gegen die Auffassung des Berufungsgerichts, § 278 BGB. sei nicht anwendbar, wenn sich der Versicherer auf seine Leistungsfreiheit nach § 61 VVG. beruft und der gesetzliche Vertreter des Versicherungsnehmers den Brand angelegt hat. § 278 BGB. sagt nicht, wie die Revision meint, daß der kraft Gesetzes Vertretene für jedes Verschulden seines Vertreters einzustehen habe, möge dies bei der Erfüllung einer Schuldverbindlichkeit oder bei irgendeiner anderen Gelegenheit vorgekommen sein, sondern er schreibt vor, daß der Schuldner für Verschulden bestimmter anderer Personen bei der Erfüllung seiner Verbindlichkeiten haften soll, und zwar einmal für das Verschulden dessen, der ihn kraft Gesetzes allgemein vertritt, und dann dessen, der ihn nur bei der Erfüllung vertritt. Es gehört aber nicht zu den Verbindlichkeiten des Versicherungsnehmers, Vorsatz und grobe Fahrlässigkeit in bezug auf das versicherte Risiko zu vermeiden (RGZ. Bd. 83 S. 43, Bd. 117 S. 327; Bruck VVG. 6. Aufl. § 61 Anm. 7 Abs. 2 und dort angeführte Entscheidungen).

Dagegen ist dem weiteren Angriff der Revision, das Oberlandesgericht habe den Begriff des Repräsentanten verkannt, die Berechtigung nicht abzusprechen. Repräsentant, dessen Vorsatz und grobe Fahrlässigkeit der Versicherungsnehmer im Falle des § 61 VVG. ebenso zu vertreten hat wie eigenes Verschulden, ist nach der Rechtsprechung derjenige, der in dem Geschäftsbereich, zu dem das versicherte Risiko gehört, auf Grund eines Vertragsverhältnisses oder eines ähnlichen Verhältnisses an die Stelle des Versicherungsnehmers getreten ist (RGZ. Bd. 37 S. 150, Bd. 51 S. 20, Bd. 83 S. 43, Bd. 117 S. 327; RG. bei Gruch. Bd. 47 S. 991; WarnRspr. 1929 Nr. 70 und Nr. 188). Damit ist nicht, wie das Oberlandesgericht ausführt, der „eigentliche wirtschaftliche Versicherungsnehmer" gemeint (so auch Oberlandesgericht Hamburg in Hans.RZ. 1927 S. 895). Das wäre der Versicherte; § 61 VVG. stellt aber gerade nicht auf den Versicherten, sondern auf den Versicherungsnehmer ab. Für die Stellung des Repräsentanten wird die „Befugnis zu selbständigem rechtsgeschäftlichem Handeln für den Versicherungsnehmer innerhalb des in Frage kommenden Geschäftskreises, einschließlich der Wahrnehmung der für diesen aus dem Versicherungsvertrage hervorgehenden Rechte und Pflichten" gefordert (so WarnRspr. 1929 Nr. 188 [S. 347]). Dies trifft für den Vater eines minderjährigen Versicherungsnehmers voll zu. Der Vater hat das minderjährige Kind zu vertreten und für sein Vermögen in jeder Hinsicht zu sorgen (§§ 1627, 1630 Abs. 1 BGB.), er hat also auch die Rechte und Pflichten aus dem Versicherungsvertrage für das Kind wahrzunehmen. Der Vater ist also Repräsentant des Kindes. Die Repräsentanteneigenschaft des Vaters entspricht auch seiner Stellung im übrigen. Der Vater kann sich aber der Eigenschaft eines Repräsentanten entkleiden, indem er den Minderjährigen zum selbständigen rechtsgeschäftlichen Handeln innerhalb eines bestimmten Geschäftskreises, einschließlich der Wahrnehmung der Rechte und Pflichten aus dem Versicherungsvertrage, ermächtigt, soweit das Gesetz es gestattet. Wenn also der Vater der Klägerin seiner Tochter mit Genehmigung des Vormundschaftsgerichts die Ermächtigung erteilt hätte, den in dem versicherten, der Klägerin übereigneten Hause bisher von ihm geführten Bäckereibetrieb selbständig zu führen (§ 112 BGB.), so würde er sich insoweit der Repräsentanteneigenschaft begeben haben.

Das Oberlandesgericht hat das Vorbringen der Parteien nach diesen rechtlichen Gesichtspunkten noch nicht geprüft. Das angefochtene Urteil war deshalb aufzuheben.

RGZ. 140, 318.

1. Zur Frage der Wahrung der bei der Feuerversicherung für die Anzeigeerstattung vorgeschriebenen Frist.

2. Zur rechtlichen Natur der vorläufigen Deckungszusage.

VVG. §§ 1, 92. BGB. § 193.

VII. Zivilsenat. Urt. v. 12. Mai 1933.

I. Landgericht Köln. — II. Oberlandesgericht daselbst.

Die Klägerin war mit ihrem Kalkwerk bei einer Versicherungsgesellschaft, deren Rechtsnachfolgerin später die Beklagte geworden ist, gegen Feuerschaden versichert. Vor Ablauf des Versicherungsverhältnisses, das am 9. Januar 1930 endete, trat sie mit jener Gesellschaft zwecks Abschlusses eines neuen Versicherungsvertrags in Verbindung und stellte Ende Dezember 1929 einen schriftlichen Versicherungsantrag, in welchem auf die „Allgemeinen Versicherungs-Bedingungen für Feuerversicherungen" Bezug genommen war, die auch dem bisherigen Versicherungsverhältnis zugrunde gelegen hatten. Bevor der Versicherungsantrag angenommen wurde, brach am 21. Februar 1930 im Werk der Klägerin Feuer aus. Mit der Klage nimmt sie aus diesem Schadensfall, den ihr Geschäftsführer am 24. Februar 1930 dem Versicherer schriftlich angezeigt hat, die Beklagte auf Zahlung einer von Sachverständigen festgestellten Entschädigung von 15 583 RM nebst Zinsen in Anspruch. Sie behauptet, der Inspektor der Beklagten M. habe ihr bei einer der beiden vor dem 9. Januar 1930 stattgefundenen Besprechungen Deckungsschutz bis zum Abschluß des neuen Vertrags mündlich zugesagt und diese Zusage auch bei einer Besprechung Mitte Februar 1930 wiederholt.

Die Beklagte erwidert: Eine Deckungszusage, die sich aber nur auf die Folgezeit bezogen habe, sei erst nach dem Brande am 22. Februar 1930 von ihrem Direktor Ch. erteilt worden, als der neue Versicherungsvertrag nach Einigung über die Höhe der zu zahlenden Prämie zwischen ihm und dem Gesellschafter der Klägerin Z. fernmündlich abgeschlossen worden sei. Dabei habe Z. dem Ch. aber verschwiegen, daß es am 21. Februar auf dem Werk der Klägerin gebrannt habe. Sie, die Beklagte, sei deshalb, als ihr der Brand am 24. Februar angezeigt worden sei, von dem Vertrag auf Grund des § 16 Abs. 2 VVG. zurückgetreten, weil die Klägerin bei Schließung des Vertrags ihr nicht alle ihr bekannten Umstände, die für die Übernahme der Gefahr erheblich gewesen seien, angezeigt habe. Sollte jedoch angenommen werden, daß ihr Inspektor M. vor dem Brande eine für sie verbindliche vorläufige Deckungszusage erteilt habe, so brauche sie für den Schadensfall ebenfalls nicht aufzukommen, weil Z. dann den Eintritt des Versicherungsfalls bereits am 22. Februar 1930 bei der fernmündlichen Vertragsverhandlung dem Direktor Ch. hätte anzeigen müssen, und weil die erst am 24. Februar erfolgte schriftliche Anzeige des Geschäftsführers der Klägerin keine „unverzügliche" im Sinne des § 11 Abs. 1 ihrer Allgemeinen Versicherungs-Bedingungen sei. Sie sei deshalb nach § 12 Abs. 1 das. von der Verpflichtung zur Leistung frei geworden.

Die Klägerin ist in beiden Vorinstanzen mit ihrer Klage abgewiesen worden. Ihre Revision hatte den Erfolg, daß das Reichsgericht zum Teil der Klage alsbald stattgab, zum Teil auf Zurückverweisung der Sache erkannte.

Gründe:

1. Der Berufungsrichter nimmt zu dem Sach- und Streitstand wie folgt Stellung:

a) Der Inspektor M. habe der Klägerin vor dem Brand eine vorläufige Deckungszusage erteilt, die für die Beklagte verbindlich gewesen sei.

b) Diese Zusage sei zur Zeit des Brandes noch in Kraft gewesen, da damals der Versicherungsantrag der Klägerin weder angenommen noch abgelehnt gewesen sei. Infolgedessen habe diese auf Grund der Deckungszusage von der Beklagten Ersatz des Brandschadens verlangen können.

c) Dieser Anspruch sei auch nicht dadurch berührt worden, daß die Beklagte am 22. Februar 1930, also nach dem Brande, den Versicherungsantrag der Klägerin nach Einigung über die Höhe der Prämie zwar angenommen habe, aber von dem geschlossenen Vertrage mit Recht zurückgetreten sei, weil Z. bei den fernmündlichen Verhandlungen mit Ch. an jenem Tage den ihm bekannten Brand nicht angezeigt habe. Denn die vorläufige Deckungszusage und der neue Versicherungsvertrag seien selbständige Verträge.

d) Die Beklagte sei aber von der Verpflichtung zur Leistung frei geworden, weil die Klägerin ihr den Eintritt des Versicherungsfalls nicht unverzüglich angezeigt habe. Die Anzeige hätte nach Treu und Glauben am 22. Februar durch Z., spätestens nach der Bestätigung der Deckungszusage von seiten des Ch., erfolgen müssen. Die erst am 24. Februar 1930 erstattete Anzeige sei keine unverzügliche im Sinne des § 11 Abs. 1 AVB., auch wenn berücksichtigt werde, daß der 23. Februar ein Sonntag gewesen sei, und daß nach Satz 3 das. der Pflicht zur Anzeige genügt werde, wenn diese an den Versicherer binnen zwei Tagen nach dem Eintritt des Versicherungsfalls erfolge. Die Beklagte sei daher auf Grund des § 12 Abs. 1 AVB. von der Verpflichtung zur Leistung frei geworden, da der Ausnahmefall nicht gegeben sei, daß die Verletzung der Anzeigepflicht weder auf Vorsatz noch auf grober Fahrlässigkeit beruhe.

Die Revision wendet sich gegen die ihr ungünstige Annahme unter d. Sie meint, der Berufungsrichter verletze bei der Behandlung der Versicherungsbedingungen das Gesetz — §§ 133, 157, 242, 276 BGB. — in doppelter Weise. Er verkenne den Begriff „unverzüglich" und den des Vorsatzes und der groben Fahrlässigkeit. Dem Angriff der Revision kann das angefochtene Urteil in der Tat nicht standhalten, obgleich die von ihr gegebene Begründung nicht den Kern trifft. Nach

§ 92 Abs. 1 VVG. wird nämlich der Pflicht zur Anzeige des Versicherungsfalls bei der Feuerversicherung unter allen Umständen genügt, wenn die Anzeige, und zwar ihre Absendung, binnen zwei Tagen nach dem Eintritt des Versicherungsfalls erfolgt. Nach Abs. 2 das. kann sich der Versicherer auf eine Vereinbarung nicht berufen, durch welche die Dauer oder die Berechnung der Frist zum Nachteil des Versicherungsnehmers anders bestimmt wird. Im vorliegenden Fall ist die Anzeige am 24. Februar 1930 ordnungsmäßig erstattet, an diesem Tage sogar schon bei der Beklagten eingegangen. Da der Brand am 21. Februar ausgebrochen war, so endete die zweitägige Frist zur Anzeige an sich mit dem Ablauf des 23. Februar 1930. Weil aber dieser Tag ein Sonntag war, so war die Anzeige am 24. Februar unbedingt rechtzeitig (vgl. § 193 BGB.), ohne daß es hierfür auf die Auslegung des § 11 Abs. 1 AVB. überhaupt ankommen kann. Mit der bisherigen Begründung kann also die Abweisung der Klage nicht aufrechterhalten werden.

2. Die Revisionsbeklagte bekämpft nicht die ihr ungünstigen Annahmen des Berufungsrichters zu a und b über die Erteilung der Deckungszusage, ihre Verbindlichkeit und die Dauer ihrer Geltung. Diese sind auch in der Tat rechtlich nicht zu beanstanden. Sie meint aber, indem sie sich gegen die Ausführung des Berufungsrichters zu c wendet, die Abweisung der Klage sei trotzdem gerechtfertigt, weil es selbstverständlicher Vertragsinhalt jedes vorläufigen Deckungsvertrags sei, daß die Deckung nur dann eintrete, wenn sich der Empfänger der Zusage beim Abschluß des endgültigen Versicherungsvertrags so redlich verhalte, wie man dies von einem Versicherungsnehmer verlange, der keine vorläufige Deckungszusage erhalten habe. Damit vertritt aber die Revisionsbeklagte im Grunde die Auffassung, Deckungszusage und endgültiger Versicherungsvertrag seien ein einheitliches Rechtsverhältnis. Diese Ansicht ist abzulehnen. In der Rechtsprechung des Reichsgerichts (RGZ. Bd. 107 S. 198, Bd. 113 S. 150, Bd. 114 S. 321; JW. 1927 S. 169 Nr. 2) ist angenommen worden — allerdings zumeist im Zusammenhang mit der Frage, ob die einheitlich berechnete Prämie erste Prämie oder Folgeprämie nach den §§ 38, 39 VVG. ist —, daß Deckungszusage und endgültiger Versicherungsvertrag selbständige Verträge seien, sofern nicht etwas anderes deutlich vereinbart sei. Daß letzteres hier zuträfe, etwa im Sinne der Abhängigmachung der Wirkung der Deckungszusage von einer aufschiebenden oder auflösenden Bedingung, nämlich dem künftigen Verhalten des Versicherungsnehmers beim Abschluß des endgültigen Versicherungsvertrags oder überhaupt dem rechtswirksamen und unangreifbaren Zustandekommen des endgültigen Vertrags, hat

der Berufungsrichter nicht angenommen. Zu einer solchen Annahme lag auch für ihn um so weniger eine Veranlassung vor, als es an jedem ursächlichen Zusammenhang zwischen der angeblich schuldhaften Verletzung der vorvertraglichen Anzeigepflicht beim Abschluß des endgültigen Versicherungsvertrags und der Erteilung der vorläufigen Deckungszusage fehlt. . . .

RGZ. 141, 82.

Ist die Anwendung des § 101 des Versicherungsvertragsgesetzes auch auf solche Fälle zu erstrecken, wo der Versicherer den Versicherungsvertrag wegen arglistiger Täuschung durch den Versicherungsnehmer mit Erfolg angefochten hat?

VVG. §§ 22, 100 Abs. 3, § 101. BGB. §§ 123, 142.

VII. Zivilsenat. Urt. v. 28. April 1933.

I. Landgericht Lübeck. — II. Oberlandesgericht Hamburg.

Der Hufner Sch. war Eigentümer eines Hofes in B. Gebäude, Mobiliar, Inventar und Ernte hatte er bei der verklagten Gesellschaft gegen Feuer versichert. Am 29. Oktober 1929 wurde Sch. von einem Brande betroffen; im Sachverständigenverfahren wurden der Gebäudeschaden auf 13 420 RM und der Schaden an den übrigen Werten auf 5811 RM festgesetzt. Sch. klagte den Gesamtbetrag gegen die Beklagte ein, wurde jedoch durch rechtskräftiges Urteil des Oberlandesgerichts Hamburg vom 13. November 1931 mit seiner Klage abgewiesen, und zwar auf Grund einer für berechtigt erachteten Anfechtung des Versicherungsvertrags wegen arglistiger Täuschung (§ 123 BGB. in Verb. mit § 22 VVG.), welche die Beklagte am 15. November 1929 erklärt hatte.

Inzwischen war die Zwangsversteigerung des dem Sch. gehörigen Grundbesitzes angeordnet worden. In diesem Verfahren erwarb ihn der Kläger auf Grund Zuschlags vom 6. November 1931. Er war vorher durch Abtretung Gläubiger einer Anzahl aufhaftender Hypotheken geworden, deren Gesamtbetrag 13 420 RM übersteigt. Mit der im Dezember 1931 eingereichten Klage fordert er von der Beklagten Zahlung der letztgenannten, auf den Gebäudeschaden entfallenden Summe nebst Zinsen. Er stützt seinen Anspruch zunächst auf § 1127 BGB. in Verb. mit §§ 55, 20 Abs. 2 ZVG., sodann auf § 100 VVG., endlich auf § 101 VVG., jeweils in Verbindung mit seiner Eigenschaft als Hypothekengläubiger.

Das Landgericht wies die Klage ab. Auf die Berufung des Klägers erklärte hingegen das Oberlandesgericht den Klaganspruch dem Grunde nach für berechtigt und wies die Sache zur Verhandlung und Entscheidung über dessen Höhe an das Landgericht zurück. Die Revision der Beklagten führte zur Aufhebung und Zurückverweisung.

Gründe:

Der erste Richter hatte alle drei Klagebegründungen für unberechtigt erachtet. Der Berufungsrichter läßt in Ansehung des ersten Klagegrundes aus dem Erwerbe des belasteten Grundstücks, also aus Rechtsnachfolgerschaft nach dem Versicherungsnehmer Sch., dahingestellt, ob der Auffassung des Landgerichts beizupflichten sei. Die Ablehnung der Anwendbarkeit des § 100 VVG. wird vom Berufungsrichter gebilligt. Dagegen ist dieser, im Gegensatz zum Landgericht, der Meinung, daß der Klaganspruch in § 101 VVG. seine Stütze finde. In dieser Hinsicht hat der Vorderrichter im wesentlichen erwogen. Die Entscheidung in dem zwischen Sch. und der Beklagten geführten Rechtsstreit habe zwar für die hier zu fällende Entscheidung keine bindende Kraft; es beständen aber keine Bedenken, erneut auszusprechen, daß die von der Beklagten erklärte Anfechtung des Versicherungsvertrages wegen arglistiger Täuschung (die sich auf frühere Versicherungen des Sch. und früher von ihm erlittene Brandschäden bezog) begründet gewesen sei. Demnach komme es auf die Rechtsfrage an, ob § 101 VVG. dahin auszulegen ist, daß die Verpflichtung des Versicherers gegenüber dem Hypothekengläubiger auch dann bestehen bleibt, wenn der Versicherer den Versicherungsvertrag wegen arglistiger Täuschung durch den Versicherungsnehmer mit Erfolg angefochten hat. Diese vom Reichsgericht noch nicht entschiedene Frage wird vom Berufungsrichter bejaht, und nur hiergegen richten sich die Angriffe der Revision.

Die Umstände, auf welche das Berufungsgericht seine Ansicht gründet, sind, kurz zusammengefaßt, folgende:

1. Der Wortlaut des § 101 VVG. – nämlich der den ersten Satz in Absatz 1 einleitende Halbsatz: „Ist bei der Gebäudeversicherung der Versicherer wegen des Verhaltens des Versicherungsnehmers von der Verpflichtung zur Leistung frei" – ist weit genug, um auch den Fall erfolgreicher Anfechtung aus § 123 BGB. (in Verb. mit § 22 VVG.) zu decken.

2. In § 100 Abs. 3 Satz 1 VVG. sieht das Gesetz zwei Fälle vor, in denen der Versicherer eine Nichtigkeit des Versicherungsvertrags (wegen betrügerischen Verhaltens) gegenüber den Hypothekengläu-

bigern nicht geltend machen kann, wenigstens dann nicht, wenn nicht die im Satz 2 das. aufgestellten Voraussetzungen erfüllt sind.

3. Die Ansprüche der Hypothekengläubiger an der Entschädigungssumme stellen selbständige, von den Rechten des Eigentümers als Versicherungsnehmers unabhängige und durch Vertrag zwischen ihm und dem Versicherer nicht berührbare Rechte dar; deshalb kann eine Nichtigkeit dieser Ansprüche im Falle der Nichtigkeit des Versicherungsvertrags nicht aus § 139 BGB. hergeleitet werden.

4. Nach der Meinung des Berufungsgerichts entspricht die von ihm vertretene Ansicht der Interessenlage der an dem Rechtsverhältnis Beteiligten: Realgläubiger, Versicherer und Grundstückseigner.

5. Mit Rücksicht auf die Besonderheiten des Versicherungsverhältnisses, namentlich auf die vom Versicherer schon vor Eintritt des Versicherungsfalles zu treffenden technischen Vorkehrungen (z. B. Abschluß von Rückversicherungsverträgen) zeitigt nach Ansicht des Berufungsrichters die Anfechtung des Versicherungsvertrags auch sonst im Versicherungsrecht nicht dieselben strengen Wirkungen wie im übrigen Zivilrecht.

Der erkennende Senat vermag der Auffassung, welche das Berufungsgericht mit diesen Erwägungen vertritt, nicht beizupflichten. Er ist mit der Revision der Meinung, daß überwiegende Gründe für die engere Auslegung des § 101 VVG. sprechen.

Was den Wortlaut des ersten Satzes im § 101 Abs. 1 angeht, so kann darin eine wesentliche Stütze der Ansicht des Vorderrichters nicht gefunden werden, was dieser auch wohl selbst nicht annimmt. Zwar mag zuzugeben sein, daß die dort gewählte Ausdrucksweise die Einbeziehung des Falles der Anfechtung nicht ausschließt. Immerhin erweckt die Fassung des die Vorschrift einleitenden Halbsatzes doch den Eindruck, als solle damit angeknüpft werden an die zahlreichen Bestimmungen des Versicherungsvertragsgesetzes, die ein „Freiwerden des Versicherers von der Verpflichtung zur Leistung" festsetzen. Hier kommen die §§ 2, 6, 12, 25, 28, 32, 33, 38, 39, 61, 67, 71, 79, 114, 118, 125, 169, 170, 181 VVG. in Betracht. Bei diesen Vorschriften handelt es sich durchweg um die Regelung von Vorgängen, die dem Versicherungsverhältnis eigentümlich sind und mit Rücksicht darauf ihre besondere Regelung in dem „Gesetz über den Versicherungsvertrag" gefunden haben. Die Anfechtung des Versicherungsvertrags wegen arglistiger Täuschung über Gefahrumstände steht jedoch außerhalb des Kreises der eigentlichen versicherungsrechtlichen Vorschriften; sie bestimmt sich nach dem allgemeinen bürgerlichen Recht (§§ 123, 124,

142 flg. BGB.), worauf der nur zur Ausschließung von Zweifeln in das Versicherungsvertragsgesetz eingestellte § 22 hinweist. Unter diesen Umständen liegt die Annahme nahe, daß § 101 VVG. nur auf die unter Verwendung des gleichen Ausdrucks im Versicherungsvertragsgesetz geregelten Tatbestände abzielt, den Fall der Anfechtung aber nicht im Sinne hat. Dafür spricht ferner der Umstand, daß in § 101 Abs. 1 Satz 2 neben das Freiwerden des Versicherers dessen Rücktritt vom Versicherungsvertrage gestellt ist, und daß auch dieser Rücktritt im Gesetz seine besondere Regelung erfahren hat (§§ 16 bis 21, §§ 30, 31 VVG.).

Ist sonach schon in Ansehung des Gesetzeswortlautes anzunehmen, daß er weniger der Ansicht des Berufungsrichters als der Gegenmeinung eine Stütze bietet, so gilt dieses in verstärktem Maße von den gesetzgeberischen Vorarbeiten. § 101 wurde vom Reichstag in der Fassung des Entwurfes ohne jede Änderung angenommen; der Bericht des Reichstagsausschusses und die Verhandlungen in der Vollversammlung gehen auf seinen Inhalt nicht ein. So bleibt für die Ermittlung des Willens des Gesetzgebers nur die amtliche Begründung des Entwurfs. Dort heißt es auf S. 112/113:

> Im § 101 regelt der Entwurf die Stellung des Hypothekengläubigers zu einem Versicherungsverhältnis, das, ohne zur Zeit des Eintritts des Versicherungsfalls beendigt zu sein, sich durch das Verhalten des Versicherungsnehmers so gestaltet, daß der Versicherer von der Verpflichtung zur Leistung der Entschädigung frei ist. Hier bleibt nach Absatz 1 dem Hypothekengläubiger gegenüber die Verpflichtung des Versicherers bestehen, und zwar ohne Unterschied, ob die Hypothek angemeldet ist oder nicht. Der Gläubiger wird so namentlich für die Fälle geschützt, in welchen der Versicherungsnehmer seiner Ansprüche aus der Versicherung deshalb verlustig geht, weil er ohne Einwilligung des Versicherers eine erhebliche Erhöhung der Gefahr vorgenommen oder den Brand vorsätzlich oder durch grobe Fahrlässigkeit herbeigeführt hat. Das gleiche gilt, wenn die rechtzeitige Anzeige einer Gefahrerhöhung oder einer Veräußerung der versicherten Sache versäumt worden ist, oder wenn der Versicherer erst nach dem Eintritt des Versicherungsfalles im Wege des Rücktritts sich von der Verpflichtung zur Leistung der Entschädigung befreit. In allen diesen Fällen kann von dem Erfordernis einer Anmeldung der Hypothek abgesehen werden. Denn nach dem Eintritt eines Schadens ist der Versicherer auch in dem Regelfalle, daß seine Haftung gegenüber dem Versicherungsnehmer bestehen geblieben ist, nach den §§ 1128, 1130 BGB. verpflichtet, die Rechte der Hypothekengläubiger ohne

Rücksicht auf eine vorgängige Anmeldung der Hypotheken zu beachten, und es enthält keine unbillige Erschwerung der Lage des Versicherers, wenn ihm eine gleiche Verpflichtung für die Fälle auferlegt wird, in denen der Versicherungsnehmer durch sein Verhalten den Entschädigungsanspruch verwirkt hat.

Mag man auch dem Berufungsrichter zugeben, daß die vorstehende Begründung nur Beispiele für Anwendungsfälle des § 101 VVG. hat geben wollen, so läßt doch die Auswahl dieser Beispiele klar erkennen, daß der Verfasser der Begründung den Fall der Anfechtung wegen arglistiger Täuschung nicht in den Kreis seiner Betrachtungen gezogen hat. Wenn im Eingang von einem solchen Verhalten des Versicherungsnehmers die Rede ist, das auf ein zur Zeit des Eintritts des Versicherungsfalls noch unbeendigtes Versicherungsverhältnis gestaltend einwirkt, so kann damit unmöglich ein Verhalten gemeint sein, das — wie eine Täuschung beim Abschluß des Vertrages — den Versicherer berechtigen würde, den Vertrag selbst durch Anfechtung zu vernichten. Ebenso unvereinbar ist es mit einer solchen Annahme, daß am Schlusse der angeführten Stelle der Begründung das Verhalten des Versicherungsnehmers, auf welches das Gesetz abstellt, dahin gekennzeichnet wird, daß er dadurch den Entschädigungsanspruch verwirkt habe. Diese Auffassung kann auf ein Verhalten bezogen werden, das innerhalb der sonst fortbestehenden vertraglichen Bindung den Versicherer von der Verpflichtung zur Leistung befreit oder ihm ein Rücktrittsrecht verleiht, nicht aber auf ein solches Verhalten, das dem Versicherer zu einer den Vertrag vernichtenden Anfechtung Anlaß gibt. Sonach hat offensichtlich der Gesetzgeber des § 101 VVG. dabei nur den Fall im Auge gehabt, daß der Versicherungsnehmer nach dem Vertragsabschluß den so erlangten Entschädigungsanspruch gegen den Versicherer durch sein nachträgliches Verwalten verwirkt hat. Dagegen hat dem Gesetzgeber der Wille gefehlt, auch den Fall der Anfechtung des Versicherungsvertrags wegen arglistiger Täuschung im § 101 zu regeln.

Diese Auffassung erfährt eine wesentliche Bestätigung, wenn man die rechtliche Tragweite der Anfechtung nach § 123 BGB. berücksichtigt. Die allgemeine Vorschrift des § 142 Abs. 1 das. bestimmt, daß ein anfechtbares Rechtsgeschäft, wenn es angefochten wird, als von Anfang an nichtig anzusehen ist. In Gemäßheit dieses Grundsatzes kann es, trotz der den Ansprüchen der Hypothekengläubiger im übrigen zuzugestehenden rechtlichen Selbständigkeit doch keinesfalls anders sein, als daß mit der erfolgreichen Anfechtung des Versicherungsvertrags auch die nur auf ihm beruhenden Ansprüche der Realgläubiger hinfallen. Für dieses Ergebnis bedarf es nicht der Heranziehung des § 139 BGB. Wollte das — durch besonders gründliche Vorarbeiten vorbereitete — Versicherungsvertragsgesetz die Grundsätze des bürgerlichen Rechts in dieser Hinsicht abändern, so würde es sich mit einer jeden Zweifel ausschließenden Genauigkeit ausgedrückt haben. Daß es dies nicht getan hat, läßt erkennen, daß es eine Änderung bürgerlich-rechtlicher Grundsätze in diesem Punkte nicht beabsichtigt hat. Im Gegenteil zeigt sein Hinweis im § 22 VVG., daß das Gesetz in das Rechtsgebiet der Anfechtung wegen arglistiger Täuschung nicht hat eingreifen wollen, und *daß es dessen Geltung im vollen Umfang seiner bürgerlich-rechtlichen* Regelung als selbstverständlich vorausgesetzt hat. Gegenüber der abweichenden Meinung des Berufungsgerichts muß noch besonders betont werden, daß keine Rechtsgrundlage dafür besteht, anzunehmen, die Wirkungen einer Anfechtung (§ 142 BGB.) könnten im Versicherungsrecht geringer sein als im sonstigen bürgerlichen Recht. Sicherlich kann der vom Vorderrichter hervorgehobene Umstand, daß der Versicherer leicht vor der Anfechtung des Vertrags schon gewisse Aufwendungen zum Zwecke seiner Erfüllung gemacht haben, namentlich Rückversicherungen eingegangen sein wird, keinen Grund dafür abgeben, ihn gegenüber den Hypothekengläubigern besonders zu belasten.

Wenn der Berufungsrichter zur Stützung seiner Ansicht noch den § 100 Abs. 3 VVG. heranzieht, so ist dem entgegenzuhalten, daß die Verwertung der dort ersichtlichen Vorschriften in seinem Sinne keineswegs zwingend ist. Vielmehr läßt sich daraus unbedenklich ein Gegenteilsschluß ziehen, der geeignet ist, die Gründe für die hier vertretene Meinung zu verstärken. Wenn nämlich im § 100 Abs. 3 der Gesetzgeber es für geboten erachtet hat, besonders hervorzuheben und anzuordnen, daß in gewissen Fällen — auf die hier nicht näher eingegangen zu werden braucht — der Versicherer die Nichtigkeit des Versicherungsvertrags gegenüber dem Hypothekengläubiger nicht geltend machen kann, so ist nicht einzusehen, weshalb er diese ganz außergewöhnliche Anordnung nicht auch im § 101 VVG. ausdrücklich getroffen hat, wenn es seine Absicht gewesen sein sollte, dasselbe für den Fall zu bestimmen, daß eine Anfechtung des Versicherers wegen arglistiger Täuschung die Nichtigkeit des Versicherungsvertrags herbeiführen würde.

Was endlich die vom Berufungsgericht aus der „Interessenlage" angestellten Billigkeitserwägungen betrifft, so mögen sie vielleicht — mit Rücksicht auf die Darlegungen des Aufsichtsamts für Privatversicherung in seinen Veröffentlichungen 1915 S. 121 flg. — beachtlich sein, doch nur im Sinne einer etwaigen späteren Gesetzgebung. Für die

Auslegung des bestehenden Gesetzes sind sie aber in keiner Weise zwingend, und es kann dem Vorderrichter auch nicht zugegeben werden, daß die ihm entgegenstehende Meinung zu unbilligen Ergebnissen führte. Vielmehr wäre es gerade als unbillig anzusehen, wenn ein Versicherer, der einer arglistigen Täuschung von seiten des Versicherungsnehmers zum Opfer gefallen und dadurch zum Vertragsschluß bestimmt worden ist, trotzdem den hypothekarischen Gläubigern des Täuschenden verhaftet bleiben sollte.

Schließlich sei noch die Frage aufgeworfen, wie es stände, wenn der Versicherer die Anfechtung wegen arglistiger Täuschung schon vor dem Eintritt des Versicherungsfalles, bei der Feuerversicherung also vor einem Brande erklärt hätte. Die Meinung, daß er auch dann noch den Hypothekengläubigern hafte, wenn sich nachträglich noch ein Brand ereignen würde, ist offenbar ganz unannehmbar; von dem hier bekämpften Standpunkt aus müßte jedoch eine solche Rechtsfolge in Kauf genommen werden. Auch dieser Umstand ist mithin geeignet, die Unrichtigkeit der Gegenmeinung darzutun. Auf eine Erwägung dieser Art hat der erkennende Senat bereits bei Auslegung einer anderen Vorschrift des Versicherungsvertragsgesetzes (§ 176 Abs. 2) Wert gelegt (vgl. RGZ. Bd. 130 S. 271, besonders S. 273, 274).

Nach alledem ist mit der Revision und mit Wünschmann (JW. 1928 S. 3158 flg.), Schneider (Zeitschr. f. d. ges. Versicherungswissenschaft 1916 S. 732 flg. und Wirtschaft und Recht der Versicherung 1917 S. 132, 202), Hagen (Ehrenbergs Handb. d. ges. Handelsrechts Bd. VIII. 2 S. 86), Raiser (Kommentar der Allgem. Feuerversicherungs-Bedingungen [1930] S. 399, Anm. 31 zu § 18) und Pfeiffer (JRPV. 1932 S. 99 und 1933 S. 101 flg.) anzunehmen, daß die Vorschriften des § 101 VVG. auf solche Fälle nicht zu beziehen sind, wo der Versicherer den Versicherungsvertrag wegen arglistiger Täuschung durch den Versicherungsnehmer erfolgreich angefochten hat. Die Gegenansicht wird namentlich vertreten von Bruck (Versicherungsvertragsgesetz 7. Aufl., Anm. 10 zu § 100, Anm. 3 zu § 101 sowie Privatversicherungsrecht [1930] S. 748 Anm. 81), Oertmann (Wirtschaft und Recht der Versicherung 1916 S. 425 flg.), Gessert (Hans. RGZ. 1921 Sp. 141), Schweighäuser (Versicherung und Geldwirtschaft 1928 S. 317), Domizlaff-Liebig (Allgem. Feuerversicherungs-Bedingungen [1930] S. 242, Anm. C. b zu § 18), Goudefroy (JRPV. 1933 S. 115 flg.) sowie vom Oberlandesgericht Hamburg in SeuffArch. Bd. 83 Nr. 35 (= Hans. RGZ. 1928 A Sp. 727).

Hiernach ist zu verneinen, daß der Kläger seinen Anspruch auf § 101 VVG. stützen kann. Das auf entgegengesetzter Anschauung beruhende Urteil des Oberlandesgerichts ist somit aufzuheben. Zur Endentscheidung ist die Sache noch nicht reif, weil der Berufungsrichter die Berechtigung des ersten Klagegrundes offen gelassen hat.

RGZ. 142, 66.

1. Bezieht sich § 101 Abs. 1 des Versicherungsvertragsgesetzes auf den Fall, daß der Anspruch des Versicherungsnehmers auf die Versicherungssumme nach § 12 Abs. 1 das. verjährt ist?

2. Muß sich der Hypothekengläubiger im Rahmen der §§ 1127 flg. BGB. die Einrede entgegensetzen lassen, daß der Anspruch des Versicherungsnehmers verjährt sei?

VII. Zivilsenat. Urt. v. 13. Oktober 1933.

I. Landgericht Stettin. — II. Oberlandesgericht daselbst.

Der Bruder des Klägers war früher Eigentümer von zwei im Grundbuch von G. verzeichneten Grundstücken, auf denen eine Mühle betrieben wurde. Für den Kläger war auf diesen Grundstücken eine Gesamthypothek von 20 000 RM eingetragen. Die Gebäude waren bei einer Reihe von Gesellschaften mit einer Gesamtversicherungssumme von 153 800 RM gegen Feuerschaden versichert. Die Versicherung galt noch, als die Mühle in der Nacht zum 22. Juli 1926 abbrannte. Der Schadensbetrag wurde im Sachverständigen-Verfahren auf 103 527 RM festgesetzt. Der Versicherungsnehmer hat die Mühlengebäude zum Teil wiederherstellen lassen. Auf Antrag eines Hypothekengläubigers wurde die Zwangsverwaltung und Zwangsversteigerung der Grundstücke eingeleitet.

Am 1. März 1928 teilte der Versicherungsnehmer den Versicherungsgesellschaften mit, daß er von der Wiederaufbauklausel zurücktrete, die Annahme der Leistung zum Wiederaufbau ablehne und Schadensersatz wegen Nichterfüllung verlange. Daraufhin nahmen die Gesellschaften den Standpunkt ein, daß er nach Maßgabe jener Klausel nur zwei Drittel der festgesetzten Entschädigung beanspruchen könne, und hinterlegten 69 018 RM zu Gunsten des Versicherungsnehmers, der Hypothekengläubiger, der Pfandgläubiger und der Zessionare, an die der Versicherungsnehmer Teile der Versicherungsforderung abgetreten hatte.

Am 10. Dezember 1928 kamen die Mühlengrundstücke zur Zwangsversteigerung. Sie wurden ohne den Anspruch auf die hinterlegte Versicherungssumme und den etwaigen weiteren Versicherungsanspruch dem Kläger zugeschlagen. Auf Antrag der Gerichtskasse kam es zur erneuten Versteigerung. In diesem Verfahren erhielt am 25. November 1929 die Drittbeklagte den Zuschlag. Wegen der Versicherungssumme wurde die Zwangsverwaltung fortgesetzt.

Der Zwangsverwalter hat gegen die damals noch in Betracht kommenden sieben Versicherungsgesellschaften Klage auf Zahlung der Versicherungssumme von 103 527 RM erhoben, und zwar beanspruchte er von jeder Gesellschaft den nach dem Vertrag auf sie entfallenden Hundertsatz, von den drei Beklagten des vorliegenden Rechtsstreits je 15 v. H. In jenem Rechtsstreit wurde angenommen, daß der Versicherungsnehmer in Höhe von 26 871,01 RM Wiederaufbauarbeiten ausgeführt habe. Zu diesem Betrage wurde die Klage abgewiesen, weil insoweit der Zwangsverwalter zur Geltendmachung des Anspruchs nicht berechtigt sei. Im übrigen wurden die jetzigen Beklagten und zwei andere beteiligte Versicherungsgesellschaften verurteilt, je 11 498,40 RM teils an den Zwangsverwalter zu zahlen, teils zu hinterlegen. Zwei weitere Gesellschaften waren inzwischen in Konkurs geraten.

Der Kläger hat in dem vorliegenden Rechtsstreit seinerseits Ansprüche gegen die drei verklagten Versicherungsgesellschaften erhoben. Er hat sich auf den Standpunkt gestellt, daß alle Gesellschaften für die ganze Entschädigungsforderung als Gesamtschuldner hafteten, so daß die jetzigen Beklagten noch über die Beträge hinaus zahlen müßten, zu denen sie in dem Prozeß des Zwangsverwalters verurteilt worden seien. Der Kläger hat weiter geltend gemacht, daß jedenfalls ein Betrag von 26 871,01 RM für Wiederaufbauarbeiten nicht hätte abgezogen werden dürfen, weil solche nur im Werte von 11 527 RM ausgeführt worden seien; die Beklagten müßten also mindestens den Unterschiedsbetrag von 15 344 RM zahlen. Diese und weitere Ansprüche, die hier nicht von Belang sind, stützt er auf § 1127 BGB., auf § 101 VVG. und auf die Bestimmungen des Bürgerlichen Gesetzbuchs über unerlaubte Handlungen.

Das Landgericht hat durch Teilurteil die Klage wegen des auf 14 000 RM, hilfsweise auf 15 344 RM bezifferten Anspruchs abgewiesen. Das Oberlandesgericht hat die Berufung des Klägers zurückgewiesen. Auch seine Revision hatte keinen Erfolg.

Aus den Gründen:

. . . Das Berufungsgericht hat in Übereinstimmung mit der Entscheidung des erkennenden Senats in RGZ. Bd. 141 S. 82 (auch abgedruckt JW. 1933 S. 1834 Nr. 10) zutreffend angenommen, daß die Voraussetzungen des § 101 Abs. 1 VVG. nur in den Fällen gegeben sind, wo das Versicherungsvertragsgesetz ein Freiwerden des Versicherers von der Verpflichtung zur Leistung wegen des Verhaltens des Versicherungsnehmers bestimmt. An dieser Auffassung wird auch gegenüber den Ausstellungen festgehalten, die an der Abdruckstelle in der Juristischen Wochenschrift von Prölß an dem Urteil des Senats gemacht werden. Um ein solches Freiwerden des Versicherers handelt es sich aber nicht im Fall der Verjährung nach § 12 Abs. 1 VVG. (anders Abs. 2 das.). *Im übrigen läßt aber auch die Verjährung den Anspruch* des Versicherungsnehmers selbst nicht erlöschen, sondern gibt dem Verpflichteten nur das Recht zur Verweigerung der Leistung, mithin nur eine verzichtbare Einrede, deren Geltendmachung von seinem Belieben abhängt und daher nicht von Amts wegen unterstellt werden kann. Daraus folgt, daß im Fall der Verjährung des Anspruchs auf die Versicherungssumme nicht von einem Verhalten des Versicherungsnehmers gesprochen werden kann, das den Versicherer „von der Verpflichtung zur Leistung frei" macht. Gegen die Einbeziehung der Verjährung in den § 101 Abs. 1 VVG. spricht weiter die Erwägung, daß diese Vorschrift den Hypothekengläubiger vor Handlungen oder Unterlassungen des Versicherungsnehmers schützen will, gegen die er sich sonst nicht zu schützen vermag. Kann er sich schützen, so greift § 101 nicht ein. Das folgt aus Abs. 2 das., wo bestimmt ist, daß die Vorschrift des Abs. 1 Satz 1 keine Anwendung findet, wenn der Versicherer wegen nicht rechtzeitiger Prämienzahlung von der Verpflichtung zur Leistung frei ist. Denn hier kann sich der Hypothekengläubiger selbst helfen, weil ihm der Versicherer nach § 103 VVG. unverzüglich Mitteilung zu machen hat, wenn ihm der Versicherungsnehmer Anlaß gibt, wegen Unterlassung der rechtzeitigen Prämienzahlung gegen ihn vorzugehen. Das Gleiche gilt im Fall der Verjährung des Versicherungsanspruchs, weil sich der Hypothekengläubiger nach § 1128 Abs. 2, §§ 1281, 1282 BGB. gegen die Verjährung dadurch schützen kann, daß er selbst die Zahlung verlangt . . .

Schließlich hat das Berufungsgericht dem aus §§ 1127 flg. BGB. hergeleiteten Anspruch des Klägers den Erfolg versagt, weil ihm die von den Beklagten erhobene Einrede der Verjährung entgegenstehe . . .

Die Revision bestreitet, daß diese Einrede durchgreife. Die Rüge ist unbegründet. Im Rahmen der §§ 1127 flg. BGB. kann der Hypothekengläubiger keine weiteren Ansprüche geltend machen als der Versicherungsnehmer; denn er klagt als Pfandgläubiger an der Versicherungsforderung nur aus dem Recht des Versicherungsnehmers. Er muß sich deshalb auch die Einrede der Verjährung in demselben Umfang entgegenhalten lassen, wie der Versicherungsnehmer es sich gefallen lassen müßte. Diesem könnte die Einrede aber bezüglich der 15 344 RM entgegengesetzt werden, denn der Berufungsrichter hat festgestellt, daß die Versicherungsentschädigung bereits im Jahre 1927 hätte gezahlt werden müssen, während die Klage erst im Jahre 1931 erhoben worden ist . . .

RGZ. 144, 395.

1. Ist die Sicherungsübereignung der versicherten Gegenstände auch dann Veräußerung im Sinne der §§ 69 flg. VVG., wenn vereinbart ist, daß der Veräußerer allein die Gefahr des Untergangs der übereigneten Gegenstände zu tragen habe?

2. In welcher Richtung muß der Entschuldigungsbeweis geführt werden, wenn sowohl der Veräußerer wie der Erwerber der versicherten Gegenstände die Anzeige der Veräußerung versäumt haben?

Gesetz über den Versicherungsvertrag vom 30. Mai 1908 (RGBl. S. 263) — VVG. — §§ 6, 69 bis 71.

VII. Zivilsenat. Urt. v. 8. Juni 1934.

I. Landgericht Hannover. — II. Oberlandesgericht Celle.

Der Kläger hatte seine Gebäude, Maschinen, Geräte und Holzvorräte durch Verträge vom 22. April 1924 und 25. Mai 1925 bei der Beklagten gegen Feuer versichert. Am 28. August 1931 erlitt er einen Brandschaden, der sowohl die versicherten Gebäude wie auch die versicherten Holzvorräte umfaßte. Die Beklagte setzte die Entschädigung für die Gebäude auf 1565 RM, die für die Holzvorräte auf 18 505 RM fest. Sie verweigerte jedoch die Auszahlung dieser Beträge u. a. mit der Begründung, daß der Kläger die Holzvorräte der Kreissparkasse in B. als Sicherheit übereignet habe und daß diese Veräußerung ihr nicht mitgeteilt worden sei.

Das Landgericht hat durch Teilurteil die Klage hinsichtlich der Entschädigung für die Holzvorräte abgewiesen. Berufung und Revision des Klägers waren erfolglos.

Gründe:

Die Sicherungsübereignungsverträge vom 27. September 1930 und 4. Januar 1931, mittels deren der Kläger die versicherten und dann verbrannten Holzvorräte an die Kreissparkasse B. veräußert hat, enthalten die Abmachung, daß der Kläger — als Kreditschuldner und Verwahrer — allein die Gefahr des Untergangs der übereigneten Gegenstände zu tragen habe. Aus dieser besonderen Vertragslage will die Revision ableiten, daß die — für den gewöhnlichen Fall anerkannte — Auffassung, die Sicherungsübereignung enthalte eine Veräußerung im Sinne des § 69 VVG., hier nicht gelten könne. Genau betrachtet stehe unter den obwaltenden Umständen die Veräußerung nur auf dem Papier. Dem ist jedoch nicht beizutreten. Nach der ständigen Rechtsprechung des Reichsgerichts ist für den Übergang der Versicherung auf den Erwerber (§ 69 VVG.) und für das Freiwerden des Versicherers im Fall der Nichterfüllung der Anzeigepflicht (§ 71 das.) der den Eigentumswechsel bewirkende Rechtsvorgang maßgebend. Um eine klare und einfache Rechtslage zu schaffen, ist der Übergang des Versicherungsverhältnisses von einem leicht zu ermittelnden Vorgang, nämlich dem Eigentumsübergang, nicht aber vom Gefahrübergang und von den mit ihm zusammenhängenden wirtschaftlichen Belangen abhängig gemacht (RGZ. Bd. 114 S. 316 [318], Bd. 117 S. 270 [272]). An dieser Rechtsauffassung ist festzuhalten. Daß die Eigentumsübertragung von den Vertragschließenden ernstlich gewollt war und alle rechtlichen Voraussetzungen für ihre Wirksamkeit vorliegen, hat das Berufungsgericht rechtlich einwandfrei festgestellt.

Das Berufungsurteil nimmt weiter an, daß die Beklagte von der Verpflichtung zur Leistung frei geworden sei, weil ihr die Veräußerung weder von der Erwerberin noch vom Kläger unverzüglich angezeigt worden sei und auch die sonstigen Voraussetzungen des Freiwerdens vorlägen (§ 71 VVG.). Die etwaige Rechtsunkenntnis des Klägers hinsichtlich des Bestehens der Anzeigepflicht und sein etwaiger Rechtsirrtum über die rechtliche Natur der Sicherungsübereignung als Veräußerung im Sinne des § 69 VVG. vermöge seine Unterlassung nicht zu entschuldigen, wie auch das Verhalten des Agenten der Beklagten keinen Entschuldigungsgrund gemäß § 6 VVG bilden könne. In dieser Beziehung hat der Vorderrichter als wahr unterstellt, daß der Vermittlungsagent der Beklagten zwar den Abschluß der Übereignungsverträge gekannt, den Kläger aber nicht auf die Anzeigepflicht hingewiesen habe.

Die Revision beschäftigt sich nur mit der Frage, ob der Kläger selbst genügend entschuldigt sei. Auf die insoweit erhobenen Angriffe braucht indessen nicht eingegangen zu werden. Ohne Rücksicht auf diese Frage besteht für den Kläger ein unmittelbarer Anspruch aus dem Versicherungsverhältnis schon deshalb nicht mehr, weil an seiner Stelle die Kreissparkasse in B. als Erwerberin der versicherten Sachen in die sich während der Dauer ihres Eigentums aus dem Versicherungsverhältnis ergebenden Rechte und Pflichten des Versicherungsnehmers eingetreten ist (§ 69 VVG.). Soweit aber das Klagbegehren darauf gegründet wird, daß die Erwerberin ihren Anspruch auf die Vertragsleistung an den Kläger abgetreten habe, ist die Frage der Entschuldigung (§ 71 VVG.), weil weder der Kläger noch die Sparkasse die Veräußerung der Beklagten angezeigt hat, auch nach dem Verhalten der Sparkasse zu beurteilen. Bei Verletzung der Anzeigepflicht, die sowohl dem Veräußerer wie dem Erwerber obliegt, wird — so ist in § 12 Satz 4 der Allgemeinen Versicherungsbedingungen der Beklagten bestimmt — die Gesellschaft nach Maßgabe des § 71 VVG. von der Entschädigungspflicht frei. Der Obliegenheit wäre genügt, wenn auch nur einer der beiden Anzeigepflichtigen die Veräußerung unverzüglich angezeigt hätte. Die Anzeige braucht nicht mehrfach erstattet zu werden. Wenn auch nur von einem der Anzeigepflichtigen die Anzeige rechtzeitig erstattet worden wäre, so hätte dies ausgereicht, um das Freiwerden des Versicherers zu verhindern. Da aber keiner der beiden Anzeigepflichtigen den Rechtsübergang angezeigt hat, so könnte die Erwerberin, selbst wenn die Unterlassung des Veräußerers hinreichend entschuldigt wäre, beim Vorliegen der sonstigen Voraussetzungen des § 71 VVG. Ansprüche aus dem Versicherungsverhältnis gegen den Versicherer nur noch stellen, wenn sie oder nun der Kläger als ihr Rechtsnachfolger imstande wäre, auch die Unterlassung der Erwerberin zu entschuldigen. Denn durch die Anzeige soll der Versicherer in die Lage versetzt werden, zu prüfen, ob für ihn Anlaß besteht, von dem ihm im Veräußerungsfall zustehenden Kündigungsrecht Gebrauch zu machen (§ 70 Abs. 1 VVG.). Ob der Versicherer die Veräußerung kennt, ist für die künftige Gestaltung der rechtlichen Beziehungen zwischen dem Versicherer und dem Versicherungsnehmer sowie dessen Rechtsnachfolger von einschneidender Bedeutung (§ 70 Abs. 1 Satz 2, Abs. 2 Satz 2, Abs. 3, § 71 Abs. 2 VVG.). Die Anzeige muß deshalb unverzüglich geschehen. Der an die schuldhafte Verletzung der Anzeigepflicht geknüpfte Rechtsverlust bedroht den Versicherungsnehmer und den Erwerber in gleicher Weise. Für den Versicherer aber ist es ohne Belang, wer ihm die Anzeige erstattet, sofern nur die Veräußerung überhaupt zu seiner Kenntnis gebracht wird. Wird aber die Anzeige gar nicht erstattet und erfährt der Versicherer auch sonst nichts vom Rechtsübergang, so braucht er sich nicht darauf verweisen zu lassen, daß der Versicherungsnehmer an der Unterlassung schuldlos sei. Denn er hat Anspruch auf Anzeigeerstattung ebenso gegen den Erwerber wie gegen den Versicherungsnehmer (Veräußerer), und für die Erfüllung der dem Erwerber obliegenden Verpflichtung ist es im Verhältnis zwischen ihm und dem Versicherer belanglos, ob dem Versicherungsnehmer ausreichende Entschuldigungsgründe zur Seite stehen. Der Erwerber hat selbständig zu prüfen, ob hinsichtlich der ihm übereigneten Gegenstände eine Schadensversicherung und für ihn deshalb eine Anzeigepflicht besteht. Der mit der Anzeigepflicht verfolgte Zweck gebietet es, daß beide Beteiligte selbständig die ihnen obliegende Sorgfaltspflicht gewissenhaft erfüllen; durch eine Entschuldigung des Versicherungsnehmers allein kann mithin der Erwerber nicht entlastet werden (vgl. Urteil des erkennenden Senats vom 16. April 1929 VII 518/28, abgedr. JRPrVers. 1929 S. 184).

Die Kreissparkasse B. könnte demnach als Erwerberin, selbst wenn die Unterlassung des Klägers entschuldigt wäre, Ansprüche aus dem Versicherungsverhältnis gegen die Beklagte nur noch erheben, wenn Gründe beständen, die auch ihr eigenes Verhalten nach § 71 Abs. 1, § 6 Abs. 1 VVG. als entschuldigt erscheinen ließen. Das ist aber nicht der Fall. Der Kläger hat, wie das Berufungsgericht hervorhebt, nicht einmal behauptet, auch die Sparkasse treffe keine Schuld an der Unterlassung. Die hierauf bezüglichen Ausführungen des Berufungsurteils sind frei von Rechtsirrtum. Da der Kläger als Rechtsnachfolger der Sparkasse keine besseren Rechte geltend machen kann als diese selbst, so hat ihn der Vorderrichter wegen Verwirkung der Versicherungsansprüche hinsichtlich der Entschädigung für die Holzvorräte mit Recht ablehnend beschieden.

RGZ. 146, 221.

1. Begeht der Versicherungsnehmer, der bewußt unwahre Angaben macht, um dadurch eine Entschädigung zu erlangen, die er nach seiner Meinung bei Angabe der Wahrheit nicht erlangen würde, auch dann den Versuch einer arglistigen Täuschung bei Ermittlung des Schadens im Sinne der Allgemeinen Versicherungsbedingungen, wenn die unwahren Angaben tatsächlich geeignet sind, eine unberechtigte Entschädigung herbeizuführen?

2. Liegt eine arglistige Täuschung im Sinne der Allgemeinen Versicherungsbedingungen auch dann vor, wenn der Versicherungsnehmer bewußt unwahre Angaben macht, die für die Schadensermittlung von Bedeutung sein können, ohne damit einen unberechtigten Vermögensvorteil zu erstreben?

VVG. § 34.

VII. Zivilsenat. Urt. v. 14. Dezember 1934.

I. Landgericht Braunschweig. — II. Oberlandesgericht daselbst.

Der Kläger war bei der Beklagten gegen Brandschaden an seinen beweglichen Sachen versichert; ein Teil dieser Sachen verbrannte. Die Beklagte verweigert die Zahlung der Entschädigung, weil sich der Kläger bei Ermittlung des Schadens einer arglistigen Täuschung schuldig gemacht habe und sie deshalb nach § 12 der Allgemeinen Versicherungsbedingungen (AVB.) von der Verpflichtung zur Zahlung frei geworden sei. Landgericht und Oberlandesgericht haben den Einwand der Beklagten für begründet gehalten und die Klage abgewiesen. Die Revision des Klägers hatte keinen Erfolg.

Gründe:

Das Berufungsgericht hält für erwiesen, daß der Kläger dem Zeugen Sch., den die Beklagte mit der Ermittlung des Brandschadens beauftragt hatte, bewußt unwahr den Anschaffungspreis einer Dreschmaschine mit 3200 RM angegeben habe, daß er die Rechnung, nach der er die Maschine in gebrauchtem Zustand für 2700 RM erhalten habe, dem Zeugen vorenthalten und vor ihm zu verbergen gesucht, auch nach deren Auffindung durch den Zeugen sie als nicht die verbrannte Maschine betreffend hingestellt habe. Es führt aus, hierin liege eine arglistige Täuschung im Sinne des § 12 Abs. 2 AVB. Ob die Täuschung geeignet gewesen sei, die Schadensberechnung des Sachverständigen zu beeinflussen, sei unwesentlich; der Kläger habe geglaubt, die Angabe des Neukaufpreises bewirke eine günstigere Schadensberechnung als die Angabe des wirklich vereinbarten Preises für die gebrauchte Maschine; ein anderer Beweggrund für die Handlung des Klägers sei nicht zu finden; es habe für den Kläger auf der Hand gelegen, daß die Wiederbeschaffung einer gebrauchten Maschine weniger hoch zu bewerten gewesen sei als die Wiederbeschaffung einer neuen Maschine.

Die Revision rügt Verletzung der §§ 133, 157, 276 BGB., § 34 VVG., § 286 ZPO. und führt unter anderem aus: der Kläger habe unter Beweis gestellt, daß die fabrikneue Maschine erst wenige Stunden in Betrieb gewesen sei, so daß sie noch neuwertig, d. h. 3200 RM wert gewesen sei, und daß sich trotz des Nachlasses von 500 RM unter Berücksichtigung der Transportkosten und der Montage immer ein Gestehungspreis von 3200 RM für den Käufer, berechnet an Ort und Stelle des Käuferwohnortes, ergeben habe. Auch wenn für die Revisionsinstanz die Richtigkeit dieser Behauptungen unterstellt wird, ist die Revision unbegründet.

. . . Eine arglistige Täuschung hat das Reichsgericht schon dann angenommen, wenn der Versicherungsnehmer bei der Schadensermittlung wissentlich unwahre Angaben gemacht hat in der Absicht, den Versicherer zu täuschen, ohne damit einen unberechtigten Vermögensvorteil zu erstreben (RGZ. Bd. 124 S. 343; Urt. des erkennenden Senats vom 20. November 1931 VII 60/31, abgedr. WarnRspr. 1932 Nr. 12). In seinen späteren Urteilen vom 21. November 1933 VII 165/33, vom 13. März 1934 VII 309/33, abgedr. WarnRspr. 1934 Nr. 60, und vom 2. Oktober 1934 VII 123/34 hat der erkennende Senat es dahingestellt gelassen, ob an dieser Rechtsprechung festzuhalten sei oder ob nicht doch zur Anwendung dieser Verwirkungsklausel gefordert werden müsse, daß der Versicherungsnehmer mit seiner Täuschung, wenn auch nicht eine ungerechtfertigt hohe Entschädigungssumme, so doch immerhin einen Vermögensvorteil erstrebe, auf den er keinen Anspruch habe. Auch im vorliegenden Fall braucht diese Frage an sich nicht entschieden zu werden; denn nach der tatsächlichen Feststellung des Berufungsgerichts hat der Kläger geglaubt, die Angabe des Neukaufspreises bewirke eine ihm günstigere Schadensberechnung als die Angabe des wirklich vereinbarten Preises für die gebrauchte Maschine, und gerade aus diesem Beweggrund hat er so gehandelt. Wenn aber der Versicherungsnehmer bewußt unwahre Angaben macht, um dadurch eine Entschädigung zu erlangen, die er nach seiner Meinung bei Angabe der Wahrheit nicht erlangen würde, so macht er sich bei Ermittlung des Schadens eines arglistigen Täuschungsversuchs im Sinne des § 12 AVB. selbst dann schuldig, wenn die unwahre Angabe tatsächlich nicht geeignet ist, eine unberechtigte Entschädigung herbeizuführen. Das ergibt sich aus der für das Versicherungsverhältnis in besonderem Maße notwendigen Wahrung von Treu und Glauben, worauf das Reichsgericht schon oft hingewiesen hat (RGZ. Bd. 124 S. 343 [345]).

Aber auch wenn der Kläger nicht in der Absicht, eine ihm nicht zustehende Entschädigung zu erhalten, gehandelt, sondern geglaubt hätte, durch sein Vorgehen die ihm vertraglich zustehende Entschädigung zu erhalten, würde er sich nach den Feststellungen des Berufungsgerichts einer arglistigen Täuschung im Sinne des § 12 AVB. geschuldig gemacht haben. Denn eine solche liegt jedenfalls auch dann vor, wenn der Versicherungsnehmer bewußt unwahre Angaben über solche Tatsachen macht, die für die Schadensermittlung von Bedeutung sein können. Das aber hat der Kläger getan. Nach § 11 AVB. ist der

Versicherer berechtigt, eine den Wert sowie den Schaden, dessen Ursache und Höhe betreffende Untersuchung anzustellen. Dieses Recht soll durch die dem Versicherungsnehmer auferlegte Auskunftspflicht mitgewährleistet werden; dieser ist deshalb insbesondere bei den Fragen, welche die Anschaffung verbrannter Sachen betreffen, zu unbedingter Wahrhaftigkeit verpflichtet, weil gerade diese Feststellungen häufig ausschließlich auf den schwer nachprüfbaren Angaben des Versicherungsnehmers beruhen. Er darf deshalb auch dann keine unrichtigen Angaben über den von ihm gezahlten Kaufpreis verbrannter Sachen machen, wenn er glaubt, auf diese Weise die ihm vertraglich zustehende Entschädigung zu erhalten. Vielmehr hat der Versicherer einen Anspruch darauf, die richtigen Anschaffungspreise und die richtigen Belege selbst kennen zu lernen und sich auf Grund dieser Unterlagen zunächst selbst über die zu zahlende Entschädigung schlüssig zu machen und nötigenfalls diese Unterlagen den Sachverständigen und dem Gericht vorlegen zu lassen. Gegen diese dem Kläger hiernach obliegende Verpflichtung hat er nach dem vom Berufungsgericht festgestellten Sachverhalt bewußt verstoßen.

RGZ. 147, 186.

1. Inwieweit muß die Versicherungsgesellschaft für Erklärungen ihres Vermittlungsagenten einstehen, die dieser bei Stellung eines Versicherungsantrages dem Versicherungsnehmer über den Inhalt und die Bedeutung der Versicherungsbedingungen und sonstigen Anforderungen der Gesellschaft — Fragen im Antragsvordruck — gibt?

2. Kommt § 44 VVG. in Betracht, wenn der Vermittlungsagent unter Verletzung seiner Aufklärungs- und Belehrungspflicht auch selbst tätig wird?

Gesetz über den Versicherungsvertrag vom 30. Mai 1908 (RGBl. S. 263) — VVG. — §§ 43, 44.

VII. Zivilsenat. Urt. v. 2. April 1935.

I. Landgericht Koblenz. — II. Oberlandesgericht Köln.

Der Kläger war mit seinem Anwesen bei der Provinzial-Feuersozietät der Rheinprovinz gegen Brandschaden versichert. Bei Beendigung dieser Versicherung fand am 7. Juni 1924 eine Verhandlung über den Abschluß eines neuen Versicherungsvertrags zwischen dem Kläger und dessen Sohn Jakob R. auf der einen Seite und dem Agenten H., der für die Beklagte vermittelte, auf der anderen Seite statt. Den schriftlichen Versicherungsantrag vom 7. Juni 1924 stellte Jakob R., der sich in diesem als Eigentümer des Anwesens bezeichnete, während tatsächlich der Kläger Eigentümer war. Unter Zugrundelegung dieses Antrags stellte die Beklagte den Versicherungsschein vom 26. August 1924 für Jakob R. aus. Die Prämien sind stets an die Beklagte gezahlt worden. Am 21. Oktober 1932 brannte das Anwesen des Klägers ab.

Der Kläger führt aus, auf Grund der bei Stellung des Versicherungsantrages gepflogenen Verhandlungen sei zwischen ihm und der Beklagten ein Versicherungsvertrag zustande gekommen. Auf den Rat des H. habe sein Sohn Jakob den Antrag unterzeichnet, weil dieser nach seiner damals geplanten Heirat das Besitztum als Eigentümer habe übernehmen sollen und man die Umschreibungskosten der Versicherung habe vermeiden wollen. Zu der Heirat und der Eigentumsübertragung sei es nicht gekommen. Er verlangt mit der Klage die Zahlung der Entschädigung.

Die Beklagte beantragt u. a. deshalb Klagabweisung, weil kein rechtswirksamer Versicherungsvertrag zustande gekommen sei und sie auch aus keinem anderen Rechtsgrund hafte.

Während das Landgericht den Klaganspruch auf Grund der Abtretung seitens des Jakob R. an seinen Vater für begründet hält, hat das Oberlandesgericht die Klage abgewiesen. Die Revision des Klägers führte zur Aufhebung des Berufungsurteils und zur Zurückverweisung.

Aus den Gründen:

Das Berufungsgericht hält einen Entschädigungsanspruch des Klägers deshalb für unbegründet, weil kein Versicherungsvertrag zustande gekommen sei; weder sei ein solcher zwischen Jakob R. und der Beklagten, aus dem ein Anspruch an den Kläger hätte abgetreten werden können, abgeschlossen worden, noch habe ihn Jakob R. mit der Beklagten zugunsten des Klägers geschlossen (Versicherungsvertrag für fremde Rechnung), noch sei er zwischen dem Kläger und der Beklagten unmittelbar zustande gekommen. Das Berufungsgericht hält für erwiesen, daß bei Aufnahme des Versicherungsantrags erwähnt worden sei, Jakob R. solle in kurzem, wenn er heirate, das Besitztum übernehmen, und daß der Agent H. im Hinblick auf diese Sachlage und in der Meinung, durch die baldige Eigentumsübertragung werde in Kürze die Angabe in dem Versicherungsvertrag über das Eigentum an dem versicherten Anwesen mit der wahren Sachlage in Einklang gebracht, dazu beigetragen habe, daß zwecks Ersparung von Umschreibungskosten Jakob R. als Antragsteller und Eigentümer des Anwesens in dem Versicherungsantrag aufgeführt worden sei. Jakob R. habe den Willen gehabt, erst von der Zeit ab Versicherungsnehmer zu werden, wo er

Eigentümer des Grundstücks geworden sein würde, während man den Kläger bis zum Zeitpunkt des Eigentumserwerbs durch Jakob R. als Versicherungsnehmer betrachtet habe. Dieser Wille des Jakob R., einen durch den Eigentumsübergang bedingten Versicherungsvertrag für sich abzuschließen, sei aber aus dem Antrag nicht ersichtlich, deshalb sei ein solcher auch nicht von der Beklagten angenommen worden.

Ein Versicherungsvertrag zugunsten des Klägers im Sinne der §§ 74 flg. VVG. liege nicht vor, weil Jakob R. nicht einen solchen, sondern für die Zeit bis zu seinem Eigentumserwerb einen Vertrag für den derzeitigen Eigentümer habe schließen wollen.

Auch sei — so führt der Berufungsrichter weiter aus — kein Versicherungsvertrag zwischen dem Kläger und der Beklagten zustande gekommen. Zwar habe der Kläger selbst Versicherungsnehmer sein wollen, so lange ihm der Hof gehöre; auch habe Jakob R. den Versicherungsantrag als Vertreter des Klägers unterschrieben; dieser habe zunächst Versicherungsnehmer werden und bleiben sollen bis zu der in kurzem geplanten Heirat des Jakob R. und dem aus diesem Anlaß beabsichtigten Eigentumsübergang. Da aber dieser Vertragswille des Klägers und das Vertretungsverhältnis nicht aus dem Vertragsantrag ersichtlich gewesen seien, habe die Beklagte einen dahin gehenden Antrag auch nicht angenommen, und es sei deshalb kein Vertrag zustande gekommen. Daran ändere auch nichts die Tatsache, daß H. von diesem Vertragswillen des Klägers Kenntnis gehabt habe, da gemäß § 44 VVG. diese Kenntnis nicht so wirke, als ob die Beklagte den Vorgang gekannt hätte.

Die Revision greift diese Rechtsauffassung des Berufungsgerichts mit Recht an. Nach § 43 Nr. 1 VVG. gilt der Versicherungsagent als bevollmächtigt, Anträge auf Schließung eines Versicherungsvertrags entgegenzunehmen. Das Reichsgericht hat in ständiger Rechtsprechung ausgesprochen, daß der Agent bei Erfüllung der vorvertraglichen Anzeigepflicht des Versicherungsnehmers mitzuwirken und ferner die Aufgabe habe, für die Versicherungsgesellschaft dem Versicherungsnehmer die erforderliche Belehrung und Aufklärung über den Inhalt und die Bedeutung der Versicherungsbedingungen und der sonstigen Anforderungen der Gesellschaft zu gewähren; daß der Versicherungsnehmer dem Agenten vertrauen dürfe und müsse und die Gesellschaft insoweit für dessen Erklärungen einstehen und die Verantwortung tragen müsse; das sei nicht nur ein Gebot von Treu und Glauben, sondern folge auch aus dem rechtlichen Verhältnis des Agenten zur Gesellschaft (RGZ. Bd. 46 S. 184, Bd. 73 S. 302, Bd. 86 S. 128 [132];

Gruch. Bd. 54 S. 426; RGUrt. v. 9. Juni 1925 VI 92/25 in Veröffentl. des Reichsaufsichtsamts für Privatversicherung 1926 S. 146 Nr. 1495; Warn.Rechtspr. 1933 Nr. 102). Allerdings braucht der Versicherer, wenn die Fragen unzweideutig sind und bei dem Bildungsgrad des Anzeigepflichtigen nicht falsch verstanden werden können, für unrichtige Auslegung oder Auskunft durch den Agenten nicht aufzukommen. Deshalb wird sich der Antragsteller, der sich selbst zu Unrecht als Eigentümer bezeichnet, in der Regel nicht darauf berufen dürfen, daß der Agent ihn dahin belehrt habe, eine solche unrichtige Angabe sei unschädlich. So liegt der Fall aber nach den tatsächlichen Feststellungen hier nicht. Sondern danach ging der übereinstimmende Wille des Klägers und des Jakob R. dahin, daß der Kläger, solange ihm noch der Hof gehöre, Versicherungsnehmer sein und Jakob R. insoweit als sein Vertreter den Antrag unterschreiben solle und daß der Sohn erst von dem Augenblick ab Versicherungsnehmer sein solle, wo er Eigentümer des Hofes geworden sein werde. Der Antrag sollte so gefaßt werden, daß eine mit Kosten verbundene Umschreibung vermieden wurde. Von diesem Vertragswillen hatte H. Kenntnis. Wenn nun der Agent bei dieser Sachlage die Antragstellung so wie geschehen zuließ, so hat er dem Kläger und dessen Sohn nicht schlechthin zu der unrichtigen Beantwortung einer unzweideutigen Frage geraten, sondern jene unrichtig dahin belehrt, daß in dem besonders gearteten Fall auf diese Weise rechtswirksam versichert werden könne, nämlich dadurch, daß der Kläger für die Zeit seines Eigentums den Vertrag als Versicherungsnehmer — vertreten durch seinen Sohn — abschließe, ohne daß das richtige Eigentumsverhältnis und das Vertreterverhältnis im schriftlichen Antrag angegeben seien. Das Berufungsgericht stellt in anderem Zusammenhang weiter ohne Rechtsirrtum fest, es sei kein Verschulden des Klägers darin zu sehen, daß er den Versicherungsantrag von seinem Sohn Jakob habe unterschreiben und diesen sich als Eigentümer des Anwesens habe bezeichnen lassen, da sich ein Mann aus solch einfachen bäuerlichen Verhältnissen wie der Kläger bei der Antragstellung auf die Belehrung und Einstellung des Versicherungsagenten verlassen dürfe. Die Beklagte muß deshalb im vorliegenden Falle diese unrichtige Belehrung des Agenten und somit den auf Grund dieser Belehrung zustande gekommenen Inhalt des Versicherungsantrags gegen sich gelten lassen. Dem widerspricht nicht, wie das Berufungsgericht meint, § 44 VVG., wonach, soweit nach der Vorschrift des Versicherungsvertragsgesetzes die Kenntnis des Versicherers von Erheblichkeit ist, diese Kenntnis eines nur mit der Vermittlung von

Versicherungsgeschäften betrauten Agenten der Kenntnis des Versicherers nicht gleichsteht. Denn hier handelt es sich nicht darum, daß der Agent etwa nur das Eigentum des Klägers und den Vertragswillen des Klägers und des Jakob R. kannte, sondern daß er darüber hinaus dazu beigetragen hat, daß Jakob R. als Antragsteller und Eigentümer des Anwesens in dem Versicherungsantrag aufgeführt worden ist; er ist also unter Verletzung seiner Aufklärungs- und Belehrungspflicht auch selbst tätig geworden und hat den Versicherungsantrag mit dem von ihm beeinflußten Inhalt entgegengenommen (§ 43 Nr. 1 VVG.).

Hiernach muß die Beklagte den Vertrag so gegen sich gelten lassen, als habe sie selbst dem Kläger bestätigt, daß er auch bei Stellung dieses Antrags für die Zeit seines Eigentums Versicherungsnehmer sei. Demnach ist ein rechtswirksamer Versicherungsvertrag unmittelbar zwischen dem Kläger und der Beklagten zustande gekommen.

RGZ. 151, 389.

Bleibt die Verpflichtung des Versicherers aus § 101 VVG. auch gegenüber einem Hypothekengläubiger bestehen, dessen Hypothek zur Zeit des Brandes noch nicht eingetragen, aber bereits durch Vormerkung gesichert war?

VVG. § 101. BGB. §§ 883, 1127.

VII. Zivilsenat. Urt. v. 26. Juni 1936.

Die Entscheidung ist abgedruckt unter „Bürgerliches Recht, Sachenrecht 3".

RGZ. 154, 212.

Verstößt es gegen die Grundsätze von Treu und Glauben, wenn ein Versicherer (in der Feuerversicherung) mehrere wirtschaftlich zusammengehörige, am selben Tage geschlossene, aber in getrennten Verträgen nach Gruppen der versicherten Gegenstände niedergelegte Versicherungsverhältnisse mit einem Versicherungsnehmer als Einheit behandelt, soweit es sich um die Ablehnung seiner Leistungspflicht wegen arglistiger Täuschung handelt, begangen durch den Versicherungsnehmer bei der Schadensermittlung aus einem dieser Verträge, wenn er dagegen die mehreren Verträge unabhängig voneinander behandeln will, soweit es sich um die Verjährung der Ansprüche des Versicherungsnehmers aus ihnen im einzelnen handelt?

Gesetz über den Versicherungsvertrag vom 30. Mai 1908 (RGBl. S. 263) — VVG. — § 6 Abs. 2, § 12 Abs. 1 und 2.

VII. Zivilsenat. Urt. v. 16. März 1937.

I. Landgericht Berlin. — II. Kammergericht daselbst.

Der Kläger, ein Gastwirt, hatte bei der Beklagten seine häusliche und gewerbliche Fahrnis und seine Gebäulichkeiten gegen Feuerschaden versichert. Für jede dieser drei Gruppen war ein besonderer Versicherungsschein ausgefertigt worden. Am 10. Mai 1928 erlitt der Kläger einen Brandschaden. Die Beklagte zahlte ihm für Gebäudeschaden 43 042 RM. Zur Schadensermittlung wegen des Fahrnisschadens wurde das vorgesehene Sachverständigenverfahren eingeleitet. Vor dessen Beendigung lehnte die Beklagte ihre weiter erforderliche Mitwirkung darin ab, weil der Kläger sie bei der Schadensermittlung hinsichtlich der Fahrnis getäuscht habe; sie erklärte sich als nach § 12 Abs. 2 ihrer Allgemeinen Versicherungsbedingungen (AVB.) von der Leistungspflicht frei. Der Kläger hatte im Vorprozeß zunächst die Verurteilung der Beklagten zur Aushändigung des in ihren Händen befindlichen Gutachtens ihres Sachverständigen an den Obmann zwecks Fortsetzung des Schadensabschätzungsverfahrens, später Verurteilung zur Entschädigung nach Maßgabe der Versicherungsscheine über die Fahrnis verlangt. Dagegen hatte die Beklagte u. a. die Einrede der Verjährung erhoben. Diese hat das Kammergericht zurückgewiesen und, da eine arglistige Täuschung nicht feststellbar war, die Beklagte zur Entschädigung verurteilt. Der erkennende Senat hat dieses Urteil am 20. Juni 1933 (VII 86/33, im wesentlichen abgedruckt Bay. Zeitschrift für Rechtspflege 1933 S. 271 Nr. II) bestätigt. Zwar sei es bedenklich, den ersterwähnten Klagantrag in seiner Wirkung auf die Unterbrechung der Verjährungsfrist dem späteren Antrag gleichzustellen. Anderseits sei auch die Annahme der Beklagten bedenklich, daß die Verjährung der Ansprüche des Klägers trotz § 15 Abs. 1 AVB. (wonach die Leistung des Versicherers mit Ablauf des Monats nach vollständiger Feststellung des Schadens fällig wird) schon mit der Ablehnung der Beklagten, an dem Sachverständigenverfahren weiter mitzuwirken, begonnen habe, weil es zu einer „vollständigen Feststellung des Schadens" nicht mehr habe kommen können. Dieser Ansicht könne, so führte der Senat damals aus, entgegengehalten werden, die Bestimmung in § 15 Abs. 1 AVB. müsse auch da gelten, wo sie zum Nachteil des Versicherers wirke; § 12 Abs. 2 VVG. schaffe ausreichende Abhilfemöglichkeit für den Versicherer. Doch könne diese Frage hier offen bleiben; denn die Beklagte könne sich nicht ohne Verletzung von Treu und Glauben auf einen früheren als den in § 15 Abs. 1 AVB. vorgeschlagenen Verjährungsbeginn berufen, weil sie selbst die vollständige Schadensfeststellung verhindert habe. Danach ist im Vorprozeß rechtskräftig festgestellt worden, daß die Beklagte verpflichtet ist, dem Kläger den Fahrnisschaden nach Maßgabe der hierauf bezüglichen Versicherungsscheine zu ersetzen.

Im gegenwärtigen Rechtsstreit verlangt der Kläger weitere Zahlungen auf den Gebäudeschaden. Die Beklagte hatte sein vor der Erhebung dieser Klage gestelltes Verlangen auf Nachbegutachtung des Gebäudeschadens am 14. Oktober 1929 u. a. mit folgender Begründung abgelehnt:

„Vor der Hand schwebt noch das polizeiliche Ermittlungsverfahren gegen Sie. Außerdem haben Sie eine Klage gegen uns wegen Fortsetzung des polizeilichen Sachverständigenverfahrens eingereicht, bei der es zu einer Beweiserhebung kommen muß über die Frage, ob Ihnen überhaupt Entschädigungsansprüche gegen uns zustehen. Unter diesen Umständen lehnen wir zur Zeit eine Stellungnahme zu Ihrer Mehrforderung nach der von Ihnen eingereichten Nachexpertise über den Gebäudeschaden ab. . . .“

Nach Durchführung der Beweisaufnahme im Vorprozeß über die angebliche Täuschung des Klägers (wegen der Fahrnis) forderte er vor Abschluß der Berufungsinstanz die Beklagte zur Zahlung des behaupteten restlichen Gebäudeschaden mit 12 228 RM auf. Er vertrat die Ansicht, jene Beweisaufnahme habe die Grundlosigkeit der Behauptung ergeben, daß er die Beklagte bei der Fahrnisschadensermittlung arglistig getäuscht habe. Diese Forderung ist von der Beklagten mit Schreiben vom 22. August 1932 abgelehnt worden. Darin erklärte sie, sie würdige das Beweisergebnis anders als der Kläger und lehne deshalb sowohl die Anerkennung der im Prozeß (wegen des Fahrnisschadens) geltend gemachten als auch der weiteren angeblichen Ansprüche ab.

Darauf erhob der Kläger die gegenwärtige Klage auf Zahlung der oben bezeichneten Summe für weiteren Gebäudeschaden, die sich aus drei Posten zusammensetzt, denen je eine besondere Begründung gegeben ist.

Das Landgericht hat die Klage abgewiesen. Es hat angenommen, daß die Ansprüche nicht verjährt seien, hat ihnen aber aus sachlichen Gründen die Berechtigung abgesprochen. Das Kammergericht hat die Berufung des Klägers zurückgewiesen; es hat die sachliche Berechtigung der Ansprüche nicht geprüft, hält aber den Einwand der Verjährung für durchschlagend.

Die Revision des Klägers führte zur Aufhebung und Zurückverweisung.

Aus den Gründen:

Das Berufungsgericht führt aus: Was die Forderung des Klägers auf Ersatz des nach seiner Meinung unberechtigten Abzuges wegen Unterversicherung bei mehreren Positionen der Gebäudeversicherung betreffe, so sei die nach § 12 Abs. 1 VVG., § 15 Abs. 1 AVB. für den Beginn der Verjährung maßgebende „vollständige Feststellung des Schadens" am 14. Juli 1928 abgeschlossen gewesen. Die Verjährung sei deshalb mit dem Ablauf des 31. März 1930 eingetreten. Bei der Nachforderung des Klägers wegen der nachträglichen Auflage der Baupolizei sei für die Verjährung spätestens die endgültige Ablehnung dieser Forderung durch die Beklagte in deren Schreiben vom 22. August 1932 maßgebend. Nach den vorher angeführten Bestimmungen sei deshalb die Verjährung insoweit spätestens mit Ablauf des 31. Dezember 1934 eingetreten. Dasselbe gelte für den Anspruch des Klägers auf Ersatz wegen einer nach seiner Auffassung zu Unrecht auf die Entschädigung angerechneten Zahlung, wenn man den Anspruch, wie der Kläger hilfsweise wolle, aus § 11 AVB. herleite. Andernfalls wäre er, wie der erste Posten, schon mit Ablauf des 31. Dezember 1930 verjährt. — Da die Klage erst am 22. Februar 1935 zugestellt sei, seien die sämtlichen hier geltend gemachten Ansprüche verjährt. Der Berufung der Beklagten hierauf stehe auch nicht die Einrede der Arglist entgegen; denn der Kläger habe dem Schreiben der Beklagten vom 14. Oktober 1929 nur entnehmen können und auch nur entnommen, daß sie mit ihrer Entscheidung auf seine Ansprüche bis zur Erledigung der Beweisaufnahme im Vorprozeß über die Ansprüche aus der Fahrnisversicherung, nicht aber bis zur Erledigung jenes Rechtsstreits selbst warten wolle. Dementsprechend habe er nach Abschluß der Beweisaufnahme im Vorprozeß mit dem Schreiben vom 17. August 1932 die Beklagte zur Zahlung aufgefordert und daraufhin habe er den erwähnten endgültigen Bescheid vom 22. August 1932 erhalten. . . .

Zunächst kann dahingestellt bleiben, ob sich das Berufungsgericht bei seiner Entscheidung nicht mit einzelnen der Grundsätze in Widerspruch setzt, die vom erkennenden Senat in dem Urteil vom 20. Juni 1933 im Vorprozesse hinsichtlich der Ansprüche aus Fahrnisschaden für den Beginn der Verjährung aufgestellt worden sind. . . . (Wird ausgeführt.) Sicherlich hätte das Berufungsgericht Veranlassung gehabt, zu prüfen, ob die dort angeführten Erwägungen des Reichsgerichts nicht auch auf die Rechtslage in diesem Rechtsstreit zutreffen. Es kommt darauf aber nicht an, denn die Beklagte darf sich aus anderen Erwägungen dem Kläger gegenüber nicht auf den Ablauf der Verjährungsfrist berufen.

Der erkennende Senat hat in dem Urteil vom 31. Januar 1936, VII 150/35 (RGZ. Bd. 150 S. 117) die Frage geprüft, ob der Versicherer durch arglistig falsche Angaben des Versicherungsnehmers (oder des Versicherten) wegen der Entschädigung in ihrer Gesamtheit leistungsfrei wird oder nur wegen desjenigen Teiles (derjenigen Gruppe) von versicherten Gegenständen, auf die sich jene falschen Angaben bezogen haben. Er hat damals auf seine frühere Rechtsprechung (Urt. vom 30. Juni 1933 VII 102/33 in JRPV. 1933 S. 249) hingewiesen, wonach für diese Frage zwei getrennte Versicherungsverträge, auch wenn sie zwischen denselben Parteien an demselben Tage geschlossen sind, nicht als Einheit betrachtet werden könnten, und weiter ausgesprochen, diese Grundsätze könnten auch dann gelten, wenn in e i n e m Vertrag die Versicherung ganz verschiedener Gegenstände zusammengefaßt sei. Diese Grundsätze sind vom Senat weiterentwickelt worden in dem Urteil vom 3. Juli 1936 VII 287/35 (JRPV. 1936 S. 263 Nr. 2).

Die Beklagte hatte sich aber auf einen anderen Standpunkt gestellt. Sie hatte, wie der Berufungsrichter auch in dieser Sache feststellt, bei der Ermittlung des Fahrnisschadens die Einreichung eines Gutachtens des von ihr ernannten Sachverständigen ebenso wie jede Entschädigung überhaupt mit der Behauptung abgelehnt, daß der Kläger sie bei der Schadensermittlung über den Umfang des Schadens arglistig getäuscht habe. Diese ihre Stellungnahme gegenüber dem vom Kläger geltend gemachten Fahrnisbrandschaden hielt die Beklagte nach den Feststellungen des Berufungsgerichts ausdrücklich aufrecht auch gegenüber den auf Gebäudeschäden gestützten Ansprüchen des Klägers. Mit ihrem Schreiben vom 14. Oktober 1929 führte sie aus, über die Frage, ob dem Kläger überhaupt Entschädigungsansprüche zuständen, müsse es auf jene Klage (im Vorprozeß über den Fahrnisschaden) hin zu einer Beweisaufnahme kommen. In weiterer Verfolgung dieser Auffassung hat sie dann auch, wie der Berufungsrichter feststellt, auf das Schreiben des Klägers vom 17. August 1932, in welchem dieser jene Beweiserhebung im Vorprozeß als für sich günstig wertete und seine Ansprüche aus dem Gebäudeschaden neuerdings geltend machte, mit ihrem Schreiben vom 22. August 1932 erwidert, sie habe von jenem Beweisergebnis einen anderen Eindruck erhalten und lehne deshalb die Anerkennung sowohl der im Prozeß (das ist: im Vorprozeß) geltend gemachten als der weiteren angeblichen Ansprüche ab.

Die Beklagte selbst hat also das Versicherungsverhältnis zwischen ihr und dem Kläger als einheitlich angesehen und aus dieser Einheitlichkeit die für sie günstigen Folgerungen (§ 12 Abs. 2 Satz 2 Halbsatz 2 AVB.) für sich gezogen. Dadurch, daß sie so wiederholt die drei Versicherungsverträge als Einheit behandelte, mußte der Kläger, der die aus der behaupteten arglistigen Täuschung bei der Schadensermittlung von der Beklagten gegen ihn hergeleiteten Rechtsfolgen in jenem Vorprozeß bekämpfte, nach Treu und Glauben veranlaßt werden, die weitere Entwicklung jenes Rechtsstreits abzuwarten, um nach dem ihm günstigen Urteil des Kammergerichts der Entscheidung des Reichsgerichts entgegenzusehen. Wenn die Beklagte damals eine endgültige Ablehnung seiner Ansprüche klar herbeiführen wollte, dann hätte sie sich des in § 12 Abs. 2 VVG. vorgesehenen Weges, von dem ihre Allgemeinen Versicherungsbedingungen in § 15 Abs. 3 Gebrauch gemacht haben, bedienen können, wobei sie noch die Frist, innerhalb deren der Kläger seine Rechte gerichtlich geltend zu machen hatte, erheblich abkürzen konnte (vgl. das Urteil des erkennenden Senats im Vorprozeß). Daß sie das nicht getan, sondern sich in dem Schreiben vom 22. August 1932 ebenso wie in demjenigen vom 14. Oktober 1929 unter Bezugnahme auf das Beweisergebnis in jenem anderen Rechtsstreit und unter Berufung auf die Einheitlichkeit des gesamten Vertragswerkes einer dem § 12 Abs. 2 VVG. nicht entsprechenden Form der Ablehnung bedient hat, mußte den Eindruck verstärken, daß es sich hier um eine mit dem Vorprozeß eng verbundene und von ihm abhängige Stellungnahme handle. Wenn der Kläger die Schreiben der Beklagten so auffaßte, so muß er nach Treu und Glauben damit gehört werden.

Danach würde es aber Treu und Glauben widersprechen, daß es der Beklagten gestattet sein sollte, die drei Verträge dann als rechtlich voneinander unabhängig zu betrachten, wenn es sich um den Einwand der Verjährung handelt. Deshalb darf sie die Verjährung der Ansprüche, die der Kläger aus dem Gebäudeschaden gegen sie erhebt, nicht mehr einzeln oder unabhängig von dem Gesamtvertragsverhältnis nach den besonderen Gesichtspunkten berechnen, die für die einzelnen Posten, die der Kläger geltend macht, vom Berufungsgericht erörtert worden sind. Die Erwägungen des erkennenden Senats in dem Urteil vom 20. Juni 1933 müssen, von der Einheitlichkeit der Verträge aus gesehen, welche die Beklagte zu Gunsten des Klägers nach dem oben Ausgeführten gegen sich gelten lassen muß, dazu führen, daß sie sich nicht darauf berufen darf, die Verjährung der hier erhobenen Ansprüche des Klägers aus dem Gebäudeschaden unterliege anderen Grundsätzen als diejenige der Ansprüche aus dem Fahrnisschaden, die im Vorprozeß erhoben waren. Daraus ergibt sich dann, daß die Einrede der Verjährung hier ebensowenig begründet sein kann wie im Vorprozeß.

RGZ. 157, 314.

1. Unter welchen Umständen handelt es sich bei der Versicherung von Maschinen um eine Gebäudeversicherung?

2. Entsteht der Anspruch des Hypothekengläubigers aus § 101 VVG. auch dann, wenn der Versicherer wegen des Verhaltens des Versicherten diesem gegenüber von der Verpflichtung zur Leistung frei geworden ist?

3. Ist im Zweifel anzunehmen, daß der Ehemann einen Versicherungsvertrag, den er über Sachen der Ehefrau im eigenen Namen schließt, für Rechnung seiner Ehefrau abschließt?

4. Beseitigt bei Versicherung einer Sache durch mehrere Miteigentümer die vorsätzliche Herbeiführung des Versicherungsfalls durch einen von ihnen auch den Anspruch der anderen gegen den Versicherer?

BGB. §§ 1128, 1129. Gesetz über den Versicherungsvertrag vom 30. Mai 1908 (RGBl. S. 263) — VVG. — §§ 61, 74, 101, 106.

VII. Zivilsenat. Urt. v. 13. Mai 1938.

I. Landgericht Göttingen. — II. Oberlandesgericht Celle.

Die Eheleute von W. waren je zur Hälfte Miteigentümer eines Grundstücks, auf dem sie eine Mühle betrieben. Die für diesen Betrieb erforderlichen Maschinen hatten sie im Jahre 1928 gemeinschaftlich bezogen von der Firma B., die sich bis zur vollständigen Bezahlung des Kaufpreises das Eigentum daran vorbehalten, nach Behauptung des Klägers aber im Jahre 1929 auf den Eigentumsvorbehalt verzichtet hatte.

Im Jahre 1932 wurde die Zwangsversteigerung des Mühlengrundstücks eingeleitet, aber vorläufig wieder eingestellt. Auf Antrag eines Hypothekengläubigers wurde dann am 25. Juni 1935 gemäß § 25 ZVG. die Verwaltung des beschlagnahmten Grundstücks angeordnet, weil der Schuldner es zur Kündigung der Feuerversicherung habe kommen lassen und dadurch die Sicherheit der Gläubiger gefährde. Zum Verwalter wurde der Bürgermeister E. bestellt. Am 21. September 1935 wurde der Beschluß dahin geändert, daß die gerichtliche Verwaltung sich nur auf den Abschluß und die Aufrechterhaltung einer Feuerversicherung für die der Beschlagnahme unterliegenden Gegenstände erstrecken sollte. Schon durch Beschlüsse vom 9. und 27. Juni 1933 war jedoch das Zwangversteigerungsverfahren aufgehoben worden, soweit es sich auf die von der Firma B. gelieferten Maschinen bezog.

Ein Feuerversicherungsvertrag über Gebäude, Hausrat, Vieh, Ernte und totes Inventar mit Maschinen wurde zunächst von dem Ehemann von W. bei der Beklagten abgeschlossen (Versicherungsschein vom 17. September 1935). Der Verwalter E. schrieb dann am 10. Oktober 1935 an die Beklagte, die Ehefrau von W. müsse in den Versicherungsvertrag *mit aufgenommen werden, da sie Miteigentümerin der versicherten* Gegenstände sei. Am 17. Oktober 1935 erwiderte ihm die Beklagte, daß nachträglich die Ehefrau von W. in den Versicherungsvertrag eingeschlossen worden sei, worauf E. sein Einverständnis erklärte.

Am 6. November 1936, wenige Stunden vor dem Beginn des angesetzten Versteigerungstermins, brannte das gesamte Gehöft nieder. Dabei entstanden auch Brandschäden an den Maschinen und maschinellen Betriebseinrichtungen. Die Eheleute von W. wurden verhaftet und wegen vorsätzlicher Brandstiftung angeklagt. Durch Urteil des Schwurgerichts in G. vom 27. April 1937 wurde die Ehefrau wegen vorsätzlicher Brandstiftung verurteilt, der Ehemann dagegen freigesprochen.

Am 4. Dezember 1936 erhielt der Kläger, ein Grundschuldgläubiger, bei der nunmehrigen Zwangsversteigerung des Grundstücks den Zuschlag; Hypotheken oder Grundschulden blieben nicht bestehen. Bei der Verteilung des Erlöses sind die dem Kläger vorgehenden Gläubiger bis auf etwa 100 bis 200 RM befriedigt worden, während er selbst mit einem Anspruch von 12 300 RM einschließlich Zinsen und Kosten und die Gläubiger einer nachstehenden Hypothek mit 9100 RM ausfielen. Diese haben ihm ihre etwaigen Rechte gegen die Beklagte abgetreten. Die nach dem Brande vorgenommene Schätzung des Schadens hat für den Fall des Wiederaufbaus als Gebäudeschaden 8246 RM und als Maschinenschaden 14 067 RM, für den Fall des Nichtwiederaufbaus 5498 und 9378 RM ergeben. Die Beklagte ist bereit, den auf den Gebäudeschaden entfallenden Betrag von 5498 RM gemäß § 101 VVG. an die Hypotheken- und Grundschuldgläubiger zu leisten, hält sich aber nicht für verpflichtet, ihnen den auf den Maschinenschaden entfallenden Betrag zu zahlen.

Der Kläger klagt auf Zahlung von 9378 RM. Das Landgericht hat die Beklagte verurteilt, das Oberlandesgericht die Klage abgewiesen. Die Revision des Klägers führte zur Aufhebung und Zurückverweisung.

Gründe:

Die Verpflichtung des Versicherers gegenüber den Hypotheken- und Grundschuldgläubigern nach §§ 101, 106 VVG., worauf der Kläger seinen Anspruch stützt, setzt erstens voraus, daß es sich um eine Gebäudeversicherung handelt und die versicherten Gegenstände den Hypothekengläubigern (im Sinne der §§ 101, 106 VVG.) haften, weiter aber auch, daß der Versicherer wegen des Verhaltens des Versicherungsnehmers diesem gegenüber von der Verpflichtung zur Leistung frei geworden ist. Der Berufungsrichter nimmt in Ansehung der Maschinen keine Gebäudeversicherung an. Seine Ausführungen dazu vermögen jedoch die Abweisung der Klage nicht zu tragen.

Maschinen, die Bestandteile oder Zubehör eines Grundstücks sind und deshalb nach näherer Bestimmung der §§ 1120 flg. BGB. der Hypothekenhaftung unterliegen, können von einer Gebäudeversicherung mitumfaßt werden. Erfahrungsgemäß werden sie aber häufig auch als bewegliche Sachen versichert. Nach ständiger Rechtsprechung des erkennenden Senats (vgl. RGZ. Bd. 69 S. 316, Bd. 74 S. 106; RGUrt. vom 26. November 1909 VII 46/09 in JW. 1910 S. 71 Nr. 27) regelt sich die Frage, ob der Versicherer bei Auszahlung der Entschädigung die für die Gebäudeversicherung geltenden strengeren Vorschriften des § 1128 BGB. beachten muß oder ob er nach den Regeln der Mobiliarversicherung (§ 1129 BGB.) auszahlen darf, nicht danach, ob die versicherten Maschinen als Bestandteile oder Zubehör den Grundstücksgläubigern haften, sondern danach, ob sie in den Gebäudeversicherungsvertrag einbezogen oder als bewegliche Sachen versichert worden sind. Maßgebend ist die Art der abgeschlossenen Versicherung. An dieser Rechtsprechung ist festzuhalten. Daraus ergibt sich auch weiter, daß die Bestimmung des § 101 VVG. nur dann auf eine Maschinenversicherung anwendbar ist, wenn die Maschinen als Bestandteile oder Zubehör des Gebäudes, nicht aber, wenn sie als bewegliche Sachen versichert worden sind. Insoweit ist dem Berufungsrichter beizutreten. Aber die vorliegende Sache unterscheidet sich von den bisher entschiedenen Fällen dadurch, daß dort ein Versicherungsvertrag über die Gebäude und ein zweiter über die Maschinen abgeschlossen worden war, während hier nur ein einziger Versicherungsvertrag über die Gebäude mit ihrem Inhalt vorliegt. Der Vorderrichter meint, nicht feststellen zu können, daß die Maschinen in die Gebäudeversicherung hätten einbezogen werden sollen. Er hält den Kläger für beweispflichtig und kommt zur Klagabweisung, weil dieser Beweis nicht erbracht sei. Damit verkennt er, wie die Revision mit Recht rügt, die Sachlage. Ob die Maschinen in die Gebäudeversicherung einbezogen werden sollten, läßt sich nur durch Auslegung des abgeschlossenen Versicherungsvertrags feststellen. Fragen der Beweislast spielen dabei keine Rolle. In dem Versicherungsschein sind aber die versicherten Gebäude und ihr Inhalt ohne besondere Trennung hintereinander aufgeführt. Die Maschinen sind nach der eigenen Angabe der Beklagten Zubehör des Mühlengrundstücks. Unter diesen Umständen war es Sache der Beklagten, in dem Versicherungsschein klarzustellen, daß die Maschinen als bewegliche Sachen versichert werden sollten. Da sie das nicht getan hat, muß sie sich gefallen lassen, daß die Versicherung der Maschinen, *soweit sie der Hypothekenhaftung* unterliegen, auch als Teil der Gebäudeversicherung behandelt wird. Der Berufungsrichter spricht von gewissen Anzeichen, die auf den Willen der Parteien schließen ließen, die Maschinen als bewegliche Sachen zu versichern. Zu einer Feststellung dieses Willens kommt er aber nicht, seine Überlegungen sind auch ersichtlich von seiner unrichtigen Annahme über die Bedeutung der Beweislast beeinflußt und vermögen die Abweisung der Klage nicht zu rechtfertigen.

Der Anspruch des Klägers aus § 101 VVG. setzt aber weiter voraus, daß die versicherten Maschinen auch wirklich der Hypothekenhaftung unterliegen. Das würde nur dann der Fall sein, wenn die Eheleute von W. das Eigentum daran erworben hatten. Es bedarf daher noch der Klärung der strittigen Frage, ob die Maschinen wesentliche Bestandteile des Mühlengebäudes geworden sind (§ 947 Abs. 2 BGB.) oder die Firma B., wie der Kläger behauptet, auf ihren Eigentumsvorbehalt verzichtet hat.

Weiter bleibt zu prüfen, ob die Beklagte durch die vorsätzliche Herbeiführung des Versicherungsfalls durch die mitversicherte Ehefrau von W. — wie der Berufungsrichter meint — nicht nur dieser, sondern auch deren Ehemann gegenüber von der Verpflichtung zur Leistung frei geworden ist. Auch die Ausführungen des Vorderrichters hierzu sind nicht frei von Rechtsirrtum.

Bei der Versicherung für fremde Rechnung wird der Versicherer von der Verpflichtung zur Leistung gegenüber seinem Vertragspartner auch dann frei, wenn nicht der Versicherungsnehmer, sondern der Versicherte den Versicherungsfall vorsätzlich herbeigeführt hat. Das ergibt sich bei der hier vorliegenden Versicherung aus § 13 Abs. 3 mit § 17 der Allgemeinen Versicherungsbedingungen der Beklagten (AVB.). Einer solchen Bestimmung hätte es für den Fall der vorsätzlichen Herbeiführung des Versicherungsfalls nicht einmal bedurft. Aus § 61 VVG. geht die Gleichstellung zwar nicht ausdrücklich hervor; es würde aber

Treu und Glauben widersprechen, wenn die vorsätzliche Herbeiführung des Versicherungsfalles durch denjenigen unberücksichtigt bleiben sollte, dem die Entschädigungsleistung des Versicherers zugute käme (RGZ. Bd. 117 S. 327 [331 flg.]).

Auch § 101 VVG. enthält nichts darüber, ob er Anwendung findet, wenn der Versicherer wegen des Verhaltens des Versicherten von der Verpflichtung zur Leistung frei geworden ist. Der Zweck der Bestimmung, Schutz des Realkredits, würde jedoch nicht erreicht werden, wenn die Hypothekengläubiger in einem derartigen Falle keinen Anspruch gegen den Versicherer haben sollten. Die Ausdehnung der Bestimmung des § 101 VVG. auf diesen Fall liegt im Sinne des Gesetzes; es würde eine ungerechtfertigte Besserstellung des Versicherers enthalten, wenn dieser den Hypothekengläubigern zwar verpflichtet bliebe, falls er wegen des Verhaltens des Versicherungsnehmers von der Verpflichtung zur Leistung frei geworden, nicht aber, falls dies Ergebnis wegen des Verhaltens des Versicherten eingetreten wäre.

Nach den Feststellungen des Berufungsrichters hat die Ehefrau von W. das versicherte Grundstück in Brand gesetzt; eine Beteiligung des Ehemanns ist nicht bewiesen. Die Eheleute waren je zur Hälfte Miteigentümer des Grundstücks; ob auch der Maschinen, ist bisher nicht festgestellt. Den Versicherungsvertrag hat der Ehemann abgeschlossen. Auf die Ehefrau hat ihn die Beklagte im Oktober 1935 auf Veranlassung des Grundstücksverwalters ausgedehnt. Aber dessen Berechtigung bezog sich seit dem 21. September 1935 nur auf den Abschluß und die Aufrechterhaltung einer Feuerversicherung für die der Beschlagnahme unterliegenden Gegenstände, und die Beschlagnahme wegen der Maschinen war schon durch die Beschlüsse vom 9. und 27. Juni 1933 aufgehoben worden. Er konnte daher über diese einen Versicherungsvertrag nicht mehr abschließen. Für die Maschinen kommt deshalb die Ehefrau als Versicherungsnehmerin nicht in Betracht. Dem Berufungsrichter ist aber darin zuzustimmen, daß er die Ehefrau für ihren Anteil an den Maschinen als Versicherte ansieht. Der Vorderrichter gibt zwar keine weitere Begründung, geht aber ersichtlich davon aus, daß der Ehemann den von ihm geschlossenen Versicherungsvertrag, soweit er sich auf den Eigentumsanteil seiner Frau bezog, zwar im eigenen Namen, aber für deren Rechnung abgeschlossen hat, weil die Versicherung insoweit weniger in seinem als in ihrem Interesse lag (vgl. RGUrt. vom 5. März 1913 V 477/12, abgedr. in Veröffentl. des Aufsichtsamts für Privatversicherung 1913 Anhang S. 125 Nr. 774). Daß die Beklagte mit einer Versicherung für die Ehefrau einverstanden war, geht aus ihrem späteren Verhalten gegenüber dem Wunsche des Grundstücksverwalters hervor, die Versicherung auf die Ehefrau auszudehnen. Es bedarf hiernach keines Eingehens auf die Frage, ob der Ehemann auch nach § 1381 Abs. 1 und 2 BGB. die Forderung aus der Versicherung, soweit sie sich auf den Eigentumsanteil seiner Frau bezog, für diese erworben hat (RGZ. Bd. 76 S. 133 [136]).

Der Berufungsrichter nimmt, wie bereits gesagt, an, daß die vorsätzliche Herbeiführung des Versicherungsfalls durch die Ehefrau nach § 61 VVG., § 13 Abs. 3, § 17 AVB. die Beklagte nicht nur der Ehefrau, sondern auch dem Ehemann gegenüber von ihrer Leistungspflicht befreit hat. Dem kann nur bedingt beigetreten werden. Darüber, ob bei der Versicherung mehrerer Miteigentümer die Verletzung der zu erfüllenden Obliegenheiten oder die vorsätzliche Herbeiführung des Versicherungsfalls durch einen der Versicherungsnehmer oder einen der Versicherten den Versicherer auch gegenüber den übrigen leistungsfrei macht, enthalten weder das Versicherungsvertragsgesetz noch die Allgemeinen Versicherungsbedingungen der Beklagten eine Bestimmung. Die Frage ist auch nur selten Gegenstand der höchstrichterlichen Rechtsprechung gewesen. Die Entscheidung des erkennenden Senats vom 3. März 1916 VII 417/15 (Veröffentl. des Aufsichtsamts für Privatversicherung 1916 Anhang S. 56 Nr. 938), auf die Raiser in seinem Erläuterungsbuch zu den Allgemeinen Feuerversicherungbedingungen 2. Aufl., Anm. 9 zu § 17, verweist, gibt nichts her, weil dort der Brandstifter zwar Miteigentümer zur Hälfte und zugleich Miterbe in ungeteilter Erbengemeinschaft zur anderen Hälfte, aber auch der alleinige Versicherungsnehmer war. Vor dem Inkrafttreten des Versicherungsvertragsgesetzes hat das Reichsoberhandelsgericht die Frage bei Bruchteilsmiteigentum der Versicherungsnehmer verneint (ROHG. Bd. 4 S. 84). Die Rechtsprechung der Oberlandesgerichte und die Rechtslehre bejahen sie überwiegend. Dem ist zuzustimmen für den Fall, daß die mehreren Versicherungsnehmer oder Versicherten dem Versicherer gegenüber zur gesamten Hand berechtigt sind, wie im Falle der ungeteilten Erbengemeinschaft und der Gesellschaft. Denn der Miterbe oder Gesellschafter, welcher die Obliegenheit verletzt oder vorsätzlich den Versicherungsfall herbeiführt, steht zu der ganzen versicherten Sache in Beziehung. Das ist aber nicht der Fall, wenn die Versicherungsnehmer an der versicherten Sache zu Bruchteilen berechtigt sind und jeder nur seinen Bruchteil versichert hat oder wenn dem einzelnen Versicherten nur ein Bruchteil der Versicherungssumme zusteht. In diesen Fällen kann die Herbeiführung des Versicherungsfalls durch einen von ihnen den Anspruch der anderen Berechtigten nur dann beseitigen, wenn dies vertraglich vorgesehen ist. Das muß vor allem dann gelten, wenn ein Miteigentümer neben seinem Anteil auch den Anteil des anderen für diesen versichert und der andere den Versicherungsfall herbeigeführt hat.

Für die Frage, ob durch die Brandstiftung der Ehefrau auch der Versicherungsanspruch des Ehemannes wegen der Maschinen weggefallen war, ist demnach entscheidend, ob die Eheleute an den Maschinen *Eigentum zur gesamten Hand oder — wie wohl näher liegt — Eigentum* nach Bruchteilen erworben haben oder erwerben sollten (§ 2 Abs. 1 Satz 2 AVB.). Handelt es sich bei ihnen um Miteigentum zur gesamten Hand, so ist auch der Anspruch des Ehemanns gegen die Beklagte weggefallen. Kommt aber Miteigentum je zur Hälfte in Frage, so ist die Brandstiftung der Ehefrau für den Anspruch des Ehemanns auf Auszahlung der Hälfte der für die Maschinen festgestellten Entschädigungsgelder ohne Belang. Dieser würde fortbestehen, so daß insoweit für einen Anspruch aus § 101 VVG. kein Raum wäre. Der Anspruch des Ehemanns würde allerdings auch dann weggefallen sein und dem Anspruch des Klägers nicht mehr im Wege stehen, wenn die Ehefrau, die nach dem Schwurgerichtsurteil die geschäftliche Leitung des Mühlenbetriebes in Händen hatte, als Repräsentantin ihres Mannes anzusehen sein sollte (vgl. RGZ. Bd. 149 S. 69 und die dort genannten Entscheidungen).

Die Sachlage bedarf demnach in verschiedenen Richtungen noch weiterer Klärung.

RGZ. 159, 243.

Muß sich der Versicherungsnehmer bewußt falsche Angaben eines Dritten bei der Schadensermittlung als eigene anrechnen lassen, wenn er ihn zwar nicht zur Abgabe der erforderlichen Erklärungen bestellt, es aber zugelassen hat, daß er sich an den Schadensverhandlungen beteiligte und dabei jene Angaben machte?

Gesetz über den Versicherungsvertrag vom 30. Mai 1908 (RGBl. S. 263) — VVG. —

VII. Zivilsenat. Urt. v. 13. Dezember 1938.

I. Landgericht Schneidemühl. — II. Oberlandesgericht Marienwerder.

Der Beklagte war früher Eigentümer eines Gutes. Mit seinem Hausgerät und den beweglichen Sachen der Landwirtschaft war er bei der Klägerin gegen Feuerschaden versichert. Nach § 14 Ziff. 4 der zum Vertragsinhalt zwischen den Parteien gemachten Allgemeinen Versicherungsbedingungen für Feuerversicherung war er als Versicherungsnehmer verpflichtet, der Klägerin nach dem Eintritt eines Schadensfalls jede Auskunft zu erteilen, die zur Feststellung des Schadensfalls oder der Höhe der Entschädigung etwa erforderlich sein sollte. Ferner ist in § 15 Ziff. 1 daselbst bestimmt, daß die Klägerin von der Verpflichtung zur Leistung frei wird, wenn sich der Versicherungsnehmer bei der Ermittlung des Schadens einer arglistigen Täuschung schuldig macht.

Am 29. Dezember 1932 brach auf dem Grundstück des Beklagten, das damals unter Zwangsverwaltung stand, ein Brand aus. Ihm fielen zwei Scheunen und ein Schuppen zum Opfer, die zum Teil mit Maschinen und Erntevorräten gefüllt waren. Gemäß § 31 der Satzung der Klägerin fand am 6. Januar 1933 die Ermittlung des Brandschadens an den Maschinen und Geräten durch die von beiden Parteien ernannten Sachverständigen, nämlich den inzwischen verstorbenen Zivilingenieur Eugen T. auf seiten der Klägerin und den Maschinenbaumeister Otto J. auf seiten des Beklagten, statt. In dem von den Sachverständigen aufgestellten Schadensverzeichnis war eine Langstrohpresse Lanz-Mannheim aufgeführt, für die der „Neuwert" auf 2250 RM, der Wert vor dem Brande auf 2080 RM und der Wert nach diesem auf 40 RM angegeben war. Unter der Überschrift „Jahr der Erbauung" war vermerkt: „1930 gebraucht gekauft". Unstreitig hatte der Beklagte die Strohpresse von dem genannten Maschinenbaumeister J. im Jahre 1930 für den Preis von 875 RM gekauft und später noch für mehrere hundert Reichsmark Ausbesserungen daran vornehmen lassen.

In dem von dem Regelungsbeamten W. der Klägerin aufgestellten „Schadensverzeichnis" über Ernteerzeugnisse befinden sich u. a. Angaben über die Menge des vor dem Brande vorhandenen, des ausgedroschenen und des verbrannten Getreides, deren Einzelheiten hier nicht von Bedeutung sind. Der Beklagte hat die Ermittlungsverhandlungen als ordnungs- und bedingungsgemäß beendet und als richtig und rechtsverbindlich anerkannt. Auf Grund dieser Schadensberechnung hat die Klägerin am 4. Februar 1933 auf Anweisung des Beklagten und des Zwangsverwalters 15 159 RM an verschiedene Gläubiger und auf ein Zwangsverwaltungskonto gezahlt.

Mit der Klage verlangt sie die Zurückzahlung dieses Betrages, weil sich nachträglich herausgestellt habe, daß der Beklagte sie bei der Schadensermittlung arglistig getäuscht habe. Landgericht und Oberlandesgericht haben der Klage stattgegeben; die Revision des Beklagten blieb ohne Erfolg.

Aus den Gründen:

Das Berufungsgericht stellt seine Entscheidung ausschließlich auf § 15 Ziff. 1 der Allgem. VersBed. ab, wonach die Klägerin von der Verpflichtung zur Leistung frei wird, wenn sich der Versicherungsnehmer oder der Versicherte bei der Ermittlung des Schadens einer arglistigen Täuschung schuldig macht. Unter diesem rechtlichen Gesichtspunkte stellt es fest, daß die Klägerin dem Beklagten in zwei Fällen eine arglistige Täuschung nachgewiesen habe.

1. Eine dieser Täuschungen erblickt es in den Angaben des Sohnes des Beklagten Rudolf K. über die Strohpresse. Die im Vordruck für die Brandschädenabschätzung gestellte Frage nach dem „Neuwert" dieser Presse sei von den Schätzern im Vordruck mit 2250 RM, die Frage nach dem „Jahr der Erbauung" mit „1930 gebraucht gekauft" und die nach dem Werte vor dem Brande mit 2080 RM beantwortet worden. Das Berufungsgericht läßt offen, ob der Beklagte selbst einen bestimmten Betrag der Summe, für welche die Strohpresse im Jahre 1930 gebraucht gekauft worden sei, genannt habe; es ist aber der Überzeugung, daß der Sohn des Beklagten über den wirklichen Anschaffungspreis der Strohpresse — 875 RM im Jahre 1930 — unterrichtet gewesen sei; von ihm hätten die in das Schadensverzeichnis aufgenommenen Angaben über „Neuwert" und Erbauungszeit der Maschinen, insbesondere auch der Strohpresse, gestammt. Die erwähnte Frage des Vordruckes nach dem „Neuanschaffungswert" habe, da die Angabe eines solchen hier nicht in Betracht gekommen sei, durch Angabe des vom Beklagten bezahlten Anschaffungspreises beantwortet werden müssen. Wenn stattdessen der „Neuwert" mit 2250 RM angegeben, statt des Erbauungsjahres aber der Vermerk „1930 gebraucht gekauft" aufgenommen worden sei, so sei damit eindeutig der „Anschaffungswert" der gebrauchten Strohpresse im Jahre 1930 festgelegt worden. Das Berufungsgericht mißt den Angaben, die der eine der beiden Schätzer, der von der Klägerin benannte, inzwischen verstorbene Zivilingenieur T. in einem Schreiben an die Klägerin vom 8. Januar 1934 gemacht hat, volle Beweiskraft bei. Diese besagen, daß ihm, T., als Kaufpreis für die Strohpresse der Betrag von 2250 RM genannt worden sei; davon sei er ausgegangen; er habe für zwei Jahre Veralterung und Abnutzung 170 RM gerechnet, so daß sich hieraus der in dem Fragebogen aufgeführte Wert von 2080 RM zur Zeit des Brandes ergeben habe.

Den Anschaffungspreis (diesen hat der Vorderrichter offensichtlich im Auge, wenn er von „Anschaffungswert" spricht) von 2250 RM hat nach der Überzeugung des Berufungsgerichts der Sohn des Beklagten genannt, und zwar im Bewußtsein von dessen Unrichtigkeit. Dafür müsse der Beklagte einstehen; denn er habe es zugelassen, daß sich sein Sohn an diesem Teile der Schadensermittlung beteiligt und die hierbei notwendigen Angaben gemacht habe; dieser habe danach mindestens im stillschweigenden Auftrage des Beklagten gehandelt; auch wenn er die Auskunft über den Kaufpreis aus eigenem Wissen gemacht und als Vertreter ohne Vertretungsmacht gehandelt habe, müsse der Beklagte dafür einstehen. Im übrigen habe der Beklagte auch selbst in der vom Zeugen W. am 6. Januar 1933 aufgenommenen Schadensverhandlung die Ermittlungsverhandlungen als ordnungsmäßig beendet und richtig durch seine Unterschrift anerkannt.

Der Berufungsrichter entnimmt also dem erwähnten Schreiben des verstorbenen Schätzers T. vom 8. Januar 1934 im Zusammenhang mit weiteren Erwägungen, der Sohn des Beklagten habe bei der Schadensverhandlung als den beim Erwerb der gebrauchten Presse im Jahre 1930 bezahlten Kaufpreis den Betrag von 2250 RM genannt. Diesen hätten die Schätzer als „Neuwert" eingetragen, welcher Begriff hier nur den Gegensatz des vom Vorderrichter mit dem Anschaffungspreis gleichgesetzten Anschaffungswertes im Jahre 1930 zu dem Werte beim Brande (2080 RM) bedeutet habe.

Gegen diese Ausführungen des Berufungsrichters ist aus Rechtsgründen nichts einzuwenden. Sie beruhen auf der dem Tatrichter vorbehaltenen Würdigung des Verhandlungs- und Beweisergebnisses und der danach getroffenen Feststellung, daß der Sohn des Beklagten den Schätzern eine bewußt falsche Angabe darüber gemacht habe, zu welchem Preise die Strohpresse im Jahre 1930 als gebraucht vom Beklagten gekauft worden sei.

Auch die Ausführungen des Berufungsgerichts über die Stellung des Sohnes als Wissensvertreters sind rechtlich nicht zu beanstanden. Wenn, wie der Vorderrichter feststellt, der Beklagte es zugelassen hatte, daß sich der Sohn an den Schadensverhandlungen beteiligte und die notwendigen Angaben machte, so daß er mindestens insoweit im stillschweigenden Auftrage des Beklagten auftrat, dann handelte jener als Wissensvertreter des Beklagten, und dieser muß dafür einstehen, wenn sein Wissensvertreter bewußt falsche Angaben machte. Es kommt deshalb nicht darauf an, ob der Beklagte von den falschen Angaben seines Wissensvertreters auch selbst Kenntnis erhalten und sie gebilligt hat, insbesondere, ob dies aus seiner Unterzeichnung des „Anerkenntnisses" vom 6. Januar 1933 am Schlusse der Verhandlungsniederschrift vom gleichen Tage entnommen werden konnte. Die von der Revision zu dieser Hilfserwägung des Berufungsgerichts erhobenen Bedenken brauchen deshalb nicht erörtert zu werden.

2. Der Berufungsrichter nimmt eine weitere arglistige Täuschung der Klägerin durch den Beklagten selbst bei der Schadensermittlung an. (Wird ausgeführt.) Hiernach muß es bei der Feststellung sein Bewenden haben, daß der Beklagte in zwei Fällen die Schadensermittlung durch *arglistige Täuschung zu beeinflussen gesucht* hat.

Auch die Ausführungen des Berufungsrichters zu der Frage, ob sich die Klägerin nach den gesamten Umständen ohne Verstoß gegen Treu und Glauben auf ihr vertragsmäßiges Recht der vollen Befreiung von der Leistungspflicht berufen kann, unterliegen keinen rechtlichen Bedenken; sie entsprechen den vom erkennenden Senat wiederholt dargelegten rechtlichen Gesichtspunkten (RGZ. Bd. 150 S. 147 [151], Bd. 157 S. 67 [75]; RGUrt. vom 9. Juni 1936 VII 292/35 in Jur. Rdsch. f. d. Privatvers. 1936 S. 216 Nr. 1 und die in RGZ. Bd. 157 S. 75 flg. weiter angeführte Rechtsprechung des erkennenden Senats).

RGZ. 161, 23.

1. Zum Begriff der Gefahrerhöhung bei der Feuerversicherung.

2. Wird der Versicherer bei der Versicherung für fremde Rechnung auch dem Versicherten gegenüber von seiner Leistungspflicht frei, wenn der Versicherungsnehmer die sich bei einer Gefahrerhöhung ergebenden Obliegenheiten verletzt?

Gesetz über den Versicherungsvertrag vom 30. Mai 1908 — VVG. — §§ 23 flg., 61.

VII. Zivilsenat. Urt. v. 27. Juni 1939.

I. Landgericht Münster. — II. Oberlandesgericht Hamm.

Die Firma G. P. & Söhne in R. (alleiniger Inhaber: K. P.) betrieb in einem ihr von der Klägerin vermieteten Gebäude eine Baumwollweberei. Sie war nach einem gemeinschaftlichen Versicherungsschein bei den verklagten Versicherungsgesellschaften bis zur Summe von 158 680 RM gegen Feuer versichert. Die gemauerten Gebäudeteile des Webereigebäudes waren, wie im Versicherungsschein vermerkt ist, Eigentum der Klägerin, sämtliche übrigen Gegenstände aber, mit Ausnahme der bis zu 2000 RM mitversicherten Sachen (Fahrräder usw.) der

Angestellten und Arbeiter, Eigentum der Versicherungsnehmerin. Die Fabrik brannte in der Nacht vom 27. zum 28. Februar 1935 nieder. Die Eheleute P. wurden wegen Brandstiftung angeklagt, aber rechtskräftig freigesprochen.

Die Klägerin betrachtet sich für das Gebäude als Versicherte und verlangt mit Zustimmung des K. P., der seine von zahlreichen Gläubigern gepfändeten Ansprüche gegen die Beklagten insoweit auch an sie abgetreten hat, zur Deckung des Gebäudebrandschadens 21 500 RM und für die Beschädigung von Einbauten der Firma P., die Bestandteile des Gebäudes geworden seien, weitere 1300 RM. Sie hat ferner wegen fälliger Mietzinsforderungen den Brandentschädigungsanspruch der Firma P. pfänden und sich zur Einziehung überweisen lassen. Mit Einschluß dieser Verträge begehrt die Klägerin mit der vorliegenden Klage die Zahlung von 24 937,52 RM nebst Zinsen. Die Beklagten bestreiten die Klageberechtigung der Klägerin aus eigenem Recht, fechten den Versicherungsvertrag wegen arglistiger Täuschung an und halten sich zur Verweigerung der Brandentschädigung auch deshalb für berechtigt, weil der Inhaber der Versicherungsnehmerin den Brand vorsätzlich herbeigeführt, jedenfalls aber die vereinbarten Sicherheitsvorschriften nicht beachtet und nach Abschluß des Versicherungsvertrags ohne ihre Einwilligung die Gefahr erhöht habe.

Das Landgericht hat durch Teil- und Zwischenurteil den Anspruch von 21 500 RM dem Grunde nach für gerechtfertigt erklärt. Auf die Berufung beider Beklagten hat das Oberlandesgericht das landgerichtliche Urteil abgeändert und die Klage, soweit darüber in diesem Urteil erkannt war, abgewiesen. Die Revision der Klägerin blieb erfolglos.

Gründe:

Das Berufungsgericht nimmt an, daß die Versicherung der Gebäude für Rechnung der Klägerin als Eigentümerin genommen und daß diese daher mit der vorliegenden Zustimmung der Versicherungsnehmerin, der Firma G. P. & Söhne, berechtigt sei, die Brandentschädigung insoweit aus eigenem Recht zu verlangen. Die Anfechtung des Versicherungsvertrags wegen arglistiger Täuschung hält der Berufungsrichter ebenso für unbegründet wie die darauf gestützte Einrede der Beklagten (§ 853 BGB.). Einen Rechtsirrtum läßt diese Stellungnahme nicht erkennen.

Der Berufungsrichter ist weiter der Ansicht, die Beklagten seien von der Entschädigungspflicht frei geworden, weil der Inhaber der Versicherungsnehmerin, K. P., einmal den Brand vorsätzlich herbeigeführt

(§ 17 der Allgemeinen Versicherungs-Bedingungen [AVB.], § 61 VVG.), zum anderen aber nachträglich ohne Einwilligung der Beklagten schuldhaft die Gefahr erheblich erhöht habe (§ 6 AVB. in Verbindung mit §§ 23 flg. VVG.). Beide Befreiungsgründe wirkten auch gegenüber der Klägerin als der Versicherten.

Die Revision greift diese Beurteilung nach jeder Richtung hin an. Es kann indessen auf sich beruhen, ob die Feststellung der vorsätzlichen Brandstiftung durch den Inhaber der Versicherungsnehmerin den von der Revision vorgebrachten verfahrensrechtlichen Bedenken unterliegt, da jedenfalls die Hilfsbegründung das abweisende Urteil zu tragen vermag.

Der Berufungsrichter findet eine die Beklagten befreiende nachträgliche erhebliche Gefahrerhöhung darin, daß K. P. einige Zeit vor dem Brande 30—40 „Buschen" (Kiefernreisigbündel) und eine Anzahl Bretter im Fabrikraum untergebracht habe. Wenn die Revision demgegenüber meint, der Berufungsrichter habe hierbei den Begriff der Erheblichkeit der nachträglichen Gefahrerhöhung (§ 29 VVG.) verkannt, so kann ihr darin nicht gefolgt werden. Eine Gefahrerhöhung im Sinne der §§ 23, 29 VVG., auf die § 6 der hier geltenden Allgemeinen Versicherungs-Bedingungen Bezug nimmt, ist jede tatsächliche, nach dem Beginn der Versicherung eintretende erhebliche Änderung der vorhandenen Gefahrenlage, wenn sie den Eintritt des Versicherungsfalls wahrscheinlicher macht. Was im einzelnen als Gefahrerhöhung in diesem Sinne gilt, ist Tatfrage. Bei deren Prüfung ist zu beachten, ob die Veränderung allgemein oder nach den den Betrieb des betreffenden Versicherungszweigs beherrschenden Anschauungen dem Versicherer vernünftigerweise hätte Anlaß bieten können, die Versicherung aufzuheben oder nur gegen erhöhte Beitragsleistung fortzusetzen (RGZ. Bd. 73 S. 359, Bd. 150 S. 48 [50]; RGUrteil VII 152/33 vom 10. November 1933, abgedr. in Jur.Rdsch. f. d. Privatvers. 1933 S. 384 Nr. 3). Mit diesen Grundsätzen setzt sich die angefochtene Entscheidung nicht in Widerspruch. Entgegen der Meinung der Revision hat der Vorderrichter insbesondere geprüft, ob die Einbringung der Reisigbündel und Bretter in den Fabrikraum auf den Abschluß und die Bedingungen des Versicherungsvertrags von Einfluß gewesen wäre. In Anbetracht der Reisigbündel bejaht er diese Frage mit der Begründung, daß sie erheblich leichter entzündbar gewesen seien als das — wie er unterstellt — beim Abschluß der Versicherung an der gleichen Stelle lagernde Klafterholz, daß sich damit also eine Änderung der Gefahrenlage ergeben habe, mit der die Versicherer bei Abschluß des Versicherungsvertrags nicht hätten rechnen können und die sie, auch bei nicht kleinlicher Beurteilung, entsprechend der Erhöhung der übernommenen Gefahr, zu einer Erhöhung der Beiträge berechtigt haben würde. Auch für die Einbringung der Bretter in den Fabrikraum macht der Berufungsrichter die Feststellung der Erheblichkeit der Gefahrerhöhung davon abhängig, ob sich die Beklagten nach Lage der Dinge diese Veränderung hätten gefallen lassen müssen. Bei der Art des Betriebes der Versicherungsnehmerin scheidet er die stapelweise vorgenommene Lagerung der Bretter ebenso als belanglos aus wie die Verwendung von Brettern zur Verstärkung *einer schon beim Versicherungsabschluß vorhandenen* Papiertrennwand. Eine erhebliche Änderung der Gefahrlage, mit der die Beklagten nicht hätten rechnen können und die sie nicht hätten hinzunehmen brauchen, erblickt der Berufungsrichter aber im Anschluß an das Gutachten des von ihm vernommenen Sachverständigen in der senkrechten Aufstellung der Bretter im Fabrikraum, und zwar wegen der damit verbundenen Gefahr der beschleunigten Übertragung des Feuers auf das Dach. Der Berufungsrichter hat danach den Rechtsbegriff der erheblichen Gefahrerhöhung im Sinne der §§ 23 flg. VVG. und des § 6 AVB. ersichtlich nicht verkannt. Das Ergebnis seiner Prüfung beruht im übrigen auf tatsächlichen Erwägungen, die der Revision unzugänglich sind. Das gilt namentlich für die von der Revision beanstandete Annahme, daß Reisigbündel leichter brennen als Klafterholz, eine Annahme, die im übrigen keineswegs der Lebenserfahrung widerspricht und für deren Richtigkeit sich der Berufungsrichter überdies auf das Sachverständigengutachten beruft. In das Gebiet der tatsächlichen Würdigung fällt ferner die vom Vorderrichter unter Anlehnung an das Gutachten bejahte Frage, ob im Hinblick auf das Vorhandensein der Papiertrennwand und den sonstigen Zustand des Fabrikbetriebs das Aufstellen der Bretter die Brandgefahr im Fabrikraum erheblich erhöht habe. Auch die Annnahme des Berufungsrichters, daß der Inhaber der Versicherungsnehmerin die Erheblichkeit der Gefahrerhöhung erkannt und daher schuldhaft die Vorschrift des § 23 VVG. verletzt habe (§ 25 VVG.), läßt keinen Rechtsirrtum, insbesondere keine Überspannung des Schuldbegriffs, erkennen. Der Berufungsrichter hat schließlich auch die Vorschrift des § 25 Abs. 3 VVG., wonach die Leistungspflicht des Versicherers bestehen bleibt, wenn die Gefahrerhöhung keinen Einfluß auf den Eintritt des Versicherungsfalls und den Umfang der Leistung des Versicherers gehabt hat, nicht außer acht gelassen. Die Gründe, aus denen er einen ursächlichen Zusammenhang zwischen der Gefahrerhöhung, der Enstehung des Schadens und dessen Höhe als gegeben annimmt, lassen, soweit sie nicht wiederum auf dem der Revision verschlossenen Gebiete der Tatsachenwürdigung liegen, ebenfalls keinen Rechtsfehler ersehen.

Nicht zu beanstanden ist weiterhin die Auffassung des Berufungsrichters, daß die Beklagten durch die schuldhafte Verletzung der Obliegenheiten der Versicherungsnehmerin auch gegenüber der Klägerin als der Versicherten von der Verpflichtung zur Leistung frei geworden seien. Bei der Versicherung für fremde Rechnung hat der Versicherungsnehmer gegenüber dem Versicherer rechtlich keine andere Stellung als bei der Versicherung für eigene Rechnung. Er hat alle Pflichten und Obliegenheiten ohne Unterschied, ob sie gesetzlich oder vertraglich begründet sind, als Vertragsgegner des Versicherers im eigenen Namen zu erfüllen. Seine Vertragsverletzung und seine Verstöße gegen die Obliegenheiten lösen die gleichen Folgen aus, wie sie bei entsprechenden Handlungen und Unterlassungen des Versicherungsnehmers in der Eigenversicherung eintreten würden. Soweit dadurch die Rechte aus der Versicherung nachteilig beeinflußt werden, trifft diese Folge unmittelbar auch den Versicherten; denn dieser kann Rechte aus der Versicherung immer nur so erwerben, wie der Versicherungsnehmer sie gestaltet hat. Diese rechtliche Stellung des Versicherungsnehmers in der Fremdversicherung ist unumstritten. Die sich daraus für das Verhältnis zwischen dem Versicherer und dem Versicherten ergebenden Folgerungen entsprechen auch dem Grundsatz des § 334 BGB. Hat danach der Versicherungsnehmer wie vorliegend, gegen seine Obliegenheiten unter Umständen verstoßen, welche die Leistungsfreiheit des Versicherers begründen, so ist dieser auch gegenüber dem Versicherten von seiner Leistungspflicht frei geworden.

Die Revision bekämpft die in der Hauptbegründung des Urteils vom Berufungsgericht vertretene Auffassung, daß bei vorsätzlicher Brandstiftung durch den Inhaber P. die Beklagten auch der Klägerin als der Versicherten gegenüber von der Entschädigungspflicht frei geworden seien (§ 17 AVB., § 61 VVG.). Sie meint, wenn diese Auffassung aus den von ihr angegebenen Gründen nicht zutreffe, eine vorsätzliche Herbeiführung des Schadens also nicht einmal die Leistungsfreiheit der Beklagten gegenüber der Klägerin zu begründen vermöge, könne diese Folge sich erst recht nicht aus einer bloß fahrlässigen Erhöhung der Gefahr ergeben. Diese Folgerung könnte eine gewisse Berechtigung in dem Sinne haben, daß, wenn die Unschädlichkeit vorsätzlicher Schadensherbeiführung durch den Versicherungsnehmer für die Versicherte sich aus dem Vertrage ergäbe, die gleiche Folge für den minderen Verstoß des Versicherungsnehmers gegen die bei einer Gefahrerhöhung bestehenden Obliegenheiten als dem Vertragswillen entsprechend angenommen werden müßte. Der Auffassung des Berufungsrichters, daß die Klägerin die sich aus einer vorsätzlichen Brandstiftung des K. P. als des Versicherungsnehmers ergebende Leistungsfreiheit der Versicherer gegen sich gelten lassen müsse, ist indessen beizutreten. Ihre Richtigkeit ergibt sich grundsätzlich schon aus der oben umrissenen rechtlichen Stellung des Versicherungsnehmers in der Fremdversicherung. Die Entscheidung des erkennenden Senats vom 28. Juni 1927 (RGZ. Bd. 117 S. 327 [331]), *worauf die Revision verweist, befaßt sich* lediglich mit grobfahrlässiger Herbeiführung des Schadens durch den Versicherten, nimmt also zu der hier vorliegenden Frage keine Stellung. Die Richtigkeit der dort vertretenen, für die Feuerversicherung durch § 13 Abs. 3 AVB. überholten Auffassung, daß das grobe Verschulden des Versicherten dem Versicherungsnehmer nicht entgegengehalten werden könne, bedarf daher nicht der Nachprüfung. Wenn im § 17 AVB. bestimmt ist, daß im Falle der vorsätzlichen oder grobfahrlässigen Herbeiführung des Schadens die Gesellschaft gegenüber dem Versicherungsnehmer von jeder Entschädigungspflicht frei werde, so liegt darin, wie der Vorderrichter richtig annimmt, keine Abweichung von der Vorschrift des § 51 VVG. zu Gunsten des Versicherten in der Fremdversicherung, sondern nur die Rücksichtnahme auf die zu Gunsten der Hypothekengläubiger bestehenden besonderen Bestimmungen der §§ 101 flg. VVG. Jene andere Deutung muß daran scheitern, daß eine Versicherungsgesellschaft die Gefahr einer vorsätzlichen oder grobfahrlässigen Herbeiführung des Schadens durch den Versicherungsnehmer bei der Fremdversicherung versicherungswirtschaftlich ebensowenig zu regelrechten Bedingungen übernehmen kann und wird wie bei der Eigenversicherung. Der Vorderrichter hält es schließlich auch unter Berücksichtigung der besonderen Umstände des Falles nicht für unbillig, daß sich die Beklagte auf die vorsätzliche Herbeiführung des Brandes durch den Versicherungsnehmer gegenüber der versicherten Klägerin beruft. Auch darin kann ihm die Revision nicht mit Erfolg entgegentreten. Eine Besonderheit liegt hier nur darin, daß der Gebäudeeigentümer dem Mieter die Versicherung des gemieteten Gebäudes überlassen hat; sie nötigt entgegen der Auffassung der Revision nach Treu und Glauben keineswegs zu der Folgerung, daß die über diesen Sachverhalt unterrichteten Versicherer den Versicherungsschutz ohne Rücksicht auf das Verhalten des Versicherungsnehmers hätten gewähren wollen und zu gewähren hätten. Begnügte sich die Klägerin mit einer Versicherung ihrer Belange durch den Mieter, so mußte sie sich dessen bewußt sein, daß der Versicherungsschutz mit den einer Versicherung für fremde Rechnung anhaftenden Beschränkungen, insbesondere den sich aus dem Verhalten des Versicherungsnehmers ergebenden Gestaltungsmöglichkeiten behaftet war. Wären danach die Beklagten im Falle vorsätzlicher Brandstiftung durch K. P. von ihrer Leistungspflicht gegenüber der Klägerin befreit worden, so fehlt jeder Grund für die Annahme, daß die Beklagten vertraglich gehindert wären, die sich aus der schuldhaften Obliegenheitsverletzung der Versicherungsnehmerin ergebende Leistungsfreiheit auch gegenüber der Klägerin geltend zu machen.

RGZ. 171, 120.

Gehört die Entschädigungssumme aus einer Brandschadenversicherung, die der Ersteher einer versteigerten Liegenschaft abgeschlossen hat, in die Verteilungsmasse, wenn es infolge Nichterfüllung der Versteigerungsbedingungen zur Wiederversteigerung kommt? Ist sie auf den Meistbotsausfall anzurechnen?

Öst. Gesetz über den Versicherungsvertrag vom 23. Dezember 1917 (RGBl. Nr. 501 — Öst. VVG. — § 79, EO. § 155 Abs. 3, §§ 156, 215 Nr. 3.

VII. Zivilsenat. Urt. v. 5. Juni 1943.

I. Landgericht Wien. — II. Oberlandesgericht daselbst.

In einer Zwangsversteigerungssache wurden der Klägerin am 4. Oktober 1935 die versteigerten Liegenschaften EZ. 622 und 691 in K. um das Meistbot von 14 000 S (= 9333,33 RM) zugeschlagen. Am 27. August 1936 schloß die Klägerin mit der Beklagten einen Feuerversicherungsvertrag über die Gebäude dieser Liegenschaften (Mühle mit Einrichtung). Am 7. Dezember 1937 brannten die Gebäude samt Einrichtung ab, und der Brandschaden wurde mit 12 252,67 RM festgestellt (also um fast 3000 RM höher als das Meistbot für die ganze Liegenschaft). Wegen Nichterfüllung der Versteigerungsbedingungen durch die Klägerin wurde am 15. Dezember 1938 die Wiederversteigerung bewilligt; am 5. März 1940 wurden die Liegenschaften dem M. um 4440 RM zugeschlagen. Das Exekutionsgericht setzte den Ausfall des Meistbots bei der Wiederversteigerung mit 5435,78 RM fest. Die Beklagte zahlte einen Entschädigungsteilbetrag von 2599,42 RM an die Klägerin, lehnte aber die Zahlung des Restbetrages von 9653,25 RM wegen Durchführung der Wiederversteigerung ab.

Die Klägerin begehrt Zahlung dieses Restbetrages. Die Vordergerichte wiesen das Klagebegehren ab, weil die Klägerin wegen der Wiederversteigerung durch den Brandschaden nicht mehr geschädigt sei. Auf die Revision der Klägerin wurde die Beklagte zur Hinterlegung des eingeklagten Betrages beim Exekutionsgericht für die Verteilungsmasse verurteilt.

Gründe:

Der Brandschadenversicherungsvertrag, den die Klägerin mit der Beklagten abgeschlossen hat, war gültig, und der Vollschaden trat während der Wirkungen des Zuschlags an die Klägerin ein. Durch den Vollschaden erlosch zwar der Versicherungsvertrag; es entstand aber damit auch der Anspruch auf Zahlung der Entschädigungssumme. Nach § 79 Öst. VVG. erstreckt sich vom Abschluß des Versicherungsvertrages an das Pfandrecht an den versicherten Gebäuden auch auf die Entschädigungsforderung gegen den Versicherer. Diese Bestimmung unterscheidet nicht zwischen bedingtem und unbedingtem Eigentum des Versicherungsnehmers. Mit dem Zuschlag in der Zwangsversteigerung wird aber nicht nur der Ersteher bedingter Eigentümer der zugeschlagenen Liegenschaft, sondern damit erlöschen vorläufig auch die Pfandrechte. Die Pfandgläubiger haben deshalb nur noch Ansprüche auf das Meistbot. Beim Abschluß des Versicherungsvertrages waren also die Pfandrechte im gegebenen Falle bedingt erloschen. Durch die Bewilligung der Wiederversteigerung ist der Grund des Erlöschens der Pfandrechte weggefallen; die Pfandrechte bestehen bis zur Wiederversteigerung weiter und bleiben sogar bei Einstellung der Zwangsversteigerung bestehen. Auch die Klägerin will ihre Ansprüche aus dem Fortbestand ihrer Pfandrechte herleiten.

Die Wirkung verfahrensrechtlicher Bedingungen (im Gegensatz zu sachlichrechtlichen Bedingungen) ist umstritten. Sie braucht hier nicht erörtert zu werden; denn der Ersteher einer versteigerten Liegenschaft ist mindestens in einer Reihe von Rechtsbeziehungen einem wirklichen Eigentümer gleichzustellen. Er trägt nach § 156 EO. die Gefahr. Die Pfandgläubiger sind während dieser Zeit bis zur Erfüllung des Meistbotes und der etwaigen Bewilligung einer Wiederversteigerung in ihren Rechten zwar beschränkt, aber verschwunden sind ihre Pfandrechte noch nicht. Diese ergreifen deshalb nach § 79 Öst. VVG. auch die Entschädigungssumme, bis das Meistbot voll erlegt wird. Durch die Versicherung tritt zur persönlichen Haftung des Erstehers für die Gefahr das Pfandrecht an der Entschädigungsforderung, und der Ersteher verringert dadurch für sich die übernommene Gefahr. Daraus folgt, daß für die Pfandgläubiger, falls der Ersteher der Liegenschaft eine Versicherung abschließt, die gleiche Rechtslage eintritt, wie wenn schon der Verpflichtete selbst eine gleiche Versicherung abgeschlossen hätte. Besteht aber ein Pfandrecht an der Entschädigungssumme, so gehört diese in die Verteilungsmasse, gleichgültig ob der Verpflichtete oder der Ersteher den Versicherungsvertrag abgeschlossen hat (§ 215 Nr. 3 EO.). Nur können die Pfandgläubiger vom ersten Ersteher, der den Versicherungsvertrag abgeschlossen hat, keinen Ersatz für den Ausfall am Meistbot bei der Wiederversteigerung verlangen, soweit dieser durch die Entschädigungssumme gedeckt ist.

Daran ändert nichts, daß, wie im vorliegenden Falle, die Entschädigungssumme sogar weit höher ist als der Ausfall am Meistbot. Denn auch dann, wenn bei der Wiederversteigerung ein höheres Meistbot erzielt wird als bei der ersten Versteigerung, hat der erste Ersteher keinen Anspruch auf den Mehrbetrag (§ 155 Abs. 3 EO.). Auch dieser dient zur Befriedigung der Gläubiger. Das ist auch deshalb recht und billig, weil der erste Ersteher die Gefahr trägt und deshalb verpflichtet ist, dem Verpflichteten zur Wiederversteigerung die unbeschädigten Gebäude somit im Fall einer Beschädigung die wiederhergestellten Gebäude zur Verfügung zu stellen und den Meistbotsausfall zu decken, und weil er, wenn er mit der Entschädigungssumme die Gebäude wiederhergestellt hätte, bei ihrer Wiederversteigerung aus einem etwa höheren Meistbot ebenfalls nichts bekommen hätte. Auf diesem Wege wird für alle am Verfahren Beteiligten eine ähnliche Lage hergestellt, wie sie eingetreten wäre, wenn der Brand nicht stattgefunden hätte.

Was mit einem etwaigen Überschuß der Verteilungsmasse nach Befriedigung der Pfandgläubiger zu geschehen hat, ist nicht Gegenstand dieses Verfahrens. Für den Ersteher hat die Versicherung jedenfalls nach Bewilligung der Wiederversteigerung die Wirkung, daß die Entschädigungssumme auf den Ausfall am Meistbot angerechnet wird. Das Exekutionsgericht wird darauf Bedacht zu nehmen haben.

Die Ausführungen ergeben, daß die Klägerin zwar nicht den Anspruch auf Ausfolgung des Entschädigungsbetrages an sich selbst hat, wohl aber einen Anspruch auf Ausfolgung an die Versteigerungsmasse, also an das Exekutionsgericht. Die Klägerin ist etwa einem Gläubiger gleichzuachten, dessen Forderung gepfändet ist. Der Grund des Anspruchs ist in beiden Fällen derselbe, und der Anspruch auf Hinterlegung beim Exekutionsgericht statt Zahlung ist nichts wesentlich anderes und im Zahlungsbegehren enthalten. Dem Klagebegehren ist deshalb insofern Folge zu geben, als zwar nicht Zahlung an die Klägerin, wohl aber Hinterlegung beim Exekutionsgericht anzuordnen ist.

Hagelversicherung

RGZ. *161, 86.*

Geht der vom Pächter eines Landgutes geschlossene Hagelversicherungsvertrag bei Ablauf der Pacht auf den Eigentümer (oder Nießbraucher) des Gutes über?

VVG. §§ 69, 115.

VII. Zivilsenat. Urt. v. 4. Juli 1939.

I. Landgericht Hannover. — II. Oberlandesgericht Celle.

Der Klägerin steht seit November 1935 das Nießbrauchsrecht an dem seit Juni desselben Jahres ihrem Sohn gehörigen Rittergute S. zu, das seit 1927 an den Major a. D. R. verpachtet war. Dieser hatte seine Bodenerzeugnisse bei der Beklagten gegen Hagelschäden versichert. Der Versicherungsvertrag lief an sich bis 1944. Als Ende 1937 die Pacht ablief und die Klägerin das Gut selbst in Bewirtschaftung nahm, wurde nicht vereinbart, daß sie ihrerseits in den Versicherungsvertrag eintrete. Die Frage des Rechtsstreits ist, ob die Klägerin kraft Gesetzes an diesen Vertrag gebunden ist. Sie hat auf Feststellung geklagt, daß zwischen ihr und der Beklagten kein Hagelversicherungsvertrag bestehe.

Während das Landgericht dem Antrage der Beklagten gemäß die Klage abgewiesen hat, erkannte das Berufungsgericht im Sinne der Klägerin. Die Revision der Beklagten blieb ohne Erfolg.

Gründe:

Die allein zu entscheidende Frage, ob bei Beendigung der R.schen Pacht die vom Pächter genommene Hagelversicherung auf die Nießbraucherin des Gutes, die Klägerin, gesetzlich übergegangen ist, wird vom Vorderrichter verneint. Seinen Erwägungen ist trotz der Bedenken der Revision beizutreten. Das angefochtene Urteil weist mit Recht darauf hin, daß die Vorschrift des § 69 VVG., die für den Fall der Veräußerung der versicherten Sache den Übergang des vom Veräußerer geschlossenen Versicherungsvertrages auf den Erwerber bestimmt, eine gegenüber den allgemeinen Grundsätzen des Vertragsrechtes keineswegs selbstverständliche Besonderheit insofern darstellt, als dieser Übergang ohne die an und für sich erforderliche Vereinbarung kraft Gesetzes eintritt. Der Wortlaut der Bestimmung ergibt klar, daß sie eine Veräußerung, also eine rechtsgeschäftliche Eigentumsübertragung, voraussetzt (RGZ. Bd. 84 S. 410), und nur für den Fall der Zwangsversteigerung sieht § 73 VVG. den Vertragsübergang ohne solche vor. Die Regelung ist also ähnlich wie beim Mietvertrag im Falle des Eigentumswechsels der Mietsache (vgl. §§ 571 flg. BGB., § 57 ZVG.). Aus der Gesetzesfassung kann nicht entnommen werden, daß auch ein vom Pächter oder Mieter einer Sache über sie geschlossener Versicherungsvertrag bei Beendigung des Miet- oder Pachtverhältnisses den Eigentümer binde, der die Sache zurückerlangt. Rechtsgeschäfte des Mieters oder Pächters in Ansehung der Miet- oder Pachtsache wirken vielmehr grundsätzlich nicht über die Dauer seiner Berechtigung hinaus (vgl. § 556 Abs. 3 BGB.). Ein Eigentumswechsel liegt in diesen Fällen nicht vor, und der für § 69 VVG. (§ 571 BGB.) maßgebende Gesichtspunkt, daß der Erwerber einer Sache sie folgerichtigerweise mit den rechtlichen Beziehungen zu erwerben hat, in denen sie steht, kommt beim Wegfall eines bloßen, vom Eigentümer für seine Sache begründeten schuldrechtlichen oder auch dinglichen Fremdrechtes nicht in Betracht.

Bekannte sich der Gesetzgeber einmal zum Grundsatz des § 69 VVG., so war für das Gebiet der Hagelversicherung die Vorschrift des § 115 VVG. nur die aus der Besonderheit einer Schadensversicherung von Bodenerzeugnissen sich ergebende notwendige Rechtsfolge. Wenn nach § 69 bei einer Veräußerung des Gutes als solchen auch die für die Bodenerzeugnisse bestehende Hagelversicherung auf den Erwerber übergeht, so war es ohne weiteres verständlich, wenn die gleiche Regelung für den Fall getroffen wurde, daß der Eigentümer aus seinem Rechtsbereich gerade das Fruchtziehungsrecht, sei es in Gestalt des Nießbrauchs, der Pacht oder eines ähnlichen Verhältnisses, aussondert und auf einen anderen überträgt. Versichert ist bei der Hagelversicherung das Interesse, das der Versicherte an der Unversehrtheit der Bodenerzeugnisse (§ 108 VVG.), also eines zunächst nicht den Gegenstand besonderer Rechte bildenden Sachbestandteils des Grundstücks, hat (§§ 93, 94 BGB.), das aber der Übertragung seitens des Eigentümers an Dritte unterliegt, wenn gerade die Fruchtziehung vom Eigentümer einem Dritten gestattet wird, sei es in dinglicher, sei es in schuldrechtlicher Form (§ 956 BGB.). Auch in diesem Fall ergibt aber das Gesetz nichts weiteres als — abgesehen von der Zwangsversteigerung — einen Übergang des Versicherungsverhältnisses auf einen rechtsgeschäftlichen, sein Recht von dem Versicherten ableitenden Erwerber des Fruchtziehungsrechtes. Das wird in § 115 VVG. mit der Bezugnahme auf den Fall der Veräußerung (§ 69) und der Anführung des ein Rechtsgeschäft voraussetzenden Nießbrauchs- und Pachtrechtes klar ausgesprochen. Diese vom Gesetz allein getroffene Rechtslage ist aber nicht gegeben, wenn der Pächter die Hagelversicherung nimmt und bei Beendigung der Pacht das Fruchtziehungsrecht an den Eigentümer zurückfällt; ebensowenig, wenn der Eigentümer inzwischen — wie im Streitfalle — einen Nießbrauch bestellt hat, das Fruchtziehungsrecht also nach Ablauf des Pachtverhältnisses dem Nießbraucher zusteht; denn mit diesem Ablauf tritt der Eigentümer nicht in die Rechtsstellung des Pächters ein; er erlangt vielmehr nur sein unbeschränktes Eigentum zurück, und der Nießbraucher wiederum leitet sein Recht allein vom Eigentümer, nicht aber vom Pächter ab, dessen Rechtsnachfolger er nicht wird. Dieses rechtliche Ergebnis erscheint auch keineswegs unvernünftig, wie das die Revision meint, weil, wie schon gesagt, das Bürgerliche Gesetzbuch — und zwar mit vollem Recht aus der folgerichtigen Auffassung des Pachtvertrages als einer zeitlich beschränkten schuldrechtlichen Beziehung heraus — Rechtsgeschäften des Pächters in Ansehung der Pachtsache die Verbindlichkeit gegenüber dem Eigentümer versagt. Es liegt daher auch nicht im Sinne der eine Ausnahmeregelung darstellenden Bestimmungen der §§ 69, 115 VVG., aus ihnen einen allgemeinen Grundsatz etwa des Inhalts herleiten zu wollen, daß bei jedem, wie auch immer gearteten Wechsel in der Person der Fruchtziehungsberechtigten der von dem einen geschlossene Hagelversicherungsvertrag auf den anderen übergehe. Das ergibt weder der Wortlaut des Gesetzes noch eine auf das wirtschaftliche Bedürfnis und die Interessenlage abstellende Auslegung. Denn es liegt zwar ein guter Sinn darin, daß ein sein Recht aus einem Rechtsgeschäft des Eigentümers ableitender Erwerber in die beim Erwerb bestehende Rechtslage eintritt; nicht aber nötigt irgendein vernünftiger Grund dazu, es auch nur für zweckmäßig zu halten, daß der Eigentümer oder dessen bestellter Nießbraucher an Versicherungsverträge eines Pächters gebunden sein sollte. An einer solchen Regelung hat auch der Versicherer — schon mit Rücksicht auf § 70 VVG. — kein lebenswichtiges Interesse. Noch weniger kommt hierbei ein Interesse der Allgemeinheit in Frage, von dem die Revision spricht; schon deshalb nicht, weil die Belange der Allgemeinheit lediglich durch die Bodenfrüchte, nicht aber durch die im Hagelfalle dafür gezahlte Entschädigung berührt werden. Ob etwa in einem

Falle, wo ein Pächter zulässigerweise von sich aus durch Unterpacht sein Pachtrecht auf einen Dritten überträgt, ein Übergang seiner Hagelversicherung auf den neuen Pächter in rechtsähnlicher Anwendung der §§ 69, 115 VVG. anzunehmen ist, bedarf hier keiner Erörterung, wie auch mit einer Bezugnahme auf die entsprechende Regelung des Übergangs der Betriebshaftpflicht in § 151 VVG. für die Entscheidung des Streitfalles nichts zu beweisen ist, weil diese Bestimmung nur den §§ 69, 115 VVG. nachgebildet wurde. Es fehlt jeder Anhalt dafür, daß die in diesen Vorschriften auch für den Fall eines der Pacht oder dem Nießbrauch „ähnlichen Verhältnisses" getroffene Regelung auf einen anderen als einen vom Versicherten abgeleiteten Rechtserwerb zu beziehen wäre. Soweit Rechtsprechung oder Rechtslehre einen dem Berufungsgericht entgegengesetzten Standpunkt eingenommen haben (vgl. z.B. Veröff. d. Reichsaufs.amts f.d. Privatvers. 1930 Nr. 2171 S. 209; Jur. Rdsch. f. d. Privatvers. 1937 S. 147, 1929 S. 198), wird dieser lediglich auf die wirtschaftliche Gleichartigkeit der verschiedenen Fälle gestützt. Diese liegt aber nicht unbedingt vor, und überdies ist die Beurteilung nicht trennbar von der Rechtslage, die in den verschiedenen Fällen verschieden liegt und offenbar gerade für den Gesetzgeber den Ausschlag bei der Regelung gewisser Fälle durch Sonderbestimmungen gegeben hat.

Transportversicherung

RGZ. 102, 111.

1. Zu den Begriffen der „nautischen Verrichtungen" eines Kahnschiffers und der „gehörigen Bemannung" eines Kahns.

2. Braucht bei der Kaskoversicherung eines Kahns der Versicherer für Schäden, die durch die Schiffsmannschaft verschuldet sind, nicht zu haften, wenn er sich von der Haftung für die durch Verschulden des Kahneigners verursachten Schäden freigezeichnet hat?

I. Zivilsenat. Urt. v. 20. April 1921.

I. Landgericht Hamburg, Kammer f. Handelssachen. — II. Oberlandesgericht daselbst.

Der mit Kies beladene Kahn des Klägers ist am 6. Mai 1917 im Hamburger Hafen, als er bei den St. Pauli Landungsbrücken am elektrischen Krahn zur Löschung festgemacht hatte, bei fallendem Wasser auf einen dort stehenden, unter Wasser befindlichen Spundpfahl geraten und gesunken. Das Kasko war bei der Beklagten versichert. Der Kläger verlangt Erstattung seines Schadens und Feststellung, daß die Beklagte von ihm Ersatz der Bergungskosten nicht zu beanspruchen hat.

Die Vorinstanzen erklärten den Schadensersatz dem Grunde nach für berechtigt und gaben dem Feststellungsanspruch statt. Die Revision der Beklagten hatte keinen Erfolg.

Gründe:

1. Das Berufungsgericht hat die Frage, ob der Kläger durch Hinlegen seines Kahns an die Unfallstelle ein Verschulden begangen hat, das seinen Ansprüchen aus der Versicherung gemäß § 4a der Allgemeinen Bedingungen der Police entgegensteht, zutreffend von dem Gesichtspunkt aus geprüft, ob der Kläger bei der Sorgfalt, welche er in seinem Verhältnis zur Beklagten anzuwenden verpflichtet war, die Gefährdung des Kahns an der Unfallstelle voraussehen konnte. Dabei ist zu beachten, daß dieses Hinlegen des Kahns an jene Stelle nicht etwa zu den administrativen, sondern zu den nautischen Verrichtungen des Klägers im Sinne von § 4a Abs. 2 der Policebedingungen gehörte. Somit ist, da eine bösliche Handlungsweise des Klägers nicht in Frage steht, nur zu untersuchen, ob sein Verhalten als grobe Fahrlässigkeit anzusprechen ist. Die Verneinung dieser Frage seitens des Berufungsgerichts wird durch seine tatsächlichen Feststellungen gerechtfertigt. Zutreffend weist das Berufungsgericht darauf hin, daß der Kläger schon aus dem Umstande, daß an der Stelle sich ein Krahn befand, annehmen durfte, daß die Stelle zum Anlegen von Wasserfahrzeugen bestimmt und geeignet war. Und zwar durfte er diese Annahme auf den unter der Brücke befindlichen Teil des Fahrwassers insofern ausdehnen, als er auch dort mit dem Vorhandensein eines die Schiffahrt gefährdenden Spundpfahls nicht zu rechnen brauchte. Denn es handelt sich dort um einen Teil der offenen Fahrstraße, der gerade unter der Brücke dicht an der Kaimauer entlang befahren zu werden pflegt. Auch durfte sich der Kläger auf die Mitteilung der Ladungsempfängerin, daß die behördliche Erlaubnis zum Entlöschen seines Kahns an jener Stelle erteilt sei, unter den obwaltenden Umständen verlassen und daraus gleichfalls schließen, daß eine Gefährdung des Kahns durch die Beschaffenheit des Platzes selbst nicht zu befürchten war. . . .

2. Sollte die Vertäuung des Kahns nicht sachgemäß, insbesondere das Tau am Vordersteven zu straff gespannt gewesen sein, und sollte hierfür der Kläger selbst verantwortlich sein, so würde, wie das Berufungsgericht zutreffend ausführt, dies Versehen als ein nautisches Verschulden anzusprechen sein und an sich nicht als grobe Fahrlässigkeit im Sinne von § 4a Abs. 2 der Policebedingungen erachtet werden

können. Denn bei ordnungsmäßiger Handhabung durfte der Kläger erwarten, daß sein an Bord des Kahns zurückgelassener Schiffsmann entsprechend dem Fallen oder Steigen des Wassers die Vertäuungen jeweils lockern oder anziehen würde. Nur wenn der Kläger wußte oder nach der Sachlage damit rechnen mußte, daß während seiner Abwesenheit auch sein Schiffsmann den Kahn verlassen würde, und wenn er trotzdem keine Vorsorge zur rechtzeitigen Lockerung der Vertäuung getroffen haben sollte, könnte möglicherweise aus der Art der Vertäuung ein grobes Verschulden des Klägers selbst hergeleitet werden. Nach dieser Richtung sind aber keine ausreichenden Angaben in der Berufungsinstanz gemacht worden.

3. Nach § 4 c der Policebedingungen haftet die Beklagte nicht für Schäden, die daraus entstanden sind, daß das Schiff nicht gehörig bemannt ist. Das Berufungsgericht faßt diese Vorschrift zu eng auf, wenn es sie nur auf die Bemannung während der Reise und der eigentlichen Navigierung des Schiffs beziehen will, da damit die einer Schiffsmannschaft der fraglichen Art obliegenden nautischen Verrichtungen nicht erschöpft sind. Wenn der Kahn des Klägers, wie nach den Feststellungen des Berufungsgerichts anzunehmen ist, an der betreffenden Liegestelle zu seiner Sicherheit einer ständigen Obhut durch mindestens eine Persönlichkeit bedurfte, die bereit und imstande war, den zu gewärtigenden Gefährdungen des Schiffs durch geeignete nautische Maßnahmen zu begegnen, so gehörte das Vorhandensein einer solchen Persönlichkeit zur gehörigen Bemannung des Kahns. Dem hat der Kläger auch insofern Rechnung getragen, als er zu der maßgeblichen Zeit seinen auf dem Kahn bediensteten erwachsenen Sohn mit der Bewachung des Fahrzeugs an seinem Liegeplatz beauftragte. Nun besagt aber die Vorschrift in § 4 c der Versicherungsbedingungen, wonach der Versicherer von der Haftung für die durch nicht gehörige Bemannung des Schiffs entstandenen Schäden befreit ist, nach ihrem Sinn und Zweck nur, daß seitens des versicherten Schiffeigners die erforderliche Mannschaft gestellt und alles sonst Sachdienliche getan werden muß, um eine gehörige Bemannung des Kahns aufrechtzuerhalten. Ist dies, wie solches hier unbestritten der Fall ist, geschehen, so ist im Verhältnis der Parteien der Kahn im Sinne von § 4 c der Versicherungsbedingungen gehörig bemannt und wird daran durch eine ohne Wissen oder Willen des Klägers eingetretene vorübergehende Abwesenheit des mit dem Schiffsdienst beauftragten Schiffsmanns nichts geändert.

4. In § 4 a der Versicherungsbedingungen heißt es: „Der Versicherer haftet nicht: für Schäden, die von dem Versicherungsnehmer

vorsätzlich oder fahrlässig verursacht sind. Der Versicherungsnehmer, welcher sein Schiff selbst führt, behält jedoch seinen Anspruch auf Ersatz des Schadens auch dann, wenn dieser durch sein eigenes nautisches Verschulden verursacht ist (es sei denn, daß ihm eine bösliche Handlungsweise oder grobe Fahrlässigkeit zur Last fällt). . . ."

Die Revision will diese Bestimmung entsprechend auch auf das Verschulden eines Erfüllungsgehilfen des Versicherungsnehmers anwenden. Dem kann aber nicht zugestimmt werden. Die Frage, ob und inwieweit die Vorschriften des Versicherungsrechts über die Befreiung des Versicherers von der Haftung für einen Schaden, der von dem Versicherungsnehmer vorsätzlich oder fahrlässig verursacht wird (vgl. §§ 130, 61, 6 VersVG.), auf den Erfüllungsgehilfen des Versicherungsnehmers auszudehnen sind, ist zweifelhaft und bestritten (Leipz. Z. 1907 Sp. 483; Gerhard-Manes VersVG. § 130 Anm. 3, Anm. 1 Abs. 4, § 61 Anm. 4; Voigt, Seeversicherungsrecht S. 411). Mit Recht aber nimmt das Berufungsgericht an, daß jedenfalls die hier maßgebende Klausel keine Ausdehnung auf solche Fälle verträgt, wo das Verschulden bei den Angestellten des Versicherungsnehmers liegt, da es zum Wesen einer Kaskoversicherung der hier fraglichen Art gehört, daß der Versicherungsnehmer nicht zum wenigsten auch gegen solche Schäden gedeckt ist, die durch Verschulden seiner Schiffsmannschaft verursacht sind. Es ist daher für den gegenwärtigen Streitfall ohne Bedeutung, ob der Schaden ganz oder teilweise vermieden sein würde, wenn der Sohn des Klägers zu der fraglichen Zeit an Bord des Kahns gewesen wäre und seine Dienstobliegenheiten gehörig erfüllt hätte.

RGZ. 112, 384.

1. Erstattungsfähigkeit der von dem Versicherten nach §§ 62, 144 des Versicherungsvertragsgesetzes gemachten Aufwendungen.

2. Was ist unter „Beginn der Versicherung" im Sinne von § 141 des Versicherungsvertragsgesetzes bei einer auf Zeit geschlossenen Transportversicherung zu verstehen?

Gesetz über den Versicherungsvertrag §§ 62, 141, 144, 7, 8.

I. Zivilsenat. Urt. v. 3. Februar 1926.

I. Landgericht I Berlin, Kammer für Handelssachen. — II. Kammergericht daselbst.

Der Kläger hatte gemäß der Versicherungspolice vom 6. Juni 1913 bei der Beklagten zwei eiserne Schuten versichert für die Beschäftigung und den Aufenthalt auf der Warnow zwischen Rostock und Bützow sowie auf der Unterwarnow zwischen Rostock und Warnemünderhafen. Der Versicherungswert jeder Schute ist in der Police auf 6500 M angegeben. Die Versicherung ist zunächst für die Zeit vom 3. Juni 1913 bis 3. Juni 1914 abgeschlossen mit der Maßgabe, daß, wenn nicht drei Monate vor Ablauf der Versicherungszeit von einem der vertragschließenden Teile mittels eingeschriebenen Briefs gekündigt wurde, die Versicherung sich jedesmal stillschweigend auf ein Jahr erneuerte. Eine solche Kündigung ist während der hier maßgeblichen Zeit nicht erfolgt. Für die Versicherung waren die der Police angefügten „Allgemeinen Bedingungen" sowie ein mit Schreibmaschinenschrift eingefügter Zusatz und ergänzend das Reichsgesetz über den Versicherungsvertrag maßgebend. Die eine der versicherten Schuten ist in der Nacht vom 24. auf den 25. November 1917 im Warnemünderhafen, wo sie an einem dazu vorgesehenen Platz vertäut lag, durch einen Sturm losgerissen und auf See getrieben worden. Dort ist sie gesunken. Der Kläger hat vergebliche Versuche zur Hebung der Schute gemacht und dafür 7000 M verauslagt. Der Kläger verlangt auf Grund des Versicherungsvertrags Schadensersatz wegen Totalverlusts der Schute und Erstattung der von ihm aufgewendeten Hebungskosten.

In zwei Vorprozessen der Parteien ist die Beklagte zur Zahlung von 13 500 M nebst Zinsen und zur Zahlung von 500 GM rechtskräftig verurteilt worden.

Mit der gegenwärtigen Klage begehrt der Kläger weitere Aufwertung zum Betrage von 3687 GM nebst Zinsen.

In den Vorinstanzen wurde die Beklagte zur Zahlung von 2290,51 GM nebst Zinsen verurteilt und die weitergehende Klage abgewiesen. Die Revision der Beklagten hatte keinen Erfolg.

Aus den Gründen:

... Das Berufungsgericht hat für seine Annahme, daß die Beklagte zur Erstattung der von dem Kläger zwecks Hebung der gesunkenen Schute aufgewendeten Kosten verpflichtet sei, auf die Begründung des Kammergerichtsurteils vom 6. Mai 1922 verwiesen. Dort ist zu diesem Punkt unter anderem folgendes ausgeführt.

Der Kläger habe die Hebungskosten gemäß § 62 VVG. zur Abwendung und Minderung des Versicherungsschadens aufgewendet. Er habe auch die Aufwendung dieser Kosten im Sinne von § 144 für geboten halten dürfen. Denn er hätte grundsätzlich so zu handeln gehabt, wie er verständigerweise gehandelt haben würde, wenn er nicht versichert gewesen wäre.

Die Revision macht demgegenüber geltend, daß die Hebung nicht etwa nur im Interesse der Beklagten habe erfolgen sollen, da die Schute zur Zeit des Unfalls 9000 Papiermark wert gewesen sei, während der Kläger im günstigsten Fall von der Beklagten nur eine Versicherungssumme von 6500 Papiermark erhalten haben würde, und ferner, daß dem Kläger nach seinem eigenen Schreiben vom 23. Februar 1918 von der zuständigen Behörde derzeit aufgegeben sei, die Hebung der Schute beschleunigt in die Wege zu leiten, offenbar zur Säuberung des Fahrwassers aus Gründen der öffentlichen Verkehrssicherheit.

Diese Revisionsangriffe sind nicht durchschlagend.

Zutreffend geht das Berufungsgericht davon aus, daß der Kläger nach §§ 62, 144 VVG. zur Abwendung und Minderung des Schadens grundsätzlich solche Aufwendungen machen durfte, die er verständigerweise gemacht hätte, wenn er nicht versichert gewesen wäre. Dabei verkennt das Berufungsgericht nicht, daß dieser Grundsatz nicht überspannt werden darf, vielmehr vor überwiegenden Interessen des Versicherers, deren Beachtung seitens des Versicherten die aus dem Versicherungsvertrag folgende Treupflicht erfordert, haltmachen muß. Das Berufungsgericht verweist aber mit Recht darauf, daß die Beklagte inhalts ihrer Schreiben vom 11. Juli und 7. August 1918 dem Kläger die Weisung zur Hebung der Schute gegeben und die Auszahlung der Versicherungssumme von dieser Hebung abhängig gemacht hat. Des weiteren ist zu beachten, daß die Versicherung, wie der Nachtrag zur Police ergibt, in erster Linie die Hebung einer etwa gesunkenen Schute und die Erstattung dieser Hebungskosten im Auge hatte. Der Umstand, daß die zuständige Ortsbehörde von dem Kläger die Hebung der Schute aus Verkehrsrücksichten verlangt hat, ändert nichts daran, daß es sich hier nicht etwa um die Kosten behördlicherseits ergriffener Rettungsmaßregeln, sondern nur um solche Kosten handelt, die der Kläger gemäß § 62 VVG. aufgewendet hat. Dabei ist es unerheblich, ob diese Kosten nicht ausschließlich im Interesse der Beklagten, sondern zugleich auch im Interesse des Klägers aufgewendet sind. Im übrigen ist der Umstand, daß beim Abschluß des Versicherungsvertrags der Wert der Schute auf 6500 M angegeben ist, während dieser Wert zur Zeit des Unfalls 9000 Papiermark betragen haben soll, für die wirklichen Wertverhältnisse von keiner entscheidenden Bedeutung. Nach alledem ist die Annahme des Berufungsgerichts, daß der Kläger nach dem gesamten Verhalten der Beklagten annehmen durfte, die zur Hebung der Schute gemachten Versuche seien auch im Interesse der Beklagten geboten, rechtlich nicht zu beanstanden.

Das Berufungsgericht hat nicht festgestellt, daß eine Unterversicherung vorliege (§§ 56, 141 VVG.). Es hat aber den Fall der Unterversicherung insofern in den Kreis seiner Erwägungen gezogen, als es ausgeführt hat, daß auch im Fall einer etwaigen Unterversicherung nach § 144 die zur Hebung der Schute von dem Kläger gemachten Aufwendungen in voller Höhe der Beklagten zur Last fielen.

Die Beklagte begründet ihre Behauptung einer Unterversicherung damit, daß inhalts der Police der Wert der Schute auf 6500 M angegeben sei, während die Schute zur Zeit des Unfalls einen Wert von 9000 Papiermark gehabt habe. Die Beklagte hat nicht behauptet, daß der Wert der Schute schon bei dem Beginn der Versicherung am 3. Juni 1913 die Versicherungssumme von 6500 M überstiegen habe.

Nun handelt es sich um eine Zeitversicherung, die zunächst für die Zeit vom 3. Juni 1913 bis zum 3. Juni 1914 abgeschlossen war. Dabei ist der Beginn der Versicherung ausdrücklich auf den 3. Juni 1913 mittags festgesetzt worden (vgl. auch § 7 VVG.). Die Versicherung ist dann laut § 47 der „Allgemeinen Bedingungen" der Police mangels der dort vorgesehenen Kündigung stillschweigend von Jahr zu Jahr bis zum Unfall verlängert (erneuert) worden. Diese wiederholte stillschweigende Verlängerung bedeutet inhalts der hier maßgeblichen Parteivereinbarungen nicht den jeweiligen Abschluß eines neuen Versicherungsvertrags derart, daß alljährlich mit dem Eintritt der Verlängerung auch der Beginn einer neuen Versicherung eintrat (§§ 7, 8 VVG.). Vielmehr ist unter „Beginn der Versicherung" im Sinne von § 21 der „Allgemeinen Bedingungen" der Police (§ 141 VVG.) der in der Police ausdrücklich als Beginn der Zeitversicherung angegebene Zeitpunkt, also der 3. Juni 1913 mittags, zu verstehen. Der Wert, den die Schute zu diesem Zeitpunkt hatte, ist der maßgebliche Versicherungswert.

Dabei mag darauf hingewiesen werden, daß die beiden ersten Sätze des § 21 der „Allgemeinen Bedingungen" der Police mit dem Abs. 1 des § 141 VVG. wörtlich übereinstimmen, dessen amtliche Begründung auf § 795 HGB. verweist. Die Fassung des § 795 HGB. zeigt aber mit besonderer Deutlichkeit, daß der für den Versicherungswert des Schiffes grundsätzlich maßgebliche Beginn der Versicherung am Anfang der Versicherungszeit liegt, indem dort vorgeschrieben ist: „Als Versicherungswert des Schiffes gilt . . . der Wert, welchen das Schiff in dem Zeitpunkt hat, in welchem die Gefahr für den Versicherer zu laufen beginnt." Daß zu dem hiernach entscheidenden Zeitpunkt der Versicherungswert der Schute höher war, als die Versicherungssumme, ist nicht behauptet und nicht ersichtlich. Somit kommt eine Unterversicherung im Sinne von § 22 der Allgemeinen Bedingungen der Police nach dem Parteivorbringen, wie es aus dem Tatbestand des Berufungsurteils im Beihalt des danach maßgeblichen Aktenmaterials erhellt, nicht in Frage.

Es braucht daher auf die vom Berufungsgericht vertretene Ansicht, daß die nach § 144 VVG. vom Versicherungsnehmer gemachten Aufwendungen auch im Fall der Unterversicherung von dem Versicherer in voller Höhe zu erstatten sind, nicht weiter eingegangen zu werden.

RGZ. 118, 254.

Versicherung eines kombinierten Land- und Seetransports.

1. Zu den Begriffen „Versicherungsinteresse" und „Versicherungsreise".

2. Welche Bedeutung für das Versicherungsverhältnis hat die Beraubung des versicherten Frachtgutes durch die frachtmäßig bestimmten, aber noch nicht legitimierten Empfänger?

HGB. §§ 813, 814, 821 Nr. 5. Versicherungsvertragsgesetz § 131.

I. Zivilsenat. Urt. v. 22. Oktober 1927.

I. Landgericht I Berlin, Kammer für Handelssachen. — II. Kammergericht daselbst.

Auf Grund einer General-Police hatte die Klägerin bei der Beklagten „für Rechnung, wen es angeht" Versicherung gegen die Gefahren von Güterbeförderungen genommen. Am 14. Februar 1925 meldete die Klägerin laut einer Eintragung auf S. 3 unter Nr. 4 des in der General-Police vorgesehenen Versicherungshefts eine Kiste mit Bändern (Textilwaren) für die Reise von R. nach Helsingfors in Finnland zur Versicherung bei der Beklagten an. Nach der Anmeldung sollte die Reise mittels „Fuhre, Eisenbahn, Dampfer" erfolgen. Die Kiste wurde zunächst auf dem Landwege von R. nach Lübeck befördert. Die Klägerin beauftragte dann eine dortige Speditionsfirma, die Kiste „zur Weiterbeförderung" nach Abo in Finnland zu versenden, und bemerkte dabei, daß die Kiste an die Södra Finlands Bank in Helsingfors gesandt werden müsse, das das Gut der Käuferin der Ware, der Firma N. & S. in Helsingfors, nur ausgehändigt werden solle, wenn diese den Betrag der über die Ware ausgestellten Rechnung an die Bank in Helsingfors bezahle. Der Lübecker Spediteur verlud die Kiste auf einen nach Abo bestimmten Dampfer und erhielt vom Schiff über die Abladung ein auf Order lautendes Konnossement. Er sandte das Konnossement „im Auftrage" der Klägerin an die Södra Finlands Bank in

Helsingfors und teilte gleichzeitig der Bank mit, daß die Waren an sie abgeladen seien „zur Weiterbeförderung laut Vorschrift"; es heißt in der Spalte „Empfänger": „Order", Abo (N. & S., Helsingfors . . .). Die Kiste ist am 2. oder 3. März 1925 in Abo eingetroffen und zunächst auf Lager genommen worden. Dort haben die Inhaber der Firma N. & S., die „irgendwie Zugang zur Sendung erlangt hatten", die Kiste erbrochen und sie des größten Teils ihres Inhalts beraubt. Bevor dies der Klägerin bekannt wurde, bat die Firma N. & S. die Klägerin, sie möge die noch in Abo liegende Kiste als Transit nach Helsingfors senden. Die Klägerin gab darauf ihrem Lübecker Spediteur eine entsprechende Anweisung. Hierauf wurde die Kiste mit der Eisenbahn von Abo nach Helsingfors befördert. Nunmehr verweigerte die Firma N. & S. die Zahlung des Kaufpreises der Ware bei der Bank in Helsingfors unter dem Vorgeben, daß die Kiste erbrochen sei.

Die Klägerin verlangt von der Beklagten auf Grund des Versicherungsvertrags Ersatz des ihr durch die Plünderung der Kiste in Abo entstandenen Schadens und hat davon einen Teilbetrag eingeklagt. Die Beklagte hat widerklagend die Feststellung begehrt, daß die Klägerin auch über den eingeklagten Betrag hinaus nichts von ihr zu fordern habe.

Das Landgericht erkannte nach der Klage und wies die Widerklage ab. Das Berufungsgericht entschied umgekehrt. Die Revision der Klägerin führte zur Aufhebung und Zurückverweisung.

Gründe:

1. Die Klägerin beruft sich für ihre Ansprüche auf die General-Police. Danach handelt es sich um eine Versicherung „für Rechnung, wen es angeht". Sie unterliegt den in der Police angeführten und in Bezug genommenen Bedingungen und ferner — laut Art. 48 der „Allgemeinen Bedingungen für den Seetransport" — in zweiter Linie den Vorschriften des Deutschen Handelsgesetzbuchs. Zutreffend hat das Berufungsgericht ausgeführt, daß das Versicherungsinteresse der Klägerin durch Absendung der Ware von R. als dem Orte der Niederlassung der Klägerin und durch den Übergang der Gefahr auf die Firma N. & S. (§ 447 BGB.) nicht beseitigt ist. Die Feststellungen des Berufungsgerichts ergeben auch, daß der Verkauf der Ware durch die Klägerin an die Firma N. & S. nicht zu einer Übertragung des Eigentumsinteresses an der versicherten Ware auf die Käuferin geführt hat. Danach ist die Sachberechtigung der Klägerin vorhanden.

2. Über die Versicherung ist gemäß Art. 1, 2 der „Besonderen Bedingungen" von der Klägerin im Versicherungsheft unter dem 14. Februar 1925 u. a. folgendes eingetragen:

Transportmittel	Versicherte Reise		Versicherter Gegenstand	Prämiensatz	Betrag der Prämie	
	von	bis			See RM	Land RM
Fuhre, Eisenbahn, Dampfer	Ronsdorf	Helsingfors Finnland	1 Kiste	$1^1/_2$	3,20	1,60

Das Berufungsgericht läßt es dahingestellt, ob die Klägerin im Verhältnis zu der Beklagten „bei glatter Durchführung der Reise bis nach Helsingfors" nur den unmittelbaren Seeweg von Lübeck nach Helsingfors benutzen durfte oder ob sie berechtigt war, die Reise auf dem Seewege nur bis Abo und von da auf dem Landwege bis Helsingfors zu bewirken. Trotzdem nimmt das Berufungsgericht an, daß die Seereise von Lübeck nach Abo unter Versicherung der Beklagten gestanden habe, und meint nur, daß diese Versicherung ihr Ende erreicht habe mit dem Zeitpunkt, wo das versicherte Gut in Abo an das Land gelangt, d. h. dort auf dem Kai abgesetzt worden sei. Die Reise von Lübeck nach Abo konnte aber nur dann unter die Versicherung fallen, wenn sie durch die Eintragung im Versicherungsheft, wonach die Versicherungsreise von R. nach Helsingfors gehen sollte, gedeckt wurde. Dazu gehörte grundsätzlich, daß die Reise Lübeck—Abo weder eine andere als die versicherte, d. h. die in das Versicherungsheft eingetragene Reise war noch einen anderen als den der versicherten Reise entsprechenden Weg bedeutete (§§ 813, 814 HGB.). Das Vorhandensein einer gesetzlich zugelassenen Ausnahme von diesem Grundsatz hat das Berufungsgericht nicht festgestellt, zum Teil sogar verneint. Es kann aber von einer weiteren Erörterung darüber abgesehen werden. Denn die Ausführungen des Berufungsgerichts ergeben zur Genüge, daß für die versicherte Reise nach Helsingfors der Weg über Abo gewählt werden durfte, wie dies bereits das Landgericht zutreffend dargelegt hat. Es handelte sich um einen kombinierten Land- und Seetransport, für den ausdrücklich als Beförderungsmittel Fuhre, Eisenbahn und Dampfer vorgesehen waren. Der Weg von Lübeck über Abo nach Helsingfors bedeutete gegenüber dem unmittelbaren Seeweg von Lübeck nach Helsingfors keine wesentliche Änderung der Beförderungsstrecke. In der Generalpolice ist zwar bei Versicherungen, die nur den Seetransport betreffen, der Versicherungsumfang für Beförderungen nach dem „ehemaligen Rußland" etwas anders geregelt als bei Beförderungen nach anderen Plätzen Europas. Dieser Unterschied wird aber nicht gemacht, wenn, wie hier, die versicherte Reise ausdrücklich einen kombinierten Land- und Seetransport umfaßt. Ferner handelt es sich um eine Winterreise, bei der die wechselnden Eisverhältnisse der Ostsee für die Wahl des Reisewegs von Bedeutung sein konnten. Für die Frage, ob es zweckmäßig war, die Beförderung von Lübeck unmittelbar nach Helsingfors oder über Abo vorzunehmen, kam außerdem in Betracht, wie sich die nach Art oder Umfang keineswegs von vornherein feststehende Beförderungsgelegenheit zur maßgeblichen Zeit gestaltete. Bei dieser Sachlage ist anzunehmen, daß die versicherte Reise auch eine über Abo geleitete Beförderung umfaßt, wenn nicht besondere Umstände dagegen sprechen. Es wäre Sache der Beklagten gewesen, die sich auf eine Befreiung von der Versicherung nach §§ 813, 814 HGB. beruft, die erforderlichen Voraussetzungen dafür im einzelnen darzulegen und zu beweisen, was aber nicht geschehen ist.

Nun meint allerdings das Berufungsgericht, daß die Klägerin die Kiste „zunächst" nur bis nach Abo als dem Bestimmungshafen habe befördern lassen wollen und daß alle Beteiligten die Reise, gegen deren Gefahren die Versicherung genommen war, „anfänglich" in Abo hätten beendet sein lassen wollen. Es ist nicht ganz klar — wenngleich einige Erwägungen des Berufungsgerichts solches andeuten —, ob dies in dem Sinne gemeint ist, daß statt der versicherten Reise eine ganz andere angetreten oder daß von dem der versicherten Reise entsprechenden Weg abgewichen worden sei (§§ 813, 814 HGB.). Dies kann aber dahingestellt bleiben. Das Berufungsgericht stützt seine Ausführungen ausschließlich auf den überreichten Briefwechsel. Dieser ergibt aber nichts dafür, daß die Reise in dem Sinne in Abo enden sollte und ihr Ende gefunden hat, daß statt der versicherten Reise nach Helsingfors eine andere ausgeführt oder daß von dem der versicherten Reise entsprechenden Weg abgewichen wurde. . . . (Wird ausgeführt.)

3. Nach alledem ist davon auszugehen, daß die Seereise von Lübeck nach Abo unter die Versicherung fällt. Und zwar handelt es sich um eine einheitliche Versicherungsreise von R. über Lübeck und Abo nach Helsingfors. Auf diese Reise findet die Stelle der Generalpolice Anwendung: „im durchstehenden Risiko von Haus zu Haus, also vom Hause des Absenders bis zum Hause des endgültigen Empfängers einschließlich der im normalen Verlauf der Reise notwendig stattfindenden, nicht durch Verfügungen der Interessenten ausdrücklich

veranlaßten Aufenthalte oder Lagerungen". Dem gewöhnlichen Verlauf dieser Versicherungsreise, für die als Transportmittel Fuhre, Eisenbahn und Dampfer vorgesehen waren, entsprach es, daß die Ware von Abo nach Helsingfors mit der Eisenbahn befördert und zu diesem Zweck in Abo aus dem Seeschiff an das Land gebracht wurde. Nach dem Tatbestand des Berufungsurteils ist die Kiste am 2. oder 3. März 1925 auf dem Seeweg in Abo eingetroffen, dort am 4. März 1925 erbrochen und des größten Teils ihres Inhalts beraubt worden. Es fragt sich, ob die Umladung und Lagerung der Ware in Abo bis zu dem am 4. März 1925 erfolgten Diebstahl so, wie geschehen, im gewöhnlichen Verlauf der Beförderung vom Seeschiff zur Eisenbahn in Abo und mit der Eisenbahn von dort nach Helsingfors notwendig war und nicht etwa ohne eine solche Notwendigkeit durch Verfügungen der Beteiligten ausdrücklich veranlaßt worden ist. Die bisherigen Feststellungen reichen zur Entscheidung dieser Frage nicht aus. Nach dem Auszug aus dem Protokoll des Stadtgerichts Abo vom 25. November 1925 hat dieses Gericht festgestellt, die Kiste sei in Abo, „als sie vom Hafen in den Packhof transportiert" wurde, erbrochen und eines Teils ihres Inhalts beraubt worden. Es ist aber nicht ersichtlich, warum die Kiste in den „Packhof" geschafft wurde und in Abo bis zum 4. März 1925 verblieb und warum sie nicht sogleich vom Hafen nach dem Güterbahnhof geschafft und im unmittelbaren Anschluß hieran mit der Bahn nach Helsingfors befördert worden ist. Es wird Sache des Tatrichters sein, hier nähere Feststellungen zu treffen. Sollte sich herausstellen, daß die Einlagerung der Kiste (bis zur Ausführung des Diebstahls am 4. März 1925) in dem maßgeblichen Sinne „im normalen Verlauf der Reise notwendig" war, so würde der Schaden unter die Versicherung fallen. Denn für diesen Schaden war die weitere Lagerung der Kiste in Abo und ihre später auf Veranlassung der Firma N. & S. erfolgte Weiterbeförderung nach Helsingfors ohne Bedeutung.

4. Hieran wird in rechtlicher Beziehung durch die weiteren Ausführungen des Vorderrichters nichts geändert. Nach dem Tatbestand des Berufungsurteils ist der Eingriff in die Kiste „von den Inhabern der Käuferin, die irgendwie Zugang zu der Sendung erlangt hatten", vorgenommen worden. In der Urteilsbegründung heißt es dann, es stehe nicht fest und lasse sich auch nicht feststellen, wie die Inhaber von N. & S. an die Kiste herangekommen seien. Wenn dann weiter ausgeführt wird, es sei nicht anders denkbar, als daß sie sich mit Hilfe von Papieren, die ihnen von der Klägerin oder der Södra Finlands Bank zugegangen waren, als Empfänger ausgewiesen und daß sie so Zutritt

zu der Ware erhalten hätten, so handelt es sich nur um eine allgemein gehaltene Vermutung, die im Akteninhalt keine Stütze findet. Der Umstand, daß die Kiste damals anscheinend unverzollt unter Zollverschluß in Abo lagerte und daß nach dem Protokoll des dortigen Stadtgerichts auch Zollbeamte zu den Mitangeklagten gehörten, spricht dafür, daß die Inhaber von N. & S. nicht einmal als äußerlich legitimierte Empfänger an die Ware herangekommen sind. Jedenfalls konnten sie im vorliegenden Fall nur dann als legitimierte Empfänger auftreten, wenn sie im Besitz des Order-Konnossements vom 28. Februar 1925 waren. Dies ist aber nach dem Briefwechsel nicht der Fall gewesen.... (Wird ausgeführt.) Danach kann keine Rede davon sein, daß die versicherte Ware im Laufe der Versicherungsreise an die legitimierten Empfänger gelangt wäre in einer Weise, die den Eintritt des Versicheıungsfalls ausschließen würde.

Damit entfällt auch die Annahme des Berufungsgerichts, daß der Schaden durch ein den Empfängern des versicherten Gutes in dieser ihrer Eigenschaft zur Last fallendes Verschulden entstanden ist (Allgemeine Versicherungsbedingungen für den Landtransport § 2 Abs. 3; § 821 Nr. 5 HGB.; § 131 VVG.). Die Inhaber der Firma N. & S. haben nach den Feststellungen des Berufungsgerichts den Schaden schuldhaft verursacht, indem sie sich zu der in Abo lagernden Kiste außerhalb der ihnen am Frachtgut zustehenden Rechte Zutritt verschafften, die Kiste widerrechtlich erbrachen und des größten Teils ihres Inhalts beraubten. Sie haben dies nicht in ihrer Eigenschaft als Empfänger der Kiste im Sinne der genannten Vertrags- und Gesetzesbestimmungen getan. Denn als solche konnten sie nur insoweit auftreten, als ihnen Empfangsrechte am Frachtgut zukamen. Derartige Empfangsrechte standen ihnen aber nicht zur Seite, da die Kiste auf Grund eines Order-Konnossements befördert worden war und dieses Konnossement sich nicht in ihrem Besitz befand, sondern an die Bank in Helsingfors übersandt und damals in den Besitz dieser Bank entweder schon gelangt war oder doch alsbald gelangte.

Schließlich sind auch die bisherigen Feststellungen des Berufungsgerichts nicht geeignet, seine Annahme zu begründen, die Klägerin habe selbst den Schaden fahrlässig verursacht (Allgemeine Versicherungsbedingungen für den Landtransport § 2 Abs. 3; § 821 Nr. 4 HGB.). Das Berufungsgericht erblickt das Verschulden der Klägerin darin, daß sie die Kiste in Abo lagern ließ, ohne ihre Weiterbeförderung mit der Bahn nach Helsingfors „im Rahmen des normalen Verkehrsplans zu veranlassen". Anscheinend hat das Berufungsgericht dabei den von ihm kurz vorher erwähnten, hier aber nicht entscheidenden Umstand vor Augen, daß die Kiste tatsächlich erst am 9. April 1925 mit der Bahn von Abo nach Helsingfors weiterbefördert worden ist. Jedenfalls ist bislang keinerlei Anhaltspunkt dafür gegeben, daß bei Anwendung der im Verkehr erforderlichen Sorgfalt durch die Klägerin die Beraubung der Kiste am 4. März 1925 in Abo ganz oder teilweise unterblieben wäre.

RGZ. 134, 133.

1. Fällt eine Wertsachenversicherung unter den Begriff der Transportversicherung und genügt demnach bei ihr zur Verwirkung der Versicherungsansprüche einfache Fahrlässigkeit?

2. Zur Frage der Verpflichtung des Versicherers, die Versicherungssumme zu verzinsen.

VVG. §§ 6, 11, 129, 134, 187. VAG. § 116 a. F. BGB. §§ 246, 291.

VII. Zivilsenat. Urt. v. 30. Oktober 1931.

I. Landgericht Köln. — II. Oberlandesgericht daselbst.

Der Kläger hatte bei der Beklagten eine Reihe von Schmucksachen sowie Pelze gegen Verlust und Beschädigung auf Reisen und am Wohnort (innerhalb und außerhalb der Wohnung) versichert. Darunter befand sich ein Perlenhalsband, das mit 14 400 RM versichert war. Mit der Behauptung, seine Ehefrau habe dieses Halsband in New York in der Nacht vom 31. Dezember 1928 zum 1. Januar 1929 verloren, verlangt der Kläger Zahlung der darauf entfallenden Versicherungssumme und Erstattung der Kosten, die ihm durch Veröffentlichung des Verlustes in verschiedenen Zeitungen entstanden seien.

Das Landgericht verurteilte die Beklagte antragsgemäß, dem Kläger 14 400 RM und 34,84 Dollar zu zahlen, beide Beträge mit 10% Zinsen seit dem 1. Februar 1929. Die Berufung der Beklagten blieb erfolglos. Ihre Revision wurde mit der Maßgabe zurückgewiesen, daß sie an Zinsen nur 4% seit Klagzustellung zu zahlen habe.

Gründe:

Der Berufungsrichter stellt fest, daß das Perlenhalsband verloren gegangen sei, während Frau St. in der Silvesternacht 1928/29 nach dem Verlassen des Hotels Oliver Cromwell in New York das Schmuckstück getragen habe. Darin, daß sie es zur Silvesterfeier angelegt und an den in Frage kommenden Örtlichkeiten getragen habe, findet der Berufungsrichter keine Verletzung der im Art. 1 der Allgemeinen Versicherungs-

Bedingungen der Beklagten geregelten Aufbewahrungs- und Behandlungspflicht. Der Pflicht zur Anzeige des Schadens nach Art. 5 AVB. habe der Kläger — so führt der Berufungsrichter weiter aus — genügt; ebenso der Aufklärungspflicht nach Art. 5 Abs. 1 Satz 2 das., wonach er die Weisungen der Beklagten habe befolgen müssen. Allerdings enthalte das als Schadensbericht sich darstellende Schreiben des Klägers vom 23. Januar 1929 nicht alle Einzelheiten darüber, wo sich seine Frau in der fraglichen Nacht aufgehalten habe. Darin könne aber keine vorsätzliche oder grobfahrlässige Verletzung der Aufklärungspflicht (*einfache Fahrlässigkeit genüge nach* § 6 Abs. 2 VVG. nicht) gefunden werden, abgesehen davon, daß keine Verletzung der Aufklärungspflicht nachgewiesen sei. Denn der Kläger habe die Mitteilung der einzelnen Örtlichkeiten für unwesentlich halten dürfen, zumal da am Tage der Erstattung des Schadensberichts bereits mehr als drei Wochen seit dem Verlust des Halsbandes verflossen gewesen seien, der Kläger auch von Köln aus seine Frau unverzüglich mit den erforderlichen Ermittlungen beauftragt habe. Nach Lage des Falles und nach der Erfahrung des täglichen Lebens hätte auch bei Mitteilung der Einzelheiten keine Aussicht auf Wiedererlangung des Schmuckstücks bestanden; dieser Meinung sei offensichtlich auch die Beklagte gewesen, da sie keine eigenen Nachforschungen veranstaltet habe und selbst bei Kenntnis weiterer Einzelheiten solche nicht veranstaltet haben würde.

Auch die dem Versicherungsnehmer im Art. 5 AVB. auferlegte Verpflichtung, alle zur Wiedererlangung erforderlichen Maßnahmen unverzüglich von selbst zu ergreifen, insbesondere polizeiliche Meldungen zu machen, sei weder vorsätzlich noch grobfahrlässig verletzt worden. Denn der Kläger habe, nachdem er dem Direktor der Beklagten den Verlust des Halsbandes unverzüglich, nämlich am 2. Januar 1929, mitgeteilt habe, noch am gleichen Tage seine Frau durch Kabeltelegramm beauftragt, den Verlust der Hoteldirektion schriftlich mitzuteilen und ihn unter Zusicherung einer Belohnung von 10% des Wertes in Zeitungen bekanntzugeben, auch weitere Nachforschungen anzustellen. Seine Frau habe dann den Verlust in verschiedenen Zeitungen veröffentlicht. Wenn in diesen Anzeigen nicht alle Räumlichkeiten aufgeführt worden seien, in denen sie damals geweilt habe, so sei das unerheblich, zumal da Frau St. weitere Nachforschungen angestellt und nicht nur die Polizei, sondern auch einen Detektiv mit der Ermittlung des Verlustes beauftragt habe. Auch der Frau falle daher keine grobe Fahrlässigkeit zur Last, abgesehen davon, daß der Kläger für ein sie etwa treffendes Verschulden nicht haftbar sei.

Hiernach und weil die Beklagte die Auslagen nicht bestritten habe und der Zinsanspruch aus Verzug gerechtfertigt sei, gelangt der Vorderrichter zur Zurückweisung der Berufung.

Die Revision der Beklagten ist nicht begründet.

Das Berufungsgericht lehnt es auf Grund tatsächlicher Erwägungen ab, eine Verletzung der dem Kläger obliegenden Pflicht zur sorgfältigen Aufbewahrung und Behandlung darin zu finden, daß seine Frau das Perlenhalsband zur Silvesterfeier in New York angelegt und an den in Frage kommenden Örtlichkeiten getragen habe. Die tatsächlichen Feststellungen können in der Revisionsinstanz nicht angegriffen werden. Eine Verletzung des Begriffs der Sorgfaltspflicht tritt nicht zutage. Die Revision beschwert sich zwar darüber, daß der Berufungsrichter nicht auf die unter Beweis gestellte Behauptung der Beklagten eingegangen sei, wonach es „in der Silvesternacht in New York toller zugehe als an den drei Karnevalstagen in Köln". Allein er stellt gerade darauf ab, daß auch im Tragen des Schmußstücks zur Silvesterfeier keine Verletzung der Sorgfaltspflicht zu finden sei, und es kann nicht angenommen werden, daß er die erwähnte, in fünf Schriftsätzen vorgetragene Behauptung übersehen habe. Er hat vielmehr im Tragen des Halsbandes offensichtlich auch für den Fall keine Verletzung der im Art. 1 Abs. 2 AVB. dem Kläger auferlegten Pflicht gesehen, daß es in der Silvesternacht in New York „toller zugehen sollte" als beim Karneval in Köln.

Auch die Erwägungen, mit denen der Vorderrichter eine grobe Fahrlässigkeit des Klägers und seiner Frau in Beziehung auf die dem Versicherungsnehmer im Art. 5 AVB. auferlegte Schadensanzeige-, Aufklärungs- und Auskunftspflicht verneint, sind im wesentlichen tatsächlicher Natur. Ein Rechtsverstoß ist nirgends zu finden; der Begriff der groben Fahrlässigkeit ist nicht verkannt. Liegt aber nach den tatsächlichen Feststellungen keine grobe Fahrlässigkeit vor, dann kann auch nicht von einem vorsätzlichen Zuwiderhandeln die Rede sein.

Wenn das Berufungsgericht gemäß § 6 Abs. 2 VVG. eine einfache Fahrlässigkeit nicht für ausreichend hält, um eine Verwirkung des Versicherungsanspruchs nach Art. 5 AVB. zu begründen, so ist ihm auch hierin zu folgen. Art. 5 sagt zwar, eine Verletzung der dort vorgeschriebenen Anzeige- und Aufklärungspflicht berechtige die Beklagte zur Ablehnung der Schadensansprüche, „es sei denn, daß die Verletzung weder auf Vorsatz noch auf Fahrlässigkeit beruht". Danach würde schon einfache Fahrlässigkeit genügen, um die Ablehnung der Schadensansprüche zu rechtfertigen. Aber auf diese — mit § 6 Abs. 2 VVG. im Widerspruch stehende — Bedingung kann sich die Beklagte nach Abs. 3

das. nicht berufen, außer wenn die in Frage kommende Versicherung als Transportversicherung anzusehen wäre und demgemäß die Ausnahmevorschrift in § 187 Abs. 1 VVG. Platz griffe. Das ist jedoch nicht der Fall. Es handelt sich um eine sog. Wertsachenversicherung, bei der Juwelen und Pelzsachen gegen jeden Verlust und jede Beschädigung auf Reisen und am Wohnort (innerhalb und außerhalb der Wohnung) versichert sind. Eine solche Versicherung, mag sie auch, wie hier, von einer Transportversicherungsgesellschaft abgeschlossen worden sein, hat — anders als die sog. Valorenversicherung (vgl. Manes Versicherungslexikon S. 1669) — ihrem Wesen nach nichts mit der Transportversicherung zu tun. Bei dieser trägt der Versicherer alle Gefahren, die durch die Beförderung der versicherten Güter verursacht werden, sofern sie während der Dauer der versicherten Reise auftreten (§§ 129, 134 VVG.). Es handelt sich beim „Transport" um die Bewegung von Gegenständen, die mit dem Zweck eines bestimmten Erfolgs vorgenommen wird, nämlich mit dem Zweck, den Gegenstand der Beförderung von einem Ort zum andern zu verbringen. Von einem Transport kann man nicht sprechen, wenn die Gegenstände am Körper ihres Inhabers auf Reisen mitgeführt werden, sei es zum Zweck des Zurschautragens, wie es bei Juwelen und anderen Schmucksachen der Fall ist, sei es zur Erwärmung, wie bei Pelzsachen. Bei der Transportversicherung wird der Versicherungsnehmer gegen die Gefahr geschützt, der die versicherten Sachen ausgesetzt sind, während sie sich zur Beförderung in den Händen des Frachtführers, des Schiffers, des Eisenbahnunternehmers befinden, also während eines Zeitraums, wo sich der Versicherungsnehmer ihres Besitzes und ihrer Innehabung entschlagen muß und mithin selbst regelmäßig keine Aufsicht und Kontiolle über die mit dem Transport betrauten Personen und über die Sachen ausüben kann (so Hagen Versicherungsrecht in Ehrenbergs Handbuch des Handelsrechts Bd. VIII 2. Abt. S. 213). Bei der Wertsachenversicherung der hier in Frage kommenden Art wird aber der Versicherungsnehmer gegen diejenige Gefahr geschützt, der die versicherten Sachen ausgesetzt sind, während sie von ihrem Besitzer bestimmungsgemäß getragen oder unter seiner Obhut aufbewahrt werden. Hier entschlägt sich der Versicherungsnehmer nicht der Innehabung der versicherten Sachen; er behält sie unter seiner Aufsicht, auch wenn er eine Reise antritt und die Sachen dabei mit sich führt. Bei der Wertsachenversicherung tritt der Gesichtspunkt der Beförderung auch dann zurück, wenn sich die Versicherung, wie hier, nicht bloß auf das Getragenwerden und die Aufbewahrung am Wohnort des Versicherungsnehmers, sondern zugleich auf die Mitnahme bei Reisen erstreckt. Auch wenn die versicherten Sachen von ihrem Besitzer auf Reisen mitgenommen werden, ist ihre Beförderung nicht Selbstzweck, sondern nur eine Folge davon, daß ihr Träger eine Reise unternimmt und während der Reise oder am Bestimmungsort die Sachen tragen will.

Das Reichsaufsichtsamt für Privatversicherung bejaht allerdings die Frage, ob die Juwelen- und Pelzsachenversicherung als Transportversicherung anzusehen sei, und das Schrifttum ist ihm hierbei gefolgt (Veröffentlichungen des Aufsichtsamtes 1912 S. 136, 1916 S. 109; zustimmend Manes Versicherungswesen 3. Aufl. Bd. 2 S. 272; ders. im Versicherungslexikon S. 833; Koenige-Petersen Privatversicherungsgesetz S. 806; Bruck Versicherungsvertragsgesetz S. 477). Bei Beantwortung der Frage durch das Aufsichtsamt handelt es sich aber lediglich darum, ob die Juwelen- und Pelzsachenversicherung der Aufsicht nach dem Versicherungsaufsichtsgesetz unterliegt oder gemäß § 116 VAG. a. F. ebenso wie die Transportversicherung aufsichtsfrei ist. Für den Geltungsbereich des Versicherungsvertragsgesetzes vermag der erkennende Senat aus den dargelegten Gründen der Ansicht des Aufsichtsamtes nicht zu folgen. Auch der Reichsfinanzhof hat im Urteil vom 27. Februar 1925 (RFH. Bd. 15 S. 326) einer Juwelen- und Pelzsachenversicherung der hier fraglichen Art den Charakter einer Transportversicherung abgesprochen, wenigstens in steuerrechtlicher Beziehung.

Fällt sonach die in Rede stehende Versicherung nicht unter den Begriff der Transportversicherung, so konnte die Beklagte die Vorschrift des § 6 Abs. 2 VVG. nicht wegbedingen. Sie wäre also zur Ablehnung der Schadensersatzansprüche wegen Verletzung der Bestimmungen im Art. 5 AVB. nur dann berechtigt, wenn diese Verletzung auf Vorsatz oder grober Fahrlässigkeit beruhte. Das verneint aber der Berufungsrichter ohne Rechtsirrtum.

Hiernach ist die Revision in der Hauptsache unbegründet.

Was die Entscheidung über die Zinsen anlangt, so kann sich zwar die Beklagte im Hinblick auf § 11 VVG. nicht auf Art. 5 Abs. 5 AVB. berufen, wonach die Fälligkeit des Versicherungsanspruchs erst mit der Rechtskraft des Urteils eintreten soll und daher erst von da an Zinsen gefordert werden können. Rechtsirrtümlich hat aber der Berufungsrichter dem Kläger 10 % Zinsen seit dem 1. Februar 1929 zugesprochen. Denn der Zinsanspruch steht dem Kläger erst von der später bewirkten Klagzustellung an zu, und nur in der gesetzlichen Höhe von 4 % (§§ 246, 291 BGB.). Einen früheren Verzug der Beklagten und einen höheren Verzugsschaden hat der Kläger nicht behauptet, geschweige denn nachgewiesen.

Haftpflichtversicherung

RGZ. 93, 209.

Zur Wirkung und Ausübung des Absonderungsrechts nach § 157 des Gesetzes über den Versicherungsvertrag.

VII. Zivilsenat. Urt. v. 21. Juni 1918.

I. Landgericht I Berlin. — Kammergericht daselbst.

Der Ehemann der Klägerin erlitt am 30. Mai 1912 im Hause des Baumeisters B. einen Unfall und verstarb infolgedessen. B. war bei der Beklagten gegen Haftpflicht versichert. Die Klägerin erhob gegen ihn Ansprüche auf Gewährung einer Rente. Nachdem über das Vermögen des B. Konkurs eröffnet war und der Konkursverwalter die in dem Verfahren angemeldete kapitalisierte Forderung der Klägerin bestritten hatte, nahm diese den Rechtsstreit gegen ihn auf und erzielte ein rechtskräftiges Urteil des Kammergerichts vom 5. Juli 1916, wodurch ihre Forderung als Konkursforderung in Höhe von 15 120 M mit dem Recht auf abgesonderte Befriedigung aus der dem Gemeinschuldner gegen die Beklagte zustehenden Entschädigung festgestellt wurde. Die Beklagte zahlte auf die Forderung nur 770 M als Rente für die Zeit vom 1. November 1915 bis 30. September 1916, indem sie behauptete, die Klägerin könne von ihr nur die Zahlung von 70 M monatlicher Rente fordern.

Im vorliegenden Rechtsstreit klagte die Klägerin gegen die Beklagte 4300 M Teilbetrag der Kapitalforderung ein, weil die Umwandlung ihres Anspruchs gegen B. in eine Kapitalforderung auch die Verpflichtung der Beklagten zur Zahlung des Kapitals zur Folge habe. Die Beklagte widersprach, wurde aber vom Landgericht nach dem Klagantrag verurteilt. Ihre Berufung und ihre Revision wurden zurückgewiesen, letztere aus folgenden

Gründen:

„Der Berufungsrichter hat angenommen, daß die Klägerin legitimiert ist, sich wegen der ihr gegen B. als Haftpflichtschuldner erwachsenen Forderung an die Beklagte, bei welcher der Haftpflichtschuldner versichert war, zu halten, daß ferner der Klaganspruch auch in der im

Konkurse des B. für die Haftpflichtforderung festgestellten Gestalt eines Kapitalanspruchs begründet ist, und daß ein auf den § 8 Abs. 2 der Versicherungsbedingungen gestützter Einwand der Beklagten nicht durchgreift.

Die Revision kämpft in erster Reihe und vornehmlich gegen den Standpunkt an, daß für den Rückgriff gegen die beklagte Versicherungsgesellschaft eine Umwandlung der ursprünglichen Rentenforderung der Klägerin in eine Kapitalforderung eingetreten sei. Sie führt des näheren aus: Bei einer dem § 157 BGB. entsprechenden Auslegung des Versicherungsvertrags sei anzunehmen, daß die Beklagte dem Versicherungsnehmer für eine von ihm an Stelle einer Rente zu zahlende Abfindung in Kapital nicht unter anderen Voraussetzungen, als sich aus dem § 843 Abs. 3 BGB. ergebe, einzustehen habe. Der Konkursfall des Versicherten bilde nicht einen „wichtigen Grund" im Sinne dieser Vorschrift, da die Versicherungsgesellschaft dem Verletzten eine größere Gewähr für die pünktliche Entrichtung der Rente biete, als der Versicherte, auch wenn er nicht in Konkurs verfallen wäre, hätte gewähren können. Wenn die Entschädigungsforderung der Klägerin gegen B. zufolge ihrer Anmeldung als Konkursforderung gemäß §§ 69, 70 KO. kapitalisiert worden sei, so könne dieser Umrechnung nicht die Wirkung zukommen, daß auch die Versicherungsgesellschaft, wodurch ihre Lage erschwert würde, statt der auf die Lebenszeit der Berechtigten gestellten Rente das Abfindungskapital zu leisten habe. Die Befriedigung der Klägerin wegen ihres aus dem § 157 VersVG. hervorgehenden Absonderungsrechts erfolge außerhalb des Konkursverfahrens, und die Form, wie ihr Anspruch außerdem als Konkursforderung der Konkursmasse gegenüber geltend gemacht werde, könne auf das Verhältnis zwischen den Parteien keinen Einfluß üben.

Zuzugeben ist der Revision, daß sich aus dem angeführten § 843 Abs. 3 die streitige Verpflichtung der Beklagten nicht herleiten läßt. Aus dieser Vorschrift kann nicht, wie in erster Instanz unter Mitheranziehung des § 844 Abs. 2 BGB. angenommen war, ein Anspruch der Klägerin auf ein Abfindungskapital hergeleitet werden. Der Umstand, daß der Haftpflichtschuldner in Vermögensverfall und Konkurs geraten ist, stellt einen wichtigen Grund für die Kapitalforderung nicht dar, weil hinter diesem Schuldner noch die unzweifelhaft kapitalkräftige und zahlungsfähige Haftpflichtversicherungsgesellschaft steht. Einzuräumen ist auch, daß die Lage dieser Gesellschaft durch die Anforderung, statt einer Rente ein Kapital zu gewähren, erschwert wird. Die

Anforderung muß jedoch im Einklang mit der angefochtenen Entscheidung für berechtigt erachtet werden.

Wer Versicherung gegen Haftpflicht genommen hat, ist nach Eintritt eines Haftpflichtfalles einerseits verpflichtet, den verletzten Haftpflichtgläubiger zu entschädigen, anderseits in der Lage, den Versicherer auf Befreiung von dieser Verbindlichkeit in Anspruch zu nehmen. Wenngleich die versicherte Haftpflichtsumme wirtschaftlich die Bestimmung hat, den eingetretenen Schaden zu decken, fehlt es zunächst an jeder unmittelbaren rechtlichen Beziehung zwischen dem Haftpflichtgläubiger und dem Versicherer. Eine wesentliche Verstärkung erfährt die Rechtsstellung des Verletzten im Falle des Konkurses seines Schuldners durch das Absonderungsrecht des § 157 VersVG. Er gehört indes auch zu den persönlichen Gläubigern, welche einen zur Zeit der Eröffnung des Konkurses begründeten Vermögensanspruch an den Gemeinschuldner haben, also zu den Konkursgläubigern (§ 3 KO.). Ob er sich in dem Konkurs melden will, steht in seinem Belieben. Wie sich die Verhältnisse gestalten, wenn er sich von dem Konkursverfahren fernhält, braucht aber hier nicht erörtert zu werden. Er ist berechtigt, sich am Konkurs des Haftpflichtschuldners zu beteiligen, und insbesondere hat die Klägerin wegen ihrer Haftpflichtforderung (vgl. § 844 BGB.), die sie gegen B. schon vor seinem Konkurs durch Beanspruchung einer Rente eingeklagt hatte, an dem Konkurs dieses Schuldners teilgenommen, indem sie nach Kapitalisierung ihres Anspruchs ihre Forderung als Ausfallforderung anmeldete. Sie verband damit die Ankündigung eines Anspruchs auf abgesonderte Befriedigung, und sie ging, als der Verwalter ihre Forderung bestritt, gegen diesen durch Aufnahme des dem B. gegenüber anhängig gewordenen Rechtsstreits vor. Diese Schritte entsprechen der gegebenen Sachlage (vgl. §§ 3, 4, 6, 61, 64 flg., 144, 146 KO.). Die Rückgriffsforderung des Gemeinschuldners gegen die Beklagte war ein Bestandteil seines Vermögens und unterfiel mit der Eröffnung des Konkurses dem Konkursbeschlage. Die Befugnis zur Verfügung über das Vermögensrecht war auf den Konkursverwalter übergegangen, der hinsichtlich des ganzen zur Konkursmasse gehörigen Vermögens des Gemeinschuldners das Verwaltungs- und Verfügungsrecht auszuüben hat. Die Befriedigung der Klägerin als Absonderungsberechtigten an der bezeichneten Rückgriffsforderung hatte zwar unabhängig vom Konkursverfahren zu erfolgen. Bei dem Streit aber, der sich auf die zur Masse angemeldete Haftpflichtforderung und damit auch auf den Bestand des von der Klägerin beanspruchten Absonderungsrechts an der Rückgriffsforderung bezog, stand der Klägerin der

Verwalter als legitimierter Gegner gegenüber. Bevor nicht durch Austragung des Streites der Widerspruch des Verwalters beseitigt war, konnte die Klägerin nicht der im Hintergrunde stehenden Beklagten zumuten, zur Regulierung des Versicherungsfalls Zahlung oder Zahlungen an sie, die Haftpflichtgläubigerin, zu leisten. Aus alledem ergab sich Anlaß für die Klägerin, zunächst den Rechtsstreit mit dem Verwalter durchzuführen. Nach Erzielung des im Tatbestande näher bezeichneten Urteils vom 5. Juli 1916 mußte ihr daran gelegen sein, das zugesprochene Absonderungsrecht zur Verwertung zu bringen. Der Konkursverwalter war zwar befugt, aber nicht verpflichtet, ihr durch eignes Vorgehen gegen die Versicherungsgesellschaft zur Hilfe zu kommen (vgl. RGZ. Bd. 70 S. 257, Bd. 71 S. 363, Bd. 81 S. 250). Da er sich passiv verhielt, mußte die Klägerin selbst handeln.

Bei der Frage, wie der Haftpflichtgläubiger auf Grund des Absonderungsrechts des § 157 seine Befriedigung zu betreiben habe, begegnet man einer Lücke im Gesetze. Unzweifelhaft hat er wie jeder Absonderungsberechtigte außerhalb des Konkurses vorzugehen (§ 4 Abs. 2 KO.). Die in der Konkursordnung behandelten Absonderungsrechte beruhen auf außerhalb des Konkurses bestehenden Berechtigungen, die im materiellen bürgerlichen Rechte geregelt sind. Für das hier erhebliche, ausschließlich in Konkursfällen gegebene Absonderungsrecht fehlt es im Rechtssystem an solchen grundlegenden rechtlichen Beziehungen. Die Lage drängt dazu, dieses Absonderungsrecht nach Analogie des auf einem Pfandrechte beruhenden Absonderungsrechts zu behandeln und, soweit die Haftpflichtforderung fällig geworden ist, den Gläubiger in entsprechender Anwendung des § 1282 BGB. zur unmittelbaren Einziehung der seinem Schuldner gegen die Versicherungsgesellschaft zustehenden Entschädigungsforderung für berechtigt zu erklären. Dies entspricht auch im wesentlichen der im Schrifttum weit überwiegend vertretenen Auffassung (vgl. Jaeger, KO. § 49 Anm. 12 mit Nachw.; Josef, Assekuranz-Jahrbuch Bd. 34 S. 18). Der Befreiungsanspruch des Haftpflichtschuldners und Versicherungsnehmers hat sich zufolge des Konkurses in der Hand des Konkursverwalters in einen Zahlungsanspruch umgesetzt (RGZ. Bd. 81 S. 253). Daraus ergibt sich zunächst die Legitimation der Klägerin, zwecks Befriedigung ihres Haftpflichtanspruchs, soweit er fällig und versichert ist, die Beklagte unmittelbar auf Zahlung in Anspruch zu nehmen.

Fraglich bleibt noch der Umfang des gegen die Beklagte zu richtenden Anspruchs. An sich sind die §§ 65, 69, 70 KO., wonach betagte Forderungen als fällig gelten und wonach u. a. für Forderungen, deren

Geldbetrag ungewiß ist, sowie für wiederkehrende Hebungen zu einem bestimmten Betrage besondere Berechnungen vorgesehen sind, nur für Konkursforderungen und zur Ermöglichung anteilsmäßiger Verurteilungen der Konkursmasse im Konkursverfahren bestimmt. Die Absonderungsrechte hat das Gesetz aus dem Konkurs ausgeschieden. Auf sie können daher die vorbezeichneten Vorschriften nicht ohne weiteres Anwendung finden (vgl. RGZ. Bd. 23 S. 54, Bd. 86 S. 247). Die Bedenken, welche durch diesen Gesichtspunkt angeregt werden, finden jedoch im Sachstande ihre Erledigung. Die Klägerin hat unter Ankündigung ihres Absonderungsrechts die Haftpflichtforderung in voller vermeintlich bestehender Höhe im Konkurse angemeldet. Der Zusatz „als Ausfallforderung" besagte nur, daß sich das Befriedigungsverlangen zur Teilungsmasse auf den Ausfall beschränkt. Die Anmeldung war nach § 64 KO. zulässig. Im Vorprozesse hat die Klägerin sodann rechtskräftig erwirkt, daß ihre Forderung als Konkursforderung auf 15 120 M mit dem Recht auf abgesonderte Befriedigung aus der dem Gemeinschuldner gegen die Beklagte zustehenden Entschädigung festgestellt ist. Der Inhalt jener Entscheidung wirkt nicht nur gegen den zur Verfügung über die Versicherungsforderung legitimierten Verwalter, sondern auch gegen den Gemeinschuldner B., der gegen die angemeldete Forderung einen Widerspruch überhaupt nicht erhoben hatte. Auf Grund des Urteils konnte die Klägerin jederzeit eine Berichtigung der Konkurstabelle erreichen (§ 146 KO.), und die Darlegungen der hier angefochtenen Entscheidung lassen ersehen, daß der Inhalt der Entscheidung des Vorprozesses auch tatsächlich in die Konkurstabelle übernommen ist. Hierdurch ist die Rechtskraftwirkung des gegen den Verwalter ergangenen Feststellungsurteils auch dem Gemeinschuldner gegenüber vermittelt worden (§§ 144, 164 Abs. 2 KO.). Die herrschende Meinung nimmt an, daß die ohne Widerspruch oder nach Überwindung eines erhobenen Widerspruchs erfolgte Feststellung einer Forderung als Konkursforderung zur Konkurstabelle auch über den Konkurs hinaus dauernd und endgültig für und gegen den Gäubiger und den Gemeinschuldner wirkt und daß namentlich auch die in Gemäßheit der §§ 65, 69, 70 KO. bei der Feststellung vorgenommenen Umrechnungen und Umwandlungen für und gegen jene Beteiligten fortwährend bestehen und bindend bleiben (vgl. Jaeger, KO. § 164 Anm. 3, 10; v. Wilmowski-Kurlbaum, KO. § 164 Anm. 4, 5). Dieser im Berufungsurteile gebilligten Ansicht tritt auch der erkennende Senat bei. Ihre Rechtfertigung liegt in der Erwägung, daß die Feststellung zur Konkurstabelle hinsichtlich ihrer Bedeutung und Wirkungen einem rechtskräftigen Urteile gleichsteht. Demgemäß hat die ursprünglich als ein Anspruch auf Rente gestaltete Haftpflichtforderung der Klägerin an B. dauernd die Umwandlung in eine Kapitalforderung von 15 120 M erfahren.

Mit der hieraus ersichtlichen fälligen Kapitalschuld des B. stimmt im Gegenstande die auf dem Versicherungsvertrage beruhende Schuldverbindlichkeit der ersatzpflichtigen Beklagten überein. Demnach darf die Klägerin, die nach Anhalt des § 1282 BGB. zur Einziehung der seitens der Beklagten geschuldeten Leistung berechtigt ist, von dieser Rückgriffsschuldnerin den mit der Klage als Teil eines Kapitals von 15 120 M beanspruchten Betrag fordern. Der Gedanke der Revision, nach dem maßgeblichen Sinne eines Haftpflichtversicherungsvertrags habe der Versicherer dem Vertragsgegner für eine an die Stelle einer Rentenschuld tretende Kapitalschuld ausschließlich in dem in § 843 Abs. 3 BGB. bezeichneten Falle einzustehen, ist haltlos und abzulehnen. Will man die Frage so stellen, ob sich bei der Haftpflichtversicherung der Gefahrenbereich für den Versicherer auch miterstreckt auf die Gefahr, daß der Vertragsgegner in Konkurs gerät und hierdurch die Gestaltung eines unter die Versicherung fallenden Haftpflichtanspruchs beeinflußt wird, so ist dies unbedenklich zu bejahen. Dafür spricht der § 157 VersVG. und auch die Erwägung, daß bei der Haftpflichtversicherung für die Entstehung, die Art und den Umfang von Leistungspflichten des Versicherers regelmäßig Handlungen oder auch Verhältnisse des Vertragsgegners maßgeblich bestimmend sind, die in der Zukunft liegen und sich nicht im voraus übersehen lassen.

§ 8 Abs. 2 der Versicherungsbedingungen besagt, daß der Versicherungsnehmer die Interessen des Nordstern stets zu wahren hat, also nicht ohne vorherige Zustimmung der Gesellschaft eine Entschädigungsverpflichtung anerkennen darf, und daß Nichtbefolgung der Verpflichtung die Direktion berechtigt, jede Ersatzleistung aus dem Schadensereignis abzulehnen. Den mit Bezug hierauf erhobenen Einwand der Beklagten, B. hat dieser Vertragsverpflichtung zuwidergehandelt und seine Ansprüche verwirkt, weil er es unterlassen habe, der im Konkurs angemeldeten Forderung der Klägerin zu widersprechen, hat der Berufungsrichter für unbegründet erachtet. Hiergegen wendet sich die Revision in zweiter Reihe. Sie meint, im Falle einer Mitbeteiligung des B. an dem Vorprozesse wäre es möglicherweise ihm oder nach einer Streitverkündung an die Versicherungsgesellschaft dieser gelungen, in jenem Rechtsstreit ein günstigeres Urteil zu erzielen. Allein das Berufungsurteil erwägt rechtlich einwandfrei, daß ein Widerspruchsrecht des B. gegen die Umwandlung der Rentenforderung in eine Kapitalforderung als solche nicht gegeben war, da die §§ 69, 70 KO. zwingendes Recht sind, daß der Widerspruch sich nur gegen den Anspruch und die Höhe der Kapitalforderung richten, aber nie zu einer außerhalb des Konkursverfahrens eintretenden Zurückverwandlung der Forderung in eine Rentenforderung führen konnte, daß der vom Konkursverwalter in vollem Umfang erhobene Widerspruch durch das Urteil vom 5. Juli 1916 beseitigt ist und, wenn auch der Gemeinschuldner widersprochen hätte, dessen Widerspruch ebenso beseitigt worden wäre, sonach aber die Erhebung eines Widerspruchs seitens des Gemeinschuldners für die Beklagte nicht von Bedeutung gewesen sein würde. Im Anschluß daran zieht das Urteil zur Widerlegung des Einwandes den § 154 Abs. 2 VersVG. heran. Ob letzterem von der Revision bemängelten Beweisgrunde beizustimmen ist, kann auf sich beruhen. Jedenfalls ist durch die vorangeführten Urteilserwägungen, welche die Revision nicht zu entkräften vermocht hat, der Mangel eines begründeten Interesses der Versicherungsgesellschaft daran, daß sich auch der Gemeinschuldner am Widerspruche des Konkursverwalters und am Vorprozeß tätig beteiligte, dargetan. Unter solchen Umständen aber muß die aus dem passiven Verhalten des B. hergeleitete Wirkungseinrede versagen (vgl. auch das Urteil des erkennenden Senats vom 18. Mai 1917 VII. 66/17)."

RGZ. 97, 206.

Zum Begriff des Aufruhrs und seiner Folgen im Versicherungsrecht.

VII. Zivilsenat. Urt. v. 28. November 1919.

I. Landgericht I Berlin. — II. Kammergericht daselbst.

In der Nacht vom 9. zum 10. November 1918 ist in das Geschäftslokal des Klägers eingebrochen, Sachen im Werte von 55 850 M sind gestohlen worden. Die Beklagte zu 2 haftet vertraglich für 3/4 eines durch Einbruchsdiebstahl entstandenen Schadens, lehnt aber jede Zahlung ab, weil sie für Schäden nicht aufzukommen habe, die „infolge eines Aufruhrs entstehen", § 2 b der Allgemeinen Versicherungsbedingungen. Beide Vorinstanzen haben der Klage stattgegeben. Das Reichsgericht hat das Berufungsurteil aufgehoben und die Sache an das Berufungsgericht zurückverwiesen.

Gründe:

. . . „Den Begriff des Aufruhrs im Sinne der Versicherungsbedingungen bestimmt das Kammergericht, dem Landgerichte folgend, nach dem Strafgesetzbuche, sieht als Aufruhr aber nicht nur das an, was als solcher, sondern auch das, was als Landfriedensbruch bestraft wird (vgl. §§ 115, 125 StGB.). Ein Aufruhr soll es danach sein, wenn Menschenmengen bei einer öffentlichen Zusammenrottung widersetzliche Handlungen gegen die staatlichen Sicherheitsorgane (§§ 115, 113 StGB.), oder Gewalttaten gegen Personen und Sachen begehen (§ 125 StGB.).

Die Begriffsbestimmung des Kammergerichts ist zu eng. Nicht entscheidend ist, da darin der strafrechtliche Aufruhrtatbestand nicht erschöpfend berücksichtigt ist. Auch das Kammergericht wollte offenbar nicht bestreiten, daß die Versicherungsbedingungen *mindestens alles* das als Aufruhr ansehen, was das Strafgesetzbuch als solchen bestraft, und daß strafrechtlich ein Aufruhr nach § 115 StGB. auch in der Verbindung mit § 114 das. gegeben sein kann. Erforderlich ist insoweit, daß bei einer öffentlichen Zusammenrottung mit vereinten Kräften unternommen wird, durch Gewalt oder Drohung eine Behörde oder einen Beamten zur Vornahme oder Unterlassung einer Amtshandlung zu nötigen. Entscheidend kommt vielmehr folgendes in Betracht: Die Regierung eines Landes wird tätig durch einen Kreis von Behörden und Beamten. Am äußersten Rande stehen die Beamten, die zur Vollstreckung von Gesetzen, Befehlen und Anordnungen der Verwaltungsbehörden und von Urteilen und Verfügungen der Gerichte berufen sind. Sie halten letzten Endes den Zustand der öffentlichen Ruhe und Ordnung aufrecht, der dem einzelnen die Sicherheit seiner Person und seines Eigentums gewährleistet. Ist es nun ein Aufruhr im Sinne der Versicherungsbedingungen, wenn eine zusammengerottete Menschenmenge die öffentliche Ordnung und Sicherheit durch Gewalttaten gegen Personen oder Sachen verletzt, den Vollstreckungsbeamten Widerstand leistet, oder auch Behörden oder Beamte überhaupt an freier Amtsausübung hindert, dann muß es auch als Aufruhr angesehen werden, wenn sich die Angriffe der zusammengerotteten Menge gegen den Mittelpunkt des ganzen Beamtenkreises richten, gegen die Spitze des gesamten Staates, die Regierung als solche. Von ihr leiten alle Behörden und Beamten ihre Vollmacht ab, in ihr werden alle Behörden und Beamte angegriffen, mit ihrem Falle werden alle in ihrer Tätigkeit zunächst lahmgelegt. Die so herbeigeführte Erschütterung der öffentlichen Ordnung ist in ihren Wirkungen sogar tiefgehender und nachhaltiger, als bei aufrührerischen Bewegungen gegen untergeordnete Stellen.

Auch der innere Sinn der Versicherungsbedingungen erfordert diese Auslegung. Die Beklagte zu 2 soll für die Folgen eines Aufruhrs nicht haften, weil sie unabsehbar sind und die Versicherungsbeiträge zu hoch würden, wenn man auch diese Gefahren in die Versicherung einbezöge. Ob sich die Angriffe einer aufgeregten Menschenmenge nur gegen Personen oder Sachen richten, oder gegen Vollstreckungsbeamte, oder gegen Behörden und Beamte überhaupt, oder endlich gegen die Staatsregierung selbst, macht begrifflich keinen Unterschied. In allen diesen Fällen liegt die Gefahr nahe, daß durch den einzelnen Rechtsbruch das Rechtsbewußtsein der Menschen im ganzen erschüttert und getrübt, daß die niederen Triebe entfesselt und Gewalttaten aller Art begangen werden.

Ein Vergleich endlich mit anderen Bestimmungen bestätigt diese Auslegung. Das Gesetz über den Versicherungsvertrag kennt den Begriff des Aufruhrs nicht. Der Vorentwurf wollte die Haftung für durch Aufruhr verursachte Brandschäden ausschließen, der Hauptentwurf hat diese Bestimmung aber gestrichen (Gerhard-Manes, Gesetz über den Versicherungsvertrag § 84 Anm. 3). Einschlägige Vorschriften finden sich indessen in vielen Versicherungsbedingungen. Es wird die Haftung ausgeschlossen „für die Folgen eines Aufruhrs oder Landfriedensbruchs", § 1 Abs. 3 der Allg. Feuerversicherungsbedingungen von 1886 und 1887 (a. a. O. S. 441 flg.), für die „Folgen eines Aufruhrs", § 31 der Versicherungsbedingungen der Rheinischen Viehversicherungs-Anstalt a. G. zu Köln (a. a. O. S. 500), für „Schäden und Verluste, enstanden durch Aufruhr, Plünderung", § 3 der Allg. Bedingungen eines Versicherungsscheins auf Kasko für die Schiffahrt auf dem östlichen deutschen Stromgebiet (a. a. O. S. 553) und § 2 der Allg. Versicherungsbedingungen für den Transport von Gütern auf Flüssen und Binnengewässern (a. a. O. S. 571). Die Maschinenversicherungen (Manes, Vers.-Lexikon S. 837) schließen aus die Folgen von „Aufruhr, Streiks, Tumult", die Wasserleitungsversicherungen (a. a. O. S. 1548) die Folgen von „bürgerlichen Unruhen, Aufruhr". Die öffentlichen Feuersozietäten (a. a. O. S. 366) entschädigen dagegen auch für die Folgen von „Aufruhr oder Landfriedensbruch". Erwähnt sei auch noch, daß Ehrenberg im Handbuch des Versicherungs-Rechts Bd. I S. 324 von Aufstand spricht. Gemeint ist an allen den verschiedenen Stellen offenbar dasselbe; nichts läßt sich dafür anführen, daß mit den anderen Worten jedesmal auch ein anderer Sinn verbunden ist. Es wird vielmehr der Begriff des Aufruhrs als ein allgemeiner Begriff des Versicherungsrechts anzuerkennen sein, der in sich alles das umschließt, was der Sprachgebrauch, teilweise in Anlehnung an das Strafgesetzbuch, als Aufruhr, Landfriedensbruch, Tumult, Plünderung, Aufstand, bürgerliche Unruhen bezeichnet. In diesem Sinne ist das Wort auch in den Versicherungsbedingungen der Beklagten zu 2 gebraucht.

Als Folge eines Aufruhrs will das Kammergericht einen Einbruchsdiebstahl nur dann anerkennen, wenn ein unmittelbarer Zusammenhang zwischen der Zusammenrottung aufständischer Menschenmengen und dem Einbruche besteht. Soll damit das Erfordernis aufgestellt werden, daß die aufständische Menschenmenge selbst — ganz oder wenigstens in Teilen — unmittelbar nach ihren Aufstandshandlungen zu Einbruchsdiebstählen schreitet, so geht das zu weit. Die Notwendigkeit eines solchen engen Zusammenhangs ergibt sich nicht aus dem in den Versicherungsbedingungen gebrauchten Wort „Folge". Anderseits wird man nicht sagen können, daß die Beklagte zu 2 sich in demselben Umfange von der Haftung befreit hat wie die Versicherungsgesellschaft in dem RGZ. Bd. 90 S. 378 flg. entschiedenen Falle. Jene Gesellschaft haftete nicht im Falle eines Aufruhrs, es sei denn, daß weder er noch seine Wirkungen noch die dadurch hervorgerufenen Zustände, insbesondere der Zerstörung und mangelnden Ordnung, unmittelbar oder mittelbar die diebische Absicht oder die Ausführung des Einbruchsdiebstahls irgendwie beeinflussen oder begünstigen konnten. Hier ist in einer durch das Umkehren der Beweislast noch verschärften Form jede Haftung der Versicherungsgesellschaft selbst für die entferntesten, wirklichen oder auch nur möglichen, Folgen des Aufruhrs abgelehnt. Wo im vorliegenden Falle die Grenzlinie zu ziehen ist, ergibt sich aus der Erwägung, daß die Versicherungsbedingungen der Gesellschaften sich an die Allgemeinheit wenden und die darin gebrauchten Ausdrücke deshalb so verstanden werden müssen, wie ein unbefangener Laie sie auffaßt. Unter den Folgen eines Ereignisses versteht ein solcher das, was mit dem Ereignis in einem der Natur der Sache entsprechenden Zusammenhange steht oder, anders ausgedrückt, was sich aus dem gegebenen Ereignis nach dem gewöhnlichen Laufe der Dinge mit einer gewissen Notwendigkeit entwickelt, also das, was durch den juristischen Fachausdruck des adäquaten Zusammenhanges bezeichnet wird (vgl. RGZ. Bd. 84 S. 359 flg.). Schon oben ist angedeutet, daß ein gewalttätig herbeigeführter Rechtsbruch häufig das Rechtsbewußtsein in seiner Gesamtheit erschüttert, daß dann Ausschreitungen aller Art sich anschließen und die öffentliche Sicherheit schließlich aufgehoben wird. Wenn dies auch bei dem Umsturze vom 9. November 1918 eingetreten ist, so wird man es, falls nicht besondere Umstände dagegen sprechen, als seine natürliche Folge betrachten können.

Auf diesen Standpunkt stellt sich das Kammergericht bei der Erörterung eines Hilfsgrundes. Für den Fall, daß die Vorgänge vom 9. November 1918 als Aufruhr zu werten seien und die Beklagte zu 2 sich durch ihre Versicherungsbedingungen von der Haftung auch für die entfernten Folgewirkungen des Aufruhrs befreit habe, sieht das Kammergericht eine überwiegende Wahrscheinlichkeit dafür, daß der Einbruch in das Geschäft des Klägers die Folge einer durch die Staatsumwälzung eingetretenen Unsicherheit war, dann als gegeben an, wenn es damals, d. h. in der Nacht vom 9. zum 10. November 1918, schon zu umfangreichen Plünderungen seitens des zusammengerotteten Verbrechertums gekommen wäre. Das aber hält das Kammergericht für nicht dargetan. Mit Grund rügt die Revision, daß dabei ein in zweiter Instanz gestellter Beweisantrag übergangen und dadurch § 286 ZPO. verletzt ist. Die Beklagte hatte eine Schilderung von den Zuständen gegeben, die am Nachmittag des 9. November 1918 und in der daran anschließenden Nacht in Berlin geherrscht hätten. Die Stadt sei nach der Amtsentsetzung von Polizei und Schutzmannschaft der heftig erregten Menge ausgeliefert gewesen, eine große Anzahl von Einbrüchen und Plünderungen habe in Ladengeschäften stattgefunden, besonders im nördlichen Teile der Stadt, wo auch das Geschäft des Klägers liege. Eine Auskunft des Polizeipräsidenten und des Ministers des Innern sollte das bestätigen. Die unter Beweis gestellte Tatsache deckt sich mit derjenigen, deren Unerwiesenheit den Hilfsgrund des Kammergerichts trägt. Von vornherein unerheblich war der Beweisantrag also nicht. Er läßt sich auch nicht als ein bloßer Beweisermittelungsantrag kennzeichnen, wennschon die einzelnen Straftaten nicht aufgeführt sind, die von den angerufenen Behörden bestätigt werden sollen. Glaubte das Kammergericht insoweit strenge Anforderungen an den Beweisantritt stellen zu sollen, so hätte es, wie ebenfalls die Revision betont, von seinem Fragerechte nach § 139 ZPO. Gebrauch machen müssen." . . .

RGZ. 101, 213.

Zur Verwirkung der Rechte des gegen Haftpflicht Versicherten.

VII. Zivilsenat. Urt. v. 14. Januar 1921.

I. Landgericht Elberfeld. — II. Oberlandesgericht Düsseldorf.

Der Erblasser der Kläger war bei der Beklagten gegen die aus Personen- und Sachbeschädigung begründete gesetzliche Haftpflicht versichert und in die Versicherung war auch die persönliche Haftpflicht eines Kraftwagenführers des Versicherungsnehmers für dienstliche Fahrten eingeschlossen. Am 17. Dezember 1914 ist die E. B. in S. von einem dem Versicherungsnehmer gehörigen Kraftfahrzeuge, das von dessen Wagenführer Sch. gelenkt wurde, überfahren worden. Sie hat deshalb gegen Sch. und gegen die Erben des inzwischen verstorbenen Versicherungsnehmers auf Schadensersatz geklagt. Der Miterbe H. O. bestellte durch Vermittlung des Rechtsanwalts Dr. K. in R. die Rechtsanwälte Schu. I und II in E. zu Prozeßbevollmächtigten der Erben O. und des Sch., womit die Versicherungsgesellschaft J. stillschweigend einverstanden war. Mittels Schriftsatzes vom 15. Februar 1917 widerriefen die Rechtsanwälte Justizrat D. und K. in E. beim dortigen Prozeßgericht die Vollmacht der Rechtsanwälte Schu. und bestellten sich anstatt ihrer zu Prozeßbevollmächtigten sämtlicher Beklagten. Durch Schreiben vom 20. dess. Mon. kündigte H. O. den Rechtsanwälten Schu. I und II die Vollmacht. Durch Schreiben vom 28. Februar 1917 entzog darauf die Versicherungsgesellschaft den Erben O. den Versicherungsschutz. Infolge eines weiteren Briefwechsels zwischen ihr und H. O. erklärte sie durch Schreiben vom 27. März dess. Jahres ihre ablehnende Stellungnahme für erledigt und sagte den Versicherungsschutz wieder zu. Die Rechtsanwälte D. und K. waren inzwischen von H. O. zur Niederlegung der Vertretung der Erben O. veranlaßt worden. Sie führten aber den Rechtsstreit für Sch. weiter. Aus diesem Anlaß lehnte die Versicherungsgesellschaft durch Schreiben an H. O. vom 9. Juli 1917 mit näherer Begründung von neuem ein Eintreten und eine Haftungsübernahme für die Erben O. ab. Die Kläger beantragten sodann mit der Klage des vorliegenden Rechtsstreits Verurteilung der Beklagten, sie von allen Verpflichtungen zu befreien, die ihnen wegen des Überfahrens der E. B. durch den Kraftwagen ihres Erblassers oblägen, und ihnen alles zu ersetzen, was sie wegen des Unfalls an E. B. zahlen müßten.

Das Landgericht entsprach dem Klageverlangen. Auf Berufung der Beklagten wurde dagegen vom Oberlandesgericht die Klage abgewiesen. Die Revision der Kläger blieb erfolglos.

Gründe:

Für die Beurteilung des Rechtsfalles geht das Berufungsurteil unbedenklich zutreffend von folgenden Bestimmungen der allgemeinen Versicherungsbedingungen der Beklagten aus. Nach § 13 der Bedingungen ist ein Prozeß, der aus einem Versicherungsfall entsteht, von der Gesellschaft im Namen des Versicherten zu führen; letzterer ist verpflichtet, dem ihm von der Gesellschaft zu bezeichnenden Rechtsanwalt Vollmacht zu erteilen und die Führung des Prozesses lediglich der Gesellschaft zu überlassen. § 4 der Bedingungen besagt: „Soweit sich die Versicherung auf Haftpflichtansprüche gegen andere Personen als den Versicherungsnehmer selbst erstreckt, steht die Ausübung der Rechte aus dem Versicherungsvertrag ausschließlich dem Versicherungsnehmer zu. Derselbe ist auch für die Erfüllung der Obliegenheiten verantwortlich" . . ., und im § 18 der Bedingungen am Schlusse heißt es: „Wird eine Obliegenheit verletzt, die nach dem Eintritt des Versicherungsfalles der Gesellschaft gegenüber zu erfüllen ist, so ist die Gesellschaft von der Verpflichtung zur Leistung frei, es sei denn, daß die Verletzung dieser Pflichten weder auf Vorsatz noch auf grober Fahrlässigkeit beruht."

Das Berufungsurteil nimmt nun an, nachdem der Kläger H. O. die Rechtsanwälte Justizrat D. und K. veranlaßt hatte, in dem Haftpflichtprozeß der E. B. die Vertretung der jetzigen Kläger niederzulegen, habe er trotzdem entgegen dem § 13 der Versicherungsbedingungen jenen Rechtsstreit tatsächlich durch die genannten Anwälte weitergeführt. Im einzelnen stellt das Urteil zum Nachweis erheblicher Zuwiderhandlungen gegen die §§ 4, 13, 18 der Bedingungen fest: Der Kläger H. O. habe im März 1917 den vorgenannten Anwälten nur die Vollmacht für die Erben O. entzogen und es pflichtwidrig unterlassen, ihnen auch die Vollmacht für Sch. zu entziehen. Er habe ferner den Sch. veranlaßt, dem Justizrat D. schriftliche Vollmacht zu erteilen, während er den Sch. nach den Versicherungbedingungen nicht an diesen Anwalt, sondern an die Rechtsanwälte Schu. I und II hätte verweisen sollen. Auf dem Wege und in dieser Form habe er endlich auch im Widerspruch mit dem § 13 die Absicht verwirklicht, daß der Haftpflichtprozeß von seiten der Erben O. tatsächlich durch Justizrat D. und Rechtsanwalt K. weiterbetrieben wurde. Letzteres ist im Urteil noch des näheren begründet worden. Die im vorstehenden angedeuteten Erwägungen ergeben nirgends einen wesentlichen Rechtsirrtum. Sie weisen zureichend nach, daß der Generalbevollmächtigte der in die Rechtsstellung als Versicherungsnehmer eingetretenen Rechtsnachfolger des H. O. sen. versicherungsvertragliche Obliegenheiten vorsätzlich verletzt hat, und tragen die der Verwirkungseinrede stattgebende Entscheidung. Die dagegen von der Revision vorgetragenen Bedenken müssen versagen.

Die Revision will den Sch. als einen außerhalb jeder Rechtsbeziehung zur Versicherungsgesellschaft stehenden Dritten ansehen, der aus dem Versicherungsvertrag weder forderungsberechtigt war noch auch irgendwelche Obliegenheiten gegenüber der Gesellschaft hatte, und folgert hieraus, daß auch die Kläger als Versicherungsnehmer nicht für Erfüllung von Obliegenheiten des Sch. verantwortlich werden konnten. Hiermit wird jedoch die Rechtslage verkannt (vgl. §§ 151, 75 flg. VersVG.; §§ 328 flg. BGB.). Wenn auch der Beklagten nur der Erblasser der Kläger als vertragschließender Versicherungsnehmer gegenübergetreten ist, so galt doch die Versicherung, insoweit auch die persönliche Haftpflicht eines Chauffeurs für dienstliche Fahrten eingeschlossen wurde, zugleich als eine für fremde, nämlich Sch.s Rechnung genommene Versicherung. Neben dem Versicherungsrecht des vertragschließenden O. sen. und seiner Erben ist unmittelbar aus dem Vertrag auch ein Vertragsrecht Sch.s erwachsen, dessen Ausübung freilich durch den angeführten § 4 dem Versicherungsnehmer, also dem Erblasser O. und nach ihm den Klägern, zugewiesen war. Dementsprechend war es grundsätzlich möglich, daß Obliegenheiten, die der Versicherungsvertrag zu Lasten des Versicherten vorsah, sich auch für Sch. ergaben. Dazu gehörten namentlich die aus § 13 der Bedingungen erwähnten Auflagen. Die Verantwortlichkeit für die Erfüllung der auf seiten der Versicherten bestehenden, mithin auch der den Sch. angehenden Obliegenheiten war wiederum durch den vorbezeichneten § 4 dem Versicherungsnehmer, also nach dem Ableben des O. sen. den Klägern zugewiesen. Danach hätte ihr Generalbevollmächtigter H. O. jun., als im Februar 1917 seine für den ganzen Kreis der Versicherten vorgenommene Vollmachtskündigung an die Anwälte Schu. I und II und Vollmachtsübertragung auf die Anwälte D. und K. seitens der Beklagten ernstlichst beanstandet war, seinen falschen Schritt im ganzen rückgängig machen und es nicht unterlassen sollen, die letztgenannten Anwälte auch, soweit es sich um Vertretung Sch.s handelte, durch die Anwälte Schu. I und II zu ersetzen. Hieran kann nichts ändern, daß, wie die Revision unter Hinweis auf die betreffende vorinstanzliche Behauptung der Kläger geltend macht, weder Sch. noch auch die Kläger für ihn von der Beklagten Versicherungsschutz in Anspruch nehmen. Daraus läßt sich noch nicht einmal soviel folgern, daß Sch. das aus dem Vertrag erworbene Versicherungsrecht im Laufe der Vorinstanz der Versicherungsgesellschaft gegenüber zurückgewiesen habe (§ 333 BGB.). Wollte man aber selbst diese Folgerung ziehen, so kommen doch hier nur die Verhältnisse in den ersten Monaten 1917 in Betracht. Damals lag ein Versicherungsrecht Sch.s in der Gestalt eines durch die noch mögliche Ablehnung Sch.s resolutiv bedingten Rechtes vor. Dies aus dem Vertrag erwachsene Recht hatte der Kläger H. O. bei Erfüllung der von ihm für den ganzen Kreis der aus der Versicherung Berechtigten beachtlichen Obliegenheiten mit zu berücksichtigen. Ob die ihm insofern zur Last fallende Unterlassung schon genügt hätte, zur Verwirkung des Versicherungsanspruchs der Kläger zu führen, bedarf nicht der Prüfung. Denn das Berufungsurteil hat auch dargelegt, daß und wie weiterhin seitens der Erben O. und insbesondere ihres Generalbevollmächtigten durch positive Tätigkeit der Vorsatz verwirklicht wurde, der vertraglichen Obliegenheit, wonach die Führung des Haftpflichtprozesses auf seiten der Versicherten lediglich der Versicherungsgesellschaft zu überlassen war, zuwiderzuhandeln. Erfolglos versucht die Revision mit der Ausführung, jener Prozeß komme nur insoweit in Betracht, als er gegen die Erben O. gerichtet war, alle Vorgänge auszuscheiden, die sich als Tätigkeit für den beklagten Sch. auffassen ließen. Solange als Sch. den Anfall des Versicherungsrechts nicht ausgeschlagen hatte, lag ein wesentlich einheitlicher Prozeß gegen Versicherte vor, für dessen ganzen Umfang die in Gemäßheit der §§ 4, 13 der Bedingungen beachtlichen Obliegenheiten Geltung hatten. Im übrigen will die Revision auch den im Haftpflichtprozeß von den Erben O. im Bereich ihrer eigenen Parteistellung als Beklagten fortgesetzten Verkehr mit den Anwälten D. und K. nicht als Zuwiderhandlung gegen den § 13 der Bedingungen beurteilt wissen. Der Vortrag der Revision zu dem Punkte bewegt sich indes überwiegend auf tatsächlichem Gebiet und kann insofern Beachtung nicht finden (§ 549 ZPO.). Das Rechtsgebiet berührt ihre Ausführung, die Kläger hätten weder in die Prozeßführung der Versicherungsgesellschaft eingegriffen noch deren Interessen geschädigt und deshalb einen Verstoß gegen ihre Obliegenheiten nicht begangen. Darin ist aber der Revision nicht zu folgen. Die hier anwendbaren Versicherungsbedingungen enthalten das uneingeschränkte Gebot, daß die Versicherten die Führung des Haftpflichtprozesses lediglich der Gesellschaft zu überlassen haben. Ist, wie vorliegend feststeht, seitens der Versicherungsnehmer vorsätzlich die Prozeßführung nicht lediglich der Gesellschaft überlassen worden, so sind nach den eingangs bezeichneten §§ 4, 13, 18 die Voraussetzungen der Verwirkung des Versicherungsanspruchs gegeben, ohne daß es noch weiter, woran die Revision denkt, darauf ankommt, ob der Gesellschaft gegenüber ein Eingriff in die Prozeßführung oder eine Interessenschädigung vorgenommen sei.

RGZ. 102, 215.

Haftet der Versicherungsnehmer einer Versicherung gegen Einbruchsdiebstahl für ein Verschulden des Wächters, durch den er seiner Obliegenheit, die versicherten Räume bewachen zu lassen, nachkommt, als eines Erfüllungsgehilfen?

VII. Zivilsenat. Urt. v. 31. Mai 1921.

I. Landgericht I Berlin. — II. Kammergericht daselbst.

Die Klägerin war bei der Beklagten gegen Einbruchsdiebstahl versichert. Laut Versicherungsschein war unter anderem folgende besondere Bedingung vereinbart: „Von 10 Uhr abends bis 7 Uhr früh eines jeden Tages, auch über die Sonn- und Feiertage hinweg, werden die Räume durch einen Innenwächter, der in dem Versicherungslokal schläft, bewacht. Die Gültigkeit der Versicherung ist dadurch bedingt, daß vorgenannte Räume mit dem im Antrage angegebenen Sicherheitsvorrichtungen versehen sind und dieselben ordnungsmäßig angewandt werden."

In der Nacht zum 2. Mai 1919 wurde in die Versicherungsräume eingebrochen und Sachen im festgesetzten Wert von 120 000 M gestohlen. Die Beklagte verweigert die Zahlung der Entschädigung, weil der Innenwächter sich in der fraglichen Nacht nicht im Versicherungslokal aufgehalten habe. Die Klägerin hat dies bestritten, jedenfalls aber ein eigenes Verschulden an der angeblichen Pflichtwidrigkeit des Wächters, bei dessen Auswahl sie die verkehrserforderliche Sorgfalt aufgewendet habe, in Abrede gestellt. Beide Vorinstanzen haben die Beklagte antragsgemäß zur Zahlung verurteilt. Die Revision wurde zurückgewiesen aus folgenden

Gründen:

Gemäß § 8 der Allgemeinen Versicherungsbedingungen darf der Versicherungsnehmer, falls er bestimmte Obliegenheiten zum Zwecke der Verminderung der Gefahr oder der Verhütung einer Gefahrerhöhung übernimmt (Sicherheitsvorschriften), diese Obliegenheiten weder selbst verletzen, noch deren Verletzung durch einen Dritten gestatten oder dulden. Als Rechtsfolge einer Verletzung räumt Abs. 2 dem Versicherer das Kündigungsrecht ein und bestimmt weiter, daß der Versicherer von der Verpflichtung zur Leistung frei sein soll, wenn der Versicherungsfall nach der Verletzung eintritt und die Verletzung auf Vorsatz oder auf grober Fahrlässigkeit des Versicherungsnehmers beruht. Die Obliegenheit, die Versicherungsräume nachts durch einen Wächter bewachen zu lassen, ist eine solche Sicherheitsvorschrift im Sinne des § 8.

Der Berufungsrichter hat die Behauptung der Beklagten als richtig unterstellt, daß der von der Klägerin angestellte Wächter in der Diebstahlsnacht nicht auf seinem Posten war, verneint aber ebensowohl eigenes grobes Verschulden der Klägerin als auch ihre Haftbarkeit für die schuldhafte Pflichtwidrigkeit des Wächters aus § 278 BGB. Die nach beiden Richtungen von der Revision erhobenen Angriffe können nicht als begründet erachtet werden.

Was zunächst die Frage angeht, ob der Wächter ein „Dritter" oder aber Erfüllungsgehilfe der Klägerin im Sinne des § 278 BGB. gewesen ist, so kann für den hier zu entscheidenden Fall dahingestellt bleiben, ob die Vorschrift, die Räume durch einen Wächter nachts bewachen zu lassen, die Natur einer Schuldnerverbindlichkeit oder einer Bedingung oder Voraussetzung des Anspruchs auf Leistung der Versicherungssumme hat. Denn es steht außer jedem Zweifel, daß die Klägerin nicht selbst die Räume zu bewachen hatte, sondern daß sie der in die besonderen Versicherungsbedingungen aufgenommenen Sicherheitsvorschrift genügte, wenn sie eine vertrauenswürdige Person mit der Bewachung betraute und deren Tätigkeit beaufsichtigte. Der Wächter hatte also nicht eine Verpflichtung des Versicherungsnehmers, die diesem selbst gegenüber dem Versicherer obgelegen hätte, zu erfüllen, sondern eine eigene Verpflichtung, die er dem Versicherungsnehmer gegenüber übernommen hatte. Erfüllungsgehilfen im Sinne des § 278 BGB. sind aber nur die Personen, deren der Schuldner sich zur Erfüllung seiner Verbindlichkeiten bedient (RGZ. Bd. 72 S. 219, Bd. 74 S. 166, Urteil vom 15. Oktober 1920 VII. 140/20.). Der Wächter war also nicht Erfüllungsgehilfe der Klägerin, sondern ein Dritter. Die Klägerin hat demnach nicht gemäß § 278 BGB. für ein Verschulden des Wächters einzustehen. Sie genügte vielmehr der Bewachungsvorschrift, wenn sie bei der Auswahl des Wächters die erforderliche Sorgfalt aufgewendet hatte, was nicht bestritten ist, und gemäß § 8 der Allgemeinen Versicherungsbedingungen nicht gestattete oder duldete, daß die Sicherheitsvorschrift durch den Wächter, als Dritten, verletzt wurde. Es lag ihr also die weitere Pflicht ob, die Tätigkeit des Wächters in geeigneter Weise zu beaufsichtigen. Nur wenn sie vorsätzlich oder grobfahrlässig dieser Pflicht zuwidergehandelt hätte, würde die Beklagte von der Leistung befreit sein. (Dies wird verneint.)

RGZ. 103, 43.

Zur Auslegung des § 13 Abs. 2 der bei Versicherungen gegen Einbruchsdiebstahl üblichen Allgemeinen Bedingungen.

VII. Zivilsenat. Urt. v. 18. Oktober 1921.

I. Landgericht I Berlin. — II. Kammergericht daselbst.

In der Nacht zum 1. Juni 1919 sind dem bei der Beklagten gegen Einbruchsdiebstahl versicherten Kläger verschiedene Gegenstände entwendet worden. Mit der Klage fordert der Kläger Entschädigung. Die Beklagte hat bestritten, daß ein unter die Versicherung fallender Diebstahl vorliege, und insbesondere geltend gemacht, daß sie von der Verpflichtung, Schadensersatz zu leisten, nach § 13 Abs. 2 der Allg. Vers.-Bedingungen freigeworden sei, weil der Diebstahl von einer in häuslicher Gemeinschaft mit dem Kläger lebenden, bei ihm wohnenden Person vorsätzlich herbeigeführt sei. Das Landgericht hat klaggemäß verurteilt. Auf die Berufung der Beklagten wurde die Klage abgewiesen. Die Revision des Klägers wurde zurückgewiesen.

Aus den Gründen:

In Übereinstimmung mit dem Landgericht hat der Berufungsrichter angenommen, daß der der Klage zugrunde liegende Diebstahl zur Nachtzeit in dem dem Kläger gehörigen Gebäude, in das sich zwei Männer in diebischer Absicht eingeschlichen hatten, von diesen und der bei dem Kläger als Dienstmädchen eingetretenen Person gemeinschaftlich ausgeführt worden ist, und daß die Beklagte für den durch den Diebstahl entstandenen Schaden dem Kläger nach § 1 und § 2 Abs. 2 der Allg. Vers.-Bed. aufzukommen hat, sofern sie nicht, wie sie geltend macht, gemäß § 13 Abs. 2 daselbst von der Verpflichtung zum Schadensersatz frei ist. Abweichend von dem Landgericht hat aber der Berufungsrichter den im § 13 Abs. 2 Satz 2 aufgeführten Befreiungsgrund, daß „der Versicherungsfall von einer in häuslicher Gemeinschaft mit dem Versicherungsnehmer lebenden oder bei ihm wohnenden Person herbeigeführt ist", als gegeben angesehen. Hiergegen wendet sich die Revision ohne Erfolg.

Fehl gehen die Ausführungen der Revision, daß der § 13 Abs. 2 offenbar den Fall betreffe, daß eine Hausangestellte oder Mitbewohnerin erst nach ihrer Aufnahme in das Haus den Entschluß zur Ausführung des Diebstahls faßt, nicht aber einen Fall, wie den vorliegenden, in dem die Person sich durch den Abschluß eines von ihr ernstlich gar nicht gewollten Dienstvertrages die Aufnahme in das Haus gerade zu dem Zwecke erwirkt, um einen bereits geplanten Diebstahl in Gemeinschaft mit anderen ausführen zu können. Weder der Wortlaut, noch der mit der Befreiungsvorschrift offensichtlich verfolgte Zweck bieten einen Anhalt dafür, daß eine solche Unterscheidung als Vertragsinhalt gewollt ist. Zutreffend weist der Berufungsrichter darauf hin, daß die Versicherungsgesellschaft erkennbar eine Haftung nicht übernehmen will im Fall eines Diebstahls, an dessen Ausführung eine Person beteiligt ist, die die Hindernisse, die ein geschlossenes Haus oder eine geschlossene Wohnung regelmäßig der Ausführung eines Diebstahls entgegenstellt, um deswillen nicht zu überwinden braucht, weil ihr von einem Bewohner selbst durch vertrauensvolle Aufnahme in die häusliche Gemeinschaft oder durch Gewährung von Wohnung der Verkehr im Hause oder in der Wohnung freigegeben worden ist. Schließlich gibt aber auch die von der Revision erbetene Nachprüfung, ob der Berufungsrichter ohne Rechtsirrtum angenommen hat, daß die an dem Diebstahl beteiligte weibliche Person zur Zeit des Diebstahls im Sinne des § 13 Abs. 2 von dem Kläger „in die häusliche Gemeinschaft aufgenommen" war oder doch „bei ihm gewohnt" hat, zu einer Beanstandung keinen Anlaß. Dem Berufungsrichter ist darin beizutreten, daß entscheidend nur sein kann, daß der Wohnungsinhaber, hier der Kläger, seinerseits die betreffende Person tatsächlich in die häusliche Gemeinschaft aufgenommen hat, und zwar zu einem nicht nur vorübergehenden kurzen Aufenthalt, daß es dagegen nach dem mit der Befreiungsvorschrift ersichtlich verfolgten Zweck nicht darauf ankommen kann, ob die in die häusliche Gemeinschaft tatsächlich aufgenommene Person ihrerseits gar nicht die ernstliche Absicht gehabt hat, in das von dem Wohnungsinhaber ins Auge gefaßte Dienstverhältnis zu treten. In der tatsächlich erfolgten Aufnahme in die häusliche Gemeinschaft liegt die Erleichterung der Ausführung des Diebstahls, die den Ausschluß der Haftung berechtigt erscheinen läßt. . . .

RGZ. 104, 20.

Zur Haftung des Versicherers gegen Einbruchsdiebstahl nach einem Umzuge des Versicherungsnehmers.

VII. Zivilsenat. Urt. v. 31. Januar 1922.

I. Landgericht II Berlin. — II. Kammergericht daselbst.

Laut Versicherungsschein Nr. 27 604 hat die Beklagte dem Kläger für dessen Ladeneinrichtung und zum Verkauf bestimmte Antiquitäten, Gemälde, kunstgewerbliche Gegenstände und Teppiche im Hause B.,

Burgstraße 26, in Höhe von 15 000 M Versicherung gegen Einbruchsdiebstahl gewährt. § 4 Allg. Versbeding. der Beklagten bestimmt unter 1.: „Der Versicherer haftet nur, wenn sich die versicherte Sache im Versicherungsfalle in ihrer im Versicherungsschein angegebenen Versicherungslokalität (räumlicher Geltungsbereich der Versicherung, innerhalb dessen die versicherte Sache ihren Stand- oder Aufbewahrungsort wechseln kann) befindet." Abs. 2 des § 4 betrifft Sonderbestimmungen über häusliches Mobiliar bei Wohnungswechsel; Abs. 3 besagt: „Eine weitere Ausdehnung oder Änderung des räumlichen Geltungsbereichs der Versicherung bedarf der besonderen Vereinbarung."

Am 12. Februar 1919 zeigte der Kläger dem Agenten N. der Beklagten, der den Vertragsabschluß vermittelt hatte, seinen anfangs April dess. Jahres bevorstehenden Umzug nach Lützowstraße 86 an. Am 1. oder 2. April 1919 wurde der Umzug bewerkstelligt. In der Nacht vom 11. zum 12. dess. Monats fand im neuen Geschäftslokal des Klägers ein Einbruch statt, wobei Gegenstände im Werte von angeblich etwa 10 000 M gestohlen wurden. Auf Weigerung der Beklagten, den Schaden zu ersetzen, erhob der Kläger Klage auf Feststellung, daß die Beklagte verpflichtet sei, den ihm durch den in der Nacht vom 11. zum 12. April 1919 in dem Geschäftslokal Lützowstraße 86 zu B. verübten Einbruchsdiebstahl verursachten Schaden auf Grund des Versicherungsvertrags vom 12. Dezember 1917 nach Maßgabe der Versicherungsbedingungen zu ersetzen.

Das Landgericht wies die Klage ab, das Berufungsgericht gab ihr dagegen statt. Die Revision der Beklagten blieb erfolglos.

Gründe:

Das Berufungsurteil geht davon aus, daß es zur Erstreckung der Versicherung auf die Räume im Hause Lützowstraße 86 einer besonderen Vereinbarung im Sinne des § 4 Abs. 3 Allg. Versbeding. bedurfte und eine solche Vereinbarung nicht zustande gekommen ist. Das Urteil nimmt aber mit näherer Begründung in Anwendung des § 276 und ersichtlich auch des § 278 BGB. an, die Beklagte habe aus dem Gesichtspunkte der Verschuldenshaftung dem Kläger als Versicherungsnehmer für den in der Nacht vom 11. zum 12. April 1919 eingetretenen Einbruchsschaden als Versicherungsfall gut zu stehen und aufzukommen. Die Revision vermißt eine klare Begründung der angefochtenen Entscheidung. Sie betont, daß es zu einem Vertrag in Gemäßheit des angeführten § 4 Abs. 3 nicht gekommen ist, und versucht auszuführen: Kläger habe aus der Mitteilung des Agenten N. vom 12. Februar 1919, wonach die Veränderungsanzeige der Beklagten vorgelegt worden und der Kläger weiteres hören sollte, ersehen können, woran er war. Da ferner weder N. noch die Generalagentur P. abschlußberechtigt für die Beklagten sei und der Besuch des Versicherungsbeamten K. am 7. April 1919 bei dem Kläger im Hause Lützowstraße 86 erfolglos verlaufen sei, hätte der Kläger sich um einen Vertragsschluß nach § 4 Abs. 3 der Bedingungen bemühen sollen. Wenn auch bei der genannten Generalagentur eine Nachlässigkeit vorgelegen habe, so könne doch darum noch keineswegs gefolgert werden, daß die Beklagte so haften müsse, als ob es zu einer Vereinbarung gemäß § 4 Abs. 3 gekommen wäre.

Die Revision ist nicht begründet. Es ist grundlegend beachtlich, daß zwischen den Parteien seit dem Dezember 1917 ein Versicherungsvertragsverhältnis bestand und es sich nur darum handelt, ob die Beklagte dem Kläger den Versicherungsschutz für die Geschäftsräume Lützowstraße 86 versagen darf, obwohl der Kläger rechtzeitig im Februar 1919 durch seine, einen Veränderungsantrag darstellende Veränderungsanzeige die nach dem Versicherungsvertrage erforderlichen Verhandlungen zur Erstreckung der Versicherung auf jene Räume eingeleitet hatte und die weitere Bearbeitung der Angelegenheit seitens der Berliner Generalagentur der Beklagten schuldhaft verzögert worden ist. Der Kläger hat, wie der Berufungsrichter mit Recht annimmt, getan, was ihm oblag, und brauchte nach Ausführung seines Umzugs nicht noch erneut einen Änderungsantrag zu stellen. Er durfte sich auf die bei Aufnahme der Veränderungsanzeige im Februar 1919 abgegebenen Erklärungen des Agenten N.[1]) verlassen (RGZ. Bd. 46 S. 190, Bd. 73 S. 303) und sich danach ohne Fahrlässigkeit überzeugt halten, daß die weiteren aus Anlaß seines Umzugs angezeigten Verhandlungen wegen Abänderung von Vertragsbestimmungen seitens der Beklagten einzuleiten und zu führen waren, ihm aber, solange die Angelegenheit in der Schwebe blieb, der Versicherungsschutz nicht werde versagt werden. Anderseits ist der Veränderungsantrag des Klägers schon im Februar 1919 der insofern gemäß § 43 VersVG. unbedenklich zur Vertretung der Beklagten berufenen Generalagentur P. zugegangen und damit für die Beklagte dem Kläger gegenüber die Vertragspflicht erwachsen, mit sachgemäßer Beschleunigung die Herbeiführung einer das Versicherungsverhältnis abändernden Regelung nach § 4 Abs. 3 Allg. Beding. vorzubereiten. Durch Fahrlässigkeit eines Erfüllungsgehilfen der Beklagten,

[1] Diese gingen dahin: „Die Formalitäten sind nunmehr erfüllt, das Lokal wird nunmehr besichtigt werden; Sicherungen, die nötig sind, müssen angebracht werden. Die Veränderungsanzeige wird der Gesellschaft vorgelegt, und Sie werden weiteres hören."

wofür diese gemäß § 278 BGB. einzustehen hat, ist die Bearbeitung des Veränderungsantrags vernachlässigt worden. Im übrigen ist der zur Genüge ersichtliche Gedankengang des Berufungsrichters dahin zu verstehen: Bei pflichtgemäßem Verfahren der Organe der Beklagten wäre es schon in der ersten Aprilwoche 1919 entweder zu einer Vereinbarung der Parteien nach § 4 Abs. 3 der Bedingungen oder dazu gekommen, daß der Kläger schleunigst zur Eingehung eines anderweiten Versicherungsverhältnisses veranlaßt worden wäre. In beiden Fällen hätte er für den in der Nacht zum 12. April 1919 eingetretenen Schaden die Versicherungsdeckung gefunden, die ihm infolge der ganzen, unter Verletzung der im Verkehr erforderlichen Sorgfalt hinhaltenden Art der Behandlung des Veränderungsvertrags seitens der Beklagten entgangen ist. Danach ist die Beklagte schadensersatzpflichtig (§§ 276, 278, 249 BGB.) und sie hat deshalb dem Kläger für den Einbruchsschadenfall als Versicherungsfall gut zu stehen. In diesem Sinne aufgefaßt ist die Sach- und Rechtswürdigung des Berufungsrichters nicht zu beanstanden. Sie trägt die angefochtene Entscheidung. . . .

RGZ. 108, 110.

1. Kann der Versicherer, der einen Diebstahlsverlust entschädigt hat, das Eigentum an der später wieder zur Stelle gebrachten Sache beanspruchen?

2. Steht wegen der Rückgewähr der Versicherungssumme dem Versicherer der Geldentwertungseinwand zu?

VI. Zivilsenat. Urt. v. 4. März 1924.

I. Landgericht I Berlin. — II. Kammergericht daselbst.

Durch Versicherungsvertrag vom 25. August 1921 hatten der Kläger und sein Bruder Hans M. ein ihnen gemeinsam gehöriges Segelboot bei der Beklagten gegen Verlust oder Schaden durch Diebstahl, Feuer usw. in Höhe von 10 000 M versichert. Im Herbst 1921 wurde ihnen das Boot gestohlen. Nach Klagerhebung zahlte die Beklagte ein halbes Jahr später die Versicherungssumme. Im August 1922 wurde das Boot wieder ermittelt und in den Besitz der Beklagten überführt, die sich weigerte, es dem Kläger herauszugeben. Dieser forderte, zugleich in abgetretenen Rechten seines Bruders klagend, als Eigentümer Herausgabe des Bootes gegen Rückzahlung von 10 000 M, im Unvermögensfalle Zahlung von 90 000 M mit Zinsen, d. h. Ersatz des in der Klageschrift auf 100 000 M angegebenen Wertes des Bootes.

Das Landgericht erkannte nach diesem Antrage, das Kammergericht wies die Berufung der Beklagten zurück. Die Revision hatte Erfolg.

Gründe:

Die Revision vertritt die Auffassung, daß nach allgemeinen Grundsätzen des Versicherungsrechts wie auch nach § 67 VersVG. und nach § 5 Abs. 5 Allg. Vers.Beding. der Beklagten („Der Versicherungsnehmer kann weitergehende Ansprüche, als die Auszahlung der auf Grund der bedingungsgemäß vorgenommenen Regulierung im Umfange der bestehenden Versicherung zu berechnenden Entschädigung nicht erheben, somit auch die Objekte der Versicherung der Gesellschaft niemals zur Verfügung stellen, dagegen ist es der Gesellschaft unbenommen, nach ihrer Wahl die beschädigten Objekte nach Auszahlung der bedingungsgemäßen Entschädigung zu übernehmen.") das Eigentum an dem wieder zur Stelle gebrachten Boote der Beklagten zustehe, oder daß ihr danach mindestens ein schuldrechtlicher Anspruch auf Eigentumsverschaffung gegen den Kläger und seinen Bruder erwachsen sei.

Mit Recht hat jedoch der Berufungsrichter diese Meinung abgelehnt. Unzweifelhaft blieben der Kläger und sein Bruder Eigentümer des Bootes nach dem Diebstahl wie auch nach der Auszahlung der Versicherungssumme. Dafür, daß sie bei deren Empfangnahme den Willen erklärt hätten, das Eigentum zugunsten der Beklagten, etwa im Wege des § 931 BGB., aufzugeben, fehlt es an jedem Anhalt. Wohl mag der Revision zuzugeben sein, daß die Beteiligten zur Zeit der Auszahlung der Versicherungssumme das Eigentumsrecht an dem Boote für praktisch wertlos gehalten haben. Daraus folgt aber keineswegs, daß sie darüber einig geworden seien, dies Recht solle, falls es wieder praktischen Wert erlangen würde, der Beklagten zustehen. Die Revision meint, wenn der Versicherte trotz Möglichkeit der Auffindung des gestohlenen Guts die Versicherungssumme, die Entschädigung für die praktische Vernichtung seines Eigentums, vorbehaltlos gefordert und erhalten habe, dann enthalte diese Erklärung nach Treu und Glauben einen Verzicht auf alle Rechte aus dem Eigentum zugunsten des Versicherers. Diese Auffassung ist irrig. Verzichte sind nicht zu vermuten, und auf § 242 BGB. könnte sich die Beklagte nur berufen, wenn sie bei anderweitiger Würdigung der Erklärung der Versicherten eine unbillige Benachteiligung erfahren würde. Davon aber kann nicht die Rede sein, denn bei Wiedererlangung einer gestohlenen Sache nach Auszahlung der Versicherungssumme gestaltet sich die Rechtslage so, daß der Eintritt des Versicherungsfalls nachträglich entfällt, und der Versicherer nach § 812 Abs. 1 Satz 2 BGB. Rückgewähr seiner Leistung zu fordern berechtigt ist. Damit sind die Interessen der Beklagten hinreichend geschützt.

Auch § 67 VersVG. kann zu keiner anderen Beurteilung führen. Die Bestimmung hat einen Schadensersatzanspruch des Versicherungsnehmers zur Voraussetzung und läßt eine Ausdehnung auf den Eigentumsanspruch nicht zu. Demnach bedarf es keiner Erörterung, ob der etwaige Übergang des Anspruchs auf die Beklagte zum Nachteil des Klägers und seines Bruders gereichen würde. Dem Berufungsgericht ist auch insofern beizutreten, als es die Vorschrift im § 5 Abs. 5 Allg. Vers.Beding. für unanwendbar erachtet. Nach ihrem klaren Wortlaut bezieht sich diese nur auf beschädigte Versicherungsgegenstände; wenn die Beklagte sie auch auf entwendete erstrecken wollte, wäre es ihre Sache gewesen, die von ihr herrührende Fassung der Bestimmung anders zu gestalten.

Mit Recht beanstandet aber die Beklagte, daß der Vorderrichter ihren Geldentwertungseinwand zurückgewiesen hat. Es ist mit der nach § 242 BGB. gebotenen Rücksicht auf Treu und Glauben im Verkehr unvereinbar, daß die Beklagte das Segelboot gegen Rückerstattung von nur 10 000 Papiermark herausgeben soll. Sie hat dem Kläger und seinem Bruder diese Summe im Frühjahr 1922 bezahlt, und am Tage der mündlichen Verhandlung vor dem Kammergericht (24. April 1923), der als maßgebender Zeitpunkt in Betracht kommt, war offenbar der Stand der deutschen Währung wesentlich schlechter als damals. Dem hatte der Berufungsrichter Rechnung zu tragen, ohne Rücksicht darauf, ob die Beklagte — sei es als Schuldnerin, sei es als Gläubigerin — in Verzug gekommen war (vgl. RGZ. Bd. 106 S. 422, Bd. 107 S. 19, 124, 149, 159, 180). Da sonach das Berufungsurteil mit diesen Grundsätzen in Widerspruch steht, ist es aufzuheben und die Sache zur anderweiten Verhandlung und Entscheidung an die Vorinstanz zurückzuverweisen. Unter Würdigung der Interessen beider Teile, auch des Umstandes, daß sich die Beklagte seit dem Herbst 1922 im Besitz des Bootes befunden hat, wird der Berufungsrichter einen billigen Ausgleich zu suchen haben. Dabei wird auch eine entsprechende Aufwertung der Summe von 90 000 M, die die Beklagte zahlen soll, falls sie das Boot nicht herauszugeben vermag, in Frage kommen.

RGZ. 112, 371.

Auslegung der allgemeinen Versicherungsbedingungen. Liegt ein durch die Versicherung gedeckter Unfall vor, wenn ein Kraftwagen infolge Radbruchs gegen einen Baum anfährt und dadurch ein Schaden verursacht wird?

VI. Zivilsenat. Urt. v. 26. Januar 1926.

I. Landgericht I Berlin. — II. Kammergericht daselbst.

Der Kläger war bei der Beklagten laut Versicherungsschein vom 29. April 1924 gegen Eigenbeschädigung seines Kraftwagens bis zur Höhe von 11 000 GM versichert. Am 7. Juli 1924 stieß der vom Chauffeur geführte Wagen auf einer Fahrt in der Richtung nach Strausberg bei Alt-Landsberg gegen einen Baum und wurde vollständig zertrümmert. Der Kläger nimmt die Beklagte wegen dieses Schadens in Anspruch und hat beantragt, sie zur Zahlung von 9000 M nebst Zinsen zu verurteilen. Die Beklagte erhob den Einwand, während der Fahrt seien ohne äußere Ursache die Speichen eines Hinterrades gebrochen, dadurch sei der Wagen ins Schleudern geraten und gegen den Baum geprallt; für einen solchen Schaden hafte sie aber nach § 1, I Abs. 2 ihrer allgemeinen Versicherungsbedingungen nicht. Landgericht und Kammergericht haben den Klaganspruch dem Grunde nach für berechtigt erklärt. Die Revision der Beklagten wurde zurückgewiesen.

Gründe:

§ 1 der allgemeinen Versicherungsbedingungen der Beklagten hat, soweit er hier in Betracht kommt, folgenden Worlaut:

„I. Die Versicherung erstreckt sich . . . auf alle Schäden, die an dem versicherten Kraftfahrzeug entstehen und verursacht werden:

1. durch einen Unfall, d. h. durch ein von außen her plötzlich mit mechanischer Gewalt einwirkendes Ereignis . . .
2. durch Brand, durch Explosion des Benzinbehälters oder durch Kurzschluß . . .

Abs. 2: Die Versicherung erstreckt sich demnach insbesondere nicht auf Abnutzungsschäden, reine Bruch- und innere Betriebs- und Maschinenschäden, einschließlich der Schäden, die an den Zylindern durch Betriebsexplosion und an der elektrischen Anlage durch Kurzschluß entstehen."

Das Berufungsgericht hat diese Bestimmungen dahin ausgelegt, daß die Beklagte zwar nicht für die Bruchschäden selbst hafte, wohl aber für die weiteren Folgen eines Bruchschadens. Die Auslegung unterliegt der

Nachprüfung durch das Revisionsgericht (RGZ. Bd. 81 S. 117), sie kann aber nicht als irrtümlich erachtet werden. Der Absatz 2, auf den die Beklagte sich beruft, stellt den Unfallschäden, die durch ein plötzlich von außen her auf das Fahrzeug einwirkendes Ereignis verursacht werden (I. 1), die Schäden entgegen, die unter der Bezeichnung „Materialschäden" zusammenzufassen sind und durch Verschleiß, Materialfehler, Fehler in der Bauart, schlechte Behandlung usw. herbeigeführt werden. Das ergibt sich offensichtlich aus den aufgezählten Beispielen: Abnutzungsschäden, reine Bruch-, innere Betriebs- und Maschinenschäden, Schäden an den Zylindern durch Betriebsexplosion, Schäden an der elektrischen Anlage durch Kurzschluß. Solche Schäden sind in der Tat keine Unfallschäden, und die Beklagte will sich erklärlicherweise dagegen schützen, daß sie für die Reparaturkosten von Kraftfahrzeugen in Anspruch genommen wird, die auf den genannten Ursachen beruhen. Wenn sie nun aber auch für diese Materialschäden als solche nicht haftet, so liegt die Sache doch anders, wenn infolge von Bruch ein wirklicher Unfallschaden im Sinne des § 1 I. 1 mitverursacht wird. Fährt ein Kraftfahrzeug gegen einen Baum und wird es dadurch beschädigt oder zertrümmert, werden auch vielleicht die Insassen verletzt oder getötet, so kann füglich nicht in Abrede gestellt werden, daß der Schaden durch ein von außen her plötzlich auf das Fahrzeug einwirkendes Ereignis herbeigeführt worden ist. Die unmittelbare Ursache des Unfalls ist dann das Anfahren an den Baum, dieses Anfahren ist das plötzlich von außen her wirkende Ereignis, und es kommt nicht in Betracht, ob die mittelbare Ursache dieses Ereignisses in schlechter Führung, im Versagen der Steuerung, in einem Radbruch oder dergleichen zu suchen ist. Für diesen Unfallschaden hat die Beklagte die Haftung übernommen. So und nicht anders können die Bestimmungen des § 1 in ihrem Zusammenhalt und bei verständiger Würdigung ausgelegt und anders können sie auch von den Versicherungsnehmern nicht verstanden werden. . . .

RGZ. 113, 286.

1. Kann bei einer Haftpflichtversicherung die Streitfrage, ob der Versicherungsnehmer dem Verletzten haftet und aus welchem Grunde er ihm haftet, unter Umständen auch in einem Rechtsstreit zwischen dem Versicherungsnehmer und dem Versicherer zum Austrag gebracht werden?

2. Zur Auslegung des § 836 BGB.

ZPO. § 256. BGB. §§ 823, 826, 836.

VI. Zivilsenat. Urt. v. 27. April 1926.

I. Landgericht III Berlin. — II. Kammergericht daselbst.

Die Klägerin ist „als Eigentümerin" des Hausgrundstücks Chr.-Straße Nr. 9 in Ch." bei der Beklagten für die Zeit vom 19. Januar 1924 bis zum 19. Januar 1929 gegen die gesetzliche Haftpflicht versichert. Die Schadensersatzleistungen sind auf den Höchstbetrag von 42 000 RM begrenzt. In dem Grundstück betreibt die Klägerin eine Säuglings- und Kinderklinik. Die dort angestellte Krankenschwester G. H. erlitt am 12. September 1924 einen Unfall; sie wurde durch ein herabstürzendes Oberfenster im Gesicht und am Kopf verletzt, als sie einen Flügel des unteren Fensters schließen wollte. Das Oberfenster geht nicht in Scharnieren, es wird in den Rahmen nur hineingestellt; vier Riegel sind bestimmt, es in seiner Lage festzuhalten. Geöffnet wird das Oberfenster nur, wenn es gereinigt oder ausgebessert werden soll. Nach der Meinung der Klägerin ist der Unfall dadurch entstanden, daß die — zunächst fest geschlossenen — Riegel sich im Laufe der Zeit durch irgendwelche Erschütterungen gelockert haben. Sie behauptet, daß sie als Hauseigentümerin der H. schadensersatzpflichtig sei, und beantragt die Feststellung, daß die Beklagte verpflichtet ist, ihr denjenigen Schaden zu ersetzen, den sie der Krankenschwester H. für den am 12. September 1924 erlittenen Unfall und seine Folgen ersetzen muß. Die Beklagte hat bestritten, daß die Klägerin der H. als Hauseigentümerin hafte; in Frage komme nur eine Haftung als Betriebsunternehmerin oder als Inhaberin der Räume. Auf die Folgen einer solchen Haftung erstrecke sich die Versicherung nicht.

Die Klägerin hat angegeben, daß sich die Ersatzansprüche der H. auf 6437 RM belaufen, einschließlich eines Schmerzensgeldes von 3000 RM. Das Landgericht hat die beantragte Feststellung getroffen. Das Kammergericht hat die Berufung der Beklagten zurückgewiesen und noch hinzugefügt, daß ihre Ersatzpflicht durch die Versicherungssumme der Haftpflichtversicherung der Parteien begrenzt wird. Die Revision der Beklagten hatte Erfolg.

Gründe:

Die Revision rügt mit Recht, daß aus dem Berufungsurteil nicht zu ersehen ist, welche Feststellung eigentlich getroffen werden sollte.

Die Klage und auch das landgerichtliche Urteil geben zu Zweifeln in dieser Richtung keinen Anlaß. Die Klage schildert zunächst den eigentlichen Unfall, untersucht dann seine Ursache und findet sie darin, daß die Riegel des Oberfensters sich im Laufe der Zeit durch irgendwelche Erschütterungen gelockert hätten, was von der Klägerin und ihren Angestellten nicht rechtzeitig bemerkt und beseitigt worden sei. Daraus wird der Schluß gezogen, daß die Klägerin als Hauseigentümerin der H. haftbar sei und auf die Tatsache, daß die Klägerin gerade als Hauseigentümerin bei der Beklagten gegen Haftpflicht versichert sei, wird dann der oben bezeichnete Feststellungsantrag gegründet. Das Landgericht leitet die Haftung der Klägerin als Hausbesitzerin in einer später noch näher zu erörternden Weise aus dem § 836 BGB. her, erachtet es für unerheblich, ob daneben noch andere Haftungsgründe in Frage kommen könnten, und sieht deshalb den Versicherungsfall als gegeben an. Die Berufung der Beklagten bat um sachliche Nachprüfung des landgerichtlichen Urteils, warf vor allem aber die Frage auf, ob denn in einem Rechtsstreit zwischen dem Versicherungsnehmer und dem Versicherer festgestellt werden könne, daß der Versicherungsnehmer dem Verletzten hafte und aus welchem Grunde er hafte. Das Kammergericht hat sich auf den Standpunkt gestellt, daß „die Ermittlung, ob überhaupt ein Schadensersatzanspruch gegen den Versicherungsnehmer besteht, nur in einem zwischen diesem und dem Verletzten geführten Prozeß geklärt werden kann". Wenn das Kammergericht gleichwohl nicht zur Abweisung der Klage gelangt ist, so liegt das daran, daß es die Klage und die Verurteilung in einem andern Sinne verstanden hat als dem oben gekennzeichneten. Welchen Sinn das Kammergericht in der Klage und der Verurteilung gefunden hat, ist aber nicht zum klaren Ausdruck gekommen. Zunächst nimmt es auf Grund einer der Klägerin vorgelegten Frage an, daß die Ersatzpflicht der Beklagten nur für den Fall festgestellt werden solle und festgestellt worden sei, daß die Klägerin ihrerseits der H. ersatzpflichtig sei. Sodann umschreibt das Kammergericht aber die von der Klage begehrte und vom Landgericht getroffene Feststellung dahin: Die Beklagte hat der Klägerin Versicherungsschutz zu gewähren wegen der Ansprüche, welche die H. gegen die Klägerin als Eigentümerin des Hausgrundstücks . . . ., insbesondere wegen Verletzung der dem Hauseigentümer oder dem Hausbesitzer obliegenden Pflichten, vor allem nach § 836 BGB., aus Anlaß des hier fraglichen Unfalls erheben kann.

Hierzu ist zu bemerken, daß eine nur bedingte Feststellung, wie sie das Kamergericht an erster Stelle als gegeben ansieht, von der Klägerin nicht gefordert und vom Landgericht nicht getroffen worden ist. Darüber kann nach dem Wortlaut der Klageschrift und dem des landgerichtlichen Urteils in Formel und Begründung kein Zweifel obwalten. Mit dem an zweiter Stelle angeführten Sinn des Klagebegehrens und der Verurteilung kommt das Kammergericht ungefähr auf das hinaus, was den wirklichen Inhalt der Klage und des landgerichtlichen Erkenntnisses bildet. Wenn es aber das so verstandene Urteil bestätigen wollte dann mußte es auch feststellen, daß die Klägerin der H. als Hausbesitzerin haftet. Mit ausdrücklichen Worten ist das nicht geschehen. Das Kammergericht spricht zwar an einer Stelle von der „Schadensersatzpflicht aus § 836 BGB., um die es sich hier handelt", es bleibt aber zweifelhaft, ob das im Sinne einer Feststellung, etwa in Anlehnung an das vom Landgericht zu diesem Punkt Ausgeführte, gesagt sein soll. Das wird um so zweifelhafter, als unmittelbar hinterher *die vom Gericht zu entscheidende* Frage dahin gefaßt ist, „ob Ansprüche aus § 836 BGB. unter den Versicherungsschutz fallen". Sollte das Kammergericht wirklich nur diese Frage habe entscheiden wollen, so hätte es die Berufung der Beklagten nicht einfach zurückweisen dürfen. Vor allem aber hätte das Kammergericht damit eine Frage entschieden, welche unter den Parteien nie streitig gewesen ist. Daß eine Haftung der Klägerin als Hausbesitzerin, welche sich auf den § 836 BGB. stützt, unter den Versicherungsschutz fällt, hat die Beklagte nie bestritten. Bestritten hat sie immer nur, daß die Klägerin nach § 836 BGB. hafte.

Die Revisionsbeantwortung hat gemeint, daß das Berufungsurteil trotz mancher Unklarheiten im einzelnen schließlich, wenn man auf das Ganze sehe, doch einen einwandfreien Sinn ergebe. Sie sieht als festgestellt an, daß die Klägerin der H., wenn überhaupt, dann nur als Hausbesitzerin hafte. Auch dieser Auffassung kann nicht beigetreten werden. Das vom Kammergericht bestätigte Urteil des Landgerichts hat eine bedingte Feststellung nicht getroffen. Auch rechnet das Kammergericht gerade mit der Möglichkeit, daß die Klägerin der H. noch aus einem anderen Grunde haften könnte, etwa wegen „Pflichtvernachlässigung bei Erfüllung des Dienstvertrags".

Es bleibt also dabei, daß das Berufungsurteil keinen eindeutigen Sinn ergibt. Deshalb muß es aufgehoben werden. Eine Zurückverweisung der Sache an das Berufungsgericht ist nur erforderlich und auch nur möglich, wenn die von der Beklagten bestrittene Zulässigkeit der Klage als gegeben anzuerkennen ist. Das aber trifft zu. Grundsätzlich ist allerdings dem Urteil des erkennenden, damals noch als der VII. bezeichneten Senats vom 22. März 1904 VII 516/03 beizutreten. In diesem Urteil, das in den Veröffentlichungen des Aufsichtsamts für Privatversicherung Bd. 3 S. 180 abedruckt ist, wird mit Recht ausgesprochen, daß die Streitfrage, ob der Versicherungsnehmer dem Verletzten haftet, in einem Prozeß zwischen diesen beiden Personen zum Austrag zu bringen ist, nicht in einem Prozeß zwischen dem Versicherungsnehmer und dem Versicherer. Allein diese Regel gilt nicht ausnahmslos, ungewöhnliche Fälle können eine Abweichung bedingen. Nach mehreren Richtungen hin ungewöhnlich ist gerade der zu entscheidende Fall.

Es besteht keinerlei Sicherheit dafür, daß die dem Streite der Parteien zugrunde liegende Frage in einem Prozeß entschieden wird, welchen die Schwester H. gegen die Klägerin anstrengen würde. Für die Parteien des gegenwärtigen Rechtsstreits ist nur die Frage von Bedeutung, *ob die Klägerin der Verletzten in ihrer Eigenschaft als* Hausbesitzerin haftet. Der Verletzten dagegen würde es nur darauf ankommen, die Haftung der Klägerin überhaupt festgestellt zu sehen. Welcher Rechtsgrund der Haftung schließlich durchschlüge, würde für sie minder erheblich sein. Zu ihrer eigenen Sicherheit müßte sie alle denkbaren Rechtsgründe in der Klage berücksichtigen, also z. B. auch den § 618 oder den § 823 Abs. 1 BGB. heranziehen. Das von ihr verlangte Schmerzensgeld kann sie allerdings nur erhalten, wenn der Klägerin eine unerlaubte Handlung zur Last fällt, § 847 BGB. Eine solche könnte aber außer nach § 836 möglichenfalls, je nach Aufklärung des Sachverhalts, auch nach § 823 BGB. festgestellt werden. Unter diesen Umständen ist es verständlich, daß die Klägerin, welche ihre Haftpflicht bejahte, sich nicht von der Verletzten verklagen ließ, und es ist ebenso verständlich, daß die Beklagte, welche zwar die Haftpflicht der Klägerin auf Grund des § 836 BGB. verneinte, mit deren Haftbarkeit aus einem andern rechtlichen Gesichtspunkt aber ausdrücklich rechnete, von der Klägerin nicht verlangt hat, daß sie sich von der Verletzten verklagen lasse. Keine Partei versprach sich eben von einer Klage der Verletzten eine einwandfreie Klärung des zwischen ihnen bestehenden Streites.

Eine zweite Besonderheit des vorliegenden Falles ergibt sich noch daraus, daß die Beklagte den Versicherungsanspruch der Klägerin abgelehnt und sie dabei auf die Gefahr des Verlustes des Anspruchs hingewiesen hat. Nach § 14 Nr. 1 der Allgemeinen Versicherungsbedingungen geht der Anspruch verloren, wenn er nicht binnen 6 Monaten nach einer mit dem Hinweis auf den drohenden Verlust verbundenen Ablehnung im Wege der Klage geltend gemacht wird. Bei dieser Sachlage mußte die Klägerin ihrerseits die Klage gegen die Beklagte erheben und dabei die einzige zwischen den Parteien schwebende Streitfrage zur Entscheidung stellen, nämlich ob die Klägerin der Verletzten als Hausbesitzerin haftet oder nicht. Die Revision hat gemeint, daß die sechsmonatige Ausschlußfrist nicht zu laufen beginnen konnte, bevor die Klägerin auf die Klage der Verletzten verurteilt worden war. Das ist schon an sich und für gewöhnliche Fälle eine bedenkliche Rechtsauffassung, die zu vertreten man der Klägerin nicht wohl zumuten könnte. Ganz unvertretbar wurde sie aber durch die oben hervorgehobene erste Besonderheit des gegenwärtigen Falls. Es stand doch völlig dahin, ob in dem Rechtsstreit der Verletzten gegen die Klägerin die zwischen der Klägerin und der Beklagten schwebende Streitfrage entschieden werden würde oder nicht.

Die Zulässigkeit der erhobenen Klage ist danach nicht zu bemängeln. Gewisse Regelwidrigkeiten werden sich allerdings ergeben, sie müssen aber hingenommen werden. Die Regel bildet es, daß der als haftpflichtig in Anspruch genommene Versicherungsnehmer die Angriffe des Verletzten gemeinsam mit dem Versicherer abwehrt. Im gegenwärtigen Falle wird der Versicherungsnehmer wesentlich den Standpunkt des Verletzten vertreten, der Versicherer in der Abwehr allein stehen. Die Beklagte wird es auch sein, welche gegebenenfalls den in § 836 Abs. 1 Satz 2 BGB. zugelassenen Entlastungsbeweis zu führen und also darzutun haben wird, daß die Hausbesitzerin, d. h. die Klägerin, zum Zwecke der Abwendung der Gefahr die im Verkehr erforderliche Sorgfalt beobachtet hat.

Für den hiernach eintretenden Fall, daß es zu einer weiteren Verhandlung der Sache in der Berufungsinstanz kommt, hat die Revision noch einen auf § 836 BGB. gestützten Angriff erhoben. Sie geht dabei von der — nach dem Inhalt des Berufungsurteils weder mit Sicherheit zu bejahenden noch mit Sicherheit zu verneinenden — Annahme aus, daß das Kammergericht dem Landgericht in der Auslegung des § 836 BGB. beigetreten ist. Auch dieser Angriff der Revision ist begründet. Über die Ursache des Unfalls hat das Landgericht ausgeführt: Endweder sind die Riegel bei dem letzten Einsetzen des Oberfensters nicht gehörig festgemacht worden oder sie hatten sich inzwischen gefährlich gelockert. Beide Fälle stellt das Landgericht gleich, in beiden will es den § 836 BGB. anwenden. Das ist aber nicht richtig. Nach § 836 BGB. haftet der Hausbesitzer für fehlerhafte Errichtung und für mangelhafte Unterhaltung seines Hauses. Es mußten also die vier Riegel, wie sie angebracht waren, an sich geeignet sein, das Oberfenster dauernd in seiner Lage im Fensterrahmen festzuhalten, und es mußten die Riegel stets in dieser Verfassung erhalten bleiben. Ist das Unglück darauf zurückzuführen, daß die an sich brauchbaren und auch brauchbar gebliebenen Riegel mangelhaft gehandhabt, z. B. beim letzten Einsetzen des Oberfensters nicht ordentlich festgemacht worden sind, so trifft den Hausbesitzer als solchen keinerlei Verantwortung. Sind aber die Riegel beim letzten Einsetzen des Fensters richtig festgemacht worden und haben sie sich unter der Einwirkung von Erschütterungen, denen sie regelmäßig, z. B. beim Schließen des unteren Fensters, ausgesetzt sind, allmählich gelockert, so daß schließlich das Oberfenster aus dem Rahmen hinausfallen konnte, dann ist an sich ein Fall des § 836 BGB. gegeben. Die Riegel sind dann in einem mangelhaften Zustand gewesen. Entweder war ihre Einrichtung überhaupt verfehlt oder die zunächst gute Einrichtung hat im Laufe der Zeit Mängel erhalten.

Die Anführungen der Klägerin zu diesem Punkt sind vielleicht nicht ganz eindeutig, sie können aber dahin verstanden werden, daß zur Zeit des Unfalls die Riegel auch bei ordnungsmäßiger Handhabung nicht in der Lage waren, das Oberfenster dauernd in seinem Rahmen festzuhalten, daß sie vielmehr unter dem Einfluß auch von nicht außergewöhnlichen Erschütterungen allmählich nachgaben.

Der Unterschied zwischen dem für die stete Brauchbarkeit der Einrichtung verantwortlichen Hausbesitzer und ihrem für die sachgemäße Handhabung verantwortlichen Benutzer muß im Sinne des § 836 BGB. und des Versicherungsvertrags der Parteien auch dann gemacht werden, wenn, wie vorliegend, der Hausbesitzer gleichzeitig der Benutzer ist. Die Klägerin hat sich bei der Beklagten ausdrücklich nur in ihrer Eigenschaft als Hausbesitzerin gegen Haftpflicht versichert. Die Allgemeinen Versicherungsbedingungen sahen noch andere Eigenschaften vor, in denen die Klägerin sich vielleicht hätte versichern können, z. B. als Inhaberin eines gewerblichen Betriebs oder als Haushaltungsvorstand. Von diesen Möglichkeiten hat die Klägerin keinen Gebrauch gemacht. Die Versicherung erstreckt sich deshalb nur auf eine Haftung, welche die Klägerin gerade in ihrer Eigenschaft als Hausbesitzerin trifft. Unerheblich wird es allerdings sein, ob daneben noch andere Haftungsgründe zutreffen. Die Klägerin hat schon dann Anspruch auf Versicherungsschutz, wenn sie auch als Hausbesitzerin haftet.

RGZ. 114, 117.

Ist die Kenntnis des Versicherers vom Eintritt eines Ereignisses, das möglicherweise eine Haftpflicht des Versicherungsnehmers begründet, als genügende Kenntnis vom Eintritt des Versicherungsfalls im Sinne des § 33 Abs. 2 des Gesetzes über den Versicherungsvertrag vom 30. Mai 1908 anzusehen?

VersVG. §§ 33 Abs. 2, 153.

VI. Zivilsenat. Urt. v. 18. Juni 1926.

I. Landgericht Köln. — II. Oberlandesgericht daselbst.

Der Kläger ist laut Versicherungsschein vom 4. März 1921 bei der Beklagten gegen Haftpflicht aus Kraftfahrzeugunfällen versichert. Am 29. Juni 1922 wurde der Ingenieur G. vom Kraftwagen des Klägers überfahren und verletzt. Der Kläger beansprucht mit der Klage die Feststellung, daß die Beklagte verpflichtet sei, ihn dem G. gegenüber wegen des diesem durch den Wagen des Klägers widerfahrenen Unfalls schadlos zu halten. Die Beklagte wendet ein, daß sie nach dem Schlußsatz des § 18 ihrer allgemeinen Versicherungsbedingungen von der Entschädigungspflicht befreit sei, weil der Kläger seine vertraglichen Obliegenheiten aus § 12 dieser Bedingungen nicht erfüllt, namentlich die Anzeige von dem gegen ihn erhobenen Haftpflichtanspruch ihr nicht binnen einer Woche erstattet habe. Das Landgericht entsprach dem Klagantrag. Das Oberlandesgericht wies die Klage ab. Die Revision des Klägers hatte Erfolg.

Aus den Gründen:

Das Berufungsgericht hat die Einwendung der Beklagten, sie sei gemäß §§ 12, 18 der allgemeinen Versicherungsbedingungen von der Verpflichtung zur Leistung befreit, für durchschlagend erachtet. Es ist der Ansicht, der Kläger habe die ihm im § 12 auferlegte Pflicht, der Beklagten binnen einer Woche nach Erhebung eines Haftpflichtanspruchs Anzeige zu erstatten, durch sein Schreiben vom 5. Juli 1922 nicht erfüllt, weil dieses nur die Mitteilung der Tatsache des geschehenen Unfalls enthalte, nicht die Anzeige von der Erhebung eines Ersatzanspruchs des Verletzten, die erst durch das Schreiben von dessen Rechtsanwalt vom 7. Juli 1922 erfolgt sei; weiter wird festgestellt, daß der Kläger nach Empfang dieses Schreibens nicht rechtzeitig Anzeige erstattet habe. Demgegenüber hat die Revision zunächst ausgeführt, daß, wenn dies auch richtig sein sollte, die Beklagte durch das Schreiben vom 5. Juli 1922 doch rechtzeitig Kenntnis vom Eintritt des Versicherungsfalls erlangt habe und sich deshalb nach § 33 Abs. 2 VersVG. auf die Bestimmungen der §§ 12, 18 nicht berufen könne. Dem kann nicht beigepflichtet werden. Durch den Brief vom 5. Juli 1922 erfuhr die Beklagte nur, daß der Kläger mit seinem Kraftwagen einen Motorradfahrer angefahren habe und daß dieser, den die Schuld an dem Unfall treffe, dadurch verletzt worden sei. Das genügt nicht, um eine Kenntnis der Beklagten vom Eintritt des Versicherungsfalls im Sinne des § 33 Abs. 2

anzunehmen. Allerdings steht die Rechtslehre (vgl. z. B. Hagen in Ehrenbergs Handbuch Bd. 8 Abt. 2 § 448 S. 313; Bruck, VersVG. 5. Aufl. § 153 Anm. 2) auf dem Standpunkt, daß auch bei der Haftpflichtversicherung der Versicherungsfall mit dem Schadensereignis, mit der Tatsache, die den Versicherungsnehmer einem Dritten verantwortlich macht, eingetreten sei, und daß nicht etwa aus § 153 VersVG. hergeleitet werden könne, der Versicherungsfall müsse bei dieser Versicherungsart in der Geltendmachung des Haftpflichtanspruchs gesehen werden. Der § 153 bestimmt nun zwar nur, daß die einwöchige Anzeigefrist erst mit der Geltendmachung dieses Anspruchs zu laufen beginnt; nach ihrer Begründung ist jedoch diese Sondervorschrift für die Haftpflichtversicherung getroffen worden, weil der Versicherer kein Interesse daran habe, vom Bestehen einer unter die Versicherung fallenden Haftverbindlichkeit Kenntnis zu erhalten, solange der Versicherungsnehmer aus dieser nicht in Anspruch genommen sei. Diese Erwägung muß auch dahin führen, eine Kenntnis des Versicherers vom Eintritt eines Ereignisses, das möglicherweise eine Haftpflicht des Versicherungsnehmers begründet, nicht als genügende Kenntnis vom Eintritt des Versicherungsfalls im Sinne des § 33 Abs. 2 anzusehen. Das Schadensereignis ist für sich allein für den Versicherer ohne Belang. Nicht jedes solches Ereignis führt zur Inanspruchnahme des Versicherungsnehmers seitens des Verletzten. Für den Versicherer erheblich ist nur die Tatsache, ob ein Haftpflichtanspruch wirklich erhoben wird; nur dadurch wird seine Entschädigungspflicht begründet. Dementsprechend legen auch die Versicherungsbedingungen dem Versicherungsnehmer die Pflicht auf, von der Erhebung eines Haftpflichtanspruchs Anzeige zu machen. Folglich wird man auch nur der Kenntnis von dieser die im § 33 Abs. 2 vorgesehene Wirkung beilegen können. . . . (Die Aufhebung des Berufungsurteils und die Zurückverweisung der Sache erfolgte aus anderen, hier nicht interessierenden Erwägungen.)

RGZ. 121, 158.

Zur Auslegung von allgemeinen Bedingungen über die Versicherung von Schmucksachen.

VII. Zivilsenat. Urt. v. 18. Mai 1928.

I. Landgericht I Berlin. — II. Kammergericht daselbst.

Die Klägerin hatte sich bei der Beklagten gegen Verlust ihrer Juwelen und Schmucksachen versichert. Art. 1 der Allgemeinen Versicherungsbedingungen der Beklagten bestimmt:

1. Die Versicherung umfaßt nur Gegenstände, die ihrer Natur nach zum Getragenwerden bestimmt sind. Sie erstreckt sich auf jeden Verlust und Beschädigungen auf Reisen und am Wohnort innerhalb und außerhalb der Wohnung.
2. Die Versicherung ist dadurch bedingt, daß die versicherten Gegenstände sorgfältig aufbewahrt und behandelt und, wenn sie nicht getragen, unter Verschluß gehalten werden. Zur sorgfältigen Behandlung und Aufbewahrung gehört . . ., daß bei Aufbewahrung des versicherten Schmuckes in Kassetten oder dgl. diese wiederum so weggeschlossen werden, daß eine erhöhte Sicherheit auch gegen ihre Wegnahme selbst gewährleistet ist.

Zu den versicherten Gegenständen gehörten ein Armband und ein Paar Ohrringe, deren Wert die Klägerin mit 62 500 und 16 000 RM angibt. Diese Sachen wurden ihr gestohlen, als sie sich in Frankfurt a. M. aufhielt und dort im F.er Hof mit ihrem Mann und ihrer Tochter drei Zimmer im ersten Stock bewohnte, die untereinander in Verbindung standen. Am Abend vor dem Diebstahl wurden die nach dem Flur führenden Türen ordnungsmäßig geschlossen, die Verbindungstüren zwischen den Zimmern blieben offen, ebenso die aus dem Zimmer der Tochter nach dem Balkon führende Tür. Die Klägerin legte die beiden Schmuckstücke, die sie am Tage getragen hatte, zusammen mit einer noch wertvolleren Perlenkette in ein offenes Körbchen und stellte dieses auf einen Toilettentisch. Am anderen Morgen fehlten Armband und Ohrringe. Die Klägerin war zunächst der Ansicht, daß der Dieb von außen durch die offene Balkontür in das Zimmer der Tochter gedrungen und von hier durch die unverschlossene Verbindungstür in das Zimmer der Klägerin selbst gelangt sei. In der zweiten Instanz lenkte sie den Verdacht des Diebstahls auch auf ihre eigene Zofe und behauptete weiter, daß sie in jener Nacht leicht betäubt worden sein müsse. Die Beklagte lehnte die Zahlung der Versicherungssumme ab, weil die Klägerin ihre vertraglichen Verpflichtungen nicht erfüllt habe. Die Klägerin verlangt Zahlung von 78 500 RM. Beide Vorinstanzen wiesen die Klage ab. Die Revision der Klägerin führte zur Aufhebung und Zurückverweisung.

Gründe:

Die Entscheidung des Berufungsgerichts beruht auf der Annahme, daß die Klägerin die versicherten Gegenstände nicht sorgfältig genug „aufbewahrt und behandelt", sondern dabei die im Verkehr erforderliche Sorgfalt verletzt habe. Daraus zieht das Kammergericht den

Schluß, daß die in Art. 1 Abs. 2 der Versicherungsbedingungen gesetzte Bedingung nicht eingetreten, der Versicherungsschutz also ohne weiteres weggefallen sei. Mindestens aber habe die Klägerin den ihr obliegenden Beweis nicht erbracht, nämlich nicht dargetan, daß der Diebstahl nicht auf ihren Verstoß gegen die Sorgfaltspflicht zurückzuführen sei.

Diese Erwägungen des Berufungsgerichts sind von Rechtsirrtum beeinflußt. Sie stehen im Widerspruch mit den Grundsätzen, die das Reichsgericht in den Urteilen vom 4. und 22. Februar 1927 VI 349/26 und VI 496/26 (Jur. Rdsch. f. Privatvers. 1927 S. 76 und S. 92) aufgestellt hat und an denen festzuhalten ist. Danach handelt es sich im angeführten Art. 1 Abs. 2 nicht um eine „Bedingung" im Rechtssinne, sondern nur um eine vertragsmäßige Erweiterung des § 61 VVG. Wenn es nach dieser Vorschrift dem Versicherungsnehmer obliegt, den Versicherungsfall weder vorsätzlich noch durch grobe Fahrlässigkeit herbeizuführen, widrigenfalls der Versicherer von der Verpflichtung zur Leistung frei ist, so wird durch Art. 1 Abs. 2 der Versicherungsbedingungen der Versicherungsnehmer bei Vermeidung derselben Rechtsfolge verbunden, den Versicherungsfall auch nicht durch einfache Fahrlässigkeit herbeizuführen. Im übrigen bleibt es aber bei der durch § 61 VVG. getroffenen Regelung. Der Versicherer hat also zu beweisen, daß der Versicherungsnehmer fahrlässig gehandelt hat und daß durch diese Fahrlässigkeit der Versicherungsfall herbeigeführt worden ist.

Danach versagt sowohl der Hauptgrund als auch der Hilfsgrund des Berufungsgerichts: der Hauptgrund, weil die — hier zunächst unterstellte — Fahrlässigkeit der Klägerin nicht die Folge gehabt hat, daß eine „Bedingung" eingetreten ist und die Wirkung des Versicherungsvertrags beendigt hat; der Hilfsgrund, weil nicht die Klägerin das Fehlen, sondern die Beklagte das Vorhandensein des ursächlichen Zusammenhangs zu beweisen hat. Allerdings wird man in Fällen wie dem vorliegenden, wenn der Hergang des Diebstahls im einzelnen nicht aufgeklärt ist, nicht zu scharfe Anforderungen an die Beweispflicht des Versicherers stellen dürfen. Er wird dann im allgemeinen nur darzutun brauchen, daß nach den Erfahrungen des täglichen Lebens der ursächliche Zusammenhang zwischen der Fahrlässigkeit einerseits und dem Diebstahl anderseits gegeben ist. Erst wenn dieser Beweis erbracht ist, wird es Sache des Versicherungsnehmers sein, den Gegenbeweis zu führen, daß seine Fahrlässigkeit im gegebenen Falle, entgegen den Erfahrungen des täglichen Lebens, für den Diebstahl nicht ursächlich gewesen ist.

Wie der Berufungsrichter bei so geregelter Beweislast die Frage des ursächlichen Zusammenhangs entschieden hätte, steht dahin. Bisher hat er nur angenommen, daß die Fahrlässigkeit der Klägerin dem Dieb das Stehlen „ungemein erleichtert" habe, daß aber auch ein sorgfältiges Verhalten der Klägerin die Möglichkeit des Diebstahls nicht völlig ausgeschlossen hätte. Auf Grund der erneuten Verhandlung wird das Kammergericht sich schlüssig zu machen haben, ob es den der Beklagten zunächst obliegenden Beweis als erbracht ansieht, und es wird sodann gegebenenfalls weiter zu prüfen haben, ob die Klägerin den von ihr zu erbringenden Gegenbeweis in genügender Weise geführt oder wenigstens angetreten hat. In diesen Zusammenhang gehören die Behauptungen der Klägerin, daß sie in der Diebstahlsnacht betäubt worden sei, daß ihre Zofe den Diebstahl ausgeführt habe und daß für diese Tat die Fahrlässigkeit der Klägerin ohne jede Bedeutung gewesen sei.

Den Verstoß der Klägerin gegen die vertragsmäßige Sorgfaltspflicht findet das Kammergericht darin, daß sie, im ersten Stock eines Großgasthofs einer Großstadt wohnend, ihre wertvollen Schmucksachen während der Nacht nur in einem offenen Körbchen verwahrte, dieses nicht einmal neben ihr Bett, sondern auf einen entfernt davon stehenden Tisch stellte und daß sie die Tür zu dem Nebenzimmer, in dem die Balkontür offen stand, unverschlossen ließ. Zu Unrecht meint die Revision, daß der Berufungsrichter die an die Sorgfalt der Klägerin zu stellenden Anforderungen überspannt habe. Der von ihm aufgestellte Erfahrungssatz, daß auch reiche Personen hochwertigen Gegenständen eine besondere Aufmerksamkeit zuwenden und das als Ausfluß der im Verkehr gebotenen Sorgfalt ansehen, ist nicht zu beanstanden. Schon in RGZ. Bd. 75 S. 396 ist ausgeführt, daß die einfachste Vorsicht auch unter gewöhnlichen Verhältnissen es erfordert, besonders wertvolle Kostbarkeiten während des nächtlichen Aufenthalts in einem Gasthauszimmer nicht offen liegen zu lassen, sie vielmehr, wenn sie nicht unmittelbar am Körper verwahrt werden, in einem verschließbaren Behältnis unterzubringen. Die Revision weist demgegenüber auf Art. 1 Abs. 2 Satz 1 der Bedingungen hin und meint, daß danach nur die nicht getragenen Schmuckstücke unter Verschluß gehalten werden müßten. Dabei will sie Schmuckstücke, die für die Dauer der Nachtruhe abgelegt sind, als „getragen" im Sinne jener Vorschrift ansehen. Der Berufungsrichter hat nicht erörtert, für welche Zeit die Klägerin damals ihre Schmucksachen abgelegt hatte; er hat auch den Begriff des „Getragenseins" nicht näher bestimmt. Beizutreten ist ihm aber darin, daß die vereinbarte Pflicht des Versicherungsnehmers, die versicherten Gegenstände sorgfältig aufzubewahren und zu behandeln, sich auf getragene und nicht getragene Schmuckstücke erstreckt und daß auch „getragene" Sachen, die sich nicht gerade am Körper des Versicherungsnehmers befinden, eingeschlossen werden müssen, wenn das zu ihrer sorgfältigen Aufbewahrung notwendig ist.

Richtig betont die Revision, daß ein Versicherungsnehmer nicht deshalb, weil er versichert ist, eine erhöhte Sorgfalt aufzuwenden hat. Das hat aber auch der Berufungsrichter nicht von der Klägerin verlangt. Sein Maßstab ist die allgemein im Verkehr erforderliche Sorgfalt, die zu beobachten die Klägerin in den Bedingungen sich verpflichtet hat. Unrichtig ist aber die Ansicht der Revision, daß für die Klägerin ein noch geringeres Maß von Sorgfalt in Frage gekommen sei, weil Schmuckversicherungen regelmäßig für den Versicherer besonders gefährlich seien, weil die Gesellschaften sie nur nach eingehender Erkundigung über die Versicherungsnehmer abschlössen und weil die Höhe der — namentlich für die Reisezeit — zu zahlenden Prämien auf eine geminderte Sorgfaltspflicht hindeute. Diese Schlußfolgerungen der Revision stehen im Widerspruch zu der Tatsache, daß die Klägerin sich gerade verpflichtet hat, die im Verkehr erforderliche Sorgfalt zu beobachten. Die Tatsache der Versicherung als solche erhöht die Sorgfaltspflicht nicht, setzt sie aber auch nicht herab. Bei der Schmuckversicherung hat sich der Versicherungsnehmer nach den allgemeinen Versicherungsbedingungen so zu verhalten wie ein Nichtversicherter; das hat das Reichsgericht in der schon erwähnten Entscheidung vom 22. Februar 1927 wiederholt hervorgehoben und daran muß auch jetzt festgehalten werden. Die Revision hat versucht, aus einem Urteil des Reichsgerichts vom 18. Oktober 1927 (SeuffArch. Bd. 82 Nr. 19) etwas Gegenteiliges herauszulesen, indessen zu Unrecht. Jenes Urteil betrifft einen Fall der Reisegepäckversicherung, bei welchem die Versicherungsbedingungen eine Haftung des Versicherungsnehmers nur für grobe Fahrlässigkeit vorsahen. Hierzu wird ausgeführt, diese Haftung des Versicherungsnehmers werde nicht schon dadurch verschärft, daß ihm an einer anderen Stelle der Bedingungen aufgegeben sei, so zu handeln, als ob er nicht versichert sei. Jene Entscheidung trifft also nicht den vorliegenden Fall, bei dem die Bedingungen gerade die Haftung für einfache Fahrlässigkeit aussprechen und diese Haftung durch den Maßstab der von einem Nichtversicherten aufzuwendenden Sorgfalt weder erhöht noch gemindert werden soll.

Prüft man endlich die Frage, ob ein Nichtversicherter an Stelle der Klägerin wesentlich vorsichtiger gehandelt hätte, so wird nicht zu bezweifeln sein, daß der Nichtversicherte die Schmuckstücke während der Nacht erheblich sorgfältiger aufbewahrt hätte, als die Klägerin es getan hat.

RGZ. 124, 235.

Über den Umfang der Vorschußpflicht des Versicherers nach § 150 des Gesetzes über den Versicherungsvertrag.

VII. Zivilsenat. Urt. v. 14. Mai 1929.

I. Landgericht II Berlin. — II. Kammergericht daselbst.

Die Klägerin hatte mit dem Beklagten für 5 Jahre vom 14. Oktober 1924 ab eine „kombinierte Automobilversicherung", auf Fahrzeug- und auf Haftpflichtversicherung, abgeschlossen, wobei die Haftpflicht-Versicherungssumme für Tötung oder Verletzung eines oder auch mehrerer Menschen durch dasselbe Ereignis auf 150 000 RM festgesetzt worden war. Im Januar 1925 ereignete sich ein Zusammenstoß zwischen dem vom Beklagten gelenkten versicherten Wagen und einem Autobus, wobei eine größere Zahl von Personen zu Schaden kam. Diese gingen mit Klagen auf Schadensersatz in Höhe von zusammen rund 500 000 RM gegen den Beklagten vor. Beide Prozeßparteien halten diese Ansprüche für unbegründet und der Beklagte hat sich auf Veranlassung der Klägerin auf die Prozesse eingelassen und überall Klagabweisung beantragt. Der Beklagte verlangt von der Klägerin Zahlung der für die Führung dieser Prozesse erforderlichen Vorschüsse, die sie ihm in voller Höhe ohne Rücksicht auf die Versicherungssumme von 150 000 RM zu leisten habe. Die Klägerin hält sich dagegen zur Leistung von Vorschüssen nur soweit für verpflichtet, als sich solche bei einem Rechtsstreit über 150 000 RM auf Klage eines Geschädigten ergeben würden, und hat nur in diesem Umfang Zahlung geleistet. Sie verlangt die Feststellung, daß auf Grund der abgeschlossenen Haftpflichtversicherung ihre Verpflichtung, Prozeßkosten für Rechtsstreitigkeiten aus einem und demselben Unfall vorzuschießen, auf Vorschüsse entsprechend einem Streitobjekt von insgesamt nicht mehr als 150 000 RM beschränkt sei. Die Vorinstanzen wiesen die Klage ab. Auch die Revision der Klägerin blieb erfolglos.

Gründe:

Das Kammergericht hat von einer Berücksichtigung des Gesetzes über den Versicherungsvertrag und der allgemeinen Grundsätze der

Haftpflichtversicherung abgesehen und seine Entscheidung allein auf die zwischen den Parteien vereinbarten Vertragsbedingungen gestützt, besonders auf Nr. III 1 und 2 des Antrags und auf § 1 Abs. 1 und 2, sowie § 3 Abs. 1 der „Allgemeinen Haftpflicht-Versicherungsbedingungen für Halter von Kraftfahrzeugen". Daß die von der Klägerin bei anderen Verträgen zugrunde gelegten abweichenden Allg. Versicherungsbedingungen für unbeachtlich erklärt worden sind, ist unbedenklich richtig. Dagegen vermag der erkennende Senat nicht zuzustimmen der Auslegung der vertraglichen Bestimmungen, die er selbständig nachzuprüfen hat, weil es sich um sog. typische Vertragsbedingungen handelt. Allerdings sind in § 1 Abs. 2 der Allg. Haftpflicht-Versicherungsbedingungen deutlich die beiden allgemein üblichen und auch hier offensichtlich von den Vertragsteilen gewollten Seiten des Versicherungsschutzes bei der Haftpflichtversicherung hervorgehoben: die Befriedigung begründeter, wie auch die Abwehr unbegründeter Ansprüche. Ersteres bedeutet die Versicherung gegen den wirklich eingetretenen eigentlichen Haftpflichtschaden, letzteres eine Art Rechtsschutzversicherung, zu der, wie das Kammergericht zutreffend annimmt und die Klägerin grundsätzlich nicht bestreitet, namentlich die Leistung der erforderlichen gerichtlichen und anwaltlichen Vorschüsse für die gegen den Beklagten als Haftpflichtigen eingeleiteten Prozesse gehört. Wenn nun auch in diesem § 1 Abs. 2 nicht von einer Versicherungssumme die Rede ist, der § 3 Abs. 1 der Allg. Haftpflicht-Versicherungsbedingungen aber, wie auch die Nr. III 1 und 2 des Antrags, ihrem Wortlaut nach sich nur auf den eigentlichen Haftpflichtschaden, auf die dem oder den Dritten auf Grund der Haftpflicht des Beklagten zu gewährenden Beträge beziehen, nicht dagegen auf die Verpflichtung der Klägerin zur Rechtsschutzgewährung, so ist doch die Vereinbarung einer bestimmten Versicherungssumme als Höchstgrenze der Verpflichtung der Klägerin, wie sie hier vorliegt, nach Treu und Glauben im Verkehr auf beide Seiten der abgeschlossenen Versicherung zu erstrecken. Denn wenn sich einmal die Vertragsparteien bei der Wahl zwischen einer unbeschränkten und einer der Höhe nach beschränkten Haftpflichtversicherung für letztere entscheiden, so ist anzunehmen, daß sie diese Beschränkung für das ganze Vertragsverhältnis gewollt haben.

Der abgeschlossene Vertrag ist aber durch die Bestimmungen des Versicherungsvertrags-Gesetzes zu ergänzen, soweit in ihm nicht eine vom Gesetz abweichende Regelung erfolgt ist, und in dieser Beziehung kommt § 150 VVG. in Betracht. Nach dieser Vorschrift, die sich als eine für die Haftpflichtversicherung besonders geregelte Anwendung der §§ 62, 63 des Gesetzes darstellt, umfaßt die Versicherung die gerichtlichen und außergerichtlichen Kosten, die durch die Verteidigung gegen den von einem Dritten geltend gemachten Anspruch entstehen, soweit die Aufwendung der Kosten den Umständen nach geboten ist. Und zwar gilt dies auch dann, wenn sich der Anspruch als unbegründet erweist. Die Versicherung umfaßt also für den Fall des Unterliegens des Versicherungsnehmers die gerichtlichen, die eigenen und die dem Gegner zu erstattenden Kosten, und für den Fall des Obsiegens die eigenen Kosten einschließlich der Gerichtskostenvorschüsse, falls deren Erstattung durch den Gegner nicht zu erlangen ist. Soweit aber auf solche Kosten schon im Laufe des oder der Prozesse Zahlungen zu leisten sind, hat der Versicherer nach dem Schlußsatz des § 150 Absatz 1 die Kosten auf Verlangen des Versicherungsnehmers vorzuschießen. Dies gilt unbeschränkt, wenn keine Versicherungssumme bestimmt ist. Ist dagegen eine Versicherungssumme vereinbart, so hat nach Absatz 2 Satz 1 der Versicherer Kosten, die in einem auf seine Veranlassung geführten Rechtsstreit entstehen, auch insoweit zu ersetzen, als sie zusammen mit der übrigen Entschädigung die Versicherungssumme übersteigen. Daraus ergibt sich, daß, wenn der Versicherungsnehmer den oder die Prozesse nur auf Grund eigenen Entschlusses führt, die vereinbarte Versicherungssumme die Grenze der Verpflichtung des Versicherers für die an Dritte zu zahlenden Entschädigungen und der Kosten der oben erwähnten Art zusammengenommen bildet. Dagegen besteht trotz der vereinbarten Versicherungssumme eine solche Beschränkung nicht, wenn der Versicherungsnehmer die Prozesse auf Veranlassung des Versicherers führt, wie es vorliegend der Fall ist, wo sich der Beklagte auf alle aus Anlaß des Zusammenstoßes vom Januar 1925 gegen ihn angestrengten Klagen auf Veranlassung der Klägerin eingelassen hat. In einem solchen Falle würde allerdings der Versicherer für die Entschädigungen selbst, die durch rechtskräftige Urteile zu Lasten des Versicherungsnehmers dritten Personen zugesprochen werden, nur bis zur Höhe der vereinbarten Versicherungssumme haften. Für alle Kosten, die dem Versicherungsnehmer zur Last fallen, hätte er aber in vollem Umfang einzustehen, auch über die Versicherungssumme hinaus, und er kann deshalb auch in einem solchen Falle in keiner Weise eine Beschränkung seiner Vorschußpflicht bezüglich der Kosten geltend machen. Aber auch wenn sich der Versicherungsnehmer nur aus eigenem Antrieb auf Rechtsstreitigkeiten einläßt, ist die Verpflichtung des Versicherers zur Kostentragung und insbesondere auch zur Vorschußzahlung erst dann erschöpft, wenn durch seine Zahlungen die Versicherungssumme erreicht ist. Denn die beiden Seiten der Haftpflichtversicherung sind nicht etwa so zu bewerten, daß im Interesse der Dritten die Verpflichtung des Versicherers zum Einstehen für den eigentlichen Haftpflichtschaden den Vorrang vor der Rechtsschutzversicherung zu beanspruchen hätte. Trotz der Vorschriften in §§ 156, 157 VVG. wird eine Haftpflichtversicherung durchaus im Interesse der Dritten abgeschlossen. Mit der Rechtsschutzseite der Haftpflichtversicherung will aber der Versicherungsnehmer die Nachteile von seinem Vermögen abwehren, die schon aus der Geltendmachung von Haftpflichtansprüchen gegen ihn erwüchsen, wenn er zur Verteidigung gegen solche Ansprüche Aufwendungen aus eigener Tasche machen müßte. Diese Aufwendungen drücken ihn zunächst; von ihnen hat ihn deshalb der Versicherer zuerst freizustellen. Es ist rechtlich nicht zutreffend, daß die Verpflichtung des Versicherers auch nur in einem solchen Falle, wo der Versicherungsnehmer den oder die Prozesse aus eigenem Entschlusse führt, auf Vorschußzahlungen entsprechend einem Streitgegenstand in Höhe der vereinbarten Versicherungssumme zu beschränken wäre.

Da keine Vertragsbestimmung die Ergänzung des zwischen den Parteien abgeschlossenen Versicherungsvertrags durch den § 150 VVG. ausschließt, erscheint für beide Fälle (sowohl für die vom Beklagten auf Veranlassung der Klägerin im Anschluß an den Zusammenstoß vom Januar 1925 oder etwaige spätere Haftpflichtfälle geführten Rechtsstreitigkeiten, wie auch für etwaige von ihm nach anderweitigen Haftpflichtfällen aus eigener Entschließung geführte Prozesse) der Feststellungsantrag der Klägerin nicht gerechtfertigt.

RGZ. 135, 295.

Kann der Geschädigte auch nach Aufhebung des Konkursverfahrens über das Vermögen des Schadensersatzpflichtigen wegen Zwangsvergleichs die volle Befriedigung seines Anspruchs aus der Haftpflichtversicherungsforderung des Ersatzpflichtigen verlangen?

VVG. § 157. KO. §§ 64, 193.

IX. Zivilsenat. Urt. v. 12. Dezember 1931.

I. Landgericht I Berlin. — II. Kammergericht daselbst.

Der Beklagte hatte sein Haus in Berlin teilweise an die Firma M. & S. zum Betriebe ihrer Damenmäntelfabrik vermietet. Der Kläger war bei dieser als Packer beschäftigt. Als er am 2. Oktober 1924, um Kisten aus dem Keller zu holen, die hinabführende Holztreppe betrat, verunglückte er dadurch, daß die oberste Stufe durchbrach und er in den Kellerschacht hinunterstürzte. Für die Folgen der hierbei erlittenen Verletzungen machte er mit der Klage den Beklagten verantwortlich, wobei er u. a. eine monatliche Rente von 176,52 RM vom 1. Mai 1925 ab begehrte.

Das Landgericht wies die Klage ab. Nachdem dann während der Berufungsfrist das Konkursverfahren über das Vermögen des Beklagten eröffnet worden war, meldete der Kläger seine Forderung unter Kapitalisierung des Rentenanspruchs mit einem Gesamtbetrage von 92 965,04 RM zur Tabelle an, und zwar mit Rücksicht darauf, daß der Beklagte bei der M. Versicherungsgesellschaft gegen Haftpflicht versichert gewesen war, als „bevorrechtigt". Als Forderung und Vorrecht vom Konkursverwalter bestritten wurden, nahm der Kläger den Rechtsstreit gegen diesen auf, indem er Berufung einlegte mit dem Antrage, die zur Konkurstabelle angemeldete Forderung in Höhe von 62 343,44 RM festzustellen. Das Kammergericht erklärte den Anspruch für dem Grunde nach gerechtfertigt und verwies die Sache zur Verhandlung und Entscheidung über den Betrag an das Landgericht zurück; das Urteil wurde rechtskräftig.

Das anschließende Betragsverfahren, in dem der Kläger seine Forderung u. a. damit begründete, daß sein linker Arm infolge des Unfalls steif geworden sei, führte im ersten Rechtszuge zur Feststellung der Forderung in Höhe von 42 342,44 RM. Hiergegen legte der Konkursverwalter Berufung ein mit dem Ziele der völligen Klagabweisung. Während des zweiten Rechtszuges kam im Konkursverfahren ein Zwangsvergleich auf 20 % zustande; nach dessen rechtskräftiger Bestätigung wurde das Verfahren aufgehoben. Daraufhin trat der Beklagte wieder selber in den Rechtsstreit ein. Der Kläger hielt an der Forderung einer Kapitalabfindung statt einer Rente fest, die er nunmehr auf § 843 Abs. 3 BGB. und die Art seines Leidens stützte. Er ermäßigte aber sein Begehren und suchte sich durch neue Haupt- und Hilfsanträge der veränderten Rechtslage anzupassen. Das Kammergericht wies die Berufung mit der Maßgabe zurück, daß der Beklagte verurteilt wurde, dem Kläger 25 000 RM nebst Zinsen aus dem Versicherungsanspruch gegen die M. Versicherungsgesellschaft zu zahlen, und daß für den Ausfall die Beteiligung des Klägers zu 20 % an dem Zwangsvergleich über das Vermögen des Beklagten festgestellt wurde.

Die Revision des Beklagten führte aus hier nicht wiedergegebenen Erwägungen zur Aufhebung und Zurückverweisung.

Aus den Gründen:

Das Kammergericht prüft zunächst die Einwirkungen der Eröffnung und der Wiederaufhebung des Konkursverfahrens über das Vermögen des Beklagten sowie des Zwangsvergleichs auf den Prozeß und die eingeklagten Ansprüche. Es stellt fest, daß hierüber zwischen den Parteien im allgemeinen Einigkeit bestehe und daß sie nur darüber stritten, ob der Kläger nunmehr wieder Verurteilung des Beklagten zur Zahlung beantragen könne oder auf einen Feststellungsantrag beschränkt sei. Zur Frage, welche Folgen der Zwangsvergleich für die Klagansprüche habe, erwägt es: Gemäß § 157 VVG. habe der Kläger nach Eröffnung des Konkurses über das Vermögen des Beklagten wegen seiner Schadensersatzansprüche gegen diesen abgesonderte Befriedigung aus dessen Entschädigungsforderung gegen die Versicherungsgesellschaft verlangen können. Ein Zwangsvergleich lasse aber solche Absonderungsrechte nach feststehender Rechtsprechung unberührt. Trotz der Konkursaufhebung infolge Zwangsvergleichs könne daher der Kläger das mit Konkursbeginn erworbene Recht auf vorzugsweise Befriedigung ungeschmälert verwirklichen. Anders liege die Sache, soweit er die Forderung, wegen deren er das Absonderungsrecht geltend mache, auch als Konkursforderung angemeldet habe. Nach § 64 KO. könne der Gläubiger, der abgesonderte Befriedigung beanspruche, die Forderung, wenn der Gemeinschuldner auch persönlich für sie hafte, zwar zur Konkursmasse geltend machen, aus dieser jedoch nur für denjenigen Betrag verhältnismäßige Befriedigung verlangen, zu dem er auf abgesonderte Befriedigung verzichte oder mit dem er dabei ausgefallen sei. Da der Konkurs des Beklagten durch einen Vergleich beendet worden sei, der die Befriedigung der Gläubiger zu 20 % vorsehe, könne der Kläger für den Ausfall, den er bei der Einziehung des dem Beklagten zustehenden Versicherungsanspruchs erleiden sollte, zu 20 % die Konkursmasse in Anspruch nehmen.

Was die Revision diesen Ausführungen gegenüber vorbringt, kann nicht durchschlagen. Nach § 157 VVG. konnte der Kläger, nachdem über das Vermögen des Beklagten der Konkurs eröffnet war, wegen seines Schadensersatzanspruchs gegen jenen abgesonderte Befriedigung aus dessen Versicherungsforderung verlangen, und zwar war er nun befugt, diese Forderung, die infolge des Konkurses in einen Zahlungsanspruch umgewandelt worden war, zur Deckung seines Schadensersatzanspruchs nach dessen rechtskräftiger Feststellung selbst einzuziehen (vgl. RGZ. Bd. 93 S. 210). Durch den Zwangsvergleich hat sich an dieser Rechtslage nichts geändert; dessen Folge war vielmehr lediglich die Beschränkung der etwaigen Ausfallforderung des Klägers, mit der allein er an dem Konkurse beteiligt war, auf den Vergleichsbruchteil (§ 193 Satz 2 KO.). Die so geschaffene Sonderstellung des Klägers blieb aber auch nach der Aufhebung des Konkursverfahrens jedenfalls insofern bestehen, als er auch jetzt noch die volle Befriedigung seines Schadensersatzanspruchs vom Beklagten aus dessen Versicherungsforderung verlangen kann und sich nur bei dem durch diese nicht gedeckten Teile des Anspruchs mit 20 % begnügen muß. Der Umstand, daß es ein Recht auf abgesonderte Befriedigung, wie es dem Unfallgeschädigten durch § 157 VVG. zugesprochen wird, begrifflich nur während eines Konkursverfahrens geben kann, steht einer solchen Rechtsgestaltung nicht entgegen. Durch den Konkurs und den Zwangsvergleich ist eine eigenartige, dem sachlichen Rechte angehörige Verknüpfung zwischen dem Schadensersatzanspruch und der Versicherungsforderung herbeigeführt worden, die ihrem Wesen nach durch die Aufhebung des Konkursverfahrens nicht wieder beseitigt werden kann. Eine andere Regelung, die den Geschädigten nach Aufhebung des Konkursverfahrens infolge Zwangsvergleichs für seinen g a n z e n Anspruch auf den Vergleichsbruchteil beschränkte, würde für ihn eine durch nichts gerechtfertigte Benachteiligung zugunsten des früheren Gemeinschuldners oder des Versicherers bedeuten, die nicht der Sinn des Gesetzes sein kann. Aus den Vorschriften des Konkursrechts kann daher der Beklagte keinen Einwand gegen das angefochtene Urteil herleiten. . . .

RGZ. 135, 368.

Bedarf es bei der Haftpflichtversicherung für eine Feststellungsklage des Versicherungsnehmers gegen den Versicherer der Entscheidung über das Bestehen des von dem Dritten geltend gemachten Schadensersatzanspruchs?

VVG. § 150. ZPO. § 256.

VII. Z i v i l s e n a t. Urt. v. 15. März 1932.

I. Landgericht Glogau. — II. Oberlandesgericht Breslau.

Die klagende Gesellschaft ist bei der Beklagten gegen die gesetzliche Haftpflicht versichert. Sie behauptet, am 18. April 1929 sei die Schwester der Ehefrau ihres Geschäftsführers, Frau T., die für einige Tage in der Familie des Geschäftsführers zu Besuch gewesen sei, von der Wirtschaftsleiter gestürzt und habe sich den Arm gebrochen; sie habe die Klägerin aufgefordert, ihr den durch den Unfall enstandenen Schaden zu ersetzen. Die Beklagte hat den Versicherungsschutz abgelehnt. Die Klägerin verlangt Feststellung der dahingehenden Verpflichtung der Beklagten. Diese meint, die Verletzte habe gegen die Klägerin überhaupt keinen Anspruch; ein solcher falle auch nicht unter die Versicherung, da es sich um einen Angehörigen handle.

Die Klägerin unterlag in den beiden ersten Rechtszügen. Ihre Revision führte zur Aufhebung und Zurückverweisung.

Gründe:

Das Oberlandesgericht hat ein rechtliches Interesse der Klägerin an der alsbaldigen Feststellung des Bestehens eines Versicherungsschutzes für den Schadensersatzanspruch aus dem Unfall der Frau T. deshalb verneint, weil dieser Anspruch gegen die Klägerin so offensichtlich unbegründet sei, daß mit einer ernsthaften Weiterverfolgung nicht zu rechnen sei und auf alle Fälle eine Klage der Frau T. ohne jedes Zutun der Klägerin abgewiesen werden müsse. Die Bedenken, welche die Revision hiergegen erhebt, sind begründet.

Das rechtliche Interesse des Haftpflichtversicherungsnehmers an der alsbaldigen Feststellung, daß ihm Versicherungsschutz zu gewähren sei, ist stets gegeben, wenn ein Haftpflichtanspruch gegen ihn geltend gemacht wird, mag dieser begründet oder unbegründet sein. Denn zur Leistungspflicht des Versicherers gehört auch die Abwehr unbegründeter Ansprüche, wie ja nach § 150 VVG. die Kosten, die durch die Verteidigung gegen den von einem Dritten geltend gemachten Anspruch entstehen, auch dann vom Versicherer zu tragen sind, wenn sich der Haftpflichtanspruch als unbegründet erweist. Es ist also fehlsam, wenn das Berufungsgericht das rechtliche Feststellungsinteresse aus dem Grunde verneint, weil es höchst unwahrscheinlich sei, daß die Verletzte ihren angeblichen Schadensersatzanspruch im Klagewege verfolgen würde, und weil der Anspruch, falls dies dennoch geschehen sollte, notwendig der Abweisung verfallen müsse.

Läßt sich somit die Klagabweisung auf eine Verneinung des Feststellungsinteresses nicht stützen, so wird das Berufungsgericht nunmehr genötigt sein, zu der unter den Parteien streitigen Frage Stellung zu nehmen, ob der geltend gemachte Haftpflichtanspruch unter den der Klägerin vertraglich zugesagten Versicherungsschutz fällt. Auch bei Beurteilung dieses Streitpunktes ist grundsätzlich daran festzuhalten, daß — wie das Reichsgericht in RGZ. Bd. 113 S. 286 und auch früher schon ausgesprochen hat und der Berufungsrichter selbst nicht verkennt — die Frage, ob der Versicherungsnehmer dem Verletzten haftet, in einem Prozeß zwischen diesen Personen auszutragen ist, nicht aber in einem Prozeß zwischen dem Versicherungsnehmer und dem Versicherer.

Ausnahmsweise kann es freilich auch einmal anders sein. Einen solchen Ausnahmefall behandelt gerade die angeführte Entscheidung. Damals war die Versicherungsnehmerin lediglich in ihrer Eigenschaft als Hausbesitzerin gegen Haftpflicht versichert und es war deshalb für die Frage, ob der geltend gemachte Haftpflichtanspruch unter den Versicherungsschutz fiel, von entscheidender Bedeutung, ob die Klägerin auch als Hausbesitzerin (§ 836 BGB.) der Verletzten haftete oder nicht. In diesem eigenartig gestalteten Sonderfalle bedurfte es also im Rechtsstreit zwischen Versicherungsnehmer und Versicherer ausnahmsweise zur Beantwortung der Deckungsfrage des Eingehens auf den Rechtsgrund des Schadensersatzanspruchs. Das Berufungsgericht wird zu prüfen haben, ob auch hier ein solcher Ausnahmefall vorliegt oder ob nicht schon aus der Auslegung der Versicherungsbedingungen allein die Entscheidung zu finden ist.

RGZ. 136, 370.

Hängt bei der Haftpflichtversicherung die Verwirkung des Anspruchs auf Schadloshaltung, die für den Fall der Unterlassung der vertragsmäßigen Anzeige von der Einleitung eines Strafverfahrens vereinbart worden ist, davon ab, ob die Unterlassung die Geltendmachung des Entschädigungsanspruchs des Verletzten gegen den Versicherten erleichtert hat?

VVG. § 32 Satz 2, § 154 Abs. 2.

VII. Zivilsenat. Urt. v. 14. Juni 1932.

I. Landgericht Duisburg. — II. Oberlandesgericht Düsseldorf.

Bei einer Fahrt, die der Kläger am 21. Oktober 1929 in D. mit seinem Personenkraftwagen unternahm und bei der seine Ehefrau lenkte, geriet der Wagen auf den Bürgersteig und verletzte ein elfjähriges Mädchen. Der Kläger ist bei der Beklagten gegen Kraftwagen-Haftpflichtschäden versichert. § 5 Abs. 2 der im Versicherungsschein in Bezug genommenen Allgemeinen Bedingungen enthält die Bestimmung, daß der Versicherin „unverzüglich Anzeige zu erstatten ist, wenn ein Strafverfahren aus einem Ereignis eingeleitet wird, das einen Haftpflichtanspruch zur Folge haben kann". Als aber infolge des Unfals die Frau des Klägers am 12. November 1929 durch die Polizei vernommen und am 19. März 1930 vom Schöffengericht wegen fahrlässiger Körperverletzung zu 80 RM Geldstrafe verurteilt wurde, erstattete der Kläger keine Anzeige. Den Unfall selbst hatte er der Beklagten unverzüglich angezeigt und ihr sodann auf einem ihrer Vordrucke am 22. Oktober

1939 die Haftpflicht-Schadensanmeldung erstattet. Auf die Nachricht, daß die Verletzte für eine Klage gegen den Kläger und seine Frau das Armenrecht beantragt hatte, teilte die Beklagte dem Kläger am 26. Mai 1930 mit, daß sie wegen Unterlassung der Anzeige vom Strafverfahren jeden Versicherungsschutz ablehne. Der Kläger und seine Frau ließen hierauf ein Versäumnisurteil gegen sich ergehen und rechtskräftig werden. Er klagte sodann gegen die Beklagte auf Feststellung ihrer Pflicht zur Gewährung des Versicherungsschutzes gegen die Ansprüche der Verletzten und ihres Vaters sowie auf Verurteilung zur Befreiung von allen Schadensersatzverbindlichkeiten gegen diese und zum Ersatz der darauf bereits geleisteten Zahlungen. Der Kläger machte geltend, daß ihm die Unterlassung der Anzeige vom Strafverfahren, nachdem er den Unfall selbst angemeldet habe, nicht als Fahrlässigkeit anzurechnen sei, und daß sie der Beklagten keinen Nachteil gebracht habe, so daß diese mit der Berufung auf jene Unterlassung gegen Treu und Glauben handle.

Das Landgericht wies die Klage ab. Die Berufung des Klägers wurde vom Oberlandesgericht zurückgewiesen. Auch seine Revision blieb erfolglos.

Gründe:

Das Berufungsgericht stellt fest, daß die Verpflichtung des Versicherten zur Anzeige von der Einleitung eines Strafverfahrens in dem Abschnitt der Allgemeinen Versicherungsbedingungen über „Obliegenheiten im Schadenfall" in einer Weise niedergelegt ist, daß sie dem Kläger nicht entgehen konnte, wenn er die Bedingungen nach dem Unfall auch nur mit geringer Sorgfalt durchgelesen hätte. Da die Unterlassung der Anzeige hiernach auf grober Fahrlässigkeit beruhe, habe der Kläger durch sie den Anspruch auf Befreiung von seiner Haftpflicht verwirkt; darauf, ob der Beklagten durch jene Verletzung seiner vertraglichen Obliegenheit ein Nachteil entstanden sei, komme es nicht an.

Wenn die Revision demgegenüber unter den obwaltenden Umständen in der Annahme einer groben Fahrlässigkeit des Klägers eine Verkennung dieses Rechtsbegriffs finden will, so kann sie hiermit schon deshalb keinen Erfolg haben, weil die Frage, ob eine Fahrlässigkeit als grobe anzusehen ist, nach ständiger Rechtsprechung des Reichsgerichts eine Frage der tatsächlichen Würdigung ist. Die Erwägungen des Berufungsgerichts, daß der Kläger auf die große Bedeutung, welche die Beklagte der Kenntnis von der Einleitung eines Strafverfahrens beilegte, durch eine Frage im Vordruck zur Schadensanmeldung noch besonders hingewiesen, und daß er von der Beklagten in ihren Briefen vom 4. und 13. November 1929 ausdrücklich zur Einsendung aller auf den Schadensfall bezugnehmenden Schriftstücke aufgefordert worden sei, gehören ebenso wie die sonstigen Ausführungen über Umstände, die das Verschulden des Klägers erschweren, jenem Gebiet der tatsächlichen Würdigung an und lassen keinen Rechtsirrtum erkennen.

Die Revision sucht ferner aus § 32 Satz 2 VVG. herzuleiten, daß die Nichterstattung der Anzeige die Verwirkung der Ansprüche des Klägers dann nicht zur Folge habe, wenn sie keinen Einfluß auf die Geltendmachung und den Umfang des Entschädigungsanspruchs des Verletzten ausgeübt habe, was das Berufungsgericht verkenne. Aber § 32 Satz 2 bezieht sich, wie aus dem vorhergehenden Satz des Paragraphen und der Überschrift und dem sonstigen Inhalt des Titels, in dem er steht, hervorgeht, nur auf die Verletzung von Obliegenheiten, die der Versicherungsnehmer zum Zweck der Verminderung der Gefahr oder zum Zweck der Verhütung einer Gefahrerhöhung übernimmt, nicht jedoch auf solche Obliegenheiten, die — wie die hier in Frage stehende Anzeigepflicht — erst nach dem Eintritt des schädigenden Ereignisses, also nach Verwirklichung der Gefahr zu erfüllen sind. Eine Ausdehnung oder entsprechende Anwendung auf Obliegenheiten dieser letzten Art ist auch in den von der Revision angeführten Entscheidungen (RGZ. Bd. 93 S. 209 [215] und Gruch. Bd. 61 S. 810 [815]), die wesentlich verschiedene Tatbestände betreffen, nicht gebilligt worden. Auf Grund dieser Erwägungen hat der Senat in RGZ. Bd. 127 S. 367 ausgesprochen, daß bei einer Schadensversicherung die für den Fall der Verzögerung der Schadensanzeige vereinbarte Befreiung des Versicherers nicht davon abhänge, daß durch die Verzögerung ein Nachteil für diesen entstanden sei. Das gleiche muß gelten für die Folgen der Unterlassung von Anzeigen über den Schadensfall und über die durch diesen veranlaßten Verhandlungen, die dem Haftpflichtversicherten bei Meidung der Anspruchsverwirkung auferlegt worden sind, wenngleich der Versicherungsfall bei der Haftpflichtversicherung nicht schon mit dem schädigenden Ereignis, sondern erst mit der Geltendmachung des Entschädigungsanspruchs des Verletzten eintritt. Im vorliegenden Fall war übrigens der Entschädigungsanspruch gegen den Kläger schon vor der polizeilichen Vernehmung seiner Ehefrau schriftlich geltend gemacht worden. Die vom Kläger in den Vorinstanzen zur Abwehr des Verwirkungseinwands der Beklagten herangezogene Vorschrift des § 154 Abs. 2 VVG. hat auf die vorliegende Streitfrage keinen Bezug, da sie nur die Wirkung von Vereinbarungen über Befreiung des Versicherers durch selbständige Befriedigung oder Anerkennung des Entschädigungsanspruchs von seiten des Versicherten, nicht aber die Tragweite sonstiger Verwirkungsklauseln einschränkt.

Ob der Kläger dem Verwirkungseinwand der Beklagten die Einrede der allgemeinen Arglist entgegenhalten könnte, wenn die Beklagte, trotz der Unterlassung der Anzeige durch den Kläger, auf andere Weise von dem Strafverfahren so rechtzeitig Kenntnis erhalten hätte, daß sie der Frau des Klägers in diesem Verfahren den der Beklagten erscheinenden Beistand hätte leisten können, braucht hier nicht erörtert zu werden. Denn es ist unstreitig, daß die Beklagte von dem Strafverfahren erst erfahren hat, als die Verletzte nach der Rechtskraft des Strafurteils für die Verfolgung ihrer Ansprüche im Wege des Zivilprozesses das Armenrecht nachsuchte.

RGZ. 141, 185.

1. Zur Frage, zwischen welchen Personen bei der Haftpflichtversicherung der Rechtsstreit darüber auszutragen ist, ob der Versicherungsnehmer dem Verletzten haftet.

2. Zur Frage der Gefahrerhöhung bei der Kraftwagen-Haftpflichtversicherung.

VVG. §§ 23, 25, 29, 149, 150, 154, 156.

VII. Zivilsenat. Urt. v. 16. Juni 1933.

I. Landgericht Gera. — II. Oberlandesgericht Jena.

Der Kläger war für sein Personen-Kraftfahrzeug (Opel-Wagen) bei der verklagten Gesellschaft gegen Haftpflicht versichert. Am 12. November 1931 unternahm er in Begleitung des Möbelfabrikanten T. eine Fahrt nach Plauen. Dort wurde in den hinteren Teil des viersitzigen Wagens ein etwa 120 kg schwerer Elektromotor verladen. Auf der Rückfahrt verunglückte der vom Kläger gesteuerte Wagen an einer Straßenkurve; hierbei wurden beide Insassen verletzt.

T. hat gegen den Kläger Schadensersatzansprüche geltend gemacht, weil dieser den Unfall durch Fahrlässigkeit herbeigeführt habe. Er verlangt Ersatz für Erwerbseinbuße, Schmerzensgeld und Krankenhauskosten. Daraufhin hat der Kläger im April 1932 gegen die Beklagte Klage erhoben. Zunächst hat er beantragt, festzustellen, daß ihm die Beklagte wegen dieses Haftpflichtschadens Versicherungsschutz zu gewähren habe. Später (noch im ersten Rechtsgang) hat der Kläger den Antrag gerichtet auf ihre Verurteilung, an T. 1404 RM und ein Schmerzensgeld zu zahlen, dessen Höhe er dem Ermessen des Gerichts überlasse, ferner auf Feststellung, daß die Beklagte verpflichtet sei, dem

T. auch allen weiteren Schaden zu ersetzen, der diesem infolge des Unfalls noch entstehen werde. Die Beklagte bestreitet die Ansprüche nach Grund und Betrag und macht geltend, daß über die Berechtigung von Schadensansprüchen des T. nicht auf Klage des Klägers gegen sie, sondern auf Klage des T. gegen den Kläger zu entscheiden sei. Insbesondere wendet die Beklagte noch ein, die Mitführung des Elektromotors stelle eine Gefahrerhöhung nach § 23 VVG. dar und bewirke, daß sie gemäß § 25 Abs. 1 das. von der Verpflichtung zur Leistung frei geworden sei. Hilfsweise stellt sie außerdem in Abrede, daß der Kläger dem T. schadensersatzpflichtig sei.

Landgericht und Oberlandesgericht haben den späteren Anträgen des Klägers im wesentlichen stattgegeben, das Oberlandesgericht in der Form, daß es den Anspruch des Klägers, daß die Beklagte an den Möbelfabrikanten T. 1404 RM und ein Schmerzensgeld zahle, dem Grunde nach für gerechtfertigt erklärte und ferner die Feststellung traf, daß sie dem T. auch allen weiteren Schaden zu ersetzen habe, der ihm durch den Unfall vom 12. November 1931 entstanden sei und noch entstehe.

In der von der Beklagten beschrittenen Revisionsinstanz hat der Kläger hilfsweise beantragt, nach seinem — ursprünglichen — Klagantrage zu erkennen. Die Beklagte hat den Hilfsantrag als unstatthaft beanstandet. Das Reichsgericht hat nach diesem Hilfsantrage erkannt, im übrigen aber die Klage abgewiesen.

Gründe:

Nach dem ursprünglichen, in der mündlichen Verhandlung vor dem Landgericht am 3. Mai 1932 verlesenen Klagantrage, der sich auf das Verlangen nach Gewährung des Versicherungsschutzes beschränkte, konnte kein Zweifel daran obwalten, daß der Kläger als Versicherungsnehmer zur Sache berechtigt war. Anders steht es mit seinen späteren Anträgen, soweit er dadurch Leistungen der Beklagten an den Zeugen T. und die Feststellung ihrer Schadensersatzpflicht gegenüber diesem forderte. Indem die Richter der Vorinstanzen darauf eingingen, ist der Rechtsstreit — wie die Revision zutreffend geltend macht — in falsche Bahnen geraten.

Bei der Haftpflichtversicherung ist nämlich die Frage, ob der Versicherungsnehmer dem Verletzten haftet, grundsätzlich in einem Rechtsstreit zwischen diesen Personen auszutragen, nicht aber in einem Rechtsstreit zwischen dem Versicherungsnehmer und dem Versicherer. Dies hat der erkennende Senat schon wiederholt ausgesprochen (RGZ. Bd. 113 S. 286 [290], Bd. 135 S. 368 [369]; Urt. v. 22. März 1904 VII

516/03, abgedr. in den Veröffentlichungen des Aufsichtsamts für Privatversicherung Bd. 3 S. 180 Nr. 85). Das letztgenannte Urteil leitet diese Auffassung aus Bestimmungen desjenigen Versicherungsvertrags her, der damals zu beurteilen war. Bestimmungen gleichen Inhalts finden sich aber regelmäßig in allen Verträgen über Haftpflichtversicherung. So ist auch hier in den Allgemeinen Bedingungen der Beklagten (§ 5 Nr. 2 Satz 1, 2) folgendes festgesetzt:

Bei Haftpflichtschäden ist der Versicherungsnehmer nicht berechtigt, ohne vorherige Zustimmung der Gesellschaft einen Anspruch ganz oder zum Teil anzuerkennen oder zu befriedigen. Wenn es zum Prozeß kommt, hat er die Prozeßführung der Gesellschaft zu überlassen, auch den von der Gesellschaft bestellten Anwälten Vollmacht und jede verlangte Aufklärung zu geben.

Mit dem „Prozeß" meinen diese Bestimmungen offensichtlich den zwischen dem Verletzten und dem Versicherungsnehmer zu führenden Rechtsstreit. Mithin ist ihnen die Vertragspflicht des Versicherungsnehmers zu entnehmen, daß er die Frage seiner Haftbarkeit gegenüber einem Dritten in einem mit diesem von ihm zu führenden Rechtsstreit austragen läßt, wobei er dem Versicherer die in Satz 2 a. a. O. bedungenen maßgebenden Befugnisse einzuräumen hat. Daß diese Regelung für den Versicherer von erheblicher Bedeutung ist, liegt auf der Hand. Denn andernfalls könnte die in Satz 1 a. a. O. dem Versicherungsnehmer verwehrte Begünstigung der Ansprüche des Verletzten dennoch in der Weise verwirklicht werden, daß im Rechtsstreit des Versicherungsnehmers gegen den Versicherer ersterer Angaben machen würde, welche den Anspruch des Verletzten fördern und damit den Eintritt der Entschädigungspflicht des Versicherers herbeiführen würden. Auch wäre solchenfalls die Rechtslage des Versicherers dadurch verschlechtert, daß — wie es auch im vorliegenden Rechtsstreit zum Nachteile der Beklagten geschehen ist — der nicht als Kläger auftretende Verletzte als Zeuge vernommen werden kann, was ausgeschlossen wäre, wenn dieser selbst den Versicherungsnehmer zu verklagen hätte. Auf diese Belange des Versicherers weist zutreffend hin Hagen in Ehrenbergs Handbuch des ges. Handelsrechts Bd. VIII 2 S. 296.

Der Berufungsrichter vertritt eine abweichende Meinung. Er verwertet namentlich die Vorschrift in § 156 Satz 3 VVG. („Auf Verlangen des Versicherungsnehmers ist der Versicherer verpflichtet, die Zahlung an den Dritten zu bewirken") in dem Sinne, daß der Kläger berechtigt sei, auf unmittelbare Leistung an den Verletzten T. zu klagen. Wäre jene Vorschrift so zu verstehen, dann müßte der vorher dargelegte Grundsatz völlig preisgegeben werden. Sie hat aber nicht die Tragweite, welche ihr der Vorderrichter beimißt. Zunächst ist sie nicht zwingenden Rechts (vgl. Bruck Versicherungsvertragsgesetz 7. Aufl. S. 438, Anm. 17 zu § 156); demnach würde die vertragliche Regelung, auf die vorher hingewiesen wurde, in jedem Falle vorgehen. Aber ganz abgesehen davon ist zu verneinen, daß § 156 Satz 3 VVG. die Bahn dafür eröffnete, daß ohne weiteres der Versicherungsnehmer den Rechtsstreit, der die Frage seiner Haftbarkeit gegenüber dem Verletzten klären soll, gegen den Versicherer führen dürfte. Satz 3 ist auszulegen im Zusammenhalt mit den beiden ersten Sätzen des § 156 VVG. Nun bestimmt Satz 1:

> Der Versicherer ist berechtigt, die dem Versicherungsnehmer gebührende Entschädigung, soweit der Versicherungsnehmer dem Dritten zur Leistung verpflichtet ist, diesem zu entrichten.

Danach will diese Vorschrift offenbar eine Anordnung geben, die erst dann wirksam werden soll, nachdem die Frage, wieweit der Versicherungsnehmer dem Dritten (Verletzten) zur Leistung verpflichtet sei, anderweit geklärt worden ist. Es handelt sich hier also nur um eine besondere Bestimmung über die Art und Weise, wie die ihrem Rechtsgrunde nach vorher festgestellten Entschädigungsansprüche vom Versicherer durch Zahlung befriedigt werden sollen. Denselben Charakter tragen unzweifelhaft auch die Sätze 2 und 3 des § 156 VVG. Deshalb verbietet es sich, aus dem Satze 3 irgendwelche Folgerungen zur Beurteilung der Frage abzuleiten, in welchem Verfahren der Streit auszutragen ist, ob der Versicherungsnehmer dem Verletzten schadensersatzpflichtig ist.

Auch die sonstigen Vorschriften im 6. Titel des 2. Abschnitts des Versicherungsvertragsgesetzes lassen deutlich erkennen, daß das Gesetz von einer Geltendmachung des Entschädigungsanspruchs durch den Dritten (und nicht durch den Versicherungsnehmer) ausgeht. Dies zeigt schon der allgemeine Satz des § 149 VVG., wonach die Verpflichtung des Haftpflichtversicherers dahin geht, dem Versicherungsnehmer die Leistung zu ersetzen, die dieser auf Grund seiner Verantwortlichkeit für eine während der Versicherungszeit eintretende Tatsache an einen Dritten zu bewirken hat. Damit wird alsbald klargestellt, daß in Ansehung des Schadensanspruchs ein Rechtsverhältnis zwischen dem Dritten und dem Versicherungsnehmer in Betracht kommt, über welches mithin aller Regel nach in einem zwischen diesen Personen zu führenden Rechtsstreit entschieden werden muß. Dieselbe Auffassung offenbaren auch die verschiedenen Bestimmungen, die in § 150 VVG. getroffen sind. Bei den dort mehrfach erwähnten „Kosten" ist sicherlich in erster Reihe an die im Rechtsstreit des Verletzten gegen den Versicherungsnehmer entstehenden Prozeßkosten gedacht, und ein solcher Prozeß ist auch mit dem in § 150 Abs. 2 Satz 1 bezeichneten „Rechtsstreit" gemeint; ferner sind die Vorschriften des § 150 Abs. 3 über die Sicherheitsleistung und Hinterlegung zweifellos auf einen vom Verletzten gegen den Versicherungsnehmer angestrengten Rechtsstreit zu beziehen. Endlich zeigt auch der vom Berufungsgericht angezogene § 154 VVG. die gleiche Auffassung, indem er bestimmt, daß der Versicherer die Entschädigung binnen zwei Wochen von dem Zeitpunkt an zu leisten hat, in welchem der Dritte von dem Versicherungsnehmer befriedigt oder der Anspruch des Dritten durch rechtskräftiges Urteil, durch Anerkenntnis oder Vergleich festgestellt worden ist, und indem er Entsprechendes auch für die Ersetzung von Kosten anordnet. Zu Unrecht will der Berufungsrichter hierin eine Stütze für die Meinung finden, daß es dem Versicherungsnehmer freistehe, die Schadensersatzansprüche des Dritten unmittelbar gegen den Versicherer einzuklagen.

Sonach ist unter Ablehnung der Ansicht des Berufungsgerichts an dem Grundsatz festzuhalten, daß über die Frage, ob der Versicherungsnehmer dem Verletzten haftet, in einem zwischen diesen beiden Personen zu führenden Rechtsstreit zu entscheiden ist. Etwas Abweichendes ist auch nicht etwa im Urteil des I. Zivilsenats des Reichsgerichts vom 28. Januar 1913 (RGZ. Bd. 81 S. 250) gesagt, welches der Berufungsrichter anführt. Dort war, wie der Tatbestand ergibt, ein rechtskräftig zugunsten des Verletzen erledigter Rechtsstreit gegen den Versicherungsnehmer vorangegangen, und es handelte sich nur darum, ob der Verletzte zu seiner Befriedigung den Schuldbefreiungsanspruch des Versicherungsnehmers gegen den Versicherer pfänden und sich überweisen lassen konnte. In seinen dies bejahenden Erwägungen würdigt das Urteil (S. 252 Abs. 2) auch den § 156 VVG. Daß es diesem — im Gegensatz zu dem hier vertretenen Standpunkt — eine größere Tragweite hätte beimessen wollen, ergeben seine Erörterungen nicht mit Sicherheit. Sollte es der Fall sein, so läge doch zur Anwendung des § 136 GVG. keine Veranlassung vor, denn das Urteil vom 28. Januar 1913 beruht nicht auf jenen Erwägungen, um so weniger als das Versicherungsvertragsgesetz auf den damals zu entscheidenden Fall noch nicht anwendbar war.

Nun hat allerdings der erkennende Senat in RGZ. Bd. 113 S. 290 und Bd. 135 S. 369 anerkannt, daß ungewöhnliche Fälle Ausnahmen von der Regel begründen können, wonach die Haftbarkeit in einem

Rechtsstreit zwischen dem Verletzten und dem Versicherungsnehmer klargestellt werden muß. Hier liegt indes ein durchaus einfacher Haftpflichtfall vor, der in keiner Hinsicht einen ungewöhnlichen Charakter trägt. Deshalb hat der Grundsatz im Streitverhältnis der Parteien uneingeschränkt zu gelten.

Hiergegen läßt sich auch nicht, wie die Revisionsbeantwortung will, die Erwägung ins Feld führen, daß der Grundsatz der „Prozeßökonomie" die Vermeidung zweier Prozesse erfordere. Ist sowohl streitig, ob der Versicherungsnehmer dem Verletzten auf Schadensersatz haftet, wie auch, ob die Voraussetzungen für eine Schadloshaltung des Versicherungsnehmers durch den Versicherer gegeben sind, so handelt es sich eben um zwei verschieden geartete Streitverhältnisse, deren Austragung in gesonderten Prozessen nichts Ungewöhnliches darstellt. Eine Vermischung der beiden Rechtsstreitigkeiten würde, wie dargelegt, für die Regelfälle den vertraglichen Vereinbarungen und den gesetzlichen Vorschriften über die Haftpflichtversicherung zuwiderlaufen. Nicht mit Unrecht wendet auch die Revision gegenüber den Ausführungen des Gegners ein, daß die Ansicht, der Versicherer sei dann auch für die Ansprüche des Verletzten der rechte Beklagte, wenn er auch das Vorhandensein der Voraussetzungen für den Versicherungsschutz bestreite, eine wesentliche Verschlechterung der verfahrensrechtlichen Lage des Versicherers herbeiführen würde. Denn dieser würde durch ein solches Bestreiten den Rechtsstreit über den Schadensersatzanspruch des Verletzten mit den vorher schon angeführten ungünstigen Wirkungen für den Versicherer auf sich ziehen, während dies dann nicht in Frage käme, wenn sich der Streit darauf beschränkte, ob der Schadensersatzanspruch des Verletzten begründet ist. Es ist kein Grund, ersichtlich, der eine so verschiedenartige Behandlung des Versicherers rechtfertigen könnte.

Ist nach alledem der Hauptangriff der Revision als berechtigt anzuerkennen, so kann sie damit jedoch nicht die von ihr begehrte völlige Abweisung der Klage erreichen. Die Beklagte bestreitet auch für den Fall, daß die Schadensforderungen des Zeugen T. gegen den Kläger begründet sein sollten, ihre Verpflichtung, diesem Versicherungsschutz zu gewähren. Sie macht nämlich geltend, wegen der Mitführung des Elektromotors auf der Unfallfahrt sei sie gemäß § 23 Abs. 1, § 25 Abs. 1 VVG. von der Verpflichtung zur Leistung frei. Mithin handelt es sich hier um eine Einwendung von der Tragweite, daß, wäre sie begründet, die Beklagte dem Kläger die Schadloshaltung auch dann verweigern dürfte, wenn er auf eine etwaige Schadensersatzklage des T.

verurteilt würde. In dieser Begrenzung liegt also ein Streit vor, der unzweifelhaft zwischen dem Kläger als Versicherungsnehmer und der Beklagten als Versicherer auszutragen ist.

Das Revisionsgericht vermag den hier in Rede stehenden Streitpunkt nach Lage der Dinge abschließend zu beurteilen und sieht sich daran auch nicht durch die von der Revision erhobenen verfahrensrechtlichen Bedenken gehindert. Mit dem Hilfsantrage nimmt die Revisionsbeantwortung den ursprünglichen Klagantrag wieder auf. Wenngleich der Kläger diesen im Verlauf des Rechtsstreits aufgegeben hatte, so blieb der Streit über die Gewährung des Versicherungsschutzes als solchen doch auch bei der veränderten Antragstellung des Klägers Teil des Gesamt-Streitverhältnisses der Parteien. Demnach war es dem Kläger unverwehrt, sich hilfsweise, auch noch in der Revisionsinstanz, auf jenen Teil des Klagbegehrens zu beschränken und auf seinen ersten Antrag zurückzugreifen; ein Verstoß gegen § 561 ZPO. kommt nicht in Frage. Da es bislang als ungewiß zu gelten hat, ob der Kläger dem Verletzten T. zu irgendwelcher Schadensersatzleistung verpflichtet ist, so entspricht es auch der Sachlage, daß der Hilfsantrag als Feststellungsantrag gefaßt ist. Das rechtliche Interesse des Klägers an der alsbaldigen Feststellung des Rechtsverhältnisses zur Beklagten (§ 256 ZPO.) ist, nachdem T. mit Schadensansprüchen gegen ihn hervorgetreten ist, ohne weiteres zu bejahen (vgl. RGZ. Bd. 135 S. 369).

Den Einwand der Beklagten, der Kläger habe ohne ihre Einwilligung durch die Mitnahme des Motors eine Erhöhung der Gefahr vorgenommen, hat das Oberlandesgericht deshalb abgelehnt, weil eine etwaige Verletzung der Vorschrift des § 23 Abs. 1 VVG. nicht auf einem Verschulden des Klägers beruhe (§ 25 Abs. 2 Satz 1 das.). Anderseits hat es aber bei Erörterung der Schuld des Klägers an dem Unfall erwogen, er habe bei der Fahrt dem Rechnung tragen müssen, daß der Kraftwagen schwer beladen gewesen sei; das hätte ihn zu besonderer Vorsicht veranlassen müssen. Die Revision meint, diese Würdigung des inneren Tatbestandes erscheine zwiespältig und widerspruchsvoll. Ob diese Rüge durchdringen müßte, kann indessen unentschieden bleiben. Der Einwand der Beklagten ist aus anderen Erwägungen ohnehin zurückzuweisen. Aus dem Versicherungsvertrage der Parteien ist nicht zu entnehmen, daß es dem Kläger verboten sein sollte, mit dem versicherten Opel-Wagen auch Lasten zu befördern. Zwar sind nach § 14 II 4 AVB. von der Versicherung ausgeschlossen: „Haftpflichtansprüche wegen Beschädigung von Sachen, die dem Versicherungsnehmer oder seinen Angestellten zur Beförderung, Benutzung oder zu sonstigen Zwecken in Gewahrsam übergeben oder von ihnen übernommen worden sind oder sich in ihrer Obhut befanden." Diese Bestimmung zeigt aber gerade, daß die Vertragschließenden damit rechneten, es werde auch eine Beförderung von Sachen mit dem versicherten Wagen vorkommen, und daß sie darin nichts schlechthin Unstatthaftes sahen, sondern nur die Haftung des Versicherers wegen einer etwaigen Beschädigung solcher Sachen ausschließen wollten. Immerhin mag man davon ausgegangen sein, daß in der Regel nur eine Personenbeförderung in Betracht kam, und es hätte möglicherweise als unzulässige Gefahrerhöhung im Sinne der §§ 23 flg. VVG. zu gelten, wenn der Kläger nach dem Vertragsabschluß ohne *Einwilligung* der Beklagten dazu übergegangen wäre, häufig und gewerbsmäßig schwere Lasten mit dem Wagen zu befördern. Derartiges hat jedoch die Beklagte nicht behauptet. Im Rechtsstreit ist nur von der einmaligen Mitnahme eines Elektromotors an dem Unfalltage die Rede. Da dieser ein Gewicht von etwa 120 kg gehabt haben soll, so war dadurch der Wagen nicht mehr belastet, als wenn auf den hinteren Plätzen noch zwei erwachsene Personen gesessen hätten, was zweifellos auch dem Versicherer gegenüber statthaft gewesen wäre. Sollte aber dennoch die Mitführung der toten Last eine gewisse Erhöhung der Gefahr bedeutet haben, so könnte es nach dem das Verhältnis zwischen Versicherer und Versicherungsnehmer in besonderem Maße beherrschenden Grundsatz von Treu und Glauben unmöglich der Sinn einer Versicherung gegen Haftpflichtschäden sein, den Versicherungsnehmer darauf festzulegen, daß er nicht gelegentlich einmal einen schweren Gegenstand in den versicherten Wagen verladen darf. Müßte er dazu jedesmal die vorherige Einwilligung des Versicherers einholen, so wäre darin eine unannehmbare Beschränkung der Willensfreiheit des Versicherungsnehmers zu sehen. Von dem Erfordernis einer derartigen Einwilligung wird man daher beim Abschluß eines Haftpflichtversicherungs-Vertrags niemals ausgehen. Diese Erwägungen führen dazu, für den gegebenen Fall, wenn man das Vorhandensein einer Gefahrerhöhung durch die Mitnahme des Motors unterstellt, die Anwendbarkeit des § 29 Satz 2 VVG. zu bejahen, wonach eine Gefahrerhöhung dann nicht in Betracht kommt, wenn nach den Umständen als vereinbart anzusehen ist, daß das Versicherungsverhältnis durch die Gefahrerhöhung nicht berührt werden soll.

Der erkennende Senat hat Gedankengängen dieser Art schon in seinem Urteil vom 16. Februar 1932 VII 268/31 Ausdruck gegeben. Damals stand die Frage zur Entscheidung, ob darin eine unzulässige

Gefahrerhöhung lag, daß der Versicherungsnehmer, der zur Zeit des Abschlusses des Versicherungsvertrags nur selten Personen gegen Entgelt befördert hatte, später dazu übergegangen war, dies häufig zu tun. Der Senat hat die Frage verneint mit dem Bemerken, daß nur bei grundsätzlicher Änderung der Art des Betriebes, etwa beim Übergang zu gewerbsmäßiger Ausübung der Personenbeförderung, eine solche Gefahrerhöhung angenommen werden könnte. Diese Auffassung hat sinngemäß auch für den hier vorliegenden Fall zu gelten.

Der aus den §§ 23 Abs. 1, 25 Abs. 1 VVG. hergeleitete Einwand der Beklagten ist sonach abzulehnen, ohne daß es noch irgendwie auf den inneren Tatbestand beim Kläger ankäme.

Die sonstigen Erörterungen ergeben aber, daß sich das Urteil des Berufungsgerichts nicht aufrechterhalten läßt, sondern aufgehoben werden muß. Einer Zurückverweisung bedarf es jedoch nicht, da die Sache in jeder Hinsicht zur Endentscheidung reif ist (§ 565 Abs. 3 Nr. 1 ZPO.). Dem Hilfsantrage der Revisionsbeantwortung ist stattzugeben, während im übrigen auf Klagabweisung zu erkennen ist. Auf die von den Parteien vorgebrachten und vom Berufungsgericht erörterten Einzelheiten, die mit der Frage zusammenhängen, ob und inwieweit der Kläger dem Zeugen T. auf Schadensersatz haftet, kann nach dem im ersten Teil der Gründe Ausgeführten in keiner Weise eingegangen werden.

Sachregister

(Die Ziffern bedeuten die Seitenzahlen dieses Bandes)

A

Abhandenkommen in Versicherungsverträgen, Begriff 17
Abschlagszahlung, Über Verpflichtung des Versicherers zur Leistung von —en 175
Absonderungsrecht nach § 157 VVG., Wirkung und Ausübung 307
Abtretung eines auf Vertragsverletzung gestützten Schadensersatzanspruches, wenn Anspruch zugleich aus unerlaubter Handlung begründet 164
—, Einwendungen des Versicherers bei — des Anspruchs aus der Feuerversicherung gegen Zessionar 179
— des Anspruchs auf die Versicherungssumme, § 98 VVG. 187
— siehe auch Haftung
Agent, Befugnisse des zur Annahme der Zahlung von Versicherungsprämien ermächtigten —en 32
— siehe auch Vermittlungsagent
Allgemeine Versicherungsbedingungen einer öffentlichen Feuerversicherungsanstalt und ihre Nachprüfung durch das Revisionsgericht 140
— siehe auch Auslegung
Änderung, Wirksamwerden nachträglicher —en, § 81 VVG. 212
Anfangstermin der Feuerversicherung, Bedeutung 180
Antragsannahme, Zeitpunkt des Zugehens der Erklärung beim Postschließfach 53
Anzeige des Schadens und Geltendmachung des Anspruchs auf die Leistung aus dem Versicherungsvertrag 103
—, Unterlassung des Vertreters der nach den Versicherungsbedingungen zu machenden — 194
— siehe auch Veräußerung, Verspätete Schadensanzeige und Verwirkung
Anzeigeerstattung, Zur Wahrung der vorgeschriebenen Frist für die — bei der Feuerversicherung 237
Anzeigepflicht, Verletzung der — durch Verschweigen oder unrichtige Angabe eines gefahrerheblichen Umstands und Rücktritt des Versicherers 43
Arglisteinwand gegenüber Geltendmachung der Verwirkung des Versicherungsanspruchs, Voraussetzungen 88
— siehe auch Verspätete Schadensanzeige
Arglistige Täuschung beim Abschluß des Versicherungsvertrags 1
— —, Anfechtung des Versicherungsvertrages durch Versicherer wegen — — oder Irrtums über die Person des Vertragschließenden 43
— — bei Ermittlung eines Brandschadens 80
— —, Anfechtung des Versicherungsvertrages wegen —r — durch den Versicherungsnehmer und Verpflichtung des Versicherers gegenüber dem Hypothekengläubiger 241
— — durch unwahre Angaben des Versicherungsnehmers bei Ermittlung von Brandschaden 254
Aufruhr und seine Folgen im Versicherungsrecht 313
Aufwendungen, Erstattungsfähigkeit der von dem Versicherten gemachten — 292
Ausgleichspflicht bei Haftpflichtversicherung 164
Ausgleichungspflicht unter den Versicherern bei mehrfacher Haftpflichtversicherung für dieselbe Gefahr 164
Auslegung der Allgemeinen Versicherungsbedingungen bei Einbruchsdiebstahlversicherung 324

— bei Kraftwagenversicherung 331
— bei Schmucksachenversicherung 340
Ausschlußfrist nach § 12 II VVG. 67
— zur Klageerhebung, Voraussetzungen für § 12 II VVG. 85
Auto-Kaskoversicherung, Haftung des Versicherers bei Fahrlässigkeit des Versicherungsnehmers 147

B

Beginn der Versicherung im Sinne von § 141 VVG. bei einer auf Zeit geschlossenen Transportversicherung 292
Bemannung, Gehörige — eines Kahns, Begriff 289
Beraubung des versicherten Frachtgutes durch die frachtmäßig bestimmten, aber noch nicht legitimierten Empfänger 296
Beweis des ersten Anscheins. Zur Beweispflicht des Versicherers für die Behauptung, der Schaden sei durch Verschulden des Versicherungsnehmers verursacht 226
Beweislast bei der Einbruchsdiebstahlversicherung 173
— zwischen Versicherer und Mieter, wenn der Versicherer von diesem Ersatz der dem Vermieter gezahlten Brandschadenssumme verlangt 219
Beweispflicht für Unfall in der Versicherungszeit 88
— siehe auch Vorläufige Deckung
Bewertung der zum Wiederaufbau nicht zugelassenen Mauerreste bei Feststellung der Brandentschädigung 183, 205
Bindung, Zur Frage der — der Versicherten auch ohne ihre Zustimmung an eine Übertragung ihrer Verträge auf ein anderes Unternehmen 22
Brandstiftung, Zur Brandentschädigung bei — durch den Vater des minderjährigen Versicherungsnehmers 235
— siehe auch Miteigentümer
Bürgerliche Unruhen, Begriff der —n — im Versicherungsrecht 19

D

Deckung siehe Vorläufige —
Deckungszusage, Zum Wesen und zur Wirkung einer sog. — bei einer Feuerversicherung 208
— siehe auch Vorläufige Deckung
Diebstahl, Ansprüche des Versicherers nach Auszahlung der Versicherungssumme bei Wiedererlangung der gestohlenen Sache 328
— siehe auch Einbruchsdiebstahl
Doppelversicherung, Ausgleichungspflicht unter den Versicherern 164
Dritter, Haftung des Versicherungsnehmers für falsche Angaben eines —n 273

E

Ehefrau, Fahrlässige Brandstiftung durch die — des Versicherungsnehmers 214
—, Zum Versicherungsvertrag des Ehemanns über Sachen der — im eigenen Namen 267
Eigentümergrundschuld siehe Haftung
Eigentumsinteresse bei der Feuerversicherung 181
Eigentumswechsel, Arten des —s als Veräußerung der versicherten Sache im Sinne der §§ 69—71 VVG. 37
Einbruchsdiebstahlversicherung, Beweislast 173
—, Haftung des Versicherungsnehmers für Verschulden des Wächters 322
—, Auslegung der Allgemeinen Versicherungsbedingungen 324
— nach Umzug des Versicherungsnehmers 325
Entschädigungspflicht, Zur — bei wissentlich falschen Angaben des Versicherungsnehmers 80
Entschuldigungsbeweis bei Versäumung der Veräußerungsanzeige der versicherten Gegenstände 251
Erfüllungsgehilfe, Haftung des Versicherungsnehmers für Verschulden des Wächters als eines —n 322
Erwerber siehe Kündigungsrecht
Explosionsschäden, Brandschadenvergütung für — 197

F

Fahrlässige Brandstiftung durch die Ehefrau des Versicherungsnehmers 214
Fahrlässigkeit siehe Auto-Kaskoversicherung
Feststellungsklage des Versicherungsnehmers gegen den Versicherer, Voraussetzungen 351

Feuerversicherung 179—286
—, Übergang der — bei Veräußerung des Grundstücks 125
Forderungsübergang nach § 67 Satz 1 VVG und Ausschluß durch Vereinbarung 136
Fremde Rechnung siehe Versicherung für — —
Frist für die Anzeigeerstattung bei der Feuerversicherung 237
Fristbestimmung im Versicherungsverhältnis bei nicht rechtzeitiger Prämienzahlung 1, 11
Fristsetzung, Erneute —, nachdem klargestellt ist, daß der Versicherer die Entschädigung ablehnt, § 12 II VVG. 67
— nach § 39 VVG. 125
Führerflucht, Haftpflichtversicherung bei — 120
Führerschein, Zur Prüfungspflicht des —s des Kraftfahrzeugführers durch den Kraftfahrzeugversicherungsnehmer 113

G

Gebäudereste siehe Mauerreste
Gefahr im Sinne des § 16 I VVG. 48
Gefahrerhöhung bei Feuerversicherung für fremde Rechnung; Verletzung von Obliegenheiten 277
— bei der Haftpflichtversicherung 77
— bei der Kraftwagen-Haftpflichtversicherung 356
Gefahrübernahme, Zeit der — bei der Feuerversicherung 180
Gefahrumstände siehe Vordruck
Gewinn, Zum Begriff des entgehenden —s im Sinne des § 53 VVG. 188
Gutsüberlassungsvertrag als Veräußerung im Sinne der §§ 69—71 VVG. 37

H

Haftbarkeit bei der Haftpflichtversicherung ist in einem Rechtsstreit zwischen Versicherungsnehmer und Verletzten festzustellen 356
Haftpflichtversicherung 307 bis Ende
Haftung der Versicherungsentschädigung im Falle der Abtretung einer auf dem abgebrannten Gebäude eingetragen gewesenen Eigentümergrundschuld 222
Hagelversicherung 286—289
Hypothek siehe Übergang
Hypothekengläubiger, Rechte der — aus § 101 VVG. 200
—, Zur Verpflichtung des Versicherers gegenüber dem — nach erfolgter Anfechtung des Versicherungsvertrages wegen arglistiger Täuschung durch den Versicherungsnehmer 241
—, Zur Verpflichtung des Versicherers gegenüber dem — bei Verjährung des Anspruchs des Versicherungsnehmers 248
—, Verpflichtung des Versicherers aus § 101 VVG. gegenüber —, für dessen Hypothek erst eine Vormerkung besteht 261
—, Zum Anspruch des —s nach § 101 VVG., wenn Versicherer dem Versicherten gegenüber wegen dessen Verhaltens keine Verpflichtung mehr hat 267

I

Invaliditätsentschädigung siehe Verjährung
Irrtum, Anfechtung des Versicherungsvertrages durch Versicherer wegen —s über die Person des Vertragschließenden 43
—, Entschuldbarer — des Kraftfahrzeugversicherungsnehmers über Führerschein des Kraftfahrzeugführers, Begriff und Voraussetzungen 113
— siehe auch Rechtsirrtum

K

Kaskoversicherung eines Kahns bei Schäden, die durch die Schiffsmannschaft verschuldet sind 289
— siehe auch Auto-—
Kenntnis des Versicherers vom Eintritt des Versicherungsfalls, § 33 II VVG. 338
Klageerhebung siehe Ausschlußfrist
Kombinierter Land- und Seetransport, Versicherung 296
Konkurs des Versicherungsnehmers und Absonderungsrecht, § 157 VVG. 307
— siehe auch Zwangsvergleich
Kostenvorschußpflicht des Versicherers, § 150 VVG. 345
Kraftwagen-Haftpflichtversicherung, Auslegung der Allgemeinen Versicherungsbedingungen 331

—, Gefahrerhöhung 356
Kraftwageninsassenversicherung siehe Verjährung
Kriegsklauseln in Versicherungsverträgen 4
Kündigungsrecht des Erwerbers eines versicherten Gebäudes 140
—, Zum Ausschluß des —s des Erwerbers im Versicherungsvertrag 150

M

Maschinenversicherung als Gebäudeversicherung 267
Mauerreste, Bewertung der zum Wiederaufbau nicht zugelassenen — bei Feststellung der Brandentschädigung 183, 205
Mieter, Übernahme der Zahlung der vom Vermieter zu entrichtenden Versicherungsprämie durch den — 219
Minderjähriger Versicherungsnehmer siehe Brandstiftung
Miteigentümer, Brandstiftung eines —s und Anspruch der anderen — gegen den Versicherer 267

N

Nautische Verrichtungen eines Kahnschiffers, Begriff 289

O

Obliegenheitsverletzung bei Versicherung für fremde Rechnung 277
Öffentliche Versicherungsanstalten, Zur Vertragsfreiheit landesrechtlicher —r — 150

P

Pächter, Hagelversicherung eines —s bei Ablauf der Pacht 286
Pfändung des Anspruchs auf die Brandentschädigung, § 15 VVG. 234
Postschließfach, Zum Zeitpunkt des Zugehens der Erklärung beim — 53
Prämienzahlung, Fristbestimmung im Versicherungsverhältnis bei nicht rechtzeitiger — 1, 11
—, Zur Frage der rechtzeitigen Bewirkung der —, die bei Beginn der Versicherung zu erfolgen hat 29
—, Befugnisse des zur Annahme von —en ermächtigten Agenten 32

R

Reallast siehe Übergang
Rechtsirrtum, Einfluß von — auf Verzögerungsschaden der Versicherungsgesellschaft 205
Rechtsstreit zwischen Versicherungsnehmer und Versicherer über Haftung des Versicherungsnehmers dem Verletzten gegenüber 332
— zwischen Verletztem und Versicherungsnehmer zur Feststellung der Haftbarkeit bei der Haftpflichtversicherung 356
Rechtsunkenntnis siehe Veräußerung
Repräsentanz, Begriff 71
Revisionsgericht, Nachprüfung der Auslegung der Allgem. Versicherungsbedingungen einer öffentlichen Feuerversicherungsanstalt durch das — 140
Rückständige Versicherungsprämie siehe Fristbestimmung
Rücktritt des Versicherers bei Verletzung der Anzeigepflicht durch Verschweigen oder unrichtige Angabe eines gefahrerheblichen Umstandes 43
Rückwirkung, Vereinbarte — bei der Haftpflichtversicherung 15

S

Schadensersatz, Umfang des —es bei der Feuerversicherung 183
Schadensversicherung, Allgemeine Vorschriften 131—179
Schmucksachen, Versicherung von — 340
— siehe auch Wertsachenversicherung
Sicherungsabtretung, Zur Frage der Sachbefugnis für die Geltendmachung von Verzugsschäden bei —en 175
Sicherungsübergang der versicherten Gegenstände als Veräußerung im Sinne der §§ 69 ff. VVG. Entschuldigungsbeweis bei Versäumung der Veräußerungsanzeige 251
Strafverfahren, Verwirkung des Anspruchs aus der Haftpflichtversicherung durch Unterlassung der Anzeige von der Einleitung eines —s 353

T

Transportversicherung 289—307
Treu und Glauben im Versicherungsrecht 94, 261

U

Übergang, Haftpflichtversicherung für fremde Rechnung und — des Anspruchs auf den Versicherer 164
— der Hypothek oder Reallast auf den Versicherer §§ 102, 106 VVG. 222
— siehe auch Forderungsübergang
Übertragung des Versicherungsbestandes in seiner Gesamtheit oder in einzelnen Zweigen auf ein anderes Unternehmen? 22
Umzug des Versicherungsnehmers und Einbruchdiebstahlversicherung 325
Unerlaubte Handlung, Vertraglicher Ausschluß der Ausgleichspflicht unter aus —r — haftenden Gesamtschuldnern 164
Unpfändbare Sache, Versicherung —r —n, § 15 VVG. 234
Unruhe, Bürgerliche —n im Versicherungsrecht 19
Unterschlagung, Versicherung gegen — 32
Unterversicherung, Wegbedingen der Vorschriften über die —, § 56 VVG. 143
Urteilsunterschrift, Fehlen einer — 80

V

Veräußerung, Versäumnis der Anzeige über — der versicherten Sache aus Rechtsunkenntnis 37
—, Übergang der Feuerversicherung bei — des Grundstücks 125
— der versicherten Sache im Sinne des § 69 I VVG. 131
Veräußerungsanzeige siehe Entschuldigungsbeweis
Verjährung, Beginn der — des Anspruchs auf Invaliditätsentschädigung bei Kraftwageninsassenversicherung 108
— des Anspruchs des Versicherungsnehmers und Anspruch der Hypothekengläubiger gegen den Versicherer, § 101 VVG. 248
— im Versicherungsrecht bei Ansprüchen aus verschiedenen Versicherungsverträgen, die aber wirtschaftlich zusammengehören 261
Verletzter, Rechtsstreit zwischen Versicherungsnehmer und Versicherer über Haftung des Versicherungsnehmers gegenüber dem Verletzten 332
Vermittlungsagent, Haftung der Versicherungsgesellschaft für Erklärungen ihres —en. Bedeutung des § 44 VVG. 257
Vermögensübernahme als Veräußerung im Sinne der §§ 69—71 VVG. 37
Verschulden beim Vertragschluß 60
Versicherter, Begriff des —n bei der Schadensversicherung 71
Versicherung für fremde Rechnung und Versicherungsfall durch grobe Fahrlässigkeit des Versicherten 214
—, Obliegenheitsverletzung 277
Versicherungsbedingungen siehe Allgemeine —
Versicherungsbestand, Zur Frage der Übertragung des —es in seiner Gesamtheit oder in einzelnen Zweigen auf ein anderes Unternehmen 22
Versicherungsfall, Kenntnis des Versicherers vom Eintritt des —s, § 33 II VVG. 338
Versicherungsinteresse bei der Feuerversicherung 181
— bei der Transportversicherung, Begriff 296
Versicherungsreise, Begriff 296
Versicherungssumme, Rückgewähr der — nach Wiedererlangung der gestohlenen Sache 328
Versicherungswert der vom Versicherungsnehmer erzeugten Sachen 188
Versicherungszweige, Vorschriften für sämtliche — 1—131
Verspätete Schadensanzeige durch den Versicherungsnehmer, Gegeneinwand der Arglist 40
Verteilungsmasse, Die Entschädigungssumme aus einer Brandschadenversicherung gehört in die — bei Wiederversteigerung 283
Vertragsabschluß, Versicherung für die Zeit vor — 15
—, Verschulden beim — 60
Vertragsfreiheit landesrechtlicher öffentlicher Versicherungsanstalten 150

Vertrauensverhältnis zwischen Antragendem und Versicherungsgesellschaft nach Ablauf der Annahmefrist und Haftung für Verschulden beim Vertragsschluß 60
Vertreter, Unterlassung des —s der nach den Versicherungsbedingungen zu machenden Anzeige 194
Veruntreuungsversicherung, Begriff 158
Verwirkung, Arglisteinwand gegenüber Geltendmachung der — des Versicherungsanspruchs 88
— der Versicherungsansprüche bei Verletzung von Obliegenheiten 94
— der Rechte des gegen Haftpflicht Versicherten 317
— des Anspruchs aus der Haftpflichtversicherung durch Unterlassung der Anzeige von der Einleitung eines Strafverfahrens 353
Verzugsschäden siehe Sicherungsabtretung
Vordruck zur Erklärung über Gefahrumstände als ausdrückliche schriftliche Frage im Sinne von § 18 VVG. 36
Vorläufige Deckung, Vereinbarung nach § 39 VVG. Beweispflicht hierfür 29
Vorläufige Deckungszusage bei der Versicherung und §§ 38, 39 VVG 27
—, Rechtliche Natur 237
— siehe auch Deckungszusage
Vormerkung siehe Hypothekengläubiger
Vorschußpflicht des Versicherers nach § 150 VVG. 345

W

Wertsachenversicherung als Transportversicherung? Verwirkung der Versicherungsansprüche durch einfache Fahrlässigkeit? 302
— siehe auch Schmucksachen
Wiederaufbauklausel bei der Feuerversicherung, § 6 II VVG. 227
Wiedererlangung siehe Diebstahl
Wiederherstellung des Gebäudes, Zahlung der Versicherungssumme zur — 187
Wiederversteigerung, Die Entschädigungssumme aus einer Brandschadenversicherung gehört in die Verteilungsmasse bei — 283
Wissensvertreter, Haftung des Versicherungsnehmers für falsche Angaben eines —s 273

Z

Zeitversicherung, Beginn der Versicherung im Sinne von § 141 VVG. bei einer auf Zeit geschlossenen Transportversicherung 292
Zinsen, Zur Frage der Verpflichtung des Versicherers, die Versicherungssumme zu verzinsen 302
Zwangsvergleich zur Aufhebung des Konkurses des Ersatzpflichtigen. Anspruch des Geschädigten auf volle Befriedigung aus der Haftpflichtversicherungsforderung 348

FSC
www.fsc.org
MIX
Papier | Fördert
gute Waldnutzung
FSC® C083411

Kolibri 360 GmbH
Ferdinand-Jühlke-Straße 7
99095 Erfurt, Deutschland
produktsicherheit@kolibri360.de